2022년 1월 실시 예정
규제개정안 포함

바젤Ⅲ와 리스크 관리

이장영 저

박영사

추천의 글

　미국의 서브프라임 모기지 부실에서 촉발된 글로벌 금융위기가 발생한 지도 벌써 3년의 시간이 흘렀습니다. 금융위기의 발생으로 전세계 실물 및 금융시장이 많은 어려움을 겪었으나 한편에서는 위기 원인에 대한 분석과 반성을 토대로 금융위기의 재발 방지를 위한 중요한 진척이 있었습니다.

　가장 대표적인 예가 G20 등을 중심으로 진행되고 있는 국제금융질서와 금융규제체계에 대한 개혁 작업입니다. 이는 금번 위기의 원인이 되었던 금융회사들의 과도한 위험추구, 효과적 감독시스템의 미비 등을 개선하기 위해 금융회사에 대한 건전성을 강화하려는 데 주된 목적이 있습니다. 다양한 장치들이 도입되고 있으나 새로운 은행 건전성 규제 강화방안인 바젤 Ⅲ와 시스템적으로 중요한 금융기관(SIFI)에 대한 규제 강화방안은 가장 핵심적인 요소라고 할 수 있습니다.

　특히 바젤 Ⅲ는 위기시 은행자본의 손실흡수능력을 강화하고 자본규제에 대한 보완 조치로 레버리지 비율과 유동성 비율 등을 새로이 도입하는 것을 골자로 하고 있습니다. 이는 과거 자본규제에 한정된 틀에서 벗어나 종합적 리스크 관리체계로 이행하는 중요한 전환점이라고 평가받고 있습니다. 또한 향후 바젤 Ⅲ에 대한 효과적인 대응 여부에 따라 금융회사의 경쟁력과 국제금융시장에서의 시장판도가 결정될 것으로 예상되고 있습니다.

　이와 같은 여건의 변화 속에서 국내 금융산업은 과거 주어진 금융질서에 대한 수동적인 적응에서 벗어나 국제금융질서의 구축 논의에 주도적으로 참여하는 가운데 글로벌 경쟁력도 키워나가야 하는 과제를 안고 있습니다. 이와 함께 유럽의 재정위기, 미국과 일본의 경기부진, 중국의 인플레이션과 같은 불확실성이 또 다른 금융위기를 초래할 지도 모르는 상황에 대비하여 금융시장과 금융회사의 안정기반도 강화시켜 나가야 합니다.

이를 위해서는 새로운 규제체계를 신속하게 파악하고 변화된 상황에 맞추어 리스크관리 전략을 효율적으로 수립하는 것이 필요함은 아무리 강조해도 지나치지 않을 것입니다. 그러나 바젤 Ⅲ 규제 도입에 대한 준비가 아직 초기 단계인데다 새로운 규제체제가 가져다 줄 변화에 대한 이해도 부족하여 국내 금융회사들이 체계적으로 대응해 나가는 상당한 어려움이 있는 것이 사실입니다. 이 시점에서 이장영 박사가 집필한 「바젤 Ⅲ와 리스크 관리」는 국내 금융시장 참가자들의 갈증을 풀어주는 훌륭한 저서라고 생각합니다.

이장영 박사는 글로벌 금융위기 기간 중 국내 금융회사의 리스크 감독을 총괄하는 금융감독원 부원장으로서 바젤 Ⅲ 규범의 도입 논의에 한국을 대표하여 참여한 분입니다. 그 간의 바젤 Ⅲ 도입 추진과정에서 습득한 전문지식 등을 토대로 집필한 본서는 바젤 Ⅲ의 주요 내용은 물론 새로운 국제기준의 도입 배경, 앞으로의 대응전략 등 광범위한 내용을 체계적으로 정리하고 있습니다. 이 책이 바젤 Ⅲ 도입을 준비하는 국내 금융회사 종사자와 금융당국 실무자, 금융리스크 관리에 관심이 있는 일반인들 모두에게 유용한 길라잡이가 될 것이라고 생각하며 그간 집필에 노고를 아끼지 않으신 이장영 박사께도 축하와 감사의 말씀을 전합니다.

2011년 8월
금융위원회 위원장 김 석 동

2008년 글로벌 금융위기의 발생 이후, 기존 금융규제체계의 단점을 보완하고 은행시스템의 취약점을 예방하기 위한 국제적 노력은 2010년 6월 개최된 금융감독기관장 및 중앙은행 총재(GHOS)에서 합의되고, 2010년 11월 서울에서 개최된 G20정상회의에서 최종 승인된 이른바「바젤 Ⅲ 규제개혁안」으로 일단 결실을 맺게 되었다.

당시 필자는 스위스 바젤에서 개최된 GHOS회의에 한국대표로 참석하였는데, 실질적인 개혁조치에 찬성하는 미국, 영국 등의 국가와 반대하는 독일, 프랑스 등의 국가 간에 벌어진 치열하면서도 정제된 토론과 합의과정을 직접 목격하는 영광(?)을 누렸다.

2010년「바젤 Ⅲ 규제개혁안」은 당초 의도한 대로 은행자본의 질과 양을 늘리고 충분한 유동성을 확보하게 함으로써 금융시스템의 안정성을 높이는 데 성공하였다. 또, 은행의 무분별한 외형확대를 제한하기 위해 레버리지 비율을 부과하고 완충자본을 적립함으로써 은행권 부실이 실물경제로 파급되는 위험을 차단하기 위한 조치에도 합의하였다.

그러나, 이러한 규제개혁안이 2013년부터 시행에 들어간 이후, 각국마다 서로 다른 기준을 사용하여 규제자본의 편차가 크고 또 은행마다 위험을 측정하는 방법이 달라 일관성과 투명성이 부족하다는 지적이 나오게 되면서「바젤 Ⅲ 규제개혁안」에 대한 신뢰가 근본적으로 흔들리게 되었다.

이에 따라 바젤위원회는 다시 광범위한 규제개편 작업에 착수하였으며, 그 후 4년이 걸린 개편 작업은 2017년 말에 마무리 되었는데, 이것이 바로「바젤 Ⅲ 개혁 최종안(Basel Ⅲ: Finalising post-crisis reforms)」이다.

이 최종안에는 위험가중자산의 측정이 좀 더 위험에 민감하도록 하기 위해 제안된 신용위험 표준법(SA)과, 위법행위나 시스템 장애 등으로 인한 운영위험 손실을 요구자본으로 감당하게 하기 위한 신표준법(SMA), 그리고 내부모형법 사용에 따른 혜택을 줄이기 위한 산출하한을 담고 있는 등 광범위한 규제를 담고 있다. 또, 글로벌 시스템적 주요은행(G-SIB)에 대해서 보다 높은 수준의 레버리지 비율을 부과하기도 한다.

은행업계에서는 2017년 말에 마무리된 「바젤 Ⅲ 개혁 최종안」을 「바젤 Ⅳ 규제개혁안」이라고 부르며 당초 예상보다 훨씬 심각한 영향을 미칠 것을 우려하고 있다.

유럽은행감독청(EBA)의 최근 연구에 따르면, 만약 은행들이 아무런 대응조치도 취하지 않으면, 「바젤 Ⅳ 규제개혁」은 조만간 은행의 보통주 자본비율을 3.9%p 하락시키며 수익성(ROE)도 0.6% 하락시킬 것으로 추산하였다. 컨설팅社인 McKinsey는 내부모형법 사용은행에 대한 산출하한의 도입과 운영리스크 산출시 통일된 新표준법(SMA)의 실시가 은행의 자본비율을 하락시키는 주된 요인이 될 것이라고 분석하고 있다.

2022년 1월부터 실시될 예정인 「바젤 Ⅲ 개혁 최종안」에 대응하여 은행들은 자본금을 더 많이 쌓기 시작해야 하며, 새로운 규제를 준수하기 위해 다양한 비전통적인 수단을 강구해야 할 것이다. 과도기적으로는 위험가중자산이 너무 많이 증가하지 않도록 산출의 정확성을 제고해야 하며, 규제자본의 질을 제고하기 위한 조치들을 강구할 필요가 있다. 중장기적으로는 은행의 비즈니스 포트폴리오를 재점검하여 높은 자본비용을 감안하고도 수익을 낼 수 있는 분야로 자본이 배분되도록 하는 전략이 바람직하다. 또한 새로운 규제체계 하에서 강화된 보고 및 공시라는 규제적 준수 문제를 해결하기 위해 여러 가지 옵션을 고려해야 할 것이다.

「바젤 Ⅲ 개혁 최종안」은 원래 2022년 초부터 시행되기로 하였으나 우리나라에서는 코로나19로 어려운 중소기업 등 실물경제에 대한 은행의 지원 역량을 강화하기 위해 2020년 2분기부터 일부 조치는 조기 시행에 들어갔다. 실제 당국의 의도대로 일부 기업대출 비중이 높은 은행을 중심으로 자본비율이 상승하는 등 기업자금 공급규모를 확대할 수 있는 여력이 다소 확보된 것으로 보인다.

그러나, 주택담보대출 등 가계대출 비중이 높은 은행과 IB부문이 상대적으로 큰 은행들은 자본비율이 하락할 가능성도 있다. 예정대로 2022년 1월부터 운영리스크 요구자본 산출시 통일된 新표준법(SMA)이 실시되면 과거의 손실이력이 많은 은행들은 자본비율 하락압력을 강하게 받을 수도 있다. 한마디로 은행의 리스크 특성과 자산구성 및 비즈니스 모형에 따라 그 영향이 서로 다르게 나타날 것이다.

따라서 국내은행들은 향후 초래될 자본비용의 상승에 대처하기 위해 새로운 비즈니스 모델을 모색해야 할 뿐 아니라 새로운 규제준수과 위험관리에 필요한 시스템의 구축과 정비를 위해 노력해야 할 시점이다.

필자는 당초 2010년 「바젤 Ⅲ 규제개혁안」을 중심으로 직접 참여한 바젤위원회에서의 논의와 필자의 생각을 정리하여 초판을 발간하였다. 그러나, 초판을 펴낸 이후 곧바로 새로운 규제개편 논의가 시작되고 4년간의 논의를 거쳐 2017년말에 「바젤 Ⅲ 개혁 최종안(Basel Ⅲ: Finalising post-crisis reforms)」으로 마무리 됨에 따라 새롭게 내용을 보완할 필요가 생겼다.

따라서 이전의 초판에서는 다루어지지 않았던 내용을 이번 개정판에서는 별도의 장으로 하여, 「바젤 Ⅲ개혁 최종안」의 주요내용(제16장)과 함께 그 영향과 대응전략(제17장)을 논의하는 데 큰 비중을 두었다. 두 차례에 걸친 바젤Ⅲ 규제개혁이 가져다 줄 영향과 대응방안에 대해 깊이 이해하기 원하는 독자들은 제11장(국내외 금융권에 미칠 영향), 제12장(금융회사의 대응전략)과 비교해서 보시길 권유 드린다.

모쪼록 이 책이 금융규제 및 리스크관리와 관련이 있는 금융회사 직원 및 관심 있는 일반인에게 좋은 지침서가 되길 기대한다.

이 책을 집필하는 과정에서 조언과 자료수집에 많은 도움을 준 금융감독원 및 김앤장법률사무소 관계자 분들께 고마운 마음을 전한다. 또한 책의 편집과정에서 많은

노력을 기울여 준 박영사 출판팀의 노고에도 감사를 드린다. 마지막으로 끊임없는
격려로 책을 다시 내도록 지원해 준 아내와 아들에게 깊은 사랑과 고마움을 전한다.

2021년 서울에서

이 장 영

금융규제는 지금 혁명적 변화를 맞이하고 있다. 바젤 Ⅲ라고 불리는 새로운 금융 규제 체계는 앞으로 10년간 전세계 금융회사의 영업과 자금의 흐름에 엄청난 변화를 초래할 것이다. 얼핏 들으면 바젤 Ⅰ과 바젤 Ⅱ가 시행될 때에도 큰 충격이 없었는데 무슨 소리냐고 할지 모른다. 그러나 2010년 서울 G20정상회의에서 합의한 바젤 Ⅲ 규제는 포괄하는 범위가 이전에 비해 훨씬 광범위할 뿐 아니라 규제의 강도 또한 비교할 수 없을 정도로 강해졌다. 특히 금융위기에 대한 근본적인 처방의 하나로 모든 은행으로 하여금 자산의 일정비율만큼 추가로 자본을 조달하도록 강제할 뿐 아니라 위기시에도 일정기간 버틸 수 있도록 평소에 은행 내에 안전하고 언제든지 현금화할 수 있는 유동성자산을 충분한 규모로 쌓도록 강제하고 있다.

은행업계에서는 이러한 규제강화에 대한 반응으로 은행의 대출행태가 변화하고 금리가 상승하면서 금융시장과 경제성장에 부정적 영향을 미칠 것이라고 우려하는 목소리가 늘고 있다. 일례로 영국은행업협회(British Bankers Association)는 바젤 Ⅲ 규제가 시행되면 중소기업에 대한 대출이 줄어들고 신용대출의 금리가 상승할 것이라고 주장하고 있다. 모 컨설팅회사는 우리나라 은행에 미치는 영향에 대해 바젤 Ⅲ에 포함된 새로운 유동성규제의 준수부담 때문에 신용장(L/C)과 같은 무역금융상품의 비용이 올라가면서 수익성에 상당한 타격을 받게 될 것이라고 경고하고 있다.

향후 바젤 Ⅲ의 시행은 8년간의 이행준비기간을 걸쳐 서서히 단계적으로 진행되도록 되어 있지만 이미 유럽과 미국의 대형은행들은 새로운 규제에 대해 반응하기 시작했다. 영국의 로이드 은행은 2009년 말부터 위기시에 자동으로 보통주식으로 전환되는 조건부자본(contingent capital)을 대량 발행함으로써 높아진 자본비율목표치에 도달하기 위해 노력하기 시작하였다. 미국의 대형은행들은 단순한 규제준수적 차원을 넘어 영업모델을 바젤 III에 친화적인 방향으로 개편하는 등 자신들의 이점을 최대화하기 위한 새로운 경영전략 수립에 들어갔다.

또한 선진국 감독당국들은 최근 바젤 III 금융규제를 자국내 현실에 맞도록 국제규범보다 훨씬 엄격하게 조정할 것이라고 발표하면서 은행업계의 우려를 키우고 있다. 스위스 감독당국은 자국은행에 대해 국제적으로 합의한 최소자본비율인 7%(core Tier 1 자본기준)보다 3%나 더 높은 자본비율을 의무화한다고 발표하였으며, 미국 감독당국도 최근 금융시스템 위험을 초래할 수 있는 대형 금융사에 대한 추가자본금(SIFI surcharge) 요구를 당초 예상보다 훨씬 강화하여 최소자본비율을 14%까지 높일 수 있음을 시사하였다.

이러한 움직임은 우리에게 무엇을 시사하는가? 은행들은 세계적인 규제환경변화에 맞추어 스스로 자기운명을 개척해야 하겠지만 일정부분은 향후 각국 감독당국이 취하게 될 재량적 조치에 의해서도 영향을 받는다는 점을 유의해야 할 것이다. 예를 들어 향후 국내은행들이 유동성 체질 개선을 위해 고유동성자산 확대나 국내 여건에 맞는 새로운 규제기준의 재량적 적용에 대해 논의할 준비를 해야 할 것이다. 감독정책당국 또한 금융시스템의 안전성뿐 아니라 자국 금융산업의 경쟁력 확보를 위해 가장 적합한 강도의 규제개혁을 선택해야 할 것이다.

이 책은 지난 몇 년 동안 한국의 감독당국자로 일하면서 바젤 III 규범을 만들기 위한 국제회의에 한국대표로서 직접 참여한 경험을 바탕으로 쓰여졌다. 저자는 사실 꽤 오랫동안 바젤은행감독위원회(BCBS)뿐만 아니라, 국제증권감독기구(IOS-CO), 국제보험감독기구(IAIS) 등 금융감독에 관한 국제회의에 참가해 왔다. 그러나 지난 1여 년간 개최된 바젤위원회 회의만큼 한국의 발언권이 제대로 행사되어지고 국제사회에서 수용된 것을 목격했던 적은 없다. 또한 강도 높은 규제개혁에 찬성하는 미국, 영국 등의 국가그룹과 개혁에 극구 반대하는 독일, 일본 등의 국가그룹을 상대로 합의 도출을 위한 타협안 제시 등을 통해 적극 중재하면서 한국이 G20회의 의장국으로서의 리더십을 발휘했던 점은 바젤위원회 의장도 높이 인정하고 있다.

이 책을 저술할 때 바젤위원회 회의에 참석했던 각국의 금융감독기구 수장과 중앙은행 총재들이 많은 영감을 불어넣어 주었으며 곳곳에 그들이 제시한 아이디어들과 논점들이 서술되어 있다. 날카로운 분석과 함께 저술에 필요한 많은 자료들을 모아 정리해 준 금융감독원의 동료들에게도 감사하고 싶다. 특히 금융감독원 박병수 바젤 팀장은 바젤위원회 산하 기준이행그룹(SIG)회의에 참여하면서 습득한 지식과 뛰어난 분석력을 바탕으로 이 프로젝트에 많은 도움을 주었다. 또한 회의출장 시마다 저자를 수행했던 김병칠 당시 바젤실무반 반장에게도 나는 많은 도움을 받았다.

이 책을 통해 독자 여러분들은 바젤 Ⅲ 규범체계가 가져다 줄 새로운 변화에 대한 인식을 약간이나마 다시 하게 될 것이다. 향후 영업모델의 개편과 새로운 리스크 관리전략을 통해 경쟁력을 높이려는 금융기관 종사자들과 금융산업의 중장기 발전방안을 놓고 최적의 규제감독정책에 대해 고민하는 당국자 여러분 모두에게 좋은 참고가 되길 진심으로 기대한다.

2011년 8월 서울에서

이 장 영

Contents 차례

Part 03   거시건전성 규제

Part 06 2017년 바젤 III 최종개정안

바젤 Ⅲ와 리스크 관리

BASEL Ⅲ & FINANCIAL
RISK MANAGEMENT

PART

01

금융위기와 금융개혁

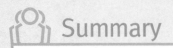

Summary

2000년대 들어 글로벌 유동성 확대 등 거시경제 확대 정책이 장기간 유지되면서 금융회사들의 적극적인 리스크감수 활동이 이어졌다. 이는 고수익의 복잡한 구조화상품과 장외파생상품의 거래 확대를 가져왔으며, 이러한 금융상품들은 은행의 대차대조표에 잡히지 않는 부외항목을 통해 거래되었으며, 이는 글로벌 금융시스템 전체에 걸쳐 대규모의 레버리지 확대를 가져왔다.

낮은 금리, 풍부한 유동성, 低비용의 신용공급 및 高수익률을 지향하는 투자자 요구 등이 맞물리면서 엄격했던 신용공급 기준이 완화되었다. 특히 미국의 경우에는 서브프라임 모기지 대출이 급증하였는데, 高위험 모기지라 하더라도 유동화 등을 통해 리스크를 자본시장으로 이전시킬 수 있었기 때문에 굳이 엄격한 대출기준을 적용할 필요가 없었다.

미국 부동산 가격의 하락은 두 가지 측면에서 예상하지 못했던 큰 파장을 가져 왔는데, 첫째는 가격 하락이 미국 전역에 걸쳐 발생하였다는 점이고, 두 번째는 가격 하락이 초기 부도가 발생한 서브프라임 부문에 그치지 않고, 모기지 부문 전체로 확산되었다는 점이다. 차주 부도로 인한 손실이 확대되고 주택가격이 폭락되면서 은행 대차대조표의 자산영역에 국한되었던 이슈들이 점차 부채 영역으로 확산되었고 자본적정성 문제가 대두되었다. 과도한 레버리지를 일으킨 금융회사 대부분이 자본을 확충하고 레버리지를 감축하려고 하였으나, 이러한 시도는 실패로 끝났으며 이들 대부분이 파산 내지는 타 기관에 의해 인수되는 운명을 맞이하였다. 다수의 금융회사들이 부도의 위협에 직면하게 되자, 이들에 대한 투자자의 신뢰도가 상실되면서 신용스프레드는 역사상 최고치를 기록하였으며, 주가는 폭락하였다.

금융위기에 대응하여, 각국 감독당국들은 금융시스템 및 국가경제의 안정성 회복을 위한 다양한 노력을 추진하였으나, 시간이 흐를수록 파산에 직면한 금융회사의 숫자가 늘어나고 금융권에 국한되었던 문제가 실물경제로까지 확산되면서 선진국을 중심으로 2009년 중반까지 심각한 경기불황이 지속되었다.

지난 금융위기를 겪으면서 기존 금융감독체계 및 리스크 통제구조의 여러 가지 단점이 드러났다. 금융회사들은 기존 금융감독체계의 약점을 이용하여 더 이상 지탱할 수 없는 수준까지 레버리지를 끌어올렸고, 그 결과 금융위기에 따른 충격의 규모가 더 커지는 결과를 가져왔다. 지난 금융위기에서 얻은 교훈을 바탕으로, 감독체계 및 금융회사 내부의 지배구조 개선이 글로벌 차원에서 추진되었으며, 향후 유사한 위기 재발 방지를 목표로 금융회사의 자체 자본/유동성 관리체계에 대한 감독당국의 규제 강화를 포함하는 포괄적인 규제개혁이 현재 추진되고 있는 것이다.

제 1 장

글로벌 금융위기의 원인과 교훈

1.1 글로벌 금융위기의 원인

일반적으로 경제학자들은 인과성 causality 에 대해 언급할 때, 외생성 exogeneity 이라는 개념을 자주 사용하는데, 이는 독립적인 외부변수들이 특정한 상황을 형성하여 주요 관심 지표에 영향을 미치게 됨을 의미한다. 그러나, 2007~2008년도에 발생한 글로벌 금융위기는 이와 같이 독립적인 외부에서 주어진 어떤 것(충격)이 아니라 과거로부터 누적된 잘못된 (내생적) 정책에 의한 시장의 왜곡 market distortion 에서 비롯되었던 것으로 판단된다. 또한 최근 세계증시를 도미노처럼 폭락시킨 미국발 신용등급 강등 쇼크도 누적된 재정적자상태와 정치적 불확실성이 야기한 문제로 보는 시각이 많다.

경제협력개발기구 OECD 의 경제학자인 Adrian Blundell-Wignall과 Paul Atkin-son은 OECD Journal에 발표된 논문(2009)을 통해 지난 2007~2008년도 금융위

기의 원인을 다음과 같이 설명하고 있다. 잘못된 유동성 관련 글로벌 거시경제 정책과 부실한 금융감독 체계가 금융위기를 막지 못하고 오히려 위기 발생에 기여했다는 것이다. 유동성 관련 경제정책은 홍수 때문에 물이 넘치는 댐과 같은 상황을 초래하였다. 미국의 금리 1%, 일본의 금리 0%(제로금리), 중국의 고정환율 유지정책 등이 글로벌 차원에서 지나치게 과도한 유동성을 유발했고, 이는 미국 주택시장의 거품 등 자산버블 asset bubble 과 과도한 신용공급(대출 확대)을 유발하였다. 한편, 홍수를 막기 위한 댐의 역할을 해야 할 금융감독 체계는 제 기능을 못하여 2004년부터 물이 특정 구역(모기지 증권화와 부외거래)으로 세차게 집중되는 상황을 방치하였다. 이러한 압력은 점차 증가하여 댐은 결국 무너지고 말았고, 그 피해는 걷잡을 수 없게 되었다. 본 장에서는 지난 글로벌 금융위기의 주요 원인 및 파급과정을 검토해 보고 시사점을 정리해 보고자 한다.

위기의 단초: 서브프라임 사태

2000년대 초반, 세계경제는 과거 유래가 없었던 장기적인 경제성장기에 접어들

그림 1.1 미국 및 동아시아 GDP 성장률, 실업률

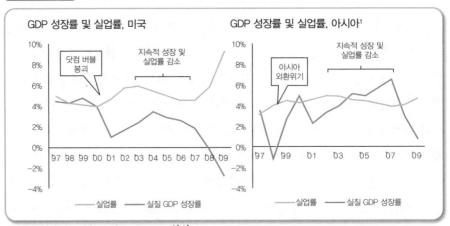

Source: Global Insights, Oliver Wyman 분석.
[1] 일본, 중국, 한국, 인도네시아, 대만, 태국, 홍콩, 말레이시아, 싱가포르. 실업률은 GDP 가중 수치임.

었다. 미국은 "닷컴 버블"의 위기에서 점차 회복하는 중이었고, 동아시아는 1990년
대 말 외환위기로부터 회복하였으며, 중국은 연간 10% 이상의 경제성장을 지속하
고 있었다.

이후 장기간에 걸쳐, 미국과 유럽을 포함한 선진국들은 낮은 인플레이션, 저금
리, 높은 소비수준으로 소위 "골디락스"라고 불리우는 우호적인 경제환경을 경험
하게 된다. 물론 그 배경에는 미국 중앙은행인 FRB의 완화된 통화정책(또는 저금리
정책), 외환위기에서 회복한 동아시아 각국의 수출 중심/높은 저축률 기반의 경제
정책이 자리하고 있었다. 특히 여기에서 주목할 점은, 세계의 제조공장으로 중국이
전면에 부각되면서 수출주도 경제성장을 추진함에 따라 세계경제의 낮은 인플레이
션 유지가 가능했었다는 사실이다. 이는 저금리가 전세계적으로 그렇게 오랫동안
지속될 수 있었던 이유이기도 하다.

그림 1.2 미국 GDP 대비 부채 비율

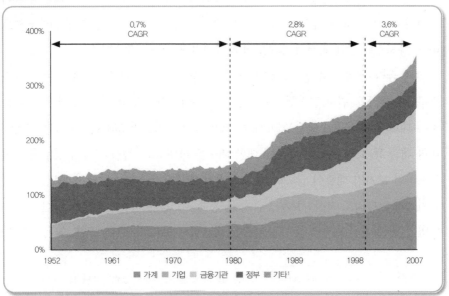

Source: Federal Reserve, World Economic Forum, Oliver Wyman 분석.
[1] "기타"는 개인 사업, 농업 및 외채를 포함.
　연평균성장률(CAGR: Compound Average Growth Rate).

제조업의 성장은 원자재 가격의 상승을 유발시켰으며, 특히 석유관련 산업에서 그 증가세가 두드러졌다. 이와 함께 산유국 및 중국의 엄청난 규모의 경상수지 흑자는 미국의 재정적자를 보완하는 역할을 수행하였으며, 저금리 환경을 유지할 수 있도록 해주었다. 이러한 환경하에서 상대적으로 풍부해진 신용공급(대출 확대)은 거의 대부분 일반 소비자 및 금융회사들에 의해 흡수되었다.

아래 〈그림 1.2〉에서 보여지듯이, 2000년 이후 미국의 부채규모는 완화된 경제 환경하에서 급격히 증가하고 있음을 알 수 있다.

안정적인 거시환경 및 시장에서의 경쟁이 치열해지면서, 금융회사 및 투자자들의 적극적인 리스크감수risk-taking 활동이 이어졌다. 이는 복잡한 구조화상품 개발 등 금융상품 혁신과 더불어 장외파생상품OTC derivatives 의 거래 확대를 가져왔으며, 특히 신용등급 대비 상대적으로 높은 수익률을 제공하도록 설계된 부채담보부증권 CDO: Collateral Debt Obligations 등 자산담보부증권들이 두각을 나타나도록 만들었다.[1]

혁신적인 금융상품들은 일반적으로 특수목적회사SPV: Special Purpose Vehicle 와 같이 은행의 대차대조표에 잡히지 않는 부외항목OBS: Off Balance Sheet 을 통해 거래되었으며, 금융시스템 전체에 걸쳐 대규모의 레버리지 확대를 가져왔다.[2]

낮은 금리, 풍부한 유동성, 低비용의 신용공급 및 高수익률을 지향하는 투자자 요구 등이 맞물리면서 엄격했던 신용공급 기준이 완화되었다. 예를 들어, 은행들은 소득 대비 부채비율이 높은 가계대출, 레버리지를 일으켜 M&A를 하려는 기업에 대한 대출 등 소위 高위험 부문에 대한 대출을 확대했고, 특히 미국의 경우에는 서브프라임 모기지 대출이 급증하였다. 모기지 대출기관들의 시각에서 보면, 고위험 모기지라 하더라도 자산담보부증권 등을 통해 리스크를 자본시장으로 이전시킬 수 있었기 때문에 굳이 엄격한 대출기준을 적용할 필요가 없었다. 또한, 높은 수익률

---

[1] CDO(Collateralized Debt Obligation)은 채권을 담보로 발행되는 유동화 증권을 의미함.
[2] 금융회사에서 발생한 부실채권을 매각하기 위해 일시적으로 설립되는 특수목적회사로 채권 매각과 원리금 상환이 끝나면 자동으로 없어지는 일종의 페이퍼 컴퍼니로 SPC(Special Purpose Company)라고 부르기도 한다. 엄밀히 구분하면 SPC는 법인체(legal entity)라고 볼 수 있으나, SPV는 법인체의 성격을 가지지 않는다.

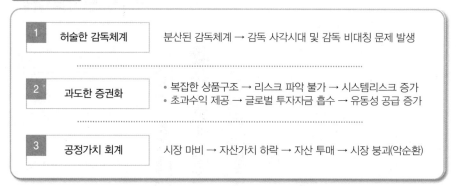

그림 1.3 금융위기의 발생원인

1	허술한 감독체계	분산된 감독체계 → 감독 사각시대 및 감독 비대칭 문제 발생
2	과도한 증권화	• 복잡한 상품구조 → 리스크 파악 불가 → 시스템리스크 증가 • 초과수익 제공 → 글로벌 투자자금 흡수 → 유동성 공급 증가
3	공정가치 회계	시장 마비 → 자산가치 하락 → 자산 투매 → 시장 붕괴(악순환)

을 추구한 투자자/은행들은 높은 레버리지를 포함하는 구조화 상품에 투자하였으며, 이 과정에서 해당 상품의 부도 위험 및 관련 리스크를 충분히 파악하지 못한 채 투자가 지속되었다.

위에서 언급되듯이, 지난 금융위기의 발생원인을 정리해보면, 허술한 감독체계 하에서 고수익을 노린 투자은행 등의 과도한 유동화(또는 증권화)로 촉발되었으며, 시가평가회계MTM: Mark-To-Market 의 경직된 적용으로 그 충격이 더욱 심화된 것으로 볼 수 있다. 보다 구체적으로, 미국 모기지대출이 증가하기 시작한 2004년 무렵에 다음 4개의 요소가 상호작용하기 시작했다. 첫째, 부시 행정부의 "아메리칸 드림" 달성을 위한 무이자 모기지 제안이 실행되면서 저소득 가정이 모기지 대출을 쉽게 이용할 수 있게 되었다. 둘째, 당시 페니매Fennie Mae 와 프레디맥Freddie Mac 의 감독기관이었던 미국 연방주택기관감독청OFHEO 은 이들 공적인 모기지 유동화전문회사에 자본요건 강화를 요구하기 시작했다. 이러한 와중에 민간 은행들은 엄청난 규모로 쏟아져 들어오는 서브프라임 모기지를 등에 업고 페니매와 프레디맥이 전유하고 있는 영역까지 들어오기 시작했다. 셋째, Basel Ⅱ 협약이 발표되고 규제차익거래regulatory arbitrage 기회가 생겨나면서 대차대조표에 잡히지 않는 은행들은 부외거래를 더욱 가속화하게 되었다. 넷째, 미국 증권감독위원회SEC: Securities & Exchange Commission 는 "통합감독 프로그램consolidated supervised entities program "하에서 규제자본 산출

그림 **1.4** 미국의 서브프라임 모기지 대출 추이

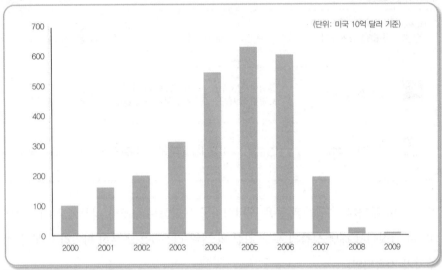

(단위: 미국 10억 달러 기준)

Source: Inside mortgage finance.

방식 관련규정을 변경하여 투자은행의 자율성을 확대하여 주었다.[3] 이로 인해 투자
은행 중심의 지주회사에 대한 감독 사각지대(혹은 비대칭 문제)가 발생하였다.[4]

2004년도에 발생한 이러한 4가지 변화로 인해 은행은 장부외 모기지자산의 유동
화를 가속화했고, 이는 은행의 수익과 주가의 상승을 가져왔으며 이러한 행태는 점
차 다른 금융회사들로 확대되어 갔다.

단기간에 모기지 시장의 유동성이 폭발적으로 증가하면서 미국의 주택가격
은 더 이상 유지할 수 없는 수준까지 급상승하였다 〈그림 1.5〉에서 보여지듯이,
2000~2006년 동안 미국의 주택가격지수인 S&P Case-Schiller 지수는 127%나 상
승하였다. 저금리 및 주택가격 상승추세가 지속되면서 주택 구매가 증가하였고, 금
융회사 입장에서는 저소득 계층 고객에 대한 신용공여를 통해 높은 수익을 올릴 수

---

[3] 통합감독대상 투자은행의 순자본비율 규제를 내부 모형에 의한 자율규제로 전환하였다. 또한, 2004년 이
전 브로커딜러는 15:1의 부채:자본 비율을 준수해야 했던 반면, 규정이 바뀌면서 투자은행은 자발적으로
SEC의 통합감독체계 이내로 들어와서 레버리지 비율을 40:1까지 늘릴 수 있게 되었다.
[4] 이를 감독 비대칭 문제라고 부르기도 하는데, 이는 동일한 기능을 수행하는 금융행위(기능)에 대해 상이한
수준의 규제를 적용하는 것을 의미한다.

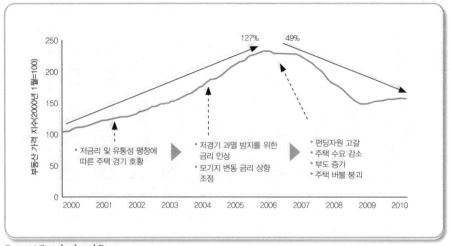

그림 1.5 미국 주택가격지수: S&P Case-Schiller 지수

Source: Standard and Poors.
[1] Case-Shiller 주택가격지수 – 8개 지역 평균(LA, 샌디에고, 샌프란시스코, 워싱턴, 마이애미, 시카고, 미네아폴리스, 뉴욕).

있었다.

그러나, 경기 과열을 감지한 미국 중앙은행 FRB 에서 통화 긴축정책으로 선회하고 금리가 오르기 시작하자, 대부분의 서브프라임 고객들은 더 이상 모기지 할부금 상환을 할 수 없게 되었다. 그에 따라 이들 상품의 연체율과 주택압류가 2006년부터 상승하기 시작하였으며, 주택가격도 빠른 속도로 떨어졌다.

특히, 서브프라임 모기지 대출 중에서도 2/28(초기 2년은 고정금리, 나머지 28년은 변동금리) 변동금리 모기지 대출이 전체의 약 85%를 차지하고 있어서 금리상승에 따른 원리금 상환부담이 가중되는 구조였으며, 그에 따라 2007년 3/4분기 末서브프라임 모기지 연체율은 16.31%로 사상 최고 수준에 이르게 되었다.

이후 모기지 대출기관 및 모기지 증권 투자자들의 서브프라임 관련 대규모 손실이 발생하기 시작하면서, CDO 발행에 보증을 서거나 신용부도스왑 CDS: Credit Default Swap 을 매수한 채권보증기관 Monoline 등의 부실로 2차 채권 유통시장으로 불안이 확산되었다. 특히, 상품의 복잡성이 높아져 이해관계자가 많아지고 최종투자자로 헤지펀드

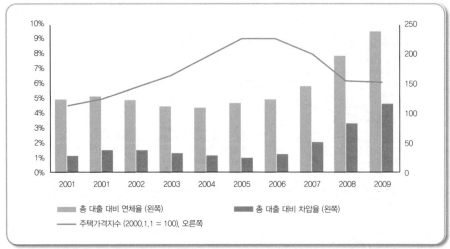

그림 1.6 미국 연체율 및 차압률: 2000~2009년 기간

범례:
■ 총 대출 대비 연체율 (왼쪽)
■ 총 대출 대비 차압율 (왼쪽)
— 주택가격지수 (2000.1.1 = 100), 오른쪽

Source: Bloomberg and Standard and Poors.
[1] Case-Shiller 주택가격지수 – 8개 지역 평균(LA, 샌디에고, 샌프란시스코, 워싱턴, 마이애미, 시카고, 미네아폴리스, 뉴욕).

가 참여하게 되면서 부실발생 시기 및 규모 예측이 어려운 상황이 발생하였으며, 이는 미국의 서브프라임 문제가 글로벌 경제 전반에 걸친 패닉으로 확산되게 만들었다.

실제로 미국과 유럽의 금융회사들이 이러한 구조화 금융상품에 대거 투자하게 된 이유는 이들 상품이 신용등급 대비 높은 수익률을 보장했기 때문이다. 2000년 대 중반까지 이어진 초저금리 하에서 조금이라도 높은 수익률을 줄 수 있는 투자처를 찾던 금융회사들에게 이들 상품은 최상위 트렌치super senior tranches 의 경우, 같은 AAA등급의 미국 국채에 비해 몇십 베이시스 포인트basis point 나마 높은 스프레드를 줄 수 있었기 때문에 투자자 입장에서 매력적일 수밖에 없었다. 뿐만 아니라 이러한 작은 스프레드로부터의 수익을 더욱 높이기 위해 투자 규모 역시 자연스럽게 커지게 되었다. 그러나 2006년 말부터 서브프라임 모기지의 부실이 본격적으로 진행되자 이들 CDO 내 최상위 트렌치의 AAA등급은 그야말로 명목상의 신용등급이 되고 말았고, 실제 시장가치는 급격히 하락하였다. 이러한 사실은 S&P나 무디스와 같은 신용평가사들이 이들 CDO의 리스크를 평가하며 사용했던 여러 가정들, 예를

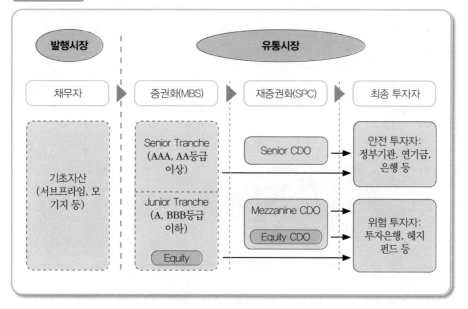

그림 1.7 CDO의 리스크이전 구조

들면 과거 데이터로부터 산정한 기초자산의 손실분포가 적절하지 않았음을 의미한다. 결국 CDO 내 최상위 트렌치의 **AAA**등급은 금융회사로 하여금 서브프라임 모기지 리스크 익스포저에 대해 오도된 안심감false sense of security 을 심어 줌으로써 이들 구조화 금융상품에 대한 과도한 투자를 유도한 셈이 되었다. 즉, 신용평가사들의 등급에 과도하게 의존한 대리인 문제agency problem 가 발생한 것이다.[5]

한편, Bear Sterns와 같은 투자은행이 서브프라임 모기지 익스포저에 크게 노출된 또 다른 이유는 통합적 익스포저 관리(혹은 리스크관리) 부재 때문이었다. 서브프라임 사태에서 어려움을 겪는 금융회사들을 보면 공통적으로 서브프라임 모기지 관련 구조화 금융상품 생산에 있어 수직적으로 결합되어 있는 자회사들을 거느리고 있는 투자은행 중심 지주회사들임을 알 수 있다. 실제로 이들 금융지주회사들이

---

[5] 경제이론에서 대리인 문제는 주주와 경영자의 문제 등과 같이, 대리인인 경영자가 주주의 이해와 달리, 자신의 이해를 중심으로 행동하게 되는 문제를 의미한다. 여기서는 신용평가사들이 신용평가를 의뢰한 금융회사나 투자자의 이해를 대변하지 못하고 수수료 등 본인들의 이해를 추구하여 등급 인플레이션을 일으킨 문제를 의미한다.

그림 **1.8** Bear Sterns의 서브프라임 모기지 익스포저

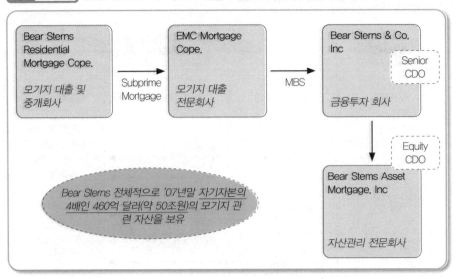

보유한 서브프라임 관련 금융상품을 살펴보면, 주택 구입자들에게 제공된 서브프라임 모기지의 대출채권부터 주택담보부증권MBS: Mortgage Based Security 과 CDO, 자산담보부기업어음ABCP: Asset Based Commercial Paper 등 서브프라임 모기지와 관련한 거의 모든 구조화 금융상품을 총망라하고 있다. 이러한 다양한 형태의 서브프라임 모기지 익스포저는 지주회사 내의 여러 자회사들에게 분산되어 있었기 때문에 지주회사 단위에서 서브프라임 모기지에 대한 편중리스크concentration risk 를 조기에 발견하여 통합적으로 관리하는 것을 어렵게 만드는 결과를 초래했다.

　일례로 Bear Sterns의 경우, 지주회사인 Bear Sterns Co. Inc.(이하 Bear Sterns & Co.Inc.)을 중심으로, IB 사업부문, CB 사업부문, 자산관리 부문 등 크게 세 가지 사업부문으로 나뉘어져 있었다. 서브프라임 모기지 관련 업무를 살펴보면, 먼저 IB 부문의 자회사인 모기지 은행Bear Sterns Residential Mortgage Corp. 이 주택 구입자들에게 직접 서브프라임 모기지를 판매하고, 2차 모기지 자회사인 EMC Mortgage Corp.이 이들 대출채권을 매입하여 MBS를 발행하였다. Bear Sterns & Co.Inc.는 이렇게 만들어진 서브프라임 모기지 MBS와 기타 ABS를 기초자산으로 하여 CDO를 설계하

고 발행하였다. 여기서 수익률이 낮아 외부 투자자들을 찾기 어려운 최상위 AAA등급 CDO는 직접 보유하고, 비교적 시장 수요가 높은 하위 트렌치 CDO마저도 상당 규모를 자산관리 부문의 자회사인 Bear Sterns Asset Management가 운용하는 헤지펀드에 매각하였다. 결국 서브프라임 모기지 관련 상품에 대한 생산과 소비가 대부분 동일한 지주회사 내부에서 이루어진 것이다. 그 결과, Bear Sterns 전체적으로는 2007년말 자기자본의 약 4배인 총 460억 달러에 달하는 엄청난 규모의 모기지 익스포저에 노출되었던 것이다.

위기의 전염: 글로벌 금융위기

미국 주택가격의 하락은 두 가지 측면에서 예상하지 못했던 큰 파장을 가져왔다. 첫째, 과거에도 부동산경기 하락은 존재하였으나, 특정 지역/주에 국한한 경제 현상이었던 반면, 금번 가격하락은 미국 전역에 걸쳐 발생하였다. 사실 부동산시장의 거품붕괴 조짐에 대한 미국 연방준비제도이사회 FRB 의 정책적 대응이 늦어진 이유도 위기의 전염현상을 초기에 포착하지 못했기 때문으로 판단된다. 참고로 필자는 2006년도 5월에 FRB의 밴 버랭키 의장과 면담시 부동산시장의 거품붕괴 우려에 대해 질의하였는바, 버랭키 의장은 당시의 부동산경기 하락이 일부 지역에 국한된 현상이라고 안이하게 인식하고 있었다. 둘째, 주택가격 하락은 주로 초기 부도가 발생한 서브프라임 모기지 부문에 그치지 않고, 주거형 모기지 부문 전체로 확산되었다.

차주 부도로 인한 손실이 확대되고 주택가격이 폭락되면서 은행 대차대조표의 자산(대출/투자) 영역에 국한되었던 이슈들이 점차 부채(차입, 회사채 발행) 영역으로 확산되고, 자본적정성 capital adequacy 문제가 대두되었다. 신용손실의 증가로 자본 기반이 약화되고, 금리인상에 따른 채무상환 지연, 부동산 담보가치 하락에 따른 채권 신용등급 하락 등 포트폴리오 신용리스크 증가로 인해 자본요건이 증가하면서 금융회사들은 직접적인 충격을 받게 되었다. 특히, 주택가격이 상승세를 지속할 것이라는 가정하에 구조화 상품을 통한 높은 레버리지를 가져갔던 회사들이 가장 타격이 컸다. 2008년 초, 다급해진 금융회사들은 이들 구조화 상품을 매각하여 레버리지비율 leverage ratio 을 낮추고자 하였고, 이는 즉시 가격을 더욱 폭락시키는 연쇄효과를 가져오게 되었다. 이미 유동성이 떨어진 이들 자산들의 가격이 폭락하면서, 세계 각국의 주요 은행들의 대차대조표에 포함되어 있던 유사한 금융상품들의 가치도 공정가치 또는 시가평가기준 mark-to-market 회계방식에 의해 폭락하게 되고, 자산투매–가격하락의 유동성 악순환 liquidity spiral 이 시작되었다.

부족한 자본을 확충하기 위해, 은행들은 새로운 신용공급을 자제하였고 기업/소비자도 유동성을 유통시키기 보다는 오로지 보유하기에만 급급하였다. 동시에, 날마다 언론을 통해 금융회사의 손실규모 증가가 보도되고, 예상치 못했거나 숨겨진 손실이 밝혀지면서, 은행간 단기 자금거래시장마저 거래상대방 위험 counterparty risk 이 부각되면서 경색되는 결과를 가져왔다. 2008년 9월 이후로 머니마켓을 포함 단기 자금시장에서조차 유동성이 사라지면서, 그 동안 단기 자금시장에 의존하여 생명을 연장하였던 금융회사들이 일련의 부도사태를 맞이하였다. 유동성 비용 증가 및 유동성 자체의 고갈과 자본 적정성 수준의 악화가 맞물리면서 아래 〈그림 1.9〉에 보이는 것과 같은 악순환이 시작되었다.

그림 1.9 유동성 악순환(liquidity spiral) 경로

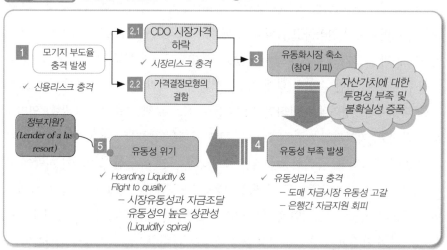

채는 대부분 단기자금에 의존하게 된다. 공격적인 자기자본투자[PI]에 필요한 자금의 대부분을 단기 Repo(환매조건부채권)에 의존하여 매일 대규모 자금(리먼의 경우 2008년 중 2천억 달러 이상)을 Repo시장에서 조달해야 하는 취약한 자금조달구조 funding structure 를 가지고 있었다. 2008년 3월 Bear Sterns 부도 이후 악화된 시장심리하에서 리먼의 투자은행 비즈니스 모델의 신뢰가 약해지면서 거래상대방 등 시장의 신뢰를 상실하게 된다. 이 시점에 시장에서는 거주용, 상업용 부동산 관련 자산 등 低유동성 자산의 현금화 불가, 관련 투자손실 심화로 리먼이 위기에 직면할 것이라는 전망이 팽배하여 Repo 거래상대방이 대출연장 roll-over 을 거부하면서 비즈니스 유지를 위해 필수적인 자금조달원이 고갈되었다.[7]

넷째, 시장의 신뢰 유지를 위해 Repo 105 거래를 이용하여 자산, 부채 규모 및 레버리지비율을 왜곡하였다. 즉 리먼은 자금조달을 위해 필수불가결한 시장의 신뢰를 유지하기 위해 매분기말 Repo 105 거래를 이용하여 자신의 재무현황을 왜곡하였는데, 단기 자금조달을 위해 이용되는 Repo 거래를 매매거래로 위장하여 일시적으로 부채 및 레버리지 규모를 축소하였다.[8] 통상의 Repo 거래는 자금조달로 인한 자산(현금)의 증가와 함께 부채의 증가를 수반하나, Repo 105 거래에서는 자산의 매각만을 반영하고 환매조건 부분을 누락하여 부채 증가를 반영하지 않았다.[9] 영국의 회계준칙은 통상의 자금거래 대비 교환자산의 가치 인정비율이 낮은 경우 등 일정조건을 만족할 경우 Repo 거래를 자산매각으로 인정하여 리먼은 영국 현지법인을 이용하여 동 거래를 지속하였다.

② UBS의 대규모 손실발생과정

2006년에 접어들면서 UBS의 경영진은 투자은행들의 전통적인 업무영역인 채권

---

[7] 리먼의 저유동성 자산 규모: ('06.4분기) 86.9억달러 → ('08.1분기) 174.6억달러.

[8] 리먼의 분기별 부채 축소 규모: ('07.4분기) 390억달러, ('08.1분기) 490억달러, ('08.2분기) 500억달러, '08.2분기 레버리지비율을 13.9배에서 12.1배로 축소함.

[9] 이러한 Repo 거래를 매각거래로 인정받기 위해 대여자금의 105~108%에 달하는 채권을 교환자산으로 제공해야 해서 Repo 105라는 명칭이 연유함.

투자 fixed-income 부문에서 여타 대형 투자은행들의 투자규모가 증가하고 있음을 인식하게 되었다. Goldman Sachs의 경우, 미달러화 기준 87억(2005년)에서 104억(2006년)으로, Citigroup은 92억(2005년)에서 105억(2006년)으로, Deutsche Bank는 90억(2005)에서 115억 달러(2006)로 채권투자 부문의 규모가 증가하였으나, UBS의 경우에는 동 시장에서 2005년도에 겨우 9위 수준으로 60억 달러 수준에 머무르고 있었다. 이에 UBS 경영진은 경쟁회사에 비해 유동화(구조화 금융), 高위험 신용상품 등에서 UBS의 경쟁력이 뒤쳐진다고 판단하고, 동 부문의 비즈니스를 확대하기로 결정하였다. 이 시점에 UBS 경영진은 "비용과 상관없이 성장"하는 따라잡기 전략 catch up strategy 을 실행하였는데, 거시적인 시각에서 보면 2006년도는 이러한 고위험 투자를 확대하기에는 부적절한 시기였다.

Basel II 도입 등으로 금융회사에서는 자본규제가 여신 프로세스에 결합되면서 리스크관리 업무가 회사의 경영전략에 반영되도록 통제구조가 정비되었으나, UBS에서는 성과지상주의 문화가 지배하면서 회사를 떠나는 CRO 자리를 리스크관리 출신이 아니라 영업 출신들로 대체되었다. 또한, 직원 보상체계는 리스크를 고려하여 수익을 판단하지 않았으며, 이로 인해 레버리지를 통한 서브프라임 부문에서의 상대적 고수익은 매력적으로 보였으며, CDO 구조에서 고수익이 가능한 중간등급 트렌치 mezzanine tranches 에 투자 집중현상이 나타났다. 또한, 더 많은 수익을 위해 低위험등급 트렌치 super senior tranches 에 대해서는 최소한의 위험회피 hedging 만 이루어졌다.

이 시기에 비즈니스 부문에서는 시장에서보다 더 나은 가격으로 자금을 조달할 수 있었고, 이 과정에서 자금조달 만기를 매치시키기 위해 유동성리스크를 고려하려는 시도는 수행되지 않았다. 리스크관리 부문에서 주장하는 보다 안정적인 자금조달 모델은 '성장전략의 제약'으로 인식되었다. 또한, 투자은행 부문의 경영진들은 자산증대에 대한 한도통제 limit control 에 강하게 반발하였는데, 실제 자산규모의 한도 통제는 금융위기가 이미 진행되고 있었던 2007년 3분기에 이르러서야 단 한 차례 시행되었다.

2006년 9월경에 최고경영진과 이사회에서 서브프라임 이슈가 제기되었으나 투자은행 부문의 경영진들은 2007년 7월까지 이를 조정하지 않았다. 최고경영진과 이사회는 성장이 주주 이익에 부합하는 것이라는 생각에 서브프라임 리스크를 심각하게 생각하지 않았다. 2008년 4월 UBS 공시보고서에 의하면, 최고경영진들은 주요 익스포저가 AAA등급의 CDO라는 사실에 안도했고, 리스크가 잘 관리되고 있다는 투자은행 부문의 주장을 믿고 있었던 것으로 보인다. 투자은행 부문의 경영진들은 매출 성장과 경쟁회사 따라잡기에만 관심을 가졌으며, 실질적인 리스크평가보다는 대출승인을 빨리 받는 프로세스를 구축하는 데 더욱 노력하였다.

한편, 리스크 포지션의 내부 보고절차 또한 너무 복잡했던 것으로 판단된다. 그 결과 투자은행 부문 내 리스크 현황의 전체적인 그림이 경영진이나 이사회에 제출되지도 않았고 내부적으로 전체적인 전략에 대한 심각한 문제제기도 존재하지 않았다.

앞서 리먼과 마찬가지로, UBS의 사례는 리스크통제구조risk governance가 이들 회사의 위기에 일조했음을 분명히 보여주고 있다. 복잡한 상품을 다루는 투자은행 비즈니스는 최고경영진이나 이사회 차원에서 통제하기가 너무 어려웠다. 또한, 경영전략과 관련한 리스크에 대해 주주이익의 관점에서 주도적으로 챙기는 오너십risk ownership의 범위가 이사회 구조 및 이사회 구성원의 독립성과 관련이 있다는 점이다. 마지막으로 전문경영인들에 대한 성과보상체계가 현재 매출이나 주가와 관련되도록 설계되어 이런 과도한 리스크감수 행태를 부추겼다는 점이다. 물론 바람직한 기업 지배구조나 리스크 통제구조를 나타내는 단순한 지표는 존재하지 않는다. 하지만, 한 가지 분명한 것은 급여의 크기 자체가 아니라 급여나 보상체계가 리스크와 얼마나 관련되어 있는지는 분명 중요한 문제이다.

금융위기 과정에서 파산하거나 대규모 손실을 입은 금융회사의 경우 이 부분에서 문제가 있었다는 점은 확인된다. 또한, 형식적인 리스크위원회의 존재는 투자나 대출을 실행하는 담당자들의 심리적 안정감만 가져다준다는 사실이다.

금융감독 및 시스템의 취약성

금융위기를 겪으면서 기존 금융감독 체계 및 리스크통제구조의 여러 가지 단점이 드러났다. 금융회사들은 금융감독 체계의 약점을 이용하여 더 이상 지탱할 수 없는 수준까지 레버리지를 끌어올렸고, 그 결과 금융위기에 따른 충격의 규모가 더 커지는 결과를 가져왔다. 지난 금융위기는 기존 금융시스템의 문제를 총체적으로 드러내는 계기가 되었으며, 구체적인 내용은 다음과 같다

① 금융회사의 외형성장에 대한 적절한 통제수단의 부재로 인해, '대마불사too big-to-fail' 기관이 등장하게 되었다. 높은 레버리지를 가져가면서 금융회사들은 자산 증식 및 높은 단기 수익률이라는 두 가지 목표를 달성할 수 있었다. 양적, 질적 성장으로 인해 규모가 커지자, 고속성장을 달성한 대형 회사들은 자체적인 건전성 감독 체계 측면에서도 당연히 성숙한 수준에 도달했을 것이고, 따라서 감독당국의 적극적인 개입이 불필요할 것이라는 착각을 가져왔다. 하지만, 경제 전반에서 대형 회사의 비중이 더욱 커졌으므로 그 파급효과가 훨씬 커졌음을 감안한다면, 오히려 건전성 감독을 더욱 강화할 필요가 있었던 것이다.

② 부적합한 리스크통제구조risk governance로 인해 신용 의사결정에 있어 적절한 통제가 이루어지지 못하였다. 조직 내에서 리스크관리자들의 의견은 시장현실과 동떨어진 것으로 간주되어 무시되는 경우가 많았다. 실제로는, 리스크관리 담당자들조차도 복잡한 모델 및 가정을 충분히 이해하지 못하는 경우가 많아, 모형의 산출결과model outputs를 있는 그대로 수용하는 일이 비일비재하였다. 이는 주요 의사결정에 있어 객관적 입장에서 의견을 제시해야 할 리스크관리 조직조차도 정상적으로 작동하지 않았음을 보여주고 있다.

③ 금융회사 경영진에 대한 단기적 시각의 인센티브 제도로 인해, 높은 수익 달성을 위한 무리한 리스크 감수행위risk-taking를 조장하는 결과를 가져왔다. 위에서

언급한 바와 같이, 복잡한 모델 및 연관된 리스크를 정확히 이해하고 있는 내부 인력이 거의 없는 상황에서, 금융회사 투자자들은 오로지 수익성만을 추구하였으며, 투자 담당자가 과도한 리스크를 인수할 경우 이에 대한 처벌을 요구하기는커녕 오히려 레버리지를 증가시키는 이들에게 더 많은 보상을 주는 상황이 전개되었다. 전사적으로 서로 더 높은 수익률ROE: Return On Equity 을 달성하고자 하는 경쟁이 치열한 상황하에서, 리스크관리자 혼자서 반대 의견을 적극적으로 개진할 분위기는 아니었던 것이다.

앞서 살펴본 바와 같이, 금융위기는 또한 기업 지배구조 및 리스크관리 문화에 있어서의 이슈를 부각시키는 계기가 되었다. 적절한 지배구조, 바람직한 리스크문화risk culture 가 정착되어 있었더라면, 과도한 레버리지의 누적을 스스로 자제하고 사태가 너무 늦기 전에 방향을 선회할 수 있었을 것이다.

④ 수학모형 및 첨단 금융공학에 대해 너무 과도하게 의존하였다. 전문적인 수학모델에 기반한 금융상품 설계, 복잡한 가격결정방법까지, 금융업계 전문가들 중에서도 구체적인 내용을 이해할 수 있는 사람은 몇 명 되지 않는 상황까지 도달하였다. 이때까지만 하더라도 안정적, 우호적인 경제환경이 지속되고 있었기 때문에, 사실 이 모델들은 '불황기'recession 를 포함하는 경기변동 전체에 대해 테스트된 적이 없었다. 따라서, 외부 경제환경이 급변하자 모델의 근간을 구성하던 주요 가정들이 적합하지 않았음이 드러났으며, 모델만을 맹신하던 일부 금융회사들의 경우에는 금융위기가 진전된 지 한참 지난 후에도 신용손실의 규모를 제대로 파악하지 못하고 있었다.

이와 같이, 미흡한 규제하에서, 금융회사들은 시장이 계속 성장할 것이라는 낙관적 전망에 기반을 둔 모델링 결과만을 믿고 非안정적인 자금조달 영역에까지 레버리지를 계속 확대하였다. 투자부문의 공격적 의사결정 및 이러한 결정을 뒷받침하는 모델의 효과성/적정성 여부에 대해서는 이의를 제기할 만한 공식적인 절차도 없었고, 또한 굳이 그렇게 할 만한 동기부여나 유인책도 전혀 없었다. 모델의 주요 가정들이 현실과의 괴리를 보이기 시작하자, 높은 레버리지를 일으킨 금융회사들의 자본적정성은 빠른 속도로 악화되었으며, 레버리지 확대를 위해 무리하게 사용한 "비안정적 자금들"이 급속도로 빠져나가면서 사태는 더욱 악화되었던 것이다.

⑤ S&P나 무디스와 같은 외부 신용평가사credit rating agency에 대한 높은 의존도로 인해, 신용리스크 평가 기능은 사실상 아웃소싱되는 결과를 가져왔다. 신용평가사들은 독립적, 객관적인 신용등급 평가라는 본연의 임무를 완수하지 못했는데, 특히, 부도 리스크 및 구조화 상품들간의 리스크 상관관계correlations를 정확히 파악하지 못함으로써 리스크에 대한 적절한 평가를 하지 못하였고, 구조화 신용상품의 'Senior Tranches'에 높은 신용등급을 부여하는 오류를 저질렀다. 연기금과 같은 특정 펀드/투자기관들의 경우에는 일정등급 이상의 상품에만 투자하도록 법률로 규정하고 있어, 잘못된 신용등급의 부여로 인해 이들 보수적 투자기관들이 본의 아니게 과도한 리스크를 부담하는 결과를 가져왔다. 또한, 더 근본적인 측면으로는, 구조화 상품에 등급을 부여하는 대가로 투자가들이 아닌 발행기관들이 신용평가사에 수수료를 지급하는 구조적인 이해상충문제conflict of interests로 인해 상황은 더욱 악화되었다.

⑥ 금융산업의 각 섹터별 분리된 감독체제 및 거시적 시각의 부재 등 기존 금융감독 체제의 문제점이 드러났다. 특히, 전통적인 은행 업무에서 벗어난 '그림자금융'shadow banking 영역은 그 특성상 감독대상에 포함되어 있지 않았기 때문에, 별다른 규제 없이 규모를 확대시킬 수 있었다. 또한, 사업부문간 신용리스크를 이전시키는 등 규제의 허점을 이용하는 규제차익거래를 제어하기 위한 감독기능도 부재하였다. 예를 들어, 동일 금융그룹 내 은행부문에서 보험으로 신용리스크를 이전할 경우, 금융그룹의 리스크 노출규모는 동일하지만 자본 요구량은 감소하는 효과가 발생하였다.

⑦ 그림자금융shadow banking 부문의 규제차익거래로 인해, 금융시스템 내에 과도

한 수준의 레버리지가 계속 누적되는 결과를 초래하였다. 또한, SPV, SIV와 같은 부외항목, 헤지펀드와 같이 규제대상에 포함되지 않는 투자회사, 높은 레버리지를 포함하는 장외파생상품의 투명성 결여 등 다양한 변수들이 시스템리스크 systemic risk 를 증폭시키는 데 일조하였다. 은행－보험간의 자본요건 차이, SPV, SIV를 이용하여 자산을 부외항목으로 이전시키도록 허용하는 등과 같은 규제상의 허점을 이용하여 은행들은 자산을 자유스럽게 이동시킴으로써 실제 리스크 규모에는 변함이 없음에도 불구하고 자본 요구량을 감축시킬 수 있었다. 예를 들어, 미국 Lehman Brothers 나 영국의 Northern Rock 은행의 경우, 부도가 나기 바로 직전까지 공시된 내용을 보면 충분한 자본을 보유하고 있었던 것으로 되어있다.

⑧ 시가평가 회계기준 및 Basel Ⅱ 자본적정성 요건 등은 시장변동성을 확대시키는 '경기 순응성 procyclicality 효과를 더욱 확대시켰다. Basel Ⅱ의 리스크기반 자본적정성 프레임워크를 구축한 은행들의 경우에는 불경기 도래시 리스크가 커짐에 따라 자본비율을 유지하기 위해 대출규모를 대폭 축소시킬 수밖에 없었고, 결과적으로 시장 내 급속한 유동성 고갈의 원인을 제공하였다.

⑨ 금융회사들이 계속 레버리지를 증가시킴에도 불구하고 과도한 리스크가 적절하게 상품의 가격결정과정에 반영되지 못하였다. 이는 '시장 메커니즘'이 효과적으로 작동할 것이라는 투자자들의 막연한 기대에 기인하고 있는데, 구조화 상품, 느슨한 여신심사기준, 서브프라임 모기지 투자 등 모든 요소들이 리스크의 증대를 더욱 가속화시켰다. 금융회사 투자자들은 시장원리를 통해 모든 리스크에 대해 적절한 가격이 설정될 것이라는 막연한 기대감만으로 높은 단기 수익률만을 추구하였으며, 이에 따라 금융회사들은 더욱 더 高마진의 비즈니스만을 추구하는 결과를 초래하였다.

⑩ 글로벌 규제 및 각국 감독당국에서 시스템리스크 systemic risk 를 간과하였다. 일부 국가에서는 정도의 차이는 있으나 시스템리스크의 징후가 부분적으로 감지되

기도 하였지만, 대부분의 국가에서 거시경제 수준의 시스템리스크 모니터링을 위한 명문화된 규정 또는 전담 조직이 부재하였다. 스페인 등 일부 국가를 제외하고는 시스템리스크 경감을 위한 동태적 충당금dynamic provisions, 거시건전성 감독 개선을 위한 별도의 자본요건과 같은 리스크 경감 도구tools도 가지고 있지 못하였다. 설사 개별 금융감독 당국에서 그러한 이슈를 감지했다 하더라도, 시스템리스크의 경우에는 구체적 실행으로 옮기기가 매우 어려웠는데, 그 이유는 시스템리스크 경감을 위한 대응조치는 대부분 경제성장에 역행하는 것이기 때문에 정치적 영향력 및 업계의 반대에 직면하는 것이 일반적이었고, 그 근본적인 이유는 국가차원의 시스템리스크 감독을 전담하는 기구가 부재하였기 때문이다.

⑪ 거시경제 분석방법과 금융감독 체계의 통합상의 이슈로 인해, 금융산업의 시스템적 취약성을 파악하기 위한 명확한 지표를 간과하였다. 거시경제변수 자체의 분석은 철저하게 수행되었지만, 거시경제 추이를 재무상태 및 미시수준의 영향으로 해석하는 부분에 있어 연계성이 단절되었고, 또한 금융시스템 전체에 대한 파급효과 분석에까지 이어지지 못하였다. 예를 들어, 저금리 환경이 장기간 유지되는 것은 좋지만, 그 기간이 너무 길어질 경우 오히려 자금의 효율적 활용을 저해한다는 점을 이해하지 못했다. 미국의 경우, 저금리 기간이 길어지면서 건전한 사업자금으로 활용되기보다는 주택 버블에 더 많은 자금이 투입되는 등 부작용이 나타났다. 이와 같이, 거시경제분석에 기반하여 실물경제 영향에 대한 구체적 분석이 없었기 때문에, 관련 규제의 공백 상태에서 금융회사들의 레버리지는 계속하여 증가할 수 있었다.

이상에서 살펴본 11가지의 금융위기에서 얻은 교훈을 바탕으로, 감독체계 및 금융회사 내부의 지배구조 개선이 글로벌 차원에서 추진되었으며, 향후 유사한 위기 재발 방지를 목표로 금융회사의 자체 자본/유동성관리 체계에 대한 감독당국의 규제 강화를 포함하는 포괄적인 규제개혁이 추진되고 있는 것이다.

제 2 장

Basel II의 주요 문제점 및 개선방향

2.1 Basel II의 한계

　2005년에 확정되어 금융위기 이전까지 전세계적으로 도입되고 있던 Basel II는 은행의 자산부문 리스크를 보다 민감하게 파악하여 이를 최소 자기자본규모 MCR: Minimum Capital Requirements 산출에 반영하기 위해 고안된 것이었다. 동 체계는 세 개의 기둥 구조 3 pillars 를 가지고 있는데, 자기자본규제 MCR 에 해당하는 Pillar 1 뿐 아니라 은행의 리스크관리와 자본적정성 평가체제에 대한 감독당국의 점검 Pillar 2 과 공시 강화를 통한 시장참여자의 감시 유도 Pillar 3 에 의해 Pillar 1을 보완하는 구조로 이루어져 있었다.[1]

---

[1] 금융위기 시점에서 Basel II 자본적정성 규제는 2007년말 까지 전세계 44개국이 도입한 상태로 주요국 중에는 미국, 중국 등이 도입하지 않은 상태였음.

이러한 Basel Ⅱ는 기존 자기자본규제Basel I 에 비해 보다 리스크에 민감한 구조로 은행의 자본규제를 수행한다는 측면에서 장점을 가지고 있으나, 금융위기 과정에서 경기순응성procyclicality 을 확대하는 문제와 유동성리스크liquidity risk 에 대한 감독 不在 등의 문제를 노정하였는데, 아래에서는 이에 대해 구체적으로 살펴보도록 하자.[2]

유동성리스크 감독 미흡

일반적으로 개별 금융회사는 자산과 부채의 만기불일치로 인해 유동성리스크에 노출되나 정상적인 시장상황에서는 자금조달, 차입축소 등을 통해 적정한 수준에서 유동성리스크 관리가 가능하다. 그러나, 서브프라임 위기 시와 같이, 위기 발생으로 금융시장의 유동성이 고갈된 경우에는 타 금융회사로 전파되어 시스템리스크로 전이risk spill-over 될 수 있다. 그에 따라 유동성을 정태적인 'Stock' 개념이 아니라 시장상황이 악화되면 한 순간에 사라지는 동태적인 'Flow' 개념으로 이해해야할 필요성이 제기되었다.

Liquidity Spiral

시장 유동성 부족 → 개별 금융회사 유동성 부족 → 보유자산 매각 → 자산가격 폭락 → 자금조달 유동성 부족

그러나, Basel Ⅱ 제도 상에 유동성리스크에 대한 직접적인 규제가 미흡하여 우발채무이행 등 필요 자금수요에 대한 대비를 소홀히 하여 금융위기를 초래했다는 비판을 받게 되었다. 실례로, 2000년대 초반 영국 Northen Rock 은행은 단기차입으로 장기 모기지 상품에 투자하여 자산증가율이 연 25%에 이를 정도로 급격한 외형성장을 도모하였다. 2007년 6월 말 기준으로 Northern Rock 은행은 총자산

---

[2] 유동성리스크(Liquidity risk)란 자산·부채의 만기불일치 또는 시장의 수급불균형과 같은 유동성 조건의 변화 등으로 채무를 상환하지 못하거나 현저히 불리한 조건으로 상환할 수 있는 위험을 의미한다.

1,135억 파운드(약 230조원)로 영국 내 8위의 은행이었으나 금융위기의 여파로 인한 유동성 부족으로 파산에 이르러 국유화되고 말았다. 파산직전인 2007년 6월 당시 Northern Rock 은행은 Basel Ⅱ 내부등급법IRB: Internal Rating Based Approach에 의해 산출한 기본자본비율Tier 1 ratio이 11.3%로 감독당국의 기준을 상회하여 부도 징후를 보여주지 못하였다.[3]

참고 2.1   유동성리스크의 전염과정

경제이론에 따르면, 유동성리스크의 전염과정은 대개 아래의 3가지 형태로 진행된다.

1. 도미노 모델(전염의 확산)

A은행 부도 발생 → B은행의 A은행에 대한 대출 손실 발생 → B은행 부도 발생 → C은행의 B은행에 대한 대출 손실 발생 → C은행 부도 발생

2. 손실 악순환(자산가격 효과)

Basel Ⅱ 체계하에서 BIS비율이 일정 수준(예: 8%) 이하로 하락한 은행이 자본 확충을 위해 보유자산을 매각하는 현상이 금융시장에 동시적으로 발생하면, 자산가격 폭락을 유발시켜 해당 은행의 자산가격을 더욱 악화(추가적인 보유자산 매각)시키는 결과를 초래

3. 증거금/차감률haircut 악순환

경기침체 시 손실 발생 → 자본조달 애로 발생 → (제1차) 위험포지션 축소(대출 축소, 자산매각) → (제1차) 증거금/차감률 상승 → 위험회피성향 증가(자금조달비용 상승) → (제2차) 위험포지션 축소 → (제2차) 증거금/차감률 상승

앞서 언급한 대로, Basel Ⅱ는 개별 은행의 미시건전성microprudential supervision 관점에서는 합리적인 방안이나 금융위기의 핵심인 금융시스템 측면의 유동성리스크를 간과했다는 한계를 보였다. 금융시스템의 유동성 충격이 개별 은행의 미시건전

---

[3] Northern Rock 은행의 내부등급법은 영국 금융감독당국인 금융감독청(FSA)으로부터 승인을 받은 상태였다.

성을 악화시킬 수 있음을 감안할 때 개별 은행의 건전성 확보만으로는 시스템 전체의 건전성을 확보할 수 없다는 구성의 오류the fallacy of composition 를 인식할 필요성이 존재한다. 따라서 전체 금융·시스템의 유동성리스크를 개별 금융회사 리스크관리에 반영하도록 Basel Ⅱ를 보완할 필요가 제기되었으며, 이것이 새로운 'Basel Ⅲ'의 주요 내용이 되고 있다.

경기순응성 pro-cyclicality 완화 필요

Basel Ⅱ는 차주의 신용도에 따라 위험가중치가 차등 적용됨에 따라 금융회사로 하여금 경기침체 시 대출을 축소하게 하여 경기순응성을 확대시킬 수 있다. 특히, Basel Ⅱ의 중소기업에 대한 많은 우대에도 불구하고, 경기침체기 시 안전자산 선호현상으로 신용등급이 낮은 중소기업에 대한 대출 포트폴리오를 축소시킬 우려가 제기되었다. 또한, 금융회사 내부 리스크관리모형도 이러한 경기순응성을 더욱 확대시키는데 기여하게 되는데, 호황기에는 리스크를 과소평가하여 위험자산 보유량을 늘리게 하고 불황기에는 리스크를 과대평가하여 급격한 청산을 유도함으로써 자산가격 폭락을 유발하는 것이다. 그에 따라 Basel Ⅱ에서는 이러한 경기순응성 완화를 위하여 경기침체기가 포함된 장기 부도율PD: Probability of Default 과 손실률LGD: Loss Given Default 을 규제자본 산출에 사용토록 하였으나, 미국과 유럽의 경우 동 기간이 경기침체기를 충분히 포괄하지 못하였던 것으로 나타났다.[4]

Basel Ⅱ의 경기순응성

경기침체 → 신용등급 하락 → 은행 자산의 위험가중치 상승 → BIS비율 하락 → 은행 대출 감소 → 경기하락 심화

---

[4] Basel Ⅱ에서는 장기 부도율과 손실률 외 위기상황분석을 수행하도록 요구하였으나, 실제 은행들이 사용한 위기상황분석에서 고려한 위기 시나리오의 심도(severity)는 충분하지 못하였거나, 분석결과를 경영의사 결정에 활용하지 않았던 것으로 파악되고 있다.

따라서 일반적으로 경기호황기에 형성되는 버블에 대해 선제적으로 대응하는 경기대응적 counter-cyclical 규제의 필요성이 제기되었으며, 이는 2010년 말 Basel Ⅲ로 대변되는 바젤위원회의 금융개혁 패키지에서 경기변동에 따라 적정 자본(또는 충당금)을 적립토록 하는 완충자본 capital buffer 설정, 동태적 대손충당금 dynamic provisioning 설정 등의 방안으로 검토되고 있다.

규제차익거래 regulatory arbitrage 기회

Basel Ⅱ 신용리스크 자본규제의 주요 가정 중의 하나는 "포트폴리오 불변성" portfolio invariance 이라는 것이다. 즉, 모기지 등 자산 위험성은 포트폴리오에 얼마만큼의 자산이 추가되는 지와는 무관하다는 것이다.

2005년에 Basel Ⅱ가 공표되면서 은행들은 모기지 자산의 위험가중치가 표준방법하에서 50% Basel Ⅰ에서 35%로 떨어지며, 내부등급법 IRB 을 사용하면 15%까지 낮아질 수 있음을 알게 되었다. 위험가중치가 낮을수록 모기지 자산에 대한 자본수익은 올라갈 수 있으므로 위험가중치가 낮은 모기지에 집중할수록 은행 전체의 수익은 개선될 여지가 존재하였다.

은행들이 Basel Ⅱ를 염두에 두고 모기지 자산을 늘려가면서 부채가 자산의 듀레이션과 일치되지 못하는 유동성 문제가 촉발된 것은 앞서 살펴본 영국의 Northern Rock 사례에서 잘 드러난다. Basel Ⅱ하에서 자본비용이 낮은 모기지 상품을 예금으로 자금을 조달할 수 있는 수준보다 훨씬 빠르게 확대하고자 하는 인센티브가 있었으며, 그에 필요한 자금은 도매 금융시장 wholesale funding market 에서 조달하였다. 경영진은 수익성이 더 높은 모기지 상품으로 사업을 확장하여 모기지 상품의 확대와 주가 상승을 이끌고자 하였다. Basel Ⅱ의 내부등급법 IRB 을 선택한 Citigroup도 이러한 전략을 적용한 것으로 보이는데, 미국 연방예금보험공사 FDIC: Federal Deposit Insurance Corporation 가 수행한 계량영향평가 Quantitative Impact Study 4 자료에 따르면, IRB를 채택한 은행은 모기지 자산에 대한 위험가중치가 2/3정도 줄어 드는 것으로 나타났다. 예를 들면, Basel Ⅰ에서 유동화된 부외 모기지는 자본부과_{capital charge} 대상이
아니었으므로 이는 즉각적인 규제차익거래의 기회로 인식되었다. 즉, 부내와 부외
모기지의 어느 정도의 비중이 Basel Ⅱ가 적용될 때 추가자본 부담 없이 수익을 증
가시킬 수 있는지를 파악하여 규제차익거래를 수행하는 것은 은행 입장에서는 어
쩌면 당연한 선택이었을 것이다.

이러한 규제차익거래 기회는 투자은행 비즈니스 모델로서는 무시하기 어려운 강력
한 유혹이었다. 이들 은행들은 부외거래를 확대했고, 도매금융자금 조달을 급속히 확
대시킴으로써 Basel Ⅱ에서 더욱 수익성 높은 모기지 자산을 확대하였고, 새로운 형
태의 신용파생상품_{credit derivatives}에 투자하였으며, 시장점유율을 유지하기 위해 경쟁
사의 전략을 그대로 차용했고 위험에 처한 은행과 거래상대방 위험으로 연결되었다.

정리하면, Basel Ⅱ는 유동화 자산에 대한 부실한 자기자본규제로 이 부문에 대
한 금융회사의 과도한 투자로 이어져 금융위기에 일조한 것으로 간주할 수 있다.
또한, Basel Ⅱ 기준의 BIS비율은 은행의 과도한 레버리지 증대를 통한 리스크선호
행위를 적정하게 통제하는 데 한계점을 노출하여 새로운 규제안_{Basel Ⅲ}에서는 단순
자기자본비율(레버리지비율)을 새로운 규제비율로 도입하게 되었다.

2.2 감독체계에 대한 시사점

앞서 살펴본 바와 같이, 금융회사의 자본적정성에 대한 Basel Ⅱ 감독기준을 조
속히 보완하여 시행할 필요가 제기되고 있으며―이는 물론 여기서의 주요 논의 내
용인 Basel Ⅲ의 형태로 드러나고 있다―금융회사들이 보다 선제적인_{forward-looking}
접근방법을 사용한 신용리스크의 측정 및 관리가 이루어질 수 있도록 유도하여야
할 것이다.

Basel Ⅱ 개선방향

2009년 7월 바젤은행감독위원회(이하 바젤위원회 혹은 BCBS)[5]는 Basel Ⅱ 자본규제 프레임워크의 첫 번째 개정판을 발표하였다.[6] 일반적으로 'Basel 2.5'로 알려진 이 개정판이 발표된 이후, 바젤위원회는 기존 규제체계의 주요 이슈 해결을 위한 Basel Ⅲ의 기본원칙을 발표하였다. 이러한 흐름은 지난 금융위기에서도 확인된 금융규제 및 감독상의 취약점을 보완하고 개선함으로써 향후 위기재발을 방지하기 위한 것이다. 여기서는 Basel Ⅱ 체계에 대해서 제시된 개선방향을 검토하고자 한다.

① 최소요구자본 MCR 의 양적, 질적 강화

금융위기 이후 최소요구자본 수준의 적정성 및 자본의 질 quality of capital 에 대한 논란이 대두되었으며, 양질의 자본 확보가 미흡한 금융회사는 직접적으로 시스템리스크 요인으로 작용할 수 있음을 보여주었다. 이에 따라 금융회사의 외부충격 흡수능력 제고를 위하여 최소자기자본비율을 상향조정하는 등 양적 강화가 Basel Ⅲ에서 반영되어 시행될 예정이다. 또한, 자본구성 항목 및 공제항목 capital deductions 을 조정하는 한편, 규제자본 구성요소에 대한 시장공시 market disclosure 강화로 투명성 및 비교 가능성을 제고하게 될 것이다.

시스템적으로 중요한 금융회사 SIFI: Systemically Important Financial Institutions 에 대해서는 추가자본 부과 등 기한부 후순위채 등을 배제한 양질의 자본(보통주자본)을 기준으로 규제하는 방안이 검토되고 있다.

② 트레이딩 계정 trading book 에 대한 자본규제 강화

금융위기 시 다수 은행의 트레이딩 계정 손실은 Basel Ⅱ 시장리스크 규제하

---

[5] 바젤위원회는 26개국(아르헨티나, 호주, 벨기에, 브라질, 캐나다, 중국, 프랑스, 독일, 홍콩, 인도, 인도네시아, 이태리, 일본, 한국, 룩셈부르크, 멕시코, 네덜란드, 러시아, 사우디아라비아, 남아공, 스페인, 스웨덴, 스위스, 터키, 영국, 미국) 은행감독기구 및 중앙은행의 고위급 대표로 구성되어 있음.

[6] BCBS, "Revisions to the Basel Ⅱ Market Risk framework," 2009.07. ; BCBS, "Guidelines for computing capital for incremental risk in the trading book," 2009.07.

의 최소자본 규모를 크게 상회한 것으로 나타났다. 시장리스크 market risk 에 대한 VaR Value-at-Risk 모형은 유동화에 제약이 없는 트레이딩 자산에 대한 리스크 평가치로 고안된 반면, 트레이딩 계정 내 유동화가 원활하지 않고 은행계정에 기입할 경우 높은 자본비용을 수반하는 자산이 많았기 때문이다.

이를 위하여 Basel 2.5로 알려진 시장리스크 개선안은 유동화되지 않은 신용상품 unsecuritised credit products 에 대한 리스크 부과기준 강화 IRC: Incremental Risk Charge 를 포함하고 있다. 이는 CDO, ABS 등 트레이딩 자산의 손실이 주로 신용스프레드 확대 및 유동성 부족에 기인하였음을 고려하여, 부도발생으로 인한 리스크뿐 아니라 신용등급 및 스프레드의 급격한 변동에 따른 가격변동 리스크도 자본규제에 반영하기 위한 것이다. 한편, 유동화된 신용상품에 대해서는 은행계정 처리방법을 적용하며, Market VaR를 보완하는 위기상황분석 Stressed VaR 을 실행하여 자본량 산정에 반영하도록 요구하고 있다.

유동성이 높고 투자자가 다수인 포트폴리오 well-diversified 에 대한 주식 개별리스크를 고려한 specific risk 자본규제 완화 적용을 폐지하고, 트레이딩 및 은행 계정에 기입할 자산에 대한 구분을 명확히 하여 계정간 자본요구량 상이에 따른 규제차익거래 추구 등 부작용을 차단하고 있다.

③ 유동화 및 재유동화 익스포저에 대한 자본규제 강화

유동화 및 재유동화 익스포저에 대한 불충분한 자본규제가 금융위기의 주요 원인 중 하나인 유동성 과잉을 초래했다는 비판에 대응하여 유동성지원약정에 대한 자본규제 강화, 재유동화 익스포저에 대한 위험가중치 상향조정 등이 제기되었다.[7] 여기서 재유동화 익스포저란 유동화 익스포저인 주택담보부유동화증권 RMBS: Residential Mortgage Based Securities 을 기초자산으로 하여 다시 유동화된 CDO 등의 익스포저를 의미한다.

---

[7] 이에 대한 자세한 내용은 Basel II 개정시안(Proposal enhancements to Basel II Framework, '09.1)을 참고하기 바람.

구체적으로 재유동화 익스포저를 별도의 익스포저로 구분하고 위험가중치를 일반 유동화 익스포저에 비해 크게 증가시키고,[8] 은행이 보유하고 있는 ABCP 등에 대해 유동성지원약정을 제공한 경우 해당 ABCP를 무등급으로 처리하여 자기자본에서 차감하는 방안을 포함하도록 하였다. 또한, Basel Ⅱ의 Pillar 3를 통하여 은행의 유동성포지션과 함께 부외항목 운영 세부내역에 관해서도 엄격한 공시의무를 부과하는 방안이 검토되고 있다.

④ 자본규제의 경기순응성 완화

추가 완충자본 적립, 경기상황별로 상이한 자본목표비율 설정, 동태적 대손충당금제도 도입 등이 제기되고 있다. 이와 관련하여, 적정수준의 완충자본 유지를 위한 방편으로 배당 및 자사주 매입정책 등 건전한 자본계획 체계에 대한 기준 마련을 요구할 것이다. 구체적으로, 주주배당을 제약할 수 있는 손실보전 완충자본CB: Conservation capital Buffer 및 경기대응적 완충자본CCB: Counter-Cyclical capital Buffer 을 포함하는 완충자본 프레임워크를 도입할 예정으로, 바젤위원회는 추가 완충자본의 적립에 대한 조건을 정의하기 위해 이익, 신용관련 변수 등 다양한 지표를 검토할 예정이다. 또한, 예상손실EL: Expected Loss 기반의 미래지향적forward-looking 대손충당금 적립제도를 적극 추진할 예정이다.

⑤ 시스템리스크 통제를 위한 자본규제 방안 도입

동일한 리스크 수준의 포지션이 하나의 대형 은행에 집중되어 있는 경우가 다수 소형은행에 분산되어 있는 경우보다 잠재적으로 시스템리스크systemic risk 가 더 크다고 할 수 있으므로 이에 대한 추가 규제가 요구된다.

또한, 단기부채 상환 필요성으로 인해 금융위기 시 자산급매fire sale, 대출 축소 등 시스템적 문제를 야기할 수 있으며, 이러한 시스템적 비용은 자산 – 부채 만기불일

---

[8] Basel Ⅱ 체계하의 유럽국가 중 유일하게 스페인 감독당국은 부외자산항목에 대해 8%의 자본금(1,250%의 위험가중치)을 쌓도록 함으로써 구조화목적회사(SPC)를 통한 비우량채권 투자유인을 사전에 없앨 수 있었다고 알려져 있다.

치에 따른 문제에 가중되므로 자산-부채 만기불일치를 고려하는 것만으로는 충분하지 않다는 것이다.

⑥ 레버리지비율 등 도입

금융위기 전개과정에서 다수의 금융회사가 레버리지를 과도하게 확대하여 왔음에도 불구하고 적정 수준의 자기자본비율을 유지하고 있는 것으로 측정되는 문제점이 확인되었다. 레버리지 확대에 대한 적절한 감독이 이루어지지 않았을 뿐 아니라, 위기 발생 이후 다수 금융회사가 레버리지 감축 de-leveraging 에 돌입하면서 금융시장에 불안감이 증대되었기 때문이다. 시스템적 문제 발생 시 금융회사의 자금조달 및 자산매각 실패 등으로부터 발생하는 시스템적 영향의 규모는 해당 금융회사의 총 레버리지 규모와 관련되어 있다.

그에 따라 Basel Ⅱ 자본규제 접근방식을 보완할 단순지표 simple, non-risk measure 를 도입할 필요성이 제기되었고, 자본기준과 마찬가지로 레버리지비율 leverage ratio 에 대해서도 각 국가의 회계기준 차이를 조정하여 글로벌 규제기준(Basel Ⅲ에서 3% 상한)을 수립하기로 하였다.[9] 이와 관련하여, 금융위기 이후 영국 금융감독청 FSA: Financial Service Agency 은 최대 총레버리지비율 maximum gross leverage ratio 도입을 제안하였으며, 스위스 감독당국은 자국 내 대형 은행들 UBS, Credit Suisse 에 대한 레버리지비율 규제 도입 계획을 발표한 바 있다. 스위스의 레버리지비율 규제는 개별 금융회사 4%, 금융그룹 기준 3%로 설정하는 것으로 제안되었다.

한편, 앞서 언급한 바와 같이, Basel Ⅲ에서는 유동성 규제요건의 글로벌 표준을 도입하기로 하고, 스트레스 조건하의 단기 유동성 조건 및 장기 구조적 유동성 규제비율을 적용하여 유동성 요건을 강화하도록 하였다.

---

[9] 레버리지비율을 이미 규제방안으로 사용하고 있는 나라들도 있는데, 미국 FDIC는 BIS비율 8% 이하이거나 Tier 1 비율 및 레버리지비율 중 어느 하나라도 4% 이하인 경우 적기시정조치 대상으로 선정하고 있으며, 캐나다 금융감독당국도 자본승수 대비 자산(assets to capital multiplier) 개념을 사용하여 레버리지비율 규제를 시행 중이며, 자산항목 계산 시 보증, 파생상품 익스포저 등 일부 부외자산을 포함하고 있다. 우리나라도 은행 경영실태평가 시 단순자기자본비율(레버리지비율)을 활용 중이다.

참고 2.2   자동적 자본 확충제도

⊕ 역전환사채

금융회사 주식의 시장가격을 이용하여 산정된 시장 자기자본비율market capital ratio
이 일정 수준 이하로 하락하면 자동적으로 해당 금융회사의 현 주가수준에서 자본금
으로 전환되는 구조의 채권을 의미하며, 역전환사채의 주식 전환 시 주식으로 전환된
부분을 대체하기 위해 즉각적으로 새로운 역전환사채가 발행된다.

이는 금융회사가 부실화되기 전에 자동적으로 자본금을 확충하도록 함으로써 시
스템리스크 차단을 위한 정부의 개입을 미연에 방지하여 사회적 비용을 최소화할 수
있으나, 배당권, 의결권 등 주식가치 희석에 따른 기존 주주의 저항, 금융회사 대주주
등에 대한 사전 자격심사 불가, 자기실현적self-fulfilling 주가하락 사태 초래 가능성 등의
부작용이 존재할 수 있다. 즉, 금융회사가 역전환사채를 발행할 경우, 역전환사채의
주식전환으로 기존 주주의 권익이 침식될 것이라는 예상을 하게 되면서 주식시장에
서 해당 은행의 주가가 더욱 하락하여 역전환사채의 주식 전환을 촉발할 수 있다는
것이다.

⊕ 자본금보험

전체 은행의 대손상각 합이 일정수준 이상으로 발생하면 보험사고가 발생한 것으
로 간주하여 보험을 가입한 은행이 보험금을 지급받아 자동적으로 자본금이 확충되
도록 하는 제도이다. 구체적으로 특정 은행이 가입한 자본금보험의 발동요건trigger 은
부보 은행을 제외한 여타 은행들의 일정기간 대손상각 누적액이 일정수준을 초과하
는 경우로 설정되며, 위기상황이 일정기간 지속될 수 있으므로 자본금보험이 일회성
으로 종결되지 않도록 하기 위해 상이한 만기stattered maturity 의 보험을 다수 가입할 수
있다. 즉, 부보 은행을 제외한 여타 은행들의 누적 대손상각액에 따라 보험금 수령 여
부가 결정되는 구조이다.

이는 대손상각, 주가, 경영성과 등을 조작하는 도덕적 해이를 방지할 수 있으며, 기
존 주주구성에 큰 변화를 유발하지 않는다는 장점을 가진다. 그러나, 이는 시스템적
도덕적 해이가 발생할 수 있으며, 적절한 보험인수자가 존재하지 않을 수 있으며, 실
재 대손이 발생하지 않는 우량은행만 자본금보험에 가입하고 부실은행은 가입하지
않을 가능성 등의 문제점이 존재한다. 즉, 자본금보험에 가입한 은행은 금융권 전체의

대손이 증가하여 금융위기 상황이 발생하더라도 보험금을 수령하게 되므로 고위험 사업을 추진하는 등 시스템리스크 발생에 오히려 둔감해질 수 있으며, 보험료 산정 등이 어려워 정부가 개입하지 않고는 시장이 형성되지 않을 가능성이 높다.

● 규제용 하이브리드증권

금융회사가 금융위기와 같은 특정 조건에서 주식으로 전환되는 장기 채권을 위기 이전에 발행하여 위기 발생 시 주식 전환을 통해 자본금을 확충하는 제도로, 여기서 특정 조건은 감독당국이 위기상황을 선언한 경우, 금융회사가 하이브리드증권 계약 사항을 위반한 경우(예: Tier 1 비율이 일정수준 이하로 하락한 경우) 등으로 결정할 수 있을 것이다.

주식전환비율을 시가가 아닌 장기 평균가(예: 20일 평균가)로 설정하거나, 채권 단위금액당 전환 가능 주식 수를 고정시켜 주가조작 manipulation 및 주가 악순환 death spiral 등 부작용 방지가 필요하다. 여기서 주가 악순환이란 채권의 주식전환 시 발생하는 기존 주주의 권익침해로 주가가 하락하면 이는 다시 기존 주주의 권익침해를 초래하며 추가적인 주가하락을 야기하는 현상을 의미한다.

동 방식은 금융위기 발생 시 사후비상조치 ad-hoc measure 예방 가능, 명확한 발동 메카니즘 설정에 따른 투명성, 은행 투자자가 적정 수준의 자본확충 비용 부담의 장점을 지니고 있다.

● 조건부자본

정부와 금융회사간에 자본확충 발동요건 발생 시 금융회사는 자동적으로 하이브리드채권을 발행하고 정부가 동 채권을 매입하는 것을 내용으로 하는 계약을 체결하는 방식이다. 여기서 자본확충 발동요건은 예를 들어, 거시경제지표가 일정 수준으로 악화되거나, 은행권 대손상각 합이 일정 수준 이상일 경우 등으로 설정될 수 있다. 자본확충 계약의 가입 여부는 증자의 대안으로서 자발적 선택사항이 될 것이다. 이러한 하이브리드채권은 일정 수준의 이자를 지급토록 하고, 계약체결 은행의 자본금 비율이 감독당국의 권장비율을 초과하는 수준에 이르면 발행된 하이브리드채권은 우선주로 자동 전환할 수 있으며, 전환된 우선주는 배당의 우선권을 보유하며 배당금으로 정부가 투입한 공적자금을 모두 회수하게 되면 자동적으로 소멸된다. 그러나, 채권만기까지 권장비율에 이르지 못하거나 공적자금이 완전히 회수되지 못한 경우 미회수된 금액만큼 보통주로 전환되는 구조이다.

　이 방식의 장점은 공적자금 회수 시 채권 및 전환된 우선주가 소멸하므로 채권가격 산정 문제가 발생하지 않으며, 계약시점에 현금흐름 미발생, 투입한 공적자금에 대한 명확한 회수계획 제시가 가능하다는 점 등이다.

⑦ 자동적 자본금확충제도 도입

　위기상황 발생 시 금융회사 자본금이 자동적으로 확충되도록 역전환채권Reverse Convertible Debenture, 조건부자본Contingent Capital 등의 도입이 제안되고 있다. Basel Ⅱ 자본규제하에서는 위기상황에서 발생하는 자산의 헐값매각fire-sale에 따른 자산축소de-leveraging, 신용경색 등의 외부효과를 심화시킬 가능성이 존재한다. 이는 앞서 언급한 바와 같이, 개별 금융회사에 대한 미시적 감독수단이 거시적으로는 바람직하지 않은 결과를 유발하는 구성의 오류Fallacy of composition 문제가 발생하기 때문이다. 즉, Basel Ⅱ와 같은 사전적인 자본규제는 개별 금융회사의 부도방지 목적은 달성할 수 있으나, 위기상황 발생 시 외부효과를 유발시켜 경제 전체적으로는 바람직하지 못한 결과를 초래할 가능성이 존재한다. 그에 따라 향후 새로운 형태의 금융위기에 대응하기 위해서는 위기상황 발생 시 금융회사의 자본금이 자동적으로 확충되도록 하는 자동적 자본금 확충제도 도입이 필요하다는 것이다. 이를 위한 방법으로 역전환사채, 자본금보험Capital Insurance, 규제용 하이브리드증권Regulatory Hybrid Securities, 조건부자본 등이 현재 논의 중이다.

⑧ 위기상황분석 강화

　지난 금융위기의 심도 및 지속기간은 개별 금융회사의 위기상황분석stress test이 적절하지 않았음을 부각시키는 계기가 되었다. 이는 금융위기가 금융회사 자체 위기상황분석 결과에서 예측된 수준보다 심각할 뿐 아니라 위기상황분석의 활용 등 금융회사의 위기대응 능력이 제한적으로 이루어졌기 때문이다. 그에 따라 실질적인 위기상황분석은 과거의 제한된 데이터에 기초한 정량적 리스크 측정법의 한계를 보완하고 잠재적인 경기하강 가능성에 집중함으로써 경기순응성 완화에 기여해야 한다는 주장이 강하게 제기되었다. 바젤위원회는 현행 위기상황분석 관행상의 취약점 개선, 통제구조, 설계 및 실행 강화를 위한 원칙을 이미 제시하였으며, 여기에는 위기상황분석이 금융회사의 리스크 통제, 리스크문화 확산 및 이사회/경영진의 전반적 의사결정 등에 활용될 필요가 있으며, 편중리스크, 부외항목, 유동성 관리 등을 포함하여 통합적으로 분석되어야 함을 명시하고 있다.[10] 물론 감독당국은 개별 금융회사의 위기상황분석 방법 및 절차 등이 적정한지 여부를 평가하여야 하며, 분석의 주요 가정 및 시장변동에 대한 시나리오가 적정한지를 검토하고 문제점 발견 시 시정을 요구해야 할 것이다.

⑨ 신용평가사의 투명성에 대한 감독강화

이해상충에 따른 관대한 신용평가 남발rating inflation 을 방지하기 위해 회계법인과 마찬가지로 신용평가사도 신용분석부와 마케팅부서 간에 엄격한 방화벽fire-wall 을 설치할 필요가 있다. 실제로 평균 BBB등급을 갖고 있는 모기지유동화증권MBS 의 풀을 기초자산으로 부채담보부증권CDO 을 발행하는 과정에서 신용평가사의 자문을 받은 금액 중 96.7%가 BBB등급 이상의 신용등급을 부여 받은 것으로 알려져 있다.

신용평가사의 신용분석에 사용되는 방법론과 절차를 강화하되, 이해상충 소지를 완전히 해소하기 위해서는 중장기적으로 신용등급 수수료를 증권발행사가 아니라 투자자가 부담하도록 하는 방안 등이 검토되고 있다.

Geneva Report

금융위기 이후, 미국 프린스턴 대학의 신현송 교수 등 금융전문가들이 참여하여 작성한 Geneva Report(2009)에서는 앞서 언급한 Basel II의 한계를 극복하기 위한 금융감독 개선방안을 다음과 같이 제시하였다.

---

[10] BCBS, "Principles for sound stress testing practices & supervision," 2009.01.

그림 2.1 **Geneva Report(2009)의 금융감독 개선방안**

I	규제범위	1. 금융회사에 대한 감독범위 재검토
II	유동성리스크	2. Mark-to-Funding 회계처리
		3. 유동성리스크를 반영한 자본규제
III	경기순응성	4. 경기대응적 완충자본 설정
		5. 동태적 대손충당금 설정

① 금융회사에 대한 감독범위 재검토

금융시스템에 중요한 영향을 미칠 수 있는 금융회사에 대해 중점적으로 거시건전성 감독을 실시하여 시스템리스크의 예방이 필요함을 강조하고 있다. 구체적으로 개별 금융회사가 금융시스템에 미치는 영향을 고려하여 이를 4개 그룹으로 구분한 후 감독수준을 차등화하는 방안을 제시하고 있다.

첫째, 'Individual systemic 그룹'은 개별적으로도 금융시스템에 영향을 줄 수 있는 금융회사(예: 대형 은행)로, 이 그룹에 대해서는 거시 및 미시 건전성 감독을 모두 실시해야 한다.

둘째, 'System as part of a herd 그룹'은 개별 규모는 작으나 집단적인 움직임으로 금융시스템에 영향을 줄 수 있는 집단(예: 헤지펀드)으로, 거시건전성 감독의 실시가 필요하며, 미시건전성 감독은 필요시 제한적으로 수행해야 한다. 셋째, 'Non-System large 그룹'으로 여기에는 금융시스템에 영향을 주지 않는 금융기관(예: 연금펀드 등)이 포함되며, 이 그룹에는 미시건전성 감독만 실시하면 된다. 마지막으로 'Tines 그룹'으로 금융시스템에 영향을 주지 않는 소형회사(예: 신용협동조합, 대부업체 등)가 포함되며, 건전성 감독보다는 영업행위 규제에 초점을 두고 감독해야 한다.

표 2.1 | 금융시스템에 미치는 영향을 고려한 구분

		금융회사 규모	
		대	소
금융시스템에 미치는 영향	대	(Group 1) Individual Systemic	(Group 2) System as part of a herd
	소	(Group 3) Non-System large	(Group 4) Tines

② Mark-to-Funding에 의한 회계처리

기존 회계기준은 금융회사가 특정 채권에 대해 임의적으로 매도가능, 만기보유 증권간 계정 재분류 가능하여 호황 시 자산을 매도가능자산으로 분류하여 시가평가Mark-to-Market 를 적용하고, 불황 시에는 동 자산을 만기보유자산으로 분류하여 취득원가를 적용하는 것이 가능하였다. 이는 불황 시 자산가격의 하락 가능성을 고려하지 못하게 만들었다. 그에 따라 금융회사는 자산분류 및 평가방법 변경을 통해 호황 시 레버리지를 크게 확대할 수 있었으며, 이는 경기순응성을 더욱 심화시키게 되었다. 또한, 자산평가 시 단기 자금조달 리스크funding risk 가 반영되지 않아 만기불일치에 따른 유동성 문제를 심화시킬 수 있었다. 예를 들어, 만기보유 목적으로 구입한 자산(취득원가 적용)이라 하더라도 취득재원이 단기 차입금이면 유동성 부족 상황에서는 강제매각(시가평가 적용)될 가능성이 존재하였다.

따라서 Geneva Report(2009)에서는 자산취득 시 사용한 자금조달 원천의 만기 구조를 감안하여 자산 분류 및 평가방법을 결정—이를 Mark-to-Funding 방식이라고 함—할 필요성이 제기하였다. 장기보유 목적의 금융자산이라도 자산취득 시 자금조달원천funding source 이 단기자금인 경우에는 공정가액(시가)으로 평가하는 방법이다. 만약 유동성 부족 상황이 발생하면 장기보유 목적 자산이라도 유동성 해결을 위해 저평가된 현재의 시장가격에 매각될 수밖에 없음을 자산가치 평가에 반영하자는 것이다.

또한, 불황 시 만기보유 자산으로의 재분류를 어렵게 함으로써 호황 시 레버리지의 증가를 억제할 필요성이 존재한다. 자금조달과 운용간의 만기 불일치가 심한 금융회사에 대해 일정한 벌칙(예: 추가자본 적립 요구)을 부여함으로써 자산/부채 구조의 장기화를 유도할 필요가 있다는 것이다. 또한, 자금조달 원천의 단기성으로 인해 매각 가능성이 높은 자산을 사전에 공정가액으로 평가함으로써 투자자들에게 올바른 정보를 제공할 수 있다. 하지만 이러한 Mark-to-Funding 회계처리를 금융회사 재량에 맡기면 자금조달 원천의 장단기 평가과정이 투명하지 못하여 평가결과에 대한 신뢰성이 낮아질 우려가 있으므로 객관적인 제3자에 의한 평가를 통하여 투명성을 확보해야 한다.

Geneva Report(2009)에서는 회계처리 방식에 따르는 갭을 명확히 파악하기 위해 금융회사가 Mark-to-Funding과 Mark-to-Market(시가평가) 두 가지 방식으로 작성한 B/S를 모두 발표할 것을 제안하였다.

③ 경기대응적 완충자본 설정

차주의 신용도에 따라 위험가중치가 차별화되는 리스크 민감형 Basel Ⅱ의 경기순응성을 완화시킬 필요가 있으며, 이를 위하여 경기대응적 완충자본CCB의 설정을 검토해야 한다. 이는 경기변동에 따라 자본적립 규모를 조정하여 경기순응성을 완화하는 방안으로, 호황기에는 경기대응적 완충자본의 추가적립을 요구하여 대출 증가폭을 축소시키는 대신, 불황기에는 완충자본의 소진을 통해 대출 감소폭을 축소시키기 위한 것이다.

한편, 스페인에서 경기순응성 완화를 위해 시행 중인 동태적 대손충당금 적립제도도 검토할 필요가 있다. 이는 호황기(부실채권 감소, 잠재위험 증가)에는 충당금 적립규모를 증가시키고, 불황기(부실채권 증가, 잠재위험 감소)에는 감소하도록 하여 신용주기credit cycle의 진폭을 줄이기 위한 제도이다.

> **동태적 대손충당금**
> - **경기호황 시:** 동태적 충당금 증가 → 비용 증가 → 이익 축소 → 자본 증가폭 축소 → 대출 증가폭 축소
> - **경기불황 시:** 동태적 충당금 감소 → 비용 축소 → 이익 감소폭 축소 → 자본 감소폭 축소 → 대출 감소폭 축소

참고 2.3 스페인의 동태적 대손충당금 제도(2000.7월 도입)

➕ **대손충당금의 유형: 일반충당금, 특별충당금, 동태적충당금**

- 일반충당금: 정상대출 대상(정상 및 요주의 분류 대출)
  (충당금 적립비율: 일반대출 1%, 주택담보대출 0.5%)
- 특별충당금: 부실대출 대상(차주의 상환능력에 문제가 있거나, 3개월 이상(주담보는 3년 이상) 연체된 대출(충당금 적립비율: 일반대출 10~100%, 주택담보대출 25~100%)
- 동태적 충당금: 잠재부실 규모에서 특별충당금을 차감
  (동태적 충당금 = 잠재부실규모(총대출금×잠재손실률) − 특별충당금 적립액)

➕ **잠재손실률 산정방법: 표준방식, 내부모형**

- 표준방식은 감독당국이 잠재손실률을 산정하여 제시, 대출자산의 리스크를 6개 등급으로 구분하여 0.0~1.5%의 잠재손실률을 적용함(공공대출: 0.0%, LTV 80% 이하 주택담보 및 신용등급 A 이상 기업대출: 0.1%, 금융리스 및 기타 담보대출: 0.4%, 타 리스크 등급에 포함되지 않는 대출: 0.6%, 내구재 구입을 위한 가계대출: 1.0%, 신용카드 대출: 1.5%).
- 내부모형은 과거 데이터를 기초로 은행의 내부 신용리스크 모형에 의해 직접 잠재손실을 산출, 은행의 내부모형은 감독당국의 승인이 필요함

➕ **스페인 중앙은행의 분석결과, 스페인 은행들의 대손충당금 적립의 경기순응성이 크게 완화(이익변동성 완화)한 것으로 평가됨**

　다만, 동 분석결과는 현재의 경기 및 은행의 경영상황을 전제로 이루어진 것으로 향후 급격한 경기변동 등에 따라 크게 달라질 수 있다는 점에서 동태적 대손충당금 제도의 효과에 대한 정확한 평가는 충분한 시간이 지난 후에나 가능할 것이라는 점을 감안할 필요가 있음

표 2.2 | Basel Ⅲ의 주요 내용 요약(2010년 12월)[11]

항목	기본취지	세부내용
1. Tier 1 자본	• 인정가능 자본기준을 강화하여, 은행이 손실을 흡수할 수 있도록 보장함	• Tier 1 비율 6% & 보통주 자본비율 4.5% 요구 • 손실흡수능력이 없다고 판단되는 다양한 유형의 자본은 보통주에서 차감함
2. 경기순응성 완화	• 경기대응적 완충자본 추가를 위한 프레임워크 • 실제 손실을 투명하게 파악하고 경기순응성을 감소시키기 위한 미래지향적 자본 및 충당금 제도	• 보통주 자본에, 손실보전 완충자본(CB) 2.5% 추가, 각국별 상황에 따라, 0~2.5% 경기대응적 완충자본(CCB)을 추가적으로 고려 • 예상손실(EL) 기반의 충당금 제도
3. 리스크 인식범위 (CCR)	• 거래상대방 신용리스크 익스포저에 대한 자본요건 강화 • 장외파생 익스포저를 중앙청산소(CCP)로 이전할 수 있도록 자본 인센티브 제공	• 시가평가(MTM) 신용손실에 대해서는 신용평가조정(CVA) 부과자본 적용 • 타 금융기관과의 트레이딩 시 거래 상대방 신용리스크에 대한 자본부과 강화 • 스트레스하의 EPE(Expected Positive Exposure) 사용 • 상관성(Wrong-way) 리스크에 대한 자본 부과 • 장외파생 익스포저를 CCP로 이전하기 위한 자본요건 인센티브
4. 유동성	• 개별 은행/금융시장 전체의 유동성 리스크 모니터링 및 관리를 위한 체제 추가	• 30일 LCR(Liquidity Coverage Ratio) 요건 • 1년 NSFR(Net Stable Funding Ratio) 요건 • 감독당국의 개별 은행/금융시장 유동성 수준 파악을 위한 모니터링 지표
5. 레버리지 비율	• 과도한 레버리지 축적을 예방하고 모델리스크 방지를 위한 안전장치	• Tier 1 자본/자산 비율 3% 적용(최대 레버리지는 33:1) • Basel Ⅱ의 파생상품 상계는 허용
6. 시스템 리스크	• 대형 금융회사(SIFI) 파산 가능성 감축 및 파산에 따른 충격 완화를 목적으로 함	• 조건부자본은 현재 논의 중이며, 추후 확정 예정임

---

[11] 〈표 2.2〉의 주요 내용인 Basel Ⅲ에 대해서는 본서의 Part Ⅱ 및 Ⅲ에서 자세히 다룰 예정임.

그러나, 동 제도는 실제 발생한 부실을 기초로 대손충당금을 적립하는 국제회계 기준IFRS: International Financial Reporting System 과 상충되며, 은행 수익성 및 자산건전성에 대한 정보를 왜곡시킬 수 있는 부작용이 우려된다. 또한, 잠재 부실규모 산정을 위한 충분한 데이터가 필요한데, 스페인은 동태적 충당금 제도를 도입하기 위해 약 20년간의 데이터를 활용하고 있다.

2009년 9월 발표된 개선안의 세부내용은 이후 추가적인 개정을 거쳐 다듬어졌는데, 특히 새로운 자본/유동성 요건과 관련된 핵심적인 규제사항은 2009년 12월 처음으로 발표되었으며, 논의를 거쳐 2010년 12월에 최종 확정되었다.[12] 〈표 2.2〉는 소위 'Basel Ⅲ 패키지'로 알려져 있는 금융감독 개선내용을 주요 항목별로 정리한 것이다.

감독체계 개선방향

금융시스템은 금융회사간 높은 거래비중 등으로 개별 금융회사의 부정적 영향이 금융시스템 전체에 부정적인 영향을 미치는 시스템적 외부효과systemic externality 가 존재한다. 여타 산업의 경우, 타 회사의 실패는 시장점유율 확대의 기회이나 금융시스템은 금융회사간 높은 거래비중, 금융위기 시 부도불안 심리의 확산 등으로 금융시스템의 외부효과가 존재한다고 할 수 있다.

그러나, 기존 Basel Ⅱ를 포함한 금융규제는 미시건전성에만 초점을 맞춘 규제로 개별 금융회사의 건전성에 초점을 맞춘 나머지 동 외부효과를 적절히 감독하는데 실패하였다. 이에 따라 개별 금융회사에서는 간과되기 쉬운 위험요소(예: 유동성)가 외부효과를 통해 금융시스템을 위협하는 중대한 문제로 발전하였는데, 예를 들어, 개별 은행은 자금조달 다변화를 위해 단기차입은 선택 가능한 대안이지만 모든 은

---

[12] BCBS, "Basel Ⅲ: A global regulatory framework for more resilient banks & banking systems," 2010.12. BCBS, "Basel Ⅲ: International framework for liquidity risk measurement, standards and monitoring," 2010.12.

행이 동일하게 움직인다면 단기자금 시장의 작은 충격에도 시스템리스크가 발생할 수 있다. 따라서 금융시스템 안정을 위해 시스템리스크를 모니터링하고 개별 금융회사의 건전성 감독(Basel Ⅱ 등)에 동 리스크가 고려되도록 거시건전성 감독 macro-prudential supervision 을 강화할 필요성이 제기된 것이다.

거시건전성 감독이란 전체 금융시스템의 관점에서 금융시장, 금융회사 및 거시경제 관련 정보 등을 이용하여 금융시스템의 취약성을 평가하고 모니터링하며 금융안정을 달성하고 유지하기 위한 일련의 감독과정을 의미한다. 예를 들면, 부동산 등 자산가격 급등, 가계의 주택담보대출 증가, 금융회사의 경기순응적인 여신행태 등이 가져올 금융시스템상 잠재적 리스크를 파악하고 이에 대응하는 일련의 조치를 강구하는 과정이 거시건전성 감독이라 할 수 있다.

이러한 거시건전성 감독에 대한 개념은 1990년대 후반부터 국제결제은행 BIS: Bank for International Settlements 을 중심으로 Crockett(2000), Borio(2003), White(2004) 등에 의해 점차 체계화되어 왔다.[13] Borio(2003)는 거시건전성 감독과 미시건전성 감독의 차이를 〈표 2.3〉과 같이 정리하고 있다. 첫째, 금융감독의 목적에 있어 미시건전성 감독은 개별 금융회사의 부실을 방지하여 금융소비자를 보호함을 감독 목표로 하는 반면, 거시건전성 감독은 금융시스템 전반의 안정성을 제고하여 금융 불안정성 financial instability 이 초래할 수 있는 실물 경제적 비용을 회피하는 데 궁극적인 목적이 있다. 둘째, 위험을 인식하는 방식에 있어 미시건전성 감독은 위험을 외생적인 것으로 간주하는 반면, 거시건전성 감독은 위험의 내생성에 주목한다. 특히, 거시건전성 감독은 횡단면적 관점에서 개별 금융회사 공통의 위험요인과 이에 따른 개별 금융회사 위험의 상호의존성 interdependence 및 상관성 correlations 등에 초점을 두며, 시계열적 관점에서는 위험의 내생성 endogenous dimension of risk 및 금융과 실물간

---

[13] 국제결제은행(BIS)은 각국 중앙은행들 사이의 조정을 맡는 국제협력기관으로 '중앙은행들의 중앙은행'으로 불린다. 1930년 제1차 세계대전 후 독일의 배상문제를 처리하기 위해 스위스 바젤에서 주요국의 공동출사에 의해 설립되었으며, 당시 영국 프랑스 서독 벨기에 이탈리아의 중앙은행, 미국과 일본을 대표하는 은행단이 같은 비율로 나누어 출자했으나, 지난 1996년 우리나라를 비롯하여 중국, 인도 등 아시아 국가뿐만 아니라 브라질, 러시아 등 9개국 중앙은행이 회원으로 참가했다. 2004년 현재 회원국은 50여개국이다.

표 2.3 | 거시건전성 감독과 미시건전성 감독의 비교

	거시건전성 감독	미시건전성 감독
1차적 목표	금융시스템 전체의 불안정성 최소화	개별 금융회사의 건전성 확보
최종 목표	실질 GDP의 손실 최소화	소비자(투자자/예금자) 보호
시스템리스크의 특성	(부분적으로) 내생적	외생적
금융회사들간 상관관계 및 공통리스크 노출 정도 고려	중요	없음
감독정책수단의 결정	시스템리스크의 관점: 하향식(top down)	개별 금융리스크의 관점: 상향식(bottom up)

*출처: Borio, Claudio, "Towards a Macroprudential Framework for Financial Supervision and Regulation", BIS Working paper No.128, 2003.

상호작용interaction 을 중시한다. 셋째, 건전성 규제 방식에 있어서도 미시건전성 감독이 개별 회사의 리스크 통제로부터 시작하는 상향식 접근법bottom-up 을 취하는 반면, 거시건전성 감독은 시스템 전체의 리스크 통제로부터 시작하는 하향식 접근법top-down approach 을 취한다.[14]

그에 따라 개별 금융회사의 건전성보다 금융시스템 전반의 건전성에 영향을 미치는 잠재적 위험요인을 초기단계에서 파악하여 선제적으로 대응하는 거시건전성 감독을 강화할 필요가 있다. 특히, 금리 급등과 같은 거시경제적 위기 시나리오를 가정한 금융시스템 영향분석 모형을 정교하게 구축하고 조기대응이 필요하다. 앞서 살펴본 바와 같이, 서브프라임 부실사태의 근본원인은 미 FRB의 저금리정책 지속과 감독당국의 금융시장 구조변화에 대한 인식과 정책대응이 지연된 때문으로 볼 수 있기 때문이다. 또한, 지주회사 등 금융그룹 내의 리스크 전이 가능성을 평가하여 종합적으로 대응하는 통합적 감독consolidated supervision 을 강화하는 것이 바람직하다.

---

[14] 김병덕·함준호, "글로벌 금융위기 이후의 금융회사 건전성 감독 논의와 전망", 2010.7월.

아래에서는 거시건전성 감독을 포함하여 금융위기 이후 금융규제 및 감독체계 전반에 대해 개선해야 할 사항을 제기된 내용을 정리한 것이다.

우선, 규제회피 또는 규제차익거래를 추구하는 금융회사의 본질적 특성을 효과적으로 차단하여 금융회사 부실화 및 금융시장 불안정이 초래되지 않도록 금융감독 기능을 재정비할 필요가 있다.

이를 위해서는 첫째, 감독권한의 철저한 집행이 필요하다. 금융감독의 부실, 부재는 금융회사의 과도한 리스크감수 행위를 제어하지 못하고 금융시장의 불안을 초래하였다. 일례로, 미국 증권감독위원회 SEC 는 개별 투자은행 규제를 완화한 대신 투자은행 지주회사에 대한 감독권한을 갖게 되었으나 지주회사 차원의 위기 감지 및 조기대응에 실패하여 금융위기를 초래하였다.

둘째, 감독, 검사 과정에서 발견한 금융회사의 취약점에 대해서는 적기에 적절한 수준의 시정조치를 시행하여 문제의 심화, 확대 가능성을 차단해야 한다. 검사 결과에 대한 현행 조치 수준이 적정한지 재점검하는 한편, 위규사항 등에 대해서는 문제가 확대되기 이전에 엄격히 조치하여 검사기능의 효과를 최대화할 필요가 있다. 미국 리먼을 감독해야 할 SEC, FRB 등의 감독기관은 유동성, 자본적정성 등 부문에서 리먼의 취약점을 사전에 인지하였음에도 불구하고 파산 직전까지 소극적인 자세로 일관하고 적극적인 조치를 시행하지 않음으로써 부실 확산을 초래하였다.

셋째, 수익성 제고, 경쟁우위 확보 등을 위한 개별 금융회사의 과도한 리스크 감수유인 incentives 을 통제하여 시스템리스크 발생을 사전에 차단해야 한다. 개별 금융회사의 리스크 모형이나 리스크관리 관련 내부통제시스템에 대한 점검을 강화하는 한편, 경영진의 과도한 리스크 추구행위에 대해서는 적절한 대응조치가 필요하다. 이를 위해서 감독규정을 재정비하고 리스크모형, 신종 금융상품 등 고도의 전문성이 요구되는 부문에 대한 감독인력을 충분히 확보하고 지속적인 전문성 강화를 지원해야 한다.

넷째, 대형 금융회사 등 시스템적으로 중요한 금융회사 SIFI 에 대한 감독을 강화해야 한다. 시스템리스크를 초래할 수 있는 금융회사에 대한 현행 감독수준의 적정성을 재검토하고, 이들 금융회사에 대한 감독에 누수가 발생하지 않도록 감독을 철저히 실시해야 한다.

2.3 금융위기 이후 해외 금융회사의 동향

여기서는 금융위기 이후 글로벌 금융회사들의 구조조정, 경영전략 변화 및 리스크관리 강화 움직임을 정리하고자 한다.

① 내실경영 및 장기 성장기반 강화를 위한 사업재구축

2009년부터 글로벌 금융회사들은 생존 및 경쟁력 강화를 위해 비핵심사업을 매각하고, 핵심사업 중심의 내실경영을 강화하고 있다. 미국 Citigroup은 2009년 1월에 카드, 상업은행 등 핵심사업 Citi corp. 과 증권, 자산운용 등 비핵심사업 Citi Holdings 으로 분리하는 등의 구조조정을 추진하였으며, 스위스 UBS는 브라질 투자은행사업 Pactual 매각 등을 통해 비핵심사업을 축소하고 본래 강점이었던 Private Banking PB 사업을 강화하고 있으며, 영국 Barclays는 생존을 위한 구조조정 일환으로 Barclays Global Investor를 매각하였다.

한편, 금융위기 과정에서 큰 손실을 피해 갔던 금융회사들도 M&A, 합작법인 설립, 해외진출 등을 통해 장기 성장 및 수익 기반을 구축하고 있다. 스페인 Santander 은행은 해외영업을 강화하기 위해 미국 Sovereign Bancorp, 브라질 보험사 Real Tokio Vide Previencia 등을 인수하였고, Morgan Stanley는 Citigroup의 브로커리지 부문과의 합작회사 Morgan Stanley Smith Barney 를 설립, HSBC는 인도네시아 등 신흥국에 대한 소매은행 업무를 강화하였다.

표 2.4 | 전세계 증권화상품, 신용파생상품, CDO 발행 추이

(단위: 10억 달러)

	2004	2005	2006	2007	2008
신용파생상품 잔액	8,422	17,096	34,423	62,173	38,564
CDO 발행액	158	251	521	482	62

② 고위험 사업 축소 등을 통한 수익구조 안정화

글로벌 금융위기 이후 헤지펀드를 대상으로 유가증권 대여, 대출, 지급결제서비스, 펀드관리 등의 서비스 제공 업무인 프라임 브로커리지 업무를 크게 축소하고 있다. 위기 이전에 이러한 업무는 헤지펀드의 자산 증대 등으로 투자은행의 주요 수익원 중 하나였다.

또한, 위험이 큰 CDO 및 신용파생상품 등에 대한 자기매매 PI 업무를 축소하고 있는데, 2008년 말 CDO, 신용파생상품 등의 발행잔액은 전년 말 대비 각각 87%, 40%나 축소되었다.

한편, 글로벌 금융회사는 거래가 적고 위험이 큰 시장에서의 사업축소에 따라 주식 및 채권 등 전통적으로 유동성이 풍부한 시장에서 수익 확보에 노력하고 있으며, 글로벌 주식시장의 거래가 회복되면서 관련 수익이 크게 증가하고 있다.[15]

③ 리스크관리 및 관련 통제구조 강화

금융위기와 같이, 예상치 못한 사건 발생에 따라 극단적 위험 tail risk 에 대응한 위기상황분석을 강화하고 있다. 기존 VaR 분석은 과거 자료와 일정 가정에 의존하므로 전례가 없는 이례적 사건에 대한 리스크 측정 및 분석에 한계를 보였다.

또한, 금융회사간 리스크 상호의존성과 리스크간 상관성을 고려한 리스크 평가를 강화하고, 시장 및 거래상대방 리스크관리 강화를 위하여 익스포저의 통합관리

---

[15] 2009년 상반기 중 주식시장 관련 수입은 전년동기비 JP Morgan, Deutsche Bank, Morgan Stanley 등이 각각 56%, 23%, 22% 증가한 것으로 나타났다.

등 통합적 리스크관리를 강화하고 있다. 즉, 특정 부서나 상품 차원의 개별 리스크 접근이 아닌 전사적 차원에서 리스크 영향을 분석하기 시작했다.

리스크통제구조도 강화하고 있는데, 스페인계 은행의 경우 리스크위원회에 전문성을 갖춘 사외이사를 절반 이상 배치하여 실질적으로 운영하고 있다. 실제 Santander 은행의 경우, 2008년 중 리스크위원회를 102회나 개최한 것으로 알려져 있다. 한편, 리스크관리임원CRO 의 권한을 높이고 독립성을 강화하여 영업부문에 대한 견제기능을 제고하고 있다.

이와 관련하여, 영국 금융감독청FSA 은 사외이사의 역할 및 중요 업무담당자의 책임 강화 등을 위해 관련 규정에 대한 개정을 추진하였다. 구체적으로 FSA의 승인이 필요한 금융회사의 리스크 및 내부통제 기능관련 임원범위를 확대하고, 리스크관리 등 사외이사의 금융회사 경영감독에 대한 책임을 강화토록 하였다. 한편, FSA는 사외이사의 금융회사의 비즈니스 모델 및 리스크관리에 대한 전문지식 및 역량을 요구하고 리스크위원회의 기능 강화 및 리스크담당임원의 위상 강화를 추진하고 있다.

④ 리스크 및 장기성과를 반영한 금융회사 보상체계 구축

금융회사의 임직원 보상체계 개선을 위해 리스크 및 장기적인 성과와의 연계를 강화하기 위하여 경제적 이익EP: Economic Profits 등 리스크를 반영한 장기성과를 반영할 수 있는 평가기준을 도입하고 있다.[16] 그동안 대부분 금융회사의 성과는 1년간의 주당수익률ROE, 주당순이익EPS 등으로 측정되어 간접적으로 레버리지 확대를 유도하였다는 비판을 받은 바 있었으나, 호황기 동안 과다한 보상을 억제하고 침체기 중 보상을 제한할 수 있도록 보상제도 설계 시 경제적 이익의 장기추세를 고려할 필요가 있으며, 장기적으로 문제가 발생하는 경우 성과급에 대해 회수 등 조정 가능하도록 바젤위원회 등에서 제안한 바 있다.

이와 관련하여, 스위스 감독당국FINMA 은 모든 금융회사를 대상으로 장기성과와

---

[16] 경제적 이익(EP)은 리스크를 감안한 수익을 나타내는 RAPM 지표로 경제적 부가가치(EVA)의 개념과 유사하다.

표 2.5 | 금융위기 이후 글로벌 금융회사 재편 현황

국가	금융회사	주요 내용
미국	Citigroup	• ('09.1) 씨티그룹은 카드, 상업은행 등 핵심사업과 증권, 자산 운용 등 비핵심사업의 분리
	Bank of America	• ('07.8) 모기지회사 Country Wide 인수 • ('08.9) Merrill Lynch 인수
	JP Morgan Chase	• ('08.2) Bear Stern 인수 • ('08.9) Washington Mutual 인수
	Wells Fargo	• ('08.10) Wachovia 인수
	Goldman Sachs	• ('08.9) 은행지주회사로 전환
	Morgan Stanley	• ('08.9) 은행지주회사로 전환 • ('09.1) Citi 브로커리지 부문과 합작회사 설립
	Lehman Brothers	• ('08.9) 파산
영국	Lloyds TSB	• ('09.1) Halifax Bank of Scotland 인수
	Royal Bank of Scotland(RBS)	• ('08.10) 국유화
	Barclays	• ('08.10) Lehmann Brothers 북미 영업부문 인수 • ('09.6) Barclays Global Investor 매각
	HSBC	• ('08.9) 인도네시아 PT Bank Ekconomi Raharja 지분 인수
독일	Deutsche Bank	• ('09.1) Deutsche Postbank 인수 추진 • ('09.5) Deutsche Bank의 Global Agency Securities Lending 사업부문 인수 추진
스위스	UBS	• ('09.4) 브라질 투자은행 사업(Pactual) 매각
스페인	Santander	• ('08.9) 영국 2개 금융회사 인수(Alliance & Leichester, Bardford & Bingley) • ('09.1) 미국 Sovereign Bancorp 인수 • ('09.3) 브라질 보험사(Real Tokio Vida Previdencia) 지분 취득
프랑스	BNP Paribas	• ('09.5) Fortis 은행 벨기에 부문 지분 인수
일본	Mitsubishi UFG	• ('08.10) Morgan Stanley 지분 인수 • ('09.3) Morgan Stanley 일본증권부문과 합병, 합작증권회사 설립 추진
	Sumitomo Mitsui Financial Group	• ('09.5) 씨티그룹의 일본증권 부문(NIKKO Cordial Securities, NIKKO Citigroup) 인수 추진
	Nomura	• ('08.9) Lehmann Brothers 아시아 영업부문 인수 • ('09.7) 씨티그룹의 NOKKO Citi Trust 인수 추진

연계한 보상제도 도입을 제안하고 있는데, 이는 리스크 및 자본비용이 고려된 경제적 이익 EP 또는 경제적 부가가치 EVA: Economic Value Added 에 연계한 지속유지 가능한 장기성과에 기초한 보상제도 도입을 유도하기 위함이다. 새로운 보상체계 구축을 위해 UBS의 경우, 경제적 이익(순이익 - 자본비용)과 업계 대비 총주주수익률(배당수익 + 주가상승수익)의 3년 누적을 통해 2009년부터 장기성과를 평가하기로 결정하였다.

참고문헌

| 국 | 내 | 문 | 헌 |

김민석, "서브프라임 사태가 주는 리스크관리의 교훈," 증권연구원 Opinion 2008-14호, 2008.

김병덕·함준호, "글로벌 금융위기 이후의 금융회사 건전성 감독 논의와 전망", 금융리포트 2010. 2호, 2010.

민재기, "서브프라임 사태 이후 주요 선진국의 금융감독업무 개선 추진 현황," 조사연구 Review 24호, 금융감독원, 2009.

산은경제연구소, "미국 은행부문의 위기 점검," KDB 경제연구소, 2009.

이장영, "서브프라임 사태와 금융규제, 감독 강화방안", 주간금융브리프, 금융연구원, 2009.

정연수, "미국 서브프라임 모기지 사태의 진행현황과 전망," 보도참고자료, 한국은행 국제국, 2008.

G20 추진기획단, "G20 WG1 Face to Face Meeting 결과보고," G20 추진기획단, 2009.

| 외 | 국 | 문 | 헌 |

Adrian Blundell-Wignall et al., "The Current Financial Crisis: Causes & Policy Issues," OECD Journal, Financial Market Trends, 2008.

BCBS, "Guidelines for Computing Capital for Incremental Risk in the Trading Book," 2009.01.

BCBS, "Principles for sound stress testing practices & supervision," 2009.01.

BCBS, "Proposed Enhancements to the Basel Ⅱ Framework," 2009.01.

BCBS, "Revisions to the Basel Ⅱ Market Risk Framework," 2009.01.

Borio, Claudio, "Towards a Macroprudential Framework for Financial Supervision and Regulation," BIS Working paper, No.128, 2003.

FRS, "The Supervisory Capital Assessment Program: Overview of the Results," US Federal Reserve System, 2009.05.

Geneva Report, "The Fundamental Principles of Financial Regulations," Geneva Reports of the World Economy 11, 2009.

Gert Wehinger, "Lessons from the financial market turmoil: Challenges ahead for the Financial Industry & Policy Makers," OECD Financial Market Trend, 2008.

IIF, "Final Report of the IIF Committee on Market Best Practices: Principles of Conduct & Best Practice Recommendations," Policy Report, 2008.

IMF, "Global Financial Stability Report," 2010.10.

바젤 Ⅲ와 리스크 관리

BASEL Ⅲ & FINANCIAL
RISK MANAGEMENT

PART

02

미시건전성 규제

Summary

　　지난 금융위기의 주요 원인 중 하나는 많은 국가에서 은행부문의 레버리지가 과도하게 높았다는 것이다. 이처럼 과도한 레버리지를 가졌음에도 자본의 질과 수준은 충분치 못하였고, 유동성리스크도 높은 수준이었다. 금융위기의 초기 유동성 경색국면에서 많은 은행들이 충분한 자본을 보유했음에도 불구하고 유동성을 제대로 관리하지 못해 어려움을 경험하였다. 위기 전에는 자산시장이 호황이었던 데다 낮은 금리로 자금조달이 용이하였으나 시장상황이 급격하게 반전되면서 유동성이 급격히 고갈되고 신용경색이 장기간에 걸쳐 지속되었기 때문이다. 따라서 은행시스템이 심각한 스트레스 상황에 처하게 됨에 따라 단기 자금시장과 일부 개별 금융회사의 원활한 작동을 위해 중앙은행의 자금지원이 필요하게 되었다. 이러한 경험을 통해 금융위기 시 금융시장과 은행부문의 기능이 원활하게 작동하기 위해서는 유동성 관리가 중요하다는 점을 인식하게 되었다.

　　이에 바젤위원회는 Basel Ⅱ의 3개 Pillars에서 규제자본의 질quality 과 양volume 을 동시에 제고하고 자본규제 체계의 리스크 인식범위를 확대, 강화함으로써 은행부문의 복원력을 높이고자 하였다. Basel Ⅲ에서 변경되는 자본규제는 금융회사가 위기 상황에서 손실흡수력이 가장 큰 보통주자본을 종전보다 더욱 엄격하게 정의하고 자본조정항목을 보통주자본에서 차감하도록 구성되어 있다. 이에 따라서 Tier 1 및 Tier 2 자본의 적격요건도 강화되었다.

　　이와 함께 리스크 기반 자본규제 수단의 보완으로 레버리지 비율 규제를 도입하였다. 이러한 레버리지 비율 규제는 은행시스템의 과도한 레버리지를 제한하고 모형 리스크 및 측정 오류에 대한 추가적인 안전판을 제공하기 위해 도입되었다. 새롭게 도입되는 레버리지 비율은 도입의 취지, 비율 산출 설계방식 등에 있어서 다양한 시각에서 검토되어야 할 다수의 쟁점들이 존재한다. 대표적으로 레버리지 비율 자체가 非리스크적 기반non-risk based 의 규제인 만큼 이것이 기존의 Basel Ⅱ 자본규제와 어떻게 양립할 수 있을 것인지, 익스포저 산출 시 각국별 회계제도의 차이를 어떻게 최소화할 수 있는지 등에 대한 이슈가 제기되고 있다.

　　또한, 유동성리스크 관련 건전한 원칙을 보완하기 위해 바젤위원회는 유동성 조달에 대한 두 가지 최저비율 및 모니터링 지표를 도입하여 유동성 규제체제를 보다 강화하였다. 바젤위원회가 도입하는 두 가지 최저비율 즉, 유동성커버리지비율LCR 과 순안정자금조달비율NSFR 은 서로 다른 기준을 제시하나 상호보완이 가능하도록 하는 목표를 달성하도록 개발됨으로써 유동성리스크 관리의 효율성이 제고될 수 있도록 하고 있다.

　　LCR의 목표는 은행들이 1개월간 지속되는 심각한 스트레스 상황을 견디기에 충분한 高유동성자산을 보유함으로써 유동성리스크 관리상 단기 복원력을 제고하는 것이고, NSFR의 목표는 은행들이 영업에 필요한 자금을 보다 구조적 차원에서 안정적 자금조달원을 통해 확보하도록 유도함으로써 장기 복원력을 제고하는 것이다. 요약하면, LCR은 은행의 단기 복원력을 높이기 위함이고, NSFR은 안정적 자금조달을 통한 장기 복원력에 초점을 맞춰 상호보완을 하고 있다.

　레버리지 비율에서와 마찬가지로 유동성 규제기준에 있어서도 규제가 금융시장, 신용공급, 경제성장에 미치는 영향을 모니터링하고, 필요 시 예기치 않은 부작용에 대해 대응할 목적으로 일정한 이행기간을 두고 시행하는데, LCR은 2015년부터, NSFR은 2018년부터 적용될 예정이다.

　계량영향평가$_{QIS}$ 결과, 국내 은행들은 전반적으로 새로운 유동성 규제기준(100%)에 미치지 못하는 것으로 나타났다. 이러한 결과는 국내은행들이 Basel Ⅲ의 새로운 규제안 중에서도 특히 유동성리스크에 대한 관심과 우려를 갖게 되는 결과를 낳게 되었다. 따라서 국내은행이나 감독당국은 향후 국내은행들의 유동성 체질 개선을 위해 高유동성자산의 확대나 국내 여건에 맞는 재량적 적용에 대해 논의를 진행해야 할 것이다.

제 3 장

Basel Ⅲ의 주요 내용

앞서 살펴본 바와 같이, 지난 금융위기의 주요 원인 중 하나는 많은 국가에서 은행부문의 레버리지leverage 가 과도하게 높았다는 것이다. 이처럼 과도한 레버리지를 가졌음에도 자본의 질과 수준은 충분치 못하였고, 유동성리스크도 높은 수준이었다. 이로 인해 금융시스템은 트레이딩 및 신용부문의 손실을 흡수할 수 없었을 뿐 아니라 그림자금융shadow banking 부문에 누적된 대규모 부외 익스포저에 대한 중개 기능도 상실하게 되었다.

이러한 금융위기는 경기순응적 대출 축소de-leveraging , 대규모의 복잡한 거래로 연결된 금융회사간 시스템적 상호연계성interconnectedness 등으로 인해 증폭되었으며, 위기가 가장 심각한 시기에 은행은 지급능력 및 유동성 보유수준에 대한 시장의 신뢰를 상실하게 되었다. 이러한 은행부문의 취약성은 타 금융시스템 및 실물경제로 빠르게 전이되었고, 결국 유동성 및 신용 이용가능성availability 이 크게 위축되는 결과를 초래하였다. 이는 금융위기의 중심에 있던 미국, 영국 등의 은행, 금융시스템 및 경제에 즉각적인 영향을 미쳤을 뿐 아니라, 위기의 진원지가 아니었던 국가들에도 글로벌 유동성의 심각한 경색, 국가 간 신용의 이용가능성 축소, 수출 수요 위축 등 간접적인 경로를 통해 광범위하게 전파되었다. 이러한 위기는 정부가 대규모 유동성 공급, 자본 확충 및 보증이라는 형태로 개입해야만 했으며 일반 국민들의 세금으로 금융회사의 손실을 충당하는 문제에 이르게 되었다.

은행은 소비자, 중소기업 및 대기업, 정부가 대내외적으로 일상적인 경제활동을 영위하기 위해 필요한 핵심적인 서비스를 제공한다. 따라서 은행이 예금자와 투자자간 신용중개과정의 중심에 위치해 있으므로 건전하고 복원력 있는 은행시스템 구축은 지속적인 경제성장의 기본요건이라고 할 수 있다.

결국 금융위기를 통해서 위기가 전 세계적으로 파급되는 범위와 속도, 그리고 미래에 발생할 수 있는 충격을 감안하여 모든 국가가 은행부문의 복원력 resilience 을 높이는 것이 중요한 과제로 떠오르게 되었다. 그에 따라 바젤위원회는 G20 피츠버그 정상회의(2009.09)[1]에서 합의된 금융규제개혁 추진계획에 따라 은행부문의 자본 및 유동성 규제개혁안 Basel Ⅲ 을 마련하였다. 먼저 규제개혁 방안은 스트레스 기간에 개별 은행의 복원력을 높일 수 있도록 미시건전성 규제 micro-prudential supervision 를 강화하는 한편, 은행부문에서 발생할 수 있는 시스템 전체의 리스크와 자기자본 규제의 경기순응성 procyclicality 을 완화하기 위한 거시건전성 감독 macro-prudential supervision 에 중점을 두었다.[2]

바젤위원회의 규제개혁은 은행의 투명성 및 공시의무 강화뿐 아니라, 리스크관리와 지배구조를 개선하고자 하는 목적도 가지고 있다.[3] 이와 함께, 개혁방안에는 시스템적으로 중요한 글로벌 금융회사에 대한 감독을 강화하고, 부도 발생 시 이를 정리

---

[1] G20(Group of Twenty)은 1990년대 末 금융위기에 대한 대응 및 주요 신흥국가의 국제적 논의 참여를 목적으로 1999년 12월에 독일 베를린에서 창립회의가 개최되었다. 선진 7개국(캐나다, 프랑스, 독일, 이탈리아, 일본, 미국, 영국)과 신흥 12개국(아르헨티나, 호주, 브라질, 중국, 인도, 인도네시아, 멕시코, 러시아, 사우디아라비아, 남아공, 한국, 터키) 및 EU의장국의 재무장관 및 중앙은행 총재로 구성된다.

[2] 개별 은행차원에서 복원력이 제고되면 시스템 전체에 대한 충격이 줄어들 수 있다는 점에서 미시건전성 감독과 거시건전성 감독은 상호 밀접하게 연관되어 있다고 할 수 있다.

[3] 'Basel 2.5'로 알려져 있음. BCBS, "Enhancements to the Basel Ⅱ framework"(2009.01) 참조.

표 3.1 | Basel Ⅲ의 기본구조

글로벌 자본규제체계의 강화	글로벌 유동성 기준 도입
• 자본의 질, 일관성 및 투명성 제고	• 유동성커버리지비율(LCR: Liquidity Coverage Ratio)
• 리스크 인식범위(coverage)의 확대	
• 리스크기반(risk-based) 자본규제의 보완적 수단으로 레버리지 비율 도입	• 순안정자금 조달비율(NSFR: Net Stable Funding Ratio)
• 경기순응성 완화 및 경기대응 완충자본 확대	
• 시스템리스크 및 상호연계성 완화를 위한 대응	• 모니터링 수단(Monitoring tools)

resolution할 수 있는 역량을 강화하려는 바젤위원회의 노력도 포함되어 있다.

Basel Ⅲ로 알려진 구체적인 규제개혁의 주요 내용은 〈표 3.1〉에 있는 것처럼 자본규제체계의 강화와 새로운 유동성기준의 도입이다.

3.1 글로벌 자본규제체계의 강화[4]

먼저 바젤위원회는 Basel Ⅱ의 3개 Pillars에서 규제자본의 질과 양을 동시에 제고하고 자본규제체계의 리스크 인식범위를 확대, 강화함으로써 은행부문의 복원력을 높이고자 하였다. 또한, 이와 함께 리스크 기반 자본규제 수단의 보완으로 레버리지비율 규제를 도입하였다. 이러한 레버리지비율 규제는 은행시스템의 과도한 레버리지를 제한하고 모형 리스크 및 측정 오류에 대한 추가적인 안전판을 제공하

---

4 자본규제 강화의 상세한 내용은 제4장에서 다룰 예정임.

기 위해 도입되었다. 그리고 마지막으로 경기순응성 및 금융회사간 상호 연계성으로 인해 발생되는 시스템리스크 방지에 도움이 되는 다수의 거시건전성 요소들을 자본규제 체계 내에 도입하게 되었다.

자본의 질, 일관성 및 투명성 제고

지난 금융위기는 신용손실과 채권상각write-down이 유형의 보통주자본tangible common equity capital을 구성하는 이익잉여금 계정에서 발생함을 보여주었다. 또한 국가간 자본의 정의도 상이하였고, 시장에서 금융회사간 자본의 질quality을 비교·평가하는 데 필요한 공시자료도 부족했다는 점이 밝혀졌다. 따라서 은행의 경우 리스크 익스포저가 양질의 자본에 의해 뒷받침되는 것이 무엇보다 중요하게 되었다.

따라서 양질의 자본의 근간이 되는 Tier 1 자본의 핵심형태는 보통주common equity와 이익잉여금retained earnings으로 정의하였다. 또한 자본공제 항목은 국제적으로 동일하게 적용토록 하고, 보통주자본에 대해만 적용되도록 하였다.[5] 그리고 기타 Tier 1 자본은 (i) 후순위이어야 하며, (ii) 배당 또는 이자는 비누적적이고 재량적인 지급이 가능하며, (iii) 만기나 상환유인이 없어야 하는 요건을 충족하는 자본증권만을 인정하도록 하였다. 그리고 금리상향조정step-up[6]같은 특별조항을 통해 중도상환 유인을 보유하고 있는 신종자본증권 형태의 자본확충 수단(현재 Basel Ⅱ하에서는 Tier 1 자본의 15%로 제한)은 단계적으로 Tier 1 자본에서 제외하기로 하였다.

Tier 2 자본에 대한 기준도 일관되게 적용하며, 시장리스크에 대응하기 위해 이용되고 있는 Tier 3 자본(만기 5년 미만 단기후순위채무)은 폐지하기로 결정하였다. 그리고 마지막으로 모든 자본요소 및 관련 세부내역에 대한 정보 공시를 통해 시장 규율market disciplines을 제고하고 자본의 투명성도 개선하기로 하였다.

---

[5] 주식회사가 아닌 경우에는 보통주자본에 해당하는 자본항목에 대해 적용토록 함.
[6] 신종자본증권 등에 대해 조기상환권리를 가지고 있는 발행은행이 권리를 행사하지 않는 경우 기존의 금리에 추가보 가산금리를 주는 특별조항을 의미함.

표 3.2 | 자본 형태별 변경항목

Tier 1 자본
• 보통주와 이익잉여금 　① 후순위 　② 배당 또는 이자는 비누적적이고 재량 　　적인 지급이 가능 　③ 만기나 상환유인이 없어야 함 　※ 신종자본증권 형태의 자본확충 수단 　　은 제외

Tier 2 자본
• 자본에 대한 일치된 기준 마련

Tier 3 자본
• (만기 5년 미만 단기후순위채) 폐지

　　바젤위원회는 현재 보유하고 있는 자본수단에 대한 혼선을 최소화하는 방식으로
자본규제 개편안을 단계적으로 도입할 예정이다.

리스크 인식범위 coverage 의 확대

　　지난 위기의 주요 교훈 중 하나는 자본규제체계의 리스크 인식범위를 보다 확대
하는 것이 필요하다는 점이었다. 특히 그림자금융 shadow banking 등 주요 부내·외 및
파생상품 관련 익스포저의 리스크를 제대로 포착하지 못한 것이 금융 불안정성을
키운 요인이었다.

　　이러한 문제점을 해결하기 위해 2009년 7월에 바젤위원회는 Basel Ⅱ 체계의 핵
심적인 부분을 개정하기로 하였다(Basel 2.5로 알려져 있는 개정안). 이러한 조치로
국제적으로 영업이 활발한 은행 internationally active banks 의 주요 손실원천이었던 트레이
딩 계정 및 복잡한 유동화 익스포저에 대한 필요 자본규모가 증가하게 되었다. 이
와 관련한 구체적인 규제강화 조치는 다음과 같다.

　　(ⅰ) 12개월간 지속되는 심각한 금융스트레스 시나리오를 바탕으로 하는
　　　　 Stressed VaR 도입 및 이를 반영한 최소자본 규모 산출
　　(ⅱ) 은행계정 및 트레이딩 계정상의 재유동화 상품에 대한 최소자본 규모 상향

조정

(iii) Pillar 2(감독기능 강화) 및 Pillar 3(공시) 기준 강화

특히 이번 규제개혁에서는 은행의 파생거래, 환매약정 및 증권금융 거래 시 발생하는 거래상대방 신용 익스포저에 대해 자본요구 수준을 강화하는 조치도 도입되었다. 이러한 조치는 이들 익스포저에 대한 자본부담을 증가시켜 거래상대방 신용리스크 관리를 강화하고, 장외파생상품OTC derivatives. 거래를 중앙청산소CCP: Central Counter-Party 로 이전시키는 유인을 제공함으로써 금융시스템 전반에 걸친 시스템리스크를 줄이는 데 기여할 것으로 판단된다.

이를 위해 바젤위원회는 다음과 같은 개혁조치를 도입기로 하였다.

① 거래상대방 신용리스크에 대한 자본요구량을 산정할 때 금융위기 시의 상황변수를 반영해야 함: 이러한 조치는 시장변동성이 낮은 기간 중 최소자본 수준이 지나치게 낮게 산정되는 문제점과 이로 인한 경기순응성을 해소하고, 시장리스크에 대한 접근법과 유사하기 때문에 거래상대방 신용리스크와 시장리스크의 통합 관리를 촉진할 것이다.

② 은행은 거래상대방의 신용등급 하락으로 발생하는 잠재적인 시가평가 손실CVA: Credit Valuation Adjustment 에 대해서도 자본을 적립해야 함: 현행 Basel Ⅱ 기준은 거래상대방의 부도위험을 인식하고 있지만 이번 위기과정에서 명시적인 부도보다 더 큰 손실을 초래하였던 신용등급 하락 등에 따르는 신용평가조정CVA 리스크는 반영하지 못하였기 때문이다.

③ 담보관리 및 개시증거금에 대한 기준을 강하기로 함: 거래상대방에 대하여 유동성이 낮은 파생상품 관련 익스포저를 대규모로 보유한 은행은 최소자본 요구량 산정 시 담보기간을 보다 장기로 해야 하고, 아울러 담보리스크 관리 관행 강화를 위한 추가적인 기준이 도입될 필요가 있다.

④ **중앙청산소** CCP **를 포함한 금융시장 인프라에 대한 기준을 강화함:** 이는 은행간 장외 파생상품 거래에 대한 자본부과 기준을 강화함으로써 중앙청산소 CCP 를 통한 거래를 유도하는 조치라고 할 수 있다. 구체적으로, 중앙청산소와 관련된 강화된 기준을 충족하는 적격 중앙청산소에 대한 은행의 담보 및 시장가격 익스포저에 대해서는 낮은 위험가중치(현재 제안: 2%)가 적용된다. 또한, 금융시스템 내 시스템리스크를 줄이기 위해 바젤위원회는 非금융 부문보다 금융회사간 익스포저에 대한 위험가중치를 상향 조정하였다. 이는 금융회사간 익스포저가 비금융 부문의 익스포저에 비해 상호연계성이 높기 때문이다.

⑤ **상관리스크** wrong-way risk **에 대한 조치 등을 포함한 거래상대방 신용리스크 관리 기준을 강화하기로 함:** 상관리스크로 인하여 거래상대방의 리스크를 제대로 평가하지 못하였는데, 예를 들어, 신용파생상품의 기초자산과 동 파생상품의 거래상대방 사이의 부도상관성 default correlations 을 적절하게 파악하지 못하여 발생하는 손실위험 등을 의미한다. 바젤위원회에서는 거래상대방 리스크를 평가할 때 이러한 상관리스크를 고려하도록 요구하고 있다.

리스크기반 risk-based 자본규제의 보완적 수단으로 레버리지 비율 도입

앞서 언급한 바와 같이, 지난 금융위기의 주요 특징 중 하나는 은행시스템의 부외 레버리지가 과도하게 증가하였다는 점이다. 이는 과거 금융위기(예: 1998년 아시아 금융위기)에서도 동일하게 나타난 특징이었다. 그리고 이렇게 증가한 레버리지는 금융위기가 가장 심각한 시기에 시장으로부터 레버리지 축소 압박을 받았으며, 이로 인해 자산가격의 하락이 증폭되고 손실증가→자본감소→신용가용성 위축의 악순환에 의해 더욱 악화되었다. 따라서 이러한 악순환을 막기 위해서 바젤위원회는 레버리지비율 규제를 도입하기로 하였다.

첫째, 평상시에 은행부문의 레버리지 증가를 제한함으로써 금융시스템 및 실물경제를 불안정하게 만들어 손실을 초래하는 디레버리징 deleveraging 위험을 완화하고, 둘째, 단순하고 투명하며 독립적인 리스크 측정수단으로써 리스크기반 수단 (Basel Ⅱ의 자본규제)을 보완함으로써 모델리스크 및 측정 오류에 대한 추가적인 안전장치를 마련하기 위함이다.

경기순응성 완화 및 경기대응 완충자본 확대

지난 금융위기 기간에 나타난 금융 불안정성을 높이는 요인 중 하나는 은행시스템, 금융시장 및 경제 전반을 통한 '금융충격의 경기순응성 증폭'이었다. 바젤위원회는 이러한 경기순응적 요인들에 대응해 은행의 복원력 resilience 을 높이기 위한 다양한 수단을 도입하고 있다. 이러한 수단들은 은행부문이 경제 및 금융 시스템 내 리스크의 전파자가 아닌 충격 흡수자 역할을 하도록 하기 위함이다.

또한 바젤위원회는 앞서 논의된 레버리지비율과 더불어 경기순응성을 완화하고 호경기 시 은행부문의 복원력을 높이기 위해 다음과 같은 4가지 목표를 내재한 방법을 도입하기로 하였다.

(i) 최저자본규제의 과도한 경기순응성 완화
(ii) 미래지향적 충당금 적립 유도
(iii) 개별은행과 은행부문 전체가 위기 시 활용 가능한 완충자본 적립
(iv) 신용확대가 과도한 시기에 은행부문을 보호할 수 있는 보다 광범위한 거시건전성 목표 달성

① 최소자본규제 MCR: Minimum Capital Requirement 의 경기순응성

Basel Ⅱ는 규제자본의 리스크민감도 risk sensitivity 를 제고하고 인식범위도 확대하였으나 복잡한 트레이딩 영업활동, 재유동화, 부외 익스포저 등의 부문에서 리스크를 사전적으로 포착하지 못하여 경기순응성이 심하게 나타났다. 하지만 최소자본규제에 일정 수준의 경기순응성을 도입하지 않고는 특정 시점에 금융회사의 리스크민

감도를 제고하기는 불가능하였다. 따라서 바젤위원회는 Basel II 설계과정에서 이러한 상충관계 trade-off relationship 를 인식하고 있었으며 최소자본규제의 과도한 경기순응성을 완화하기 위하여 (a) 부도확률 추정 시 장기 시계열자료의 사용, (b) 경기침체기의 부도시손실률 LGD: Loss Given Default 추정치 도입, (c) 손실 추정치를 규제자본으로 환산하는 리스크 함수 IRB function 의 적절한 조정, (d) 경기침체기 신용포트폴리오의 악화 가능성을 반영한 위기상황분석 수행 등과 같은 안전장치를 도입하였다.

또한 바젤위원회는 자본규제의 리스크민감도와 안정성간의 균형을 제고하기 위해 필요 시 감독당국이 취할 수 있는 여러 추가적인 수단들을 검토하고 있다. 이러한 조치들에는 경기변동에 따라 요구자본 수준을 달리 하는 경기대응적 완충자본 CCB 등이 있다.

② 미래지향적 충당금 적립

바젤위원회는 국제회계기준위원회 IASB: International Accounting Standards Board 의 예상손실 EL 기반의 충당금 적립방식 도입 노력을 강력히 지지하고 있다. 이는 기존 발생손실 방식 ILA: Incurred Loss Approach 에 비해 실제 손실을 보다 투명하게 포착하고 경기순응성을 완화할 수 있을 것으로 기대된다. 그에 따라 EL 방식으로의 이행에 맞추어 관련 감독지침을 개정중이며, 이는 금융회사들의 충당금 적립 관행을 EL방식으로 유도하는 데 도움이 될 것으로 보인다.

③ 적정수준의 자본 유지

금융위기 징후가 보일 때에 상당수 은행들은 재무상황이나 금융부문에 대한 전망이 악화되고 있음에도 불구하고 배당, 주식환매, 관대한 보너스 지급 등의 형태로 과다한 잉여금 배분을 지속했다. 이는 배분 축소 시 금융회사가 취약하다는 신호로 인식될 것을 우려한 데서 기인한 것으로 개별 은행과 금융부문 전체의 복원력을 약화시키는 결과를 초래하였다. 금융위기 이후 많은 은행들이 빠른 기간 내에 수익성을 회복하였으나 새로운 대출을 지원하기에 충분한 수준의 완충자본을 적립할 정도는 아니었으며, 종합적으로 볼 때 금융시스템의 경기순응성을 증가시켰다.

따라서 바젤위원회는 이러한 시장실패 market failure 를 해소하는 차원에서 은행부문이 적정 자본을 유지하고 위기 시에 사용될 수 있는 최소 규제자본 이상의 적정 완충자본 capital buffer 을 적립하고 유지하도록 감독당국에게 강력한 수단을 부여하는 자본규제체계를 도입할 예정이다.

④ 과도한 신용증가

이번 금융위기를 겪으면서 세계 각국은 과도한 신용팽창기 이후 경기가 하락할 경우 은행부문에 대규모 손실이 발생하여 은행부문을 불안정하게 만들고 결국 실물경기의 악화로 이어질 수 있음을 알게 되었다. 실물경기 하락은 다시 은행부문의 불안정성을 더욱 심화시키는 상호연계성을 고려할 때 과도한 신용팽창기에 은행부문이 완충자본을 확충하는 것은 매우 중요하며, 이를 통해 과도한 신용증가 자체를 억제하는 추가적인 효과도 볼 수 있다. 따라서 바젤위원회는 신용이 과도한 수준으로 증가했다는 신호가 있을 경우 앞에서 언급한 자본보전 메커니즘을 통해 완충자본의 범위를 조정하는 체계를 도입하기로 하였다. 경기대응적 완충자본 CCB 의 목적은 신용총량이 과도하게 증가하는 기간에 은행부문을 보호하려는 보다 광범위한 거시건전성 측면의 목표를 달성하려는 데 있다.

앞서 설명한 경기순응성 완화를 위한 4가지 수단들은 상호보완되도록 고안되었다.

충당금 적립제도는 예상손실 EL 에 대비해 은행시스템을 강화하는 것에 초점을 두고 있는 반면, 자본관련 수단은 예상외손실 UL: Unexpected Loss 에 초점을 두고 있고, 자본관련 수단 중에서 최소 자기자본 규제의 경기순환성 완화와 최소자본 수준 이상으로 추가적인 완충자본을 적립하는 것은 별개로 추진될 예정이다. 또한 규제자본 제도상 경기순응성이 없다고 하더라도 최소 자본수준을 초과하여 완충자본을 충분히 적립할 필요가 있으며, 과도한 신용증가를 억제하기 위해 부과되는 자본은 일상적인 시기에는 적립하지 않는 반면 신용이 과도하게 증가하는 시기에만 작동하도록 구성될 예정이다. 그러나 신용버블이 발생하지 않는 경우에도 감독당국은 은행부문이 다수의 요인에 기인한 심각한 충격에 대비할 수 있도록 최소자본 수준 이상의 완충자본을 적립하도록 제도를 개선할 예정이다.

시스템리스크 및 상호연계성 완화를 위한 대응

경기순응성으로 인해 시계열 측면에서 금융충격이 증폭되었다면 시스템적으로 중요한 은행들간의 과도한 상호연계성으로 인해 부정적인 충격이 금융시스템 및 경제전반으로 전파되었다. 따라서 시스템적으로 중요한 은행들은 최저기준 이상의 손실흡수 능력을 보유해야 한다는 문제가 제기되었다. 바젤위원회와 금융안정위원회 FSB: Financial Stability Board [7]는 시스템적으로 중요한 금융회사 SIFI 에 대해 추가자본 부과, 조건부자본 및 손실부담채권 bail-in debt 을 포함한 통합적인 규제수단을 개발 중에 있다. 이러한 노력의 일환으로 바젤위원회는 국제적 수준에서 질적·양적지표를 이용하여 금융회사의 시스템적 중요성을 평가할 수 있는 식별방법을 개발 중이다.

3.2 유동성 규제기준 도입[8]

지난 금융위기의 초기 유동성 경색국면에서 많은 은행들이 충분한 자본을 보유했음에도 불구하고 유동성을 제대로 관리하지 못해 어려움을 경험하였다. 위기 전에는 자산시장이 호황이었던 데다 낮은 금리로 자금조달이 용이하였으나 시장상황

---

[7] 전세계적인 금융안정을 위한 G-7 국가의 재무장관 및 중앙은행장의 모임으로 1999년 발족된 FSF (Financial Stability Forum)가 2009년 4월 런던에서 열린 G20 정상회의에서 FSB(Financial Stability Board)로 확대 개편되었으며, 현재 G20의 주요 금융개혁 의제(agenda)의 구체적 실행방안을 작성하는 임무를 수행하고 있다.

[8] 유동성 규제에 대한 자세한 내용은 제5장에서 다룰 예정임.

표 3.3 | 새로운 유동성 규제기준

유동성커버리지 비율 (LCR)	순안정자금조달 비율 (NSFR)
$\dfrac{\text{고유동성자산}}{\text{순현금유출}} \geq 100\%$	$\dfrac{\text{안정적 가용 자금조달}}{\text{필요 자금조달}} \geq 100\%$

이 급격하게 반전되면서 유동성이 급격히 고갈되고 신용경색이 장기간에 걸쳐 지속되었기 때문이다. 따라서 은행시스템이 심각한 스트레스 상황에 처하게 됨에 따라 단기 자금시장과 일부 개별 금융회사의 원활한 작동을 위해 중앙은행의 자금지원이 필요하게 되었다. 이러한 경험을 통해 금융위기 시 금융시장과 은행부문의 기능이 원활하게 작동하기 위해서는 유동성 관리가 중요하다는 점을 인식하게 되었다.

바젤위원회는 유동성리스크 관리의 기본원칙으로서 2008년에 '건전한 유동성 리스크 관리 및 감독을 위한 원칙Principles for Sound Liquidity Risk Management and Supervision' 을 발표하였다. 여기에는 유동성리스크 관리 및 감독과 관련한 구체적인 지침이 포함되어 있다. 이에 추가하여, 바젤위원회는 유동성리스크에 대한 두 가지 규제비율 기준을 개발하여 도입하였다.

① **유동성커버리지 비율**LCR: Liquidity Coverage Ratio : 1개월간 지속되는 심각한 스트레스 상황을 견뎌내기에 충분한 고유동성자산을 보유토록 함으로써 유동성리스크 관리상 단기 복원력을 확보

② **순안정자금조달 비율**NSFR: Net Stable Funding Ratio : 1년 동안 자산·부채의 안정적인 만기구조를 유지하도록 하기 위해 개발되었으며, 이는 은행들이 은행영업에 필요한 자금을 보다 구조적인 차원에서 안정적인 자금조달원을 통해 확보토록 유도함으로써 장기 복원력을 제고하기 위한 것임.

이들 두 기준을 구성하는 변수는 대부분 국제적으로 동일한 값을 가지나 일부 변수의 경우 개별 국가의 상황을 반영하기 위해 재량적 요소들도 포함하고 있다. 따

라서 국가별 재량권이 허용되는 항목의 경우에는 이를 각국의 감독규정에 투명하고 명확하게 명시함으로써 자국 내 뿐만 아니라 국제적으로도 투명성을 확보하도록 요구하고 있다.

유동성커버리지 비율 LCR

앞서 언급한 바와 같이, LCR은 30일간의 잠재적인 유동성 위기상황에 대처할 수 있는 금융회사의 복원력을 제고하기 위해 도입되었다. 동 지표는 글로벌 은행들로 하여금 제약조건이 없이 활용 가능한 고유동성자산 HQLA: High Quality Liquid Assets 을 충분히 보유토록 함으로써 심각한 단기 유동성 위기 상황 시 직면할 수 있는 순현금유출 net cash outflow 에 대응하기 위한 지표이다. LCR 산출을 위해 사용되는 구체적인 위기 시나리오는 다음과 같다.[9]

(i) 해당 금융회사 신용등급의 큰 폭 하향 조정

(ii) 예금의 이탈

(iii) 무담보 도매자금조달 중단

(iv) 담보가치 할인율 큰 폭 상승

(v) 파생거래 관련 추가담보 요구, 부외 익스포저 관련 대규모 자금인출 요구
(자금제공 의무가 있는 신용 및 유동성 공여약정 포함)

고유동성자산 HQLA 은 자유롭게 활용가능하고 위기상황에서도 시장에서 현금화가 용이할 만큼 유동성이 있어야 하며, 기본적으로 중앙은행의 적격담보 대상이어야 한다.

---

[9] 위기 시나리오는 2007년 시작된 글로벌 금융위기 시 경험한 상황들에 기반하고 있으며 개별기관 및 시스템 전체 충격을 모두 포괄하는 가운데 최악의 상황은 아니지만 심각한 스트레스 상황을 수반하는 가정을 포함.

NSFR은 1년 동안 운용자산 및 부외약정으로부터 발생할 수 있는 자금수요를 충족시킬 수 있는 최소한의 안정적 자금조달 규모를 요구하고 있다. NSFR은 시장유동성이 풍부한 시기에 단기 도매자금에 과도하게 의존하지 않도록 하고 모든 부내·외 항목에 대한 유동성리스크 평가를 적절히 수행하도록 유도하고 있다.

모니터링 수단

현재 감독당국들은 거시건전성 감독을 위해 은행 및 금융부문의 유동성리스크를 모니터링할 수 있는 다양한 계량적 지표를 활용하고 있다. 2009년 초 바젤위원회가 실시한 서베이 결과에 의하면, 전 세계적으로 25개 이상의 지표가 감독당국에 의해 이용되고 있는 것으로 확인되었다. 바젤위원회는 이들 모니터링 수단의 국제적 일관성을 제고하기 위해 감독당국이 이용해야 하는 최소한도의 공통 지표군을 개발하였으며, 개별 감독당국은 국가별 특성을 감안한 추가적인 지표를 이용할 수 있다.

① **계약상 만기불일치**: 기본적인 유동성 필요규모를 파악하기 위해서는 은행은 계약상 만기불일치에 대한 평가를 자주 시행할 필요가 있음. 이러한 지표는 유동성 자금수요에 대한 기본 정보를 제공하고 금융회사간 유동성리스크 특성을 비교하는 데 유용하며, 은행 및 감독당국이 주의를 기울여야 할 유동성 수요가 언제 발생하는지를 알려줄 수 있다.

② **자금조달 편중도**: 특정 거래상대방, 조달수단 또는 조달통화 등을 기준으로 도매자금조달 편중현상을 측정함. 감독당국은 이러한 지표를 통해 하나 또는 다수의 자금조달원이 원활하게 작동하지 않을 경우 발생할 수 있는 자금조달 유동성리스크의 정도를 파악할 수 있다.

③ **담보제공 가능 자산**: 금융시장 또는 중앙은행 거래를 통한 자금조달 시 적격 담보로 활용 가능한 자산규모를 측정. 은행 및 감독당국은 이러한 지표를 통해 추가적인 은행의 담보부 자금조달 가능규모를 보다 정확히 파악할 수 있다. 다만, 은행 및 감독당국은 이러한 지표 이용 시 위기상황에서 담보부 자금조달 가능규모가 축소될 수 있다는 점을 유의해야 한다.

④ **통화별 LCR**: 환리스크가 유동성리스크의 구성요소라는 점을 감안하여 LCR을 중요 통화별로도 평가함으로써 외환 익스포저의 수준과 동향을 모니터링하고 관리함.

⑤ **시장정보를 통한 모니터링**: 잠재적 유동성 위기와 관련한 실시간 자료를 확보하기 위해 전체 시장관련 데이터(자산가격 및 유동성 관련), 개별기관 정보(CDS스프레드, 주가 등), 개별기관의 도매자금 조달시장에서의 자금조달 가능규모 및 조달비용 등에 관련된 정보를 활용함.

참고 3.1 Basel Ⅲ 규제의 이행기간

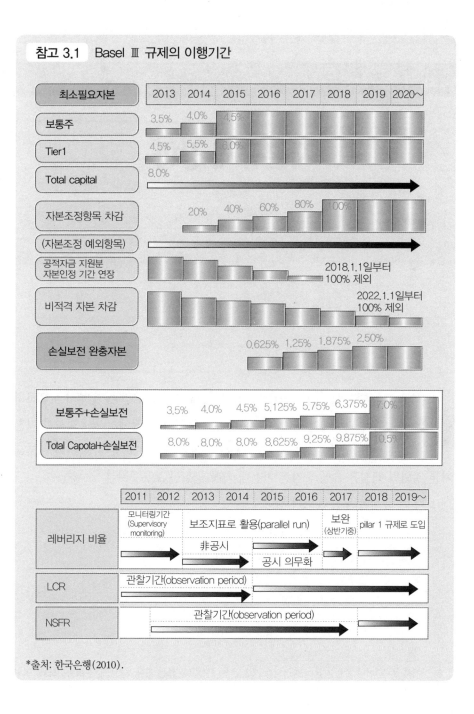

최소필요자본	2013	2014	2015	2016	2017	2018	2019	2020~
보통주	3.5%	4.0%	4.5%					
Tier1	4.5%	5.5%	6.0%					
Total capital	8.0%							

자본조정항목 차감: 20%, 40%, 60%, 80%, 100%

(자본조정 예외항목)

공적자금 지원분 자본인정 기간 연장: 2018.1.1일부터 100% 제외

비적격 자본 차감: 2022.1.1일부터 100% 제외

손실보전 완충자본: 0.625% 1.25% 1.875% 2.50%

| 보통주+손실보전 | 3.5% | 4.0% | 4.5% | 5.125% | 5.75% | 6.375% | 7.0% | |
| Total Capotal+손실보전 | 8.0% | 8.0% | 8.0% | 8.625% | 9.25% | 9.875% | 10.5% | |

	2011	2012	2013	2014	2015	2016	2017	2018	2019~
레버리지 비율	모니터링기간 (Supervisory monitoring)		보조지표로 활용(parallel run) 챠공시 공시 의무화				보완 (상반기중)	pillar 1 규제로 도입	
LCR	관찰기간(observation period)								
NSFR		관찰기간(observation period)							

*출처: 한국은행(2010).

제 4 장

자본규제 강화

지난 금융위기를 겪으면서 글로벌 은행시스템은 양질의 자본을 충분히 보유하지 못하였으며, 위기 과정에서 국가간 자본정의의 불일치, 시장에서 금융회사간 자본의 질을 비교·평가하기에 충분치 않은 공시 등의 문제가 드러났다. 따라서 새로운 자본 정의의 핵심은 은행의 자본 가운데 가장 양질인 보통주자본Common Equity Tier 1에 보다 큰 중점을 두는 것이다.[1]

---

[1] 본 장에서 "은행"이라 함은 자본이 측정되는 개별 은행, 은행그룹 또는 기타 회사 (예: 은행지주사)를 포함하는 의미임.

Basel Ⅲ에서 변경되는 자본규제는 금융회사가 위기 상황에서 손실흡수력이 가장 큰 보통주자본을 종전보다 더욱 엄격하게 정의 stricter definition of common 하고 「자본조정항목」을 보통주자본에서 차감하도록 구성되어 있다. 이에 따라서 Tier 1 및 Tier 2 자본의 적격요건 entry criteria 도 강화되었다.

그리고 자본의 질적인 측면에서 최소 보통주자본 비율을 현행 2%에서 4.5%로 상향 조정하였으며, Tier 1 자본은 현행 4%에서 6%로 상향 조정되었다.[2] 또한 완충자본이 도입되어 보통주자본비율 기준 손실보전 완충자본 CB: Conservation capital Buffer 은 2.5%, 경기대응적 완충자본 CCB: Counter-cyclical Capital Buffer 은 0~2.5%(보통주 또는 기타 형태)를 추가로 보유하도록 하였다. 이와 같은 보통주자본의 정의 강화, 거래상대방 리스크 포함 등의 리스크 커버리지 확대는 결국 전체적으로 규제자본의 양을 증대시키는 효과를 가져올 것이다.

자본의 구성요소 Elements of capital

총 규제자본은 다음 요소의 합으로 구성되며, Tier 1 자본은 계속기업 on-going business 으로서의 손실흡수 능력을 나타내며, 이는 보통주자본 Common Equity Tier 1 과 기타 Tier 1 자본으로 구성된다.

표 4.1 | 규제자본의 구성요소

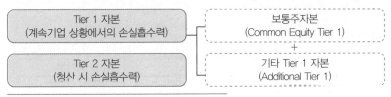

---

[2] 보통주자본비율(Common Equity Tier 1)은 Core Tier 1 자본비율 또는 Tangible Common Eqity 자본비율이라고 부르기도 함.

최소자본비율

자본공제항목을 차감한 후 최소자본 규제비율의 적용은 다음과 같다.

표 4.2 | Basel Ⅲ의 최저자본규제 비율

	보통주자본	Tier 1 자본	총 자본
최저규제자본비율(a)	4.5%	6.0%	8.0%
자본보전 완충자본(b) (CB: Conservation Buffer)	2.5%		
계(a+b)	7.0%	8.5%	10.5%
경기대응 완충자본 (CCB: Counter-cyclical Capital Buffer)	0~2.5%		

Basel Ⅲ하에서 보통주자본 Common Equity Tier 1은 항상 위험가중자산의 최소 4.5%를 유지해야 하고, Tier 1 자본은 항상 위험가중자산의 최소 6.0%를 유지해야 한다. 그리고 총자본(Tier 1 자본+Tier 2 자본)은 위험가중자산의 최소 8.0%를 유지해야 한다.

> ### 참고 4.1 Basel Ⅲ 규제자본 변화 계량영향평가[3]
>
> Basel Ⅲ 기준 도입 시 규제자본 비율의 영향을 분석한 계량영향평가 QIS: Quantitative Impact Study 결과는 다음과 같이 나타났다.
>
> 표 A.① | 규제비율의 변화(평균)
>
> (단위: %)
>
> | 구 분 | 보통주자본 | | Tier 1 | | 총자본 | |
> |---|---|---|---|---|---|---|
> | | 현행 | Basel Ⅲ | 현행 | Basel Ⅲ | 현행 | Basel Ⅲ |
> | 대형은행(74개) | 11.1 | 5.7 | 10.5 | 6.3 | 14.0 | 8.4 |
> | 중소형은행(133개) | 10.7 | 7.8 | 9.8 | 8.1 | 12.8 | 10.3 |

① 보통주자본비율의 경우 Basel Ⅲ 적용 시 글로벌 대형 및 중소형은행의 보통주자본 비율은 최저필요자본비율(4.5%)을 상회하나 현행수준(각각 11.1%, 10.7%)보다는 크게 하락함(각각 5.7%, 7.8%)

② Tier1 자본비율 및 총자본비율의 경우 글로벌 대형 및 중소형은행의 Tier1 자본비율은 각각 6.3%, 8.1%로 최저필요 Tier1 자본비율(6.0%)을 상회

③ 자본규제 강화에 따라 글로벌 은행들이 추가로 확충해야 하는 보통주자본 규모는 다음과 같다.

표 A.② | 보통주자본 부족분 규모

(단위: 10억 유로)

	대형은행	중소형은행
보통주자본 4.5% 기준	165	8
2019년 보통주자본 7.0% 기준	577	25

4.2 자본정의 관련 세부 내용

보통주자본 Common Equity Tier 1

지난 금융위기에서 비교적 손실흡수 능력이 높은 것으로 평가된 보통주자본은 다음 요소의 합으로 구성된다.[4]

① 적격요건을 충족하는 보통주(또는 주식회사가 아닌 경우에는 보통주에 상응하는

---

[3] 전세계 23개국 263개 은행 참여. 국내은행은 대형은행 5개사, 중소형은행 3개사 참여한 계량영향평가(QIS)로 이에 대한 자세한 내용은 Part Ⅳ를 참고하기 바람.

[4] 이익잉여금 및 기타포괄손익은 회계연도의 중간 손익을 포함하며, 배당금은 회계기준에 따라 보통주자본에서 제외함.

자본)

② 보통주 발행 시 발생하는 자본잉여금 stock surplus, share premium

③ 이익잉여금 retained earnings

④ 기타 포괄손익 누계액 및 기타 적립금[5]

⑤ 은행의 연결 자회사가 발행한 적격 보통주 가운데 제3자 보유분(소수주주지분)

⑥ 보통주자본 산정 시 적용되는 공제항목

특정 증권이 보통주자본에 포함되기 위해서는 다음의 모든 요건을 충족해야 한다.

a. 주식회사 형태의 은행에 있어 특정 증권은 보통주만 해당
b. 다만, 은행이 무의결권부 보통주를 발행할 경우 동 증권은 의결권이 없다는 점 이외에는 의결권부 보통주와 모든 면에서 동일해야 한다.

참고 4.2 규제자본 목적상 보통주로 분류되기 위한 적격요건[6]
Criteria for classifications as common shares for regulatory capital purposes

1. 은행 청산 시 최후순위일 것
2. 청산 시 모든 선순위 채권에 대한 상환이 이루어진 후 납입자본 issued capital 의 지분에 비례하여 잔여재산에 대한 청구권을 가질 것
3. 원본은 영구적이며, 청산시를 제외하고는 상환되지 아니할 것(재량에 의한 매입, 법률에 허용된 재량적 방법에 의한 자본 감소는 허용)
4. 은행은 증권 발행 시 주식재매입, 주금 상환 redeemed 또는 발행 취소에 대한 기대를 초래해서는 안되며, 법령이나 계약조건으로 그러한 기대를 야기하는 속성을 부여하여서는 안 됨

---

[5] 대차대조표에 계상된 미실현손익(unrealized gains & losses)에 대해서는 보통주자본에서 별도 조정을 하지 않음.

[6] 상기 기준은 뮤추얼펀드(mutuals), 조합(cooperatives) 또는 저축기관(savings institutions) 등과 같은 비주식회사형 회사(non joint stock companies)에도 적용됨. 이들 회사에 동 기준을 적용할 경우 보통주와 동일한 수준의 손실흡수력을 보유토록 해야 하며, 위기 시 계속기업으로서의 은행 상태를 악화시킬 수 있는 속성을 갖지 않도록 해야 함.

5. 배당금은 이익잉여금 등 배당가능 항목에서 지급될 것(발행 당시에 배당수준을 액면금액에 연계하거나 배당에 관한 계약상 한도를 설정할 수 없음)
6. 배당은 의무가 아니며 따라서 무배당이더라도 부도발생을 의미하지 않음
7. 모든 법적·계약상 채무가 이행되고 선순위 채권에 대한 지급이 완료된 이후에 배당이 이루어질 것(이는 특정 자본증권에 대한 특혜적인 배당(preferential distributions)이 없음을 의미)
8. 납입자본은 손실 발생 시 이를 일차적으로 가장 많이 흡수해야 함(각각의 자본증권은 계속기업 관점에서 균등하게 비례적으로 손실을 흡수함)
9. 납입자본은 은행이 자본잠식여부 결정시 부채가 아닌 자본으로 인식되어야 함
10. 납입자본은 관련 회계기준상 자본으로 분류되어야 함
11. 직접 발행되고 납입 완료되어야 하며 은행은 동 증권의 매입자금을 직·간접적으로 제공할 수 없음
12. 납입자금에 대해 청구권의 변제순위를 법적, 경제적으로 강화하는 제도나 발행은행 또는 관계회사[7]의 담보제공, 보증은 없어야 함
13. 발행은행 주주총회의 승인에 따라 발행되어야 함(승인은 주주총회에서 직접 이루어지거나 법이 허용하는 경우 이사회 또는 주주총회가 정당하게 권한을 부여한 자에 의해 가능)
14. 은행 대차대조표에 항목별로 명확하게 공시되어야 함

기타 Tier 1 자본

기타 Tier 1 자본의 구성요소는 적격요건을 충족하는 증권, 자본잉여금, 은행의 연결 자회사가 발행한 기타 Tier 1 자본의 적격요건을 충족하는 증권 가운데 제3자 보유분, 기타 항목 등이다.

① 적격 기타 Tier 1 자본

특정 증권이 기타 Tier 1 자본에 포함되기 위해서는 〈참고 4.3〉의 기준을 충족해

---

[7] 관계회사(related entity)에는 모회사(parent company), 자매회사(sister company), 자회사 또는 기타 계열사(affiliate)가 포함되며, 지주사의 경우는 연결은행그룹에 속하는지 여부에 관계없이 관계회사에 포함된다.

야 한다.

② 기타 Tier 1 자본 증권 발행 관련 자본잉여금

보통주자본이 아닌 기타 Tier 1 자본으로 분류 가능한 자본잉여금stock surplus은
기타 Tier 1 자본에 포함될 수 있다.

Tier 2 자본

Tier 2 자본은 적격요건 충족 증권, 자본잉여금, 제3자 보유분, 대손충당금loan
loss provisions, 기타 항목이다.

참고 4.3 기타 Tier 1 자본에 포함되기 위한 적격요건

1. 발행되고 납입되어야 함
2. 예금자, 일반 채권자 및 후순위채권보다 후순위여야 함
3. 은행 채권자의 청구권 변제순위를 법적, 경제적으로 강화하는 제도나 발행은행
   또는 관계회사에 의한 담보제공 또는 보증은 없어야 함
4. 영구적이어야 함. 예를 들면 만기일이 없고 금리상향조정step-up 또는 다른 상환
   유인이 없어야 함
5. 최소 5년이 경과한 후에만 발행자의 주도로 콜옵션을 행사할 수 있음
   i. 은행은 콜옵션 행사시 감독당국의 사전승인을 받아야 함
   ii. 은행은 콜옵션이 행사될 것이라는 기대를 초래하는 어떠한 조치도 취해서는
       안됨
   iii. 은행은 다음의 경우에만 콜옵션을 행사할 수 있음
       a. 콜옵션이 부여된 상품을 동질 또는 보다 양질의 증권으로 대체하고 동 대체
          발행이 은행의 수익창출 능력상 감당할 수 있는 상황에서 이루어질 경우[8]
       b. 콜옵션 행사 이후 은행의 자본수준이 최저규제수준을 훨씬 상회한다는 점

---

[8] 대체발행(replacement issues)은 상환과 동시에 이루어질 수는 있으나 상환 이후에 이루어져서는 안됨.

이 입증될 경우

6. 원본의 상환(예: 재매입 또는 주금 상환)은 감독당국의 사전 승인을 받아야 함(은행은 감독당국의 사전승인이 이루어질 것이라고 가정하거나 그러한 시장기대를 일으켜서는 안 됨)

7. 배당/이자지급의 임의성
   i. 은행은 언제든지 배당/이자지급 취소에 대한 완전한 재량권을 가져야 함[9]
   ii. 지급 취소가 부도사건으로 간주되어서는 안 됨
   iii. 은행은 취소된 지급액을 만기가 도래한 채무의 이행에 사용할 수 있는 완전한 권리를 가져야 함
   iv. 보통주 주주에 대한 배당 관련사항 이외에는 배당/이자지급 취소를 이유로 은행에 제약을 부과해서는 안 됨

8. 배당/이자지급은 배당가능 항목에서 지급되어야 함

9. 증권은 발행은행의 신용등급에 연계되는 배당 속성[10]을 가져서는 안 됨

10. 파산법상 파산 여부 판정 시 자산을 초과하는 부채에 해당되지 않아야 함

11. 회계목적상 부채로 분류되는 자본증권은 (i) 객관적이고 사전에 정한 발동요건에 따라 보통주로 전환되거나, (ii) 사전에 정한 발동요건에 의한 감액 메커니즘 write-down mechanism 을 통해 원본에 대한 손실 흡수력을 가져야 함(감액은 다음과 같은 효과가 있어야 함)
    a. 청산 시 해당 증권 청구권의 감소
    b. 콜옵션 행사 시 상환금액의 감소
    c. 배당금/이자 지급액의 전부 또는 일부의 감소

12. 은행 또는 은행이 실질적인 영향력을 행사하는 관련회사는 자본증권을 매입하거나 직·간접적으로 증권 매입자금을 제공하여서는 안 됨

13. 자본증권은 자본확충 recapitalization 을 저해하는 속성[11]을 보유해서는 안 됨

14. 기타 Tier 1 자본의 적격요건을 모두 충족하는 자본상품이 연결그룹 지주회사나 운영회사에서 발행되지 않는 경우(예: SPV가 발행), 그 발행대금 proceeds 은 연결그룹 지주회사 또는 운영회사가 아무런 제약없이 즉시 이용할 수 있어야 함

---

[9] 배당취소에 대한 완전한 재량권이란 배당을 강제하는 수단(dividend pushers)이 허용되지 않음을 의미함.

[10] 발행은행 신용등급에 따라 정기적으로 배당/이자지급의 전부 또는 일부를 재조정하는 것을 의미함.

[11] 예를 들어, 일정기간 동안 새로운 자본상품이 보다 낮은 가격으로 발행될 경우 투자자가 은행에 대하여 보상을 요구할 수 있는 조항 등을 의미함.

① 적격 Tier 2 자본증권

Tier 2 자본의 목적은 생존 불가능한 상황 point of non-viability 에 처한 은행에 손실흡수력을 제공하기 위한 것으로 특정 증권이 Tier 2 자본에 포함되기 위해서는 다음의 최소 적격기준을 충족해야 한다.

② Tier 2 자본 증권 발행 관련 자본잉여금

Tier 1 자본이 아닌 Tier 2 자본으로 분류 가능한 자본잉여금 stock surplus 은 Tier 2 자본에 포함된다.

③ 신용리스크 표준방법 사용 은행의 대손충당금

현재로는 실현되지 않았으나 unidentified 미래의 손실 발생에 대비하여 적립된 대손충당금은 손실이 현재화될 경우 손실흡수 용도로 자유롭게 이용할 수 있으므로 Tier 2 자본에 포함 가능하며, 손상이 확인된 손실에 대한 충당금은 제외한다. Tier 2 자본에 포함될 수 있는 일반 대손충당금 general provisions 은 표준방법으로 산출된 신용 위험가중자산의 최대 1.25%까지이다.

④ 내부등급법하의 초과 적격 대손충당금

예상손실 EL 이 적격 대손충당금 총액보다 적은 경우 그 차액은 내부등급법 IRB 으로 산출된 신용 위험가중자산 RWA 의 최대 0.6%까지 Tier 2 자본에 포함 가능한데, 각국은 재량에 의해 Tier 2 자본에 포함할 수 있는 동 한도를 낮게 설정할 수 있다.

소수주주지분 및 연결 자회사 발행 자본증권 중 제3자 보유분

① 연결자회사 발행 보통주

은행 연결자회사의 소수주주지분 minority interests 은 다음의 경우에 한해 보통주자본에 포함시킬 수 있다. 은행의 보통주 적격요건을 모두 충족하고, 해당 증권을 발행한 자회사가 은행인 경우 소수주주지분 가운데 연결기준 보통주자본에 포함되는

규모는 다음과 같이 계산한다.[12]

    a. 위의 기준을 충족하는 소수주주지분 총액에서 소수주주에 귀속되는 자회사의 잉여 보통주자본surplus Common Equity Tier 1을 차감한 금액

    b. 자회사의 잉여 보통주자본은 다음과 같이 계산됨

       (자회사의 잉여 보통주자본 = 자회사의 보통주자본 – 다음 두 가지 값 중 작은 값[자회사의 최저 보통주자본 + 자본보전완충자본(CB),[13] 연결기준 최저 보통주자본 + 자본보전완충자본[14]중에서 자회사 해당분])

    c. 소수주주에 귀속되는 잉여 보통주자본 규모는 자회사의 잉여 보통주 자본에다 소수주주가 보유하는 보통주자본 비중을 곱하여 산출

② 연결자회사 발행 적격 Tier 1 자본

은행 연결자회사가 외부투자자third party investors에게 발행한 Tier 1 자본증권은 은행의 Tier 1 자본 적격요건을 모두 충족하는 경우에 한해 Tier 1 자본에 포함시킬 수 있다. Tier 1 자본에 포함되는 규모는 다음과 같이 계산한다.

    a. 제3자에게 발행된 자회사의 Tier 1 자본 총액에서 외부 투자자에 귀속되는 자회사의 잉여 Tier 1 자본surplus Tier 1을 차감한 금액

    b. 자회사의 잉여 Tier 1 자본은 다음과 같이 계산

       (자회사의 잉여 Tier 1 자본 = 자회사의 Tier 1 자본 – 다음 두 가지 값 중 작은 값[자회사의 최저 Tier 1 자본 + 자본보전완충자본, 연결기준 최저 Tier 1 자본 + 자본보전완충자본중에서 자회사 해당분])

    c. 외부투자자에 귀속되는 잉여 Tier 1 자본규모는 자회사의 잉여 Tier 1 자본에

---

[12] 모은행 또는 계열사(affiliate)가 SPV 등을 통해 소수주주지분 투자에 소요되는 자금을 직·간접적으로 제공하는 약정을 체결한 경우, 해당 자회사의 소수주주지분은 모회사의 보통주자본에서 엄격히 제외됨. 따라서 여기서 처리되는 은행 자회사의 소수주주지분은 진정한 의미의 제3자 투자분(genuine third party common equity contribution to the subsidiary)을 의미함.

[13] 위험가중자산(RWA)의 7.0%.

[14] 연결기준 위험가중자산(RWA)의 7.0%

다 제3의 투자자가 보유하는 Tier 1 자본 비중을 곱하여 산출

③ 연결자회사 발행 Tier 1 및 Tier 2 자본

은행 연결자회사가 외부투자자에게 발행한 총자본증권은 은행의 Tier 1 또는 Tier 2 자본 적격요건을 모두 충족하는 경우에 한해 총자본에 포함될 수 있다. 총자본에 포함되는 자본규모는 다음과 같이 계산한다.

SPV가 제3자에게 자본증권을 발행한 경우 이러한 증권은 보통주자본에 포함될 수 없다. 다만, 이러한 증권이 관련 자본 적격요건을 모두 충족하고 SPV의 유일한 자산이 은행이 발행한 자본증권에 대한 투자인 경우에 한해 SPV의 발행증권은 은행이 직접 제3자에게 발행한 것으로 간주되며, 이에 따라 연결기준 기타 Tier 1 자본 또는 Tier 2 자본에 포함될 수 있다.

공제항목 Regulatory adjustments

① 영업권 및 기타 무형자산(모기지서비스권리 제외)

영업권Goodwills 및 기타 무형자산은 보통주자본 산정 시 차감한다. 모기지서비스권리[15] MSR: Mortgage Service Rights 를 제외한 모든 금액은 무형자산이 손상되거나 없어지면 소멸될 관련 이연법인세부채 DTL: Deferred Tax Liabilities 와 상계하여 차감한다. 자국회계기준local GAAP 을 적용받는 은행들은 감독당국의 사전 승인하에 공제대상이 되는 무형자산분류기준으로 국제회계기준IFRS 을 적용할 수 있다.[16]

② 이연법인세자산 DTA: Deferred Tax Assets

미래에 실현될 수익에 의존하는 이연법인세자산DTA 은 보통주자본에서 차감한

---

[15] 은행이 모기지유동화 관련 관리업무를 영위하면서 모기지유동화 회사로부터 서비스 대가(수수료)를 받을 수 있는 권리로 미국의 경우 MSRs 유통시장이 형성되어 있다.

[16] 자국 회계기준상 무형자산으로 분류되나 IFRS상 무형자산으로 분류되지 않을 경우 보통주자본 공제항목 적용을 받지 않을 수 있다.

다. 이연법인세자산과 관련된 이연법인세부채DTL 로서 동일 세무당국이 부과한 세금과 관련되고 해당 세무당국이 상계netting 를 허용하는 경우에는 상계하여 계산 가능하다. 그리고 미래에 실현될 수익에 의존하지 않는 이연법인세 자산(예: 세금 과다납부로 인해 조세당국으로부터 받을 채권)에 대해서는 보통주자본에서 차감하는 대신 관련 국가에 적용되는 위험가중치를 적용할 수 있다.

③ 현금흐름 위험회피 관련 평가손익Cash flow hedge reserve

공정가치 평가가 이루어지지 않은 미래 현금흐름에 대한 위험회피와 관련된 평가손익은 보통주자본 계산 시 인식하지 않는다. 왜냐하면 보통주자본에 인위적인 변동성을 야기하는 요소를 제거하기 위한 것으로 현금흐름 위험회피 관련 평가손익은 파생상품 공정가치액만 반영하고 위험회피되는 현금흐름의 변동은 반영하지 않기 때문이다.[17]

④ 예상손실 대비 대손충당금 적립 부족액

내부등급법IRB 하에서 예상손실 대비 대손충당금 적립규모가 부족한 경우 부족액은 보통주자본에서 차감한다. 만약 전액 차감되어야 하는 부족액은 충당금 적립액이 예상손실 수준까지 증가할 경우 발생할 수 있는 특정 세금효과에 의해 감소되어서는 안 된다.

⑤ 유동화증권 거래 관련 매각이익

유동화증권 거래에서 발생하는 이익은 보통주자본에서 차감한다.

⑥ 신용리스크 변동에 따른 공정가치평가 대상 부채의 누적손익

은행의 자기 신용리스크 변동에 따라 부채의 공정가치가 변동할 때 발생하는 모든 미실현 손익은 보통주자본 계산 시 인식하지 않는다.

---

[17] 미래 현금흐름의 가치 변동액이 아닌 동 현금흐름을 헤지하기 위한 파생상품의 공정가치액 기준을 의미함.

⑦ 확정급여형 연금 자산 및 부채

대차대조표에 계상된 확정급여형 연금부채는 보통주자본 계산 시 전액 인식한다(즉, 동 부채의 조정(derecognising)으로 보통주자본이 증가할 수 없다). 반면, 확정급여형 연금자산은 동 자산이 손상되거나 없어지면 소멸되는 관련 이연법인세부채와 상계하여 보통주자본에서 차감한다. 한편, 은행이 동 연금자산을 아무런 제약없이 이용할 수 있는 경우 감독당국의 승인하에 차감대상에서 제외 가능하다. 그리고 차감대상에서 제외되는 자산에 대해서는 그 자산을 은행이 직접 보유할 때 적용되는 위험가중치를 부여한다. 이와 같은 연금펀드 자산관련 처리기준은 은행이 동 자산을 인출할 수 없는데다 예금자 및 기타 채권자 보호를 위해 사용할 수 없다는 점을 감안한 것이다.

⑧ 자사주

은행의 자사주에 대한 모든 직·간접 투자 및 계약상 매입할 의무가 있는 주식은 보통주자본에서 차감되며, 동 기준은 은행계정 및 트레이딩계정의 익스포저 모두에 적용된다. 따라서 총 매입포지션은 동일 기초자산에 대한 거래상대방 리스크가 없는 매도포지션과 상계하여 차감할 수 있다. 그리고 은행은 자사주 익스포저 차감을 위해 인덱스증권에 포함된 자기주식 보유분을 조사해야 한다. 다만, 매수한 인덱스증권내의 전체 자사주 매입포지션은 매도한 동일 기초 인덱스증권의 자사주 매도포지션과 상계가 가능하다.[18]

⑨ 상호보유약정에 의한 자본투자

은행의 자본규모를 인위적으로 늘리기 위해 이루어지는 상호보유약정cross holdings에 의한 자본투자는 전액 차감한다. 따라서 다른 은행, 금융회사, 보험사에 대한 자본투자에 대해 상호공제접근법corresponding deduction approach을 적용해야 한다.[19]

---

[18] 자사주 공제는 은행 자기자본의 이중계상을 방지하기 위한 목적으로 상기 처리기준에 따라 은행은 자행이 발행한 기타 Tier 1 자본증권 및 Tier 2 자본증권 투자를 해당 규제자본에서 차감해야 한다.
[19] 투자한 자본증권을 은행이 발행했다고 가정할 때 분류되는 자본에서 동 증권을 차감함.

⑩ 非연결대상 은행, 금융회사 및 보험사 자본에 대한 중대하지 않은 투자

이 부문의 공제기준은 연결대상이 아닌 은행, 금융회사 및 보험사 자본에 대한 투자 가운데 투자금액이 해당 기관 보통주의 10%를 넘지 않는 경우에 적용된다. 이때 자본투자는 직·간접 및 파생상품을 통한 보유분을 포함한다. 그리고 은행은 자본투자 규모를 산정하기 위해 인덱스증권을 통한 보유분도 조사해야 한다. 자본투자는 은행계정 및 트레이딩계정 보유분 모두 해당되며, 동 자본의 범위에는 보통주 및 다른 모든 형태의 자본증권(예: 후순위채)도 포함된다.

증권인수로 인한 자본 보유분underwriting position 은 인수 후 5영업일까지는 자본투자에서 제외되며, 5영업일 초과 시 자본투자에 포함한다. 만약 투자한 자본증권이 은행의 보통주자본, 기타 Tier 1 자본 또는 Tier 2 자본 적격요건을 충족하지 못할 경우 해당 자본투자는 보통주 공제항목으로 간주한다. 또한 위기에 처한 금융회사를 지원하는 과정에서 보유하게 된 자본투자에 대해서는 감독당국이 사전승인을 통해 차감대상에서 일시적으로 제외할 수 있는 재량권을 가질 수 있다.

> **참고 4.4** **구체적인 각 자본별 차감방식**
>
> ① 보통주자본에서 차감되는 규모 = 자행 보통주의 10%를 초과하는 총자본투자액 × 총자본투자액 중 보통주 투자비중
> ② 기타 Tier 1 자본에서 차감되는 규모 = 자행 보통주의 10%를 초과하는 총자본투자액 × 총자본투자액 중 기타 Tier 1 자본 투자비중
> ③ Tier 2 자본에서 차감되는 규모 = 자행 보통주의 10%를 초과하는 총자본투자액 × 총자본투자액 중 Tier 2 자본 투자비중

상호공제 방식에 따라 자본투자 차감 시 이에 상응하는 규제자본이 부족할 경우 동 부족액은 차상위 규제자본에서 차감한다.[20]

---

[20] 예를 들어, 은행이 보유하는 기타 Tier 1 자본규모가 차감해야 할 기타 Tier 1 자본 투자액보다 작을 경우 동 부족액은 보통주자본에서 차감함.

차감 대상이 아닌 상기 한도 내 자본투자에 대해서는 위험가중치를 적용해야 한다. 이때 트레이딩계정의 자본투자는 시장리스크 기준에 따라, 은행계정의 자본투자는 표준방법 또는 내부등급법IRB 에 따라 처리한다. 그리고 위험가중치가 적용되는 자본투자액은 한도 초과금액과 미달금액에 비례하여pro rata basis 산정되어야 한다.

⑪ 非연결대상 은행, 금융회사 및 보험사 자본에 대한 중대한 투자

연결대상이 아닌 은행, 금융회사 및 보험사 자본에 대한 투자 가운데 투자금액이 해당 기관 발행 보통주의 10% 이상 보유한 경우 또는 동 기관이 은행의 계열사인 경우에 적용된다.[21] 이때 자본투자는 직·간접 및 파생상품을 통한 보유분을 포함하며, 은행은 자본투자 규모를 산정하기 위해 인덱스증권을 통한 보유분도 조사해야 한다.

⑫ 공제 예외한도 적용대상 항목threshold deductions

다음 항목에 대해서는 각각 자행 보통주자본의 10%까지 보통주자본에 포함할 수 있다.

a. 非연결대상 금융기관(은행, 보험사 등) 보통주에 대한 중대한 투자
b. 모기지서비스권리
c. 일시적 차이에서 발생하는 이연법인세자산DTA

2013년부터 은행은 상기 3개 항목의 합계액이 자행 보통주자본의 15%를 초과하는 부분을 차감해야 하며 동 내역은 전부 시장에 공시해야 한다. 그리고 2018년부터는 보통주자본에 포함되는 상기 3개 항목의 15% 합계한도 산정 시 모든 공제항목 차감 후 기준을 적용해야 한다. 그리고 보통주자본에서 차감되지 않는 3개 항목에 대해서는 250%의 위험가중치를 적용해야 한다.

---

[21] 계열사(affiliate)란 은행을 지배하거나 은행의 지배를 받거나 또는 상호 지배관계에 있는 회사를 의미하며, 여기서 지배의 개념은 (1) 해당회사의 의결권이 있는 증권을 20% 이상 보유하거나, (2) 재무제표 보고 목적상 연결대상인 경우를 의미한다.

> **참고 4.5** 특정 공제항목에 대한 15% 보통주자본 한도
>
> 아래 내용은 非연결대상 금융기관(은행, 보험사 및 다른 금융기관)의 보통주에 대한 중대한 투자 significant investment , 모기지서비스권리 MSR , 일시적 차이에 의한 이연법인세자산에 대한 15% 한도 계산방법을 명확히 하기 위한 내용임
>
> ⊕ 상기 3개 공제항목에 대해서는 모든 공제항목 차감 후 보통주자본의 15%까지는 자본계산 시 차감하지 않음
>   • 차감되지 않는 최대 규모는 보통주자본에 17.65%(15%/85% = 17.65%)를 곱하여 산출
>
> **예시**
>
> ⊕ A은행의 보통주자본이 85(3개 공제항목을 포함, 모든 공제항목 차감 후 금액)이라 할 때, 3개 공제항목의 합계액에서 보통주자본에 포함할 수 있는 최대규모는 15(=85 ×17.65%)임
>   • 따라서 동 규모₁₅를 초과하는 부분은 보통주자본에서 차감되어야 함
>   → A은행이 3개 항목을 합산한 최종 보통주자본은 100(=85+15)임.

⑬ Basel Ⅱ 기준에 의한 자본 차감

Basel Ⅱ에서 Tier 1 자본과 Tier 2 자본에서 각각 50%씩 차감(또는 선택적으로 1,250%의 위험가중치 적용)하고 있는 다음 항목에 대해서는 1,250%의 위험가중치를 적용한다.

a. 특정 유동화 익스포저,

b. PD/LGD 방식하에서의 특정 주식 익스포저,

c. 非증권대금동시결제 non-Delivery vs payment 및 非외환동시결제 non-Payment vs Payment 를 이용한 거래에서 미결제(인도)된 금액

d. 일반기업 commercial entities 에 대한 중대한 투자

공시기준 Disclosure requirements

바젤위원회는 규제자본의 투명성 및 시장규율 제고를 위해 다음 사항을 공시하도록 요구하고 있다. 공시내용에서 감사보고서상 대차대조표 항목과 모든 규제자본 구성항목은 일치 reconciliation 해야 하고, 공제항목 및 보통주자본에서 차감되지 않는 항목에 대해서는 개별적으로 공시를 해야 한다. 그리고 최저규제기준이 적용되는 자본요소를 확인해야 하며, 발행된 자본증권의 주요 특징에 대한 설명을 첨부해야 한다. 마지막으로 규제자본 요소와 관련된 비율을 공시하는 경우 동 비율 계산방법에 대한 포괄적 설명도 포함해야 한다. 또한 은행은 모든 규제자본 증권의 발행조건을 자사의 웹사이트에 공시해야 한다.[22] 그리고 은행은 이행기간에 적용되는 경과조항 transitional provisions 으로 인해 이득을 보는 자본증권 및 공제항목 등의 구체적인 내역을 공시해야 한다.

---

[22] 바젤위원회는 2011년 중 보다 구체적인 Pillar 3 공시요건을 발표할 예정임.

제 5 장

레버리지 비율

금융위기 이후 바젤위원회는 복잡한 은행들의 모델 리스크를 감소시키고, 과도한 레버리지 누적을 방지하기 위해, 현행 Basel Ⅱ의 리스크 기반 자본규제의 보완수단으로 단순하고 투명하며 리스크에 기반하지 않는 non-risk based 레버리지 비율 Leverage Ratio 도입을 발표하였으며, 동 제안은 2009년 9월 피츠버그 G20 정상회의에서 지지를 받아 본격적으로 추진되었다.

바젤위원회는 레버리지 비율의 도입목적을 다음 두 가지로 제시하고 있다.

a. **급격한 디레버리징** de-leveraging 위험의 축소: 은행부문에 레버리지의 제약을 부과하여 금융시스템과 경제 전반에 손해를 끼칠 수 있는 디레버리징 과정의 불안정한 위험을 경감

b. **리스크에 기반하는 자본규제의 보완수단** backstop: 간단하고, 투명하며 독립적이면서 리스크에 기반하지 않은 보완수단을 통해 Basel Ⅱ 리스크 기반 자본

규제를 보완하고 모델리스크와 측정오류를 방지할 수 있는 추가적인 안전판 마련

이러한 레버리지 비율은 리스크에 기반하지 않고 새롭게 도입되는 제도인 만큼 2013년부터 적용되는 새로운 자본규제안과는 달리 일정한 경과기간을 거쳐 시행된다.[1] 현재 확정된 방안은 시행과정에 발생하는 영향에 대한 평가와 업계의 여러 의견 등을 바젤위원회에서 검토한 다음 Pillar 1 체계 내로 포함될 것이다.[2]

5.1 규제의 주요 내용

바젤위원회가 도입하려는 레버리지 비율은 총익스포저(Total Exposure: 총자산 + 부외 익스포저 + 파생상품의 대출동등가액(loan equivalents))에 대한 자본의 비율로 정의되며 바젤위원회는 최저규제수준으로 3%를 일괄적으로 적용할 계획이다.

$$레버리지\ 비율 = \frac{자본}{총익스포저}$$

레버리지 비율을 총익스포저/자본 개념으로 사용하기도 하는데, 이 경우 33배 등의 수치를 사용하게 된다. 본 장에서는 바젤위원회 방식을 따라 자본/총익스포저 개념으로 사용할 것이다.

---

[1] 경과기간은 감독모니터링기간(Supervisory Monitoring period: 2011.1.1 ～ 2012.12.31)과 병행운영기간 (Parallel Run period: 2013.1.1～2017.12.31)을 포함한다.

[2] 일부에서는 Pillar1 이 아닌 Pillar 2로 다루는 것이 적절하다는 의견도 존재하며 이에 관해서는 본장 5.2. 쟁점사항에서 살펴볼 것이다.

레버리지 비율의 측정은 자본과 총익스포저에 대한 정의와 측정의 문제로 이해할 수 있다. 자본의 측정은 Basel Ⅲ에서 새롭게 정의되는 Tier 1 자본의 정의를 따르기 때문에 이의 적용을 둘러싼 큰 논란은 없을 것으로 판단된다.[3] 따라서 문제는 총익스포저의 측정이라고 할 수 있는데, 바젤위원회는 이와 관련한 세 가지 옵션을 검토하고 이에 대한 계량영향평가 QIS를 실시한 바 있다. 이 세 가지 옵션은 2009년 12월에 제시되었던 공개초안 Baseline Proposal과 2010년 6월에 의해 공표된 두 개의 협의안 Compromise Proposal에 포함되어 있다.

첫번째 옵션 Option 1은 2009년 12월에 제시된 공개초안이다. 이 안에서는 파생상품, Repo, 증권금융거래 SFT: Security Financing Transactions에 대해 상계를 허용치 않는다. 또한 무조건부 취소가능약정을 포함하는 부외 익스포저, 파생상품의 잠재 익스포저 PFE: Potential Future Exposure, 신용파생상품의 명목금액에 대해서는 100%의 신용환산율 CCF: Credit Conversion Factor을 일괄적으로 적용하는 것이었다. 여기서 신용환산율 CCF 이란 한도나 약정 등과 같이 현재는 대출 등이 실행되지 않아 익스포저가 아니나 잠재적으로 익스포저가 될 부분을 전환시켜 주는 비율을 의미한다.

두번째 옵션 Option 2은 2010년 6월 8일에 제시된 협의안으로 여기서는 파생상품, Repo, 증권금융거래 SFT에 대해 Basel Ⅱ 방식의 상계를 허용한다. 또한 부외 익스포저, 파생상품의 잠재 익스포저 PFE, 신용파생상품에 대해서는 100%의 CCF를 적용하고 무조건부 취소가능약정에서는 10%의 CCF를 적용하는 것이다.

마지막 옵션 Option 3은 2010년 6월 15일에 제시된 협의안이며, 이 안에서는 파생상품, Repo, 증권금융거래 SFT에 대해 상계를 허용치 않는다. 또한 부외 익스포저, 파생상품의 양+의 시장가치의 합(PFE가 아님), 신용파생상품의 명목금액에 대해서는 100%의 CCF를 적용하고 무조건부 취소가능약정에서는 10%의 CCF를 적용하는 것이다.

결과적으로 레버리지 비율 산정 관련 익스포저 측정에 관한 바젤위원회의 최종

---

[3] Tier 1 자본정의에 대해서는 앞서 제4장을 참고하기 바람.

표 5.1 | 바젤위원회 QIS 결과 요약

범주	통계량	Option 1	Option 2	Option 3
전체 155개 은행	평균	3.9%	4.3%	4.2%
	중앙값	3.4%	3.9%	3.8%
	90% 퍼센타일	6.8%	7.1%	7.3%
	25%	1.9%	2.4%	2.1%
	10%	0.9%	1.1%	0.9%
Group I (77개 은행)	평균	2.8%	3.2%	3.1%
	가중평균	1.6%	2.6%	1.9%
	중앙값	2.3%	2.9%	2.5%
	90% 퍼센타일	5.1%	5.8%	5.5%
	25%	1.1%	1.5%	1.3%
	10%	0.6%	0.8%	0.6%
Group II (78개 은행)	평균	4.9%	5.3%	5.3%
	가중평균	3.8%	4.2%	4.1%
	중앙값	4.5%	5.0%	4.9%
	90% 퍼센타일	8.1%	8.4%	8.4%
	25%	3.2%	3.7%	3.4%
	10%	1.9%	2.2%	2.1%

*Note: Group I과 Group II은 대형은행과 중소형은행으로 구분함.

안은 공개초안을 토대로 2010년 6월의 협의안을 통해 일부 조정되었다. 이러한 조정은 상계 netting 를 전혀 인정하지 않고 부외 익스포저 전체를 반영하는 초안에 비해서는 업계의 의견을 일부 반영한 것으로 보인다. 조정안에서는 Basel II 방식의 상계 허용, 무조건부 취소가능약정에 대한 10% CCF의 적용 등 전반적으로 익스포저 측정범위를 축소하고 있다.

이런 측정안의 변화는 레버리지 비율 산출시 분모인 익스포저 측정량의 감소를 통해 레버리지비율이 전반적으로 증가할 것임을 예상하게 한다.[4]

---

[4] 세 가지 옵션 모두 자본측정에 관해서는 Tier 1 자본에 대한 Basel III의 새로운 정의를 사용하므로 별 다른

〈표 5.1〉은 바젤위원회에서 공개초안과 이 후의 협의안에 대해 2010년 7월 공표한, 전세계 155개 은행(이 중 77개 은행은 1그룹에, 78개 은행은 2그룹에서 분석됨)에 대해 실시된 QIS 결과를 보여주는 것으로, 결과치는 단순평균mean, 중앙값, 10%, 25%, 90% 퍼센타일 및 1,2그룹의 가중평균 등의 통계량을 보여준다.

위 〈표 5.1〉에서 보여지듯이, 공개초안Option 1 보다 협의안Option 2 & 3 에서 레버리지 비율이 증가했음을 볼 수 있는데, 이는 예상한 바와 같이 총익스포저의 감소로 인한 것으로 추측해 볼 수 있다.[5]

이 외에도 이 결과는 몇 가지 중요한 함의를 보여준다. 우선 Group Ⅰ과 Ⅱ간의 레버리지 비율은 통계적으로 유의적인 차이significant difference 를 보이고 있다. 일반적으로 Group Ⅰ 은행들의 레버리지 비율이 상대적으로 낮고 이는 이들 은행들이 높은 레버리지high leverage 를 가지고 있음을 보여준다. 그리고 이러한 결과는 그룹간 은행에 있어 똑같은 레버리지 비율 규제를 적용하는 것이 어려움을 나타낸다고 할 수 있다. 그에 따라 스위스에서는 금융그룹(4%)과 개별 금융회사(3%)의 레버리지 비율 규제를 차별화하고 있다. 23개국 대형 은행의 평균 레버리지 비율은 2.8%로 조사대상의 42%가 규제수준에 미달하는 것으로 분석되었다. 이들 은행들은 주로 유가증권, 파생상품, 유동화증권 등 신용등급이 높게 평가된 자산을 중심으로 그동안 레버리지를 과도하게 많이 확대해 왔기 때문으로 분석된다.

자본의 측정 Capital Measure

레버리지 비율 계산 시 이용되는 자본은 Tier 1 자본으로, 양질의 자본을 의미한다. 이는 기존에 은행들이 영업과 손실흡수 양 측면에서 부적절했던 건전치 못한 자본을 통해 과도한 레버리지를 취했다는 문제의식에 기반한 것이다. 또한 이러한

이견이 존재하지 않는다.

[5] 물론 이상치(outlier)의 존재로 인하여 단순평균(simple mean) 통계량이 왜곡될 가능성도 존재하지만, 퍼센타일 정보 등을 종합적으로 보더라도 이러한 경향은 확인할 수 있다고 이해된다.

자본정의는 앞서 살펴본 Basel Ⅲ 자본정의를 따르고 있다.[6] 바젤위원회는 총규제 자본Total Regulatory Capital에 대한 데이터도 수집하게 되는데 이는 어디까지나 계량영 향평가를 위한 것이다.

자본의 측정에 적용되는 사항은 익스포저의 측정에도 적용되는 일관성consistency 의 원칙이 적용되는데, 이는 측정의 일관성 유지와 더불어 중복계산의 방지를 위한 것이기도 하다. 즉, 자본 공제항목은 레버리지에 기여하지도 않으므로, 또한 익스포 저 산출 시에도 차감되어야 한다. 이는 규제자본에서의 차감은 총익스포저 측정에 서도 동일하게 행해져야 함을 의미한다.

자회사에 대한 투자는 Basel Ⅱ 리스크기반 자본규제제도에서 사용된 접근법을 따르게 된다. 즉, 은행이 자회사와 회계적으로 연결관계accounting consolidation를 가지 나, 규제적으로는 독립적인 관계인 경우에는 자회사에의 자본투자는 자본에서 차 감해야 하고 총익스포저 측정 시에도 자회사 자산을 포함시켜선 안 된다.

익스포저의 측정 Exposure Measure

익스포저는 일반적으로 회계적 방법에 따라 측정된다. 이러한 접근법의 장점은 회계정보가 시장에서 적극 활용가능하고, 투명하며, 규제 익스포저regulatory exposure 와 독립적인 익스포저 측도를 제공하며, 非리스크 기반not risk-based이라는 점이다.

기본적인 내용을 살펴보면, Repo와 같은 거래는 Basel Ⅱ 상계를 거쳐 회계적 방법에 따라 익스포저를 측정하고, 파생상품(신용파생상품 포함)은 이와 마찬가지로 상계를 거쳐 대출동등가액loan equivalents으로 전환된다. 또한 부외항목은 일률적으로 100% 신용환산율CCF을 적용하여 전액 익스포저에 반영하고, 무조건부 취소가능 약정에 대해서는 10%의 CCF를 적용한다.

이외에 제시되는 주요 측정원칙은 다음과 같다.

---

[6] 바젤위원회는 향후 경과기간 동안에는 Tier 1 자본 외에 총자본과 보통주자본으로도 레버리지 비율을 산출 하고 그 영향도 파악할 예정이다.

a. 파생상품을 제외한 부내 익스포저는 충당금과 신용평가조정 Credit Valuation Adjust-ment 을 상계하여 산출[7]

b. 실물/금융담보, 지급보증, 신용리스크 경감수단 등은 익스포저 감소에 사용할 수 없음

c. 예금과 대출간 상계는 허용되지 않음

① 부내항목 On-balance sheet items

은행은 대차대조표상의 계정과목을 익스포저에 포함시켜 레버리 지비율 계산에 반영하는데, 아래에서는 부내항목과 관련하여 증권금융거래와 파생상품의 익스포저 측정에 관해 간략히 설명하고자 한다.

① 증권금융거래

담보부 자금조달의 일종인 증권금융거래 SFT 는 부내 레버리지의 주요 요소로 레버리지 비율 계산시 포함되며, 은행은 다음과 같이 SFT를 산출할 수 있다.

a. 회계적 방법에 따라 익스포저 측정

b. Basel Ⅱ 체계에 따른 상계 허용[8]

② 파생상품

파생상품 관련 익스포저는 계약의 공정가치를 나타내는 부내 계정의 현재가치와 기초계약의 경제적 편익을 나타내는 명목 경제적 익스포저 notional economic exposure 로 구분되며, 은행은 다음과 같이 파생상품(신용파생 포함)의 익스포저를 산출한다.

a. 회계적 방법에 따라 측정한 익스포저에 잠재 익스포저 Potential Exposure 를 합산함.[9] 이 경우, 잠재 익스포저는 Basel Ⅱ의 커런트익스포저방법 CEM: Current Ex-

---

[7] 거래상대방의 신용등급하락으로 발생하는 잠재적인 시가평가 손실을 의미함.

[8] 규제 상계에 따르면, 1) 법적으로 실행가능한 상계계약이 존재, 2) 거래상대방 동일, 3) 서래상품 동일 등의 조건만족시에만 상계가 가능하다. 그러나 이종상품간 상계(Cross-product netting)는 제외된다.

[9] 이 방법을 통해 모든 파생상품을 일관성 있게 대출동등가액(loan equivalent amount)로 전환할 수 있음.

posure Method 을 사용하여 측정한다.

b. Basel Ⅱ 체계에 따른 상계 허용(상계는 SFT에서 제시된 상계와 동일함)

② 부외항목 Off-balance sheet items

부외항목은 Basel Ⅱ의 부외항목 중 약정, 무조건부 취소가능약정, 신용대체거래, 인수, 보증신용장, 무역신용장, 미결제 증권 등을 포함한다. 여기서 재매입약정이나 증권금융거래는 제외한다.

부외항목에 대하여 바젤위원회는 부외항목이 잠재적으로 레버리지에 중대한 영향을 줄 수 있음을 인식하고, 위의 부외항목에 대해서 일률적으로 100%의 신용환산율CCF 을 적용함으로써 보수적으로 전액 익스포저에 반영하도록 하고 있다.

사전통지 없이 무조건부 취소가 항시 가능한 약정에 대해서는 10%의 신용환산율CCF 을 적용하고 있는데 바젤위원회는 이의 적정성 여부를 보수적 관점에서 검토할 것으로 보인다.

이행기간 Transitional Arrangements

바젤위원회 금융개혁의 주요 내용은 기존 Basel Ⅱ 자본규제의 강화, 글로벌 유동성리스크 관리기준의 두 축으로 구분할 수 있다. 레버리지 비율의 신규도입을 제외한 자본규제 강화의 주요 내용들은 기존 Basel Ⅱ 자본규제의 정의와 내용을 일부 수정한 것으로 2013년부터 개선된 내용을 바로 적용하는 로드맵을 가지고 있다.

한편, 레버리지 비율이나 유동성리스크 규제체계의 경우 새롭게 도입되는 제도인 만큼 업계의 준비나 적용과정에서 발생할 수 있는 문제점을 검토 보완할 필요성이 있어 이에 따른 이행기간을 도입하고 있다. 레버리지 비율의 경과기간은 아래 〈표 5.2〉에서와 같이 감독 모니터링 기간, 병행산출기간, Pillar 1 이행기간으로 구분할 수 있다.

3단계 이행기간 중 바젤위원회는 레버리지 비율이 전체 신용주기 동안 및 비즈

표 5.2 | 레버리지 비율 도입 이행기간

구분	기간	주요 활동
감독 모니터링 기간	2011.1.1~ 2012.12.31	비율값과 계산 시 구성요소 분석을 위한 조사양식 개발
병행산출 기간	2013.1.1~ 2017.12.31	• 동 기간 중 레버리지 비율값과 그 구성요소의 추이 관찰 • 2015.1.1 이후 시장공시(공시양식 개발 및 공시 모니터링 실시)
Pillar 1 이행기간	2018.1.1 ~	병행산출기간의 운용결과를 토대로 2017년 중 최종조정을 거쳐 2018년 이후 Pillar 1 규제로 전환

니스 모델이 다른 경우에도 적절한지 여부를 평가하게 된다. 또한 각국 회계체계의 차이를 해결하기 위해 각국 회계 기준과 관행을 면밀히 모니터링할 것이다. 비율의 정의와 규제수준에 대한 최종 조정이 2017년까지 이루어질 예정이며 2018.1.1일부터 최저 비율규제(Pillar 1)으로 시행될 계획이다.

5.2 쟁점사항

새롭게 도입되는 제도로 레버리지 비율은 도입의 취지, 비율 산출 설계방식 등에 있어서 기존에 그리고 향후 다양한 시각에서 검토되어야 할 다수의 쟁점들이 존재한다. 대표적으로 레버리지 비율 자체가 非리스크적 기반non-risk based 하에 생성된 규제인 만큼 이것이 기존의 Basel Ⅱ 자본규제와 어떻게 양립할 수 있을 것인지, 익스포저 산출 시 각국별 회계제도의 차이를 어떻게 최소화할 수 있는지 등에 대한 이슈가 제기되고 있다.

이에 따라 바젤위원회에서는 Basel Ⅲ 협의안에 대한 의견교환시기comment period 를 가졌고, 이것이 2010년 4월에 완료됨에 따라 실무자그룹Supplementary Measures workstream 이하 SM 을 구성하여 레버리지 비율에 대한 약 150여 개의 의견을 검토하였다.[10]

아래에서는 주요 쟁점사항들과 이에 관한 실무자그룹SM 의 견해, 그리고 일부 이슈에 있어서는 은행업계의 견해를 살펴봄으로써 향후 레버리지 비율 산출 시 발생할 수 있는 이슈들에 대한 이해를 돕고자 한다.

일반적 이슈

우선, 레버리지 비율 산출을 위한 설계와 관련한 세부적인 이슈에 앞서 레버리지 비율 도입의 취지와 관련한 일반적인 이슈들을 검토해보자.

앞서 설명하였듯이, 바젤위원회가 레버리지 비율을 도입하는 목적은 크게 두 가지로 구분할 수 있다. 우선 은행산업의 레버리지 증가에 한도를 부여함으로써 금융시스템에 위협이 되는 디레버리징de-leveraging 리스크를 경감시키고자 함이며, 둘째는 간단하고 투명한 규제방안을 리스크기반 지표에 보완적인 차원으로 도입함으로써 모델리스크model risk 등을 방지하고 추가적인 안전망을 도입하기 위함이다.[11]

이와 관련하여, 다음 세 가지 이슈사항이 학계 및 업계로부터 제기되었다.

우선, 리스크에 기반하지 않은 측도measure 라는 것으로, 이는 리스크기반의 Basel II 체제를 훼손할 수 있으며 금융회사의 건전한 리스크관리에 방해가 될 수 있다는 것이다. 둘째로, 개별 은행 수준에서 적용하기에 과도하게 보수적이고, 소기의 목적을 효과적으로 달성하기에 너무 간단한simple 지표라는 것이다. 마지막으로, 일률적one-size-fits-all 비율로 각국 회계기준 차이로 인해 비교가능하지 않으며, 비즈니스 모델, 포트폴리오의 리스크 특징, 시장구조 및 경기주기 등을 감안하지 않을 경

---

[10] 여기서 논의 내용은 주로 2009년 공개초안(Baseline Proposal)을 둘러싼 것이고 2010년 6월에 협의안(Compromise Proposal)이 다시 제출된 바 있다.
[11] 일반적인 모델리스크는 다양한 원천을 가질 수 있으나, 여기서의 의미는 모형의 로직이 리스크를 정확하게 평가하지 못할 위험(특히, 과소평가위험)으로 제한한다.

우 오히려 잘못된 결론에 도달하게 할 가능성이 존재한다는 것이다.

이러한 이슈에 대해 바젤위원회의 실무자그룹SM 내부에서도 의견은 다소 엇갈리는 양상을 보였다. 일부는 구속력 있는 레버리지 비율은 은행들이 자산 포트폴리오를 안전자산에서 위험자산으로 이동risk-taking 하게 만들 것이라고 예상하였다. 즉, 레버리지 비율 규제는 충족하되, 리스크는 오히려 높이는 행태를 보여 높은 수익성을 추구할 것이라는 점이다. 또한 일부에서는 은행의 비즈니스 유형(소매 또는 도매 등)에 따른 비교가능성의 문제로 인해 은행별로 다른 레버리지 비율을 적용하는 것을 고려해야 한다고 주장하고 있다.

한편, 은행의 리스크감수risk-taking 행위의 증가는 과도한 리스크 증가 시 적절한 감독에 의해 제어될 것이고, 레버리지 비율만으로 규제하는 것이 아니라 Basel Ⅱ의 리스크 기반 자본량 요구도 충족해야 하므로 과도한 위험감수 현상은 제한적일 것이라는 다른 시각도 존재한다.

전반적으로 업계에서는 레버리지 비율이 과도한 리스크감수 행위, 리스크 경감기법의 미사용, 불황 시 신용공급 감소 등의 부작용 때문에 소기의 목적을 달성하기 어려울 것이라는 비판을 하고 있다. 이에 대해 실무자그룹에서는 우선, 과도한 리스크감수라는 부작용과 관련해서 국가별로 레버리지 비율을 차별화할 수 있게 자율성을 부여하고 국제적으로는 최소한의 유지수준만 제시하는 옵션을 고려하고 있다.

이외에도 과도한 레버리지 창출을 억제하기 위한 동 비율의 도입 취지가 안정적인 자금조달 및 자산운영을 통제하기 위한 유동성리스크 규제비율LCR & NSFR 과 유사하다는 측면에서 중복규제가 될 우려가 있다는 주장도 존재한다.[12]

이슈사항: 산출방식

여기서는 레버리지 비율의 산식 설계에서 발생한 세부적인 쟁점들을 다룬다. 주요 쟁점사항으로는 자본의 정의, 부외항목, 신용파생상품, 유동화securitisation , 잠재

---

[12] 이에 더하여, 국내에서는 예대율 규제도 시행되고 있으므로 중복규제의 우려는 더욱 심각하다고 할 수 있다.

익스포저의 측정회계기준의 차이 등에 관한 것이다.

① 자본의 정의

Basel Ⅲ의 레버리지 비율 산출 시 자본 척도로 Tier 1 자본을 사용하는 것은 대부분이 동의하는데, Tier 1 자본이 보다 양질의 자본에 집중하고자 하는 바젤위원회의 취지에 부합하기 때문이다. 그럼에도 일부 회원들은 총자본(Tier 1 + Tier 2)을 하나의 대안으로 고려하는 것이 중요하다고 언급하고 있는데, 이는 보다 큰 자본량을 통해 부분적으로 레버리지 비율의 경기순응성 등이 감소될 수 있다고 보기 때문이다.

② 부외항목

바젤위원회 공개초안에 대한 업계의 다수 의견은 부외항목에 100%의 CCF를 적용하는 것에 반대하였다. 즉, 모든 미사용 부외항목이 위기 시 모두 인출된다는 가정은 너무 보수적이며, 실제 금융위기에서도 이러한 가정은 비현실적이라는 것이다. 따라서 업계에서는 Basel Ⅱ 표준방법 CCF(만기 1년 이하 20%, 1년 이상 50%)를 적용하는 것이 합리적이라고 주장하였다.

또한, 일부는 특히 아래의 2가지 부외항목에 대한 이슈를 제기하였다.

a. **무역금융** trade finance : 무역금융 익스포저는 수출입업체의 기초거래 underlying transaction 에 기반하여 이루어지는데, 이는 고객의 요청에 의해 수행되므로 레버리지 제약을 회피하기 위해 이런 거래를 일부러 일으키기는 어렵다는 것이다.

b. **무조건부 취소가능 약정** unconditionally cancellable commitments : 일방적이고 무조건부로 즉시 취소가능한 권리가 있으므로 이러한 약정이 과도한 레버리지에 기여한다고 보는 것은 비현실적이라는 것이다.

특히, 은행업협회 등에서는 부외자산이 익스포저에 포함되는 것에는 동의하나, 부내 익스포저와 동일하게 모든 부외자산을 포함시키는 것은 대출기회의 제한 및 비용부담의 증가 등 부정적인 영향을 유발할 수 있고 신용공급이 감소하여 거시경

제 활동을 제한시킬 우려가 있음을 지적하고 있다.[13]

③ 신용파생상품

레버리지 비율 산출 시 신용파생상품의 명목가치 notional value 가 익스포저에 포함되었는데, 은행업계에서는 이에 대해 부적절하다는 의견을 제기하였다. 이는 신용리스크 헤징 비즈니스에 부정적인 영향을 미치고, 리스크 분산 목적으로 신용파생상품 시장에 참여하려는 은행을 제약하기 때문이다. 은행업계는 CDS 매도에 대하여 총액면가치 그대로를 레버리지 비율 산출에 적용할 경우, 보장제공자 protection providers 에 대한 과다한 자본요구로 인해 신용리스크 헤징업무에 부정적인 영향을 미쳐 차입비용의 증가 및 신용보장 기회를 감소시킬 것이라고 우려하였다. 그에 따라 실무자그룹 SM 의 일부에서는 신용파생상품에서 상계를 일부 반영하는 순명목가치 net notional value 로 포함시키는 대안을 제시하였다.

④ 유동화 securitisation

은행업계에서는 자산유동화 문제에 대하여 대체로 회계적인 방식의 유동화자산 반영 방식에 대한 이견이 많았다. 이는 국가간 회계제도의 차이에 따라 레버리지 비율 산출기준에 실질적 차이가 발생할 우려가 있기 때문이다. 특히, 합성유동화의 경우 기초 포트폴리오 underlying portfolios 를 레버리지 비율에 포함하고 리스크경감 효과는 반영하지 않으므로 합성유동화 거래에 대해 부정적인 영향을 미치게 된다는 것이다.

그러나, 실무자그룹 SM 은 회계자료에 기초하여 유동화자산을 레버리지 비율에 추가하는 원칙을 변경하지 않았으며, 다만 향후 지속적인 회계처리 차이 등을 모니터링하고 QIS 결과를 분석하여 이를 반영하겠다는 입장을 밝히고 있다.

⑤ 파생상품(신용파생상품 제외)

파생상품의 익스포저 계산 시 상계 netting 를 허용하지 않는 공개초안에 대한 반대

---

[13] 바젤위원회 회원국 중에서도 일부는 이러한 의견에 동조하였으나, 다수는 이들 항목에 규제차익거래 기회가 존재할 수 있으므로 공개된 초안을 선호하였으며, 이와 관련한 사항은 최종안에서도 그대로 반영되었다.

의견들이 다수 존재하였다. 이런 의견들의 다수는 Basel Ⅱ하에서 글로벌 은행에서 이미 적용하고 있는 규제적 상계regulatory netting를 적용하자는 것이다. 이들은 Basel Ⅱ 방식의 상계가 경제적 현실economic reality을 잘 반영하는데 비해, 상계를 허용치 않고 파생상품 총액으로 계산할 경우 실제 리스크를 과대계상할 수 있다고 비판한다. Basel Ⅱ 상계를 적용하면 국제적인 비교가능성을 제고할 수 있으며, 상계 불인정에 따라 헤지를 통한 리스크관리 및 중앙청산소CCP를 통한 거래 인센티브가 없어지고, 오히려 불리하게 적용되어 헤지 활동을 감소시킬 우려가 존재한다고 주장하였다.

실무자그룹SM 내부에서도 이에 동의하는 의견들이 존재했는데, 이들은 레버리지 비율 목적에 부합하는 적절한 익스포저는 거래상대방이 파산할 경우 은행이 부담하게 될 익스포저이며, Basel Ⅱ 규제적 상계가 각국간 회계차이를 제거할 수 있다고 주장하였다.

⑥ 잠재 익스포저의 측정

잠재 익스포저의 측정과 관련해서는 회계적 방식이냐 현행 Basel Ⅱ 거래상대방 리스크 측정에 적용하는 커런트익스포저 방식CEM: Current Exposure Method으로 의견이 나누어진다. 일부에서는 CEM을 통하여 잠재 익스포저를 측정하는 것이 적절하다고 생각하는 반면, 다수는 동 방법이 리스크에 민감한 방법이므로 非리스크 기반 측도로는 부적합하다고 주장한다.

한편, 은행업계에서도 여기에는 엇갈린 견해들이 존재한다. CEM 방식을 사용하는 것이 적절치 않다는 의견을 제시하는 이들은, 레버리지 비율이 리스크에 기반하지 않고 현재의 레버리지를 측정하기 위한 도구인데, 미래에 변경 가능한 가치를 포함할 경우 레버리지 비율의 애초 목적에 위배되며, 또 레버리지 비율 산출이 복잡해져 지표의 단순성을 해친다고 주장하였다. 그러나 다른 한편에선, 이 방식이 레버리지의 목적으로 파생상품 익스포저를 계산하기에 적절하다는 의견으로, 이는 미래 잠재 익스포저를 무시하면 보수주의conservatism에 위배되며, MTM에 기반하여

파생상품 익스포저를 평가하는 것이 회계상 가치를 사용하는 것보다 은행의 잠재적 거래상대방 리스크 및 경제적 실질을 반영하기에 적절하다는 것이다.

이와 관련하여, 바젤위원회 실무자그룹SM 내부에서도 이견이 존재하는데, 일단 회계적 접근을 선호하는 쪽은 파생상품은 레버리지를 내재하지만 B/S에 나타나지 않으므로 리스크 기반 측도에서 포착되어야 한다고 생각한다. 반면 CEM을 선호하는 회원들의 경우 Basel Ⅱ 고급방식(미래 잠재적 익스포저(EPE)와 같은)이 레버리지 비율에는 부적절하나 CEM을 이용하는 것은 단순한 非리스크 기반 척도라는 취지에 위배되는 것이 아니라는 입장이다.

⑦ 회계기준의 차이

레버리지 비율의 국가간 비교가능성 제고를 위해 중요한 것은 회계기준의 차이를 조정해야 하는데, 이와 관련하여 바젤위원회에서는 파생상품과 Repo의 상계라는 관점에서 주요 회계 이슈를 언급한 바 있다. 실무자그룹SM에서는 실제 중요한 회계이슈가 없을 것으로 보고 있다. 그럼에도 레버리지 측정에 중요한 영향을 미칠 수 있는 국가간 차이가 존재할 가능성에 대해 지속적인 모니터링을 통해 검토를 수행하고, 이슈 발생 시 이에 대해 논의할 것이라는 입장이다.

⑧ 기타 이슈들

위에서 거론된 레버리지 비율의 설계의 문제와는 다른 성격의 이슈들이 존재하는데, 그 중 하나는 공시disclosure의 문제이다. 이와 관련하여, 일부는 시장의 이해 불충분, 획일화된 레버리지 비율의 낮은 비교가능성 등으로 인해 오해를 불러일으킬 것이라는 입장에서 공시를 반대하고 있고, 다른 이들은 시장규율과 투명성의 관점에서 공시를 선호하고 있다.

실무자그룹SM에도 일부의 이견은 있으나, 다수는 시장규율 정립 및 시장투기에 대한 안전판으로 시장공시는 필요하다고 주장한다. 또한 레버리지 비율 산출에 이용된 모든 요소들에 대해 공시하는 것이 오해의 소지를 줄일 수 있다고 주장한다.

또 다른 이슈는 2018년 이후로 예정된 Pillar 1 체제로의 이행문제이다. 업계의 다수는 Pillar 2 체제로의 이행을 통해 은행의 레버리지를 평가함으로써 비즈니스 모델, 국가별 회계기준 차이 등을 반영할 수 있도록 충분한 유연성을 허용해야 한다고 주장하였다. 이들은 Pillar 1의 규제로는 규제회피 유인이 생길 것이며, 리스크가 낮은 활동이 배제되고 리스크감수risk-taking 활동이 증가할 것이라는 주장이다. 또한, Pillar 2 이행을 통해 회계기준 차이와 시장에서의 오해 위험 등을 어느 정도 통제할 수 있다는 입장이다.[14]

⑨ 최근의 「레버리지비율 산출 기준서」 수정

2014년 1월 바젤위원회는 익스포저의 과대계상을 방지하기 위해 산출기준을 다소 완화하기로 하였다. 우선 부외항목에 대해 일괄적으로 100% 적용하던 신용환산율(CCF)을 항목별로 차등하여 적용하기로 하였다. 예를 들어 단기(1년이하)약정에 대해 20%, 장기약정에 대해 50% 적용 등 바젤2 기준을 준용하기로 하였다. 또한 RP, 증권대차거래 등 증권금융거래(SFT)에 대한 익스포저 측정이 동일거래 상대방에 대해 제한된 범위에서 상계를 허용하기로 하였다. 파생상품 익스포저 산출시에는 거래상대방과 교환한 변동증거금 중 현금부분은 사전결제로 보아 줄여주기로 하였으며, 은행이 청산회원으로서 대고객 청산서비스를 제공하는 경우 중앙청산소(CCP)와 실시한 파생거래 익스포저도 제외하기로 하였다.

---

[14] 바젤위원회의 실무자그룹(SM)에서도 이런 의견들을 반영하여 Pillar 2 이행을 선호하는 의견과 투명성, 신뢰성, 일관성이라는 측면에서 Pillar 1 이행을 선호하는 쪽으로 엇갈리고 있다.

제 6 장

유동성리스크

6.1 도입배경

유동성리스크의 일반적 특징

유동성리스크 liquidity risk 의 기반이 되는 현금의 유입과 유출은 일반적으로 다른 리스크들을 수반하는 활동에 기초를 두기 때문에 2차적 리스크 secondary risk 또는 consequential risk 로 간주된다. 일반적으로 유동성리스크는 여타 리스크에 비해 예측이 어렵고, 위기발생시 피해속도가 빠르며, 발생빈도는 적으나 그 리스크의 충격은 매우 강력하다는 특징을 갖는다. 그러나 이에 대한 대비는 여타 리스크에 비해 상대적으로 미흡한 실정이다. 또한 여디 리스그는 손실에 대비한 규제자본(또는 경제저 자본)을 소유하며, 이러한 자본량은 통상 VaR모형을 통해 계산된다. VaR는 손실분포의 특정 신뢰구간에서 분포 꼬리부분의 예상외손실 UL 에 대비한 버퍼로써 자본량을 계산한다. 그러나 유동성리스크는 특정한 시간 내에서의 순누적현금유출 NCO: Net Cumulative Cash Outflow 에 대비하는 것으로, 이러한 리스크를 대비하기 위해 VaR 방식은 적절하지 않으며, 자본을 대체하는 개념은 현금유입(또는 유동성 확보)이라고 할 수 있다.

이러한 현금(유동성)은 높은 신용등급의 자산을 매각하거나, 현금을 확보하기 위해 자산을 담보로 제공하거나 또는 중앙은행으로부터의 차입을 통해 확보할 수 있다. 그에 따라 여타 리스크에서의 자본의 역할은 유동성리스크에서는 NCO를 감소시킬 수 있는 적격자산 unencumbered eligible assets 의 역할로 대체될 수 있을 것이다. 따라서 유동성 리스크가 적절히 관리된다 함은 유동화 적격자산으로 생긴 현금유입이 동 기간 내의 NCO를 초과할 때를 의미한다고 할 수 있다.[1]

유동성리스크를 감내하는 은행의 능력은 자본의 보유량과 얼마만큼의 손실을 감내할 수 있는가에 달려있다. 이 때 충분한 자본량을 확충하고 있다는 것은 위기 시에 자금조달 가능성과 조달을 위한 비용을 감소시키는 데 전제가 되긴 하지만, 이 자본이 유동성위기에 대한 버퍼가 될 수 있는지에 대한 의문을 불러온다. 이런 특징들은 유동성리스크를 여타 리스크와 구분하여 관리할 필요성을 제시해 준다고 하겠다.

유동성환경의 변화와 규제체계의 발전

지난 금융위기는 금융시장과 은행부문 기능이 원활하게 작동하기 위해서는 유동성관리가 중요하다는 점을 인식하게 된 계기가 되었다. 위기 전에는 자산시장이 호황이었던 데다 낮은 금리로 자금조달이 용이하였으나, 시장상황이 급격히 반전되면서 유동성이 급격히 고갈되고 신용경색 credit crunch 이 장기간에 걸쳐 지속된 것이

---

[1] Basel Ⅲ에서는 이와 같은 현금화가 용이한 자산을 '고유동성자산'(HQLA)으로 정의하고 있다.

다. 금융위기 초기에 초래된 유동성 경색국면에서 많은 은행들은 측정된 리스크에 기반한 자본을 충분히 보유했음에도 유동성을 제대로 관리하지 못하는 한계를 노출한 바 있다.

금융위기를 논외로 하더라도 최근 금융시장 발전과 비즈니스 모델 변경으로 인하여 금융회사가 직면하는 유동성리스크의 특성이 변화하고 이에 따른 유동성리스크에 대한 인식의 제고와 새로운 관리방안의 요구가 증대되었다.

자본시장을 통한 자금조달 비중의 증가, 유동성리스크에 노출된 유동화시장의 성장, 담보부 조달의 증가추세, 평가하기 어려운 금융상품의 복잡성 증대, 지급결제시스템의 실시간적 real-time 특성 증가, 초국가적 시장의 의존성 증대 등은 기본적인 유동성관리의 필요성을 강화시키는 동시에 유동성리스크관리의 특성변화에 대한 새로운 인식을 요구하고 있다.

은행 내부적으로 보면 무엇보다도 원활한 자금중개 기능을 수행하기 위해서는 유동성리스크 관리가 필수적이다. 우선 은행은 예금인출에 대비해야 하는데, 고객인출이 예금보다 많아 발생하는 최악의 뱅크런 bank run 에 대비해야 하고 경기변동적/계절적인 자금수요에도 대비해야 한다. 또한 대출수요가 회수보다 많은 경우에 필요한 대출을 적시에 실행할 수 있도록 준비해야 하고, 자산과 부채의 만기불일치 maturity mismatch 에 대비한 유동성관리가 요구된다. 그리고 수익성 제고를 위한 신속한 투자결정이 필요한 시점에 대비할 수 있도록 유동성을 사전에 확보해야 할 것이다.

기존 국내은행에 대한 유동성 규제는 통화별 유동성 비율 위주의 양적관리가 중심이 되었다. 감독당국이 유동성비율 산정방법과 한도비율을 제시하고 이를 은행이 제출한 비율과 비교하여 규제함으로써 은행 시스템의 안정성을 도모하는 방식이다. 이는 1990년대 末 금융위기 과정에서 강화된 것으로, 종전 예수금의 30% 이상 보유기준을 유동부채의 100% 이상의 유동자산을 보유하도록 변경되었다.

이와 같은 양적비율 중심의 규제방식은 은행시스템 안정성을 저해한다는 비판에 직면하게 되었다. 은행입장에서는 채권보유로 손쉽게 동 규제기준을 충족할 수 있고 이를 금융당국이 인정하면 그만이므로 자체 필요에 의해 별도의 유동성리스크

관리를 할 유인이 없어지기 때문이다. 또한 양적비율 준수가 중심이 되면 시장점유율 확대 목적의 방만한 자산운용이 나타날 수 있고, 이는 자산건전성 저하로 은행시스템의 안정성을 저해할 수도 있다.

　이러한 저간의 상황은 은행들이 질적 규제를 강화하고 양적 규제를 함께 활용하는 방식으로 유동성리스크관리의 기본원칙을 재고해야 함을 인식하게 한다. 이에 따라 바젤위원회는 유동성리스크관리의 기본원칙으로 2008년 9월 '건전한 유동성리스크관리 및 감독을 위한 17개의 원칙Sound Principles 을 공표하고, 리스크관리 및 자금조달 유동성리스크 감독과 관련한 구체적 지침을 제시하였다.[2]

참고 6.1　건전한 유동성리스크 관리 및 감독을 위한 원칙

기본원칙 Fundamental Principle for Mgmt & Supervision of Liquidity Risk

- Principle 1: 은행은 유동성리스크의 건전한 관리에 대한 책임이 있다.

유동성리스크 통제구조 Governance of Liquidity Risk Management

- Principle 2: 은행은 유동성리스크 허용수준 risk tolerance 을 명확히 설정해야 한다.
- Principle 3: 경영진은 기 설정된 허용수준에 따라 유동성리스크를 관리하기 위해 전략과 정책, 실무를 발전시켜야 한다.
- Principle 4: 은행은 모든 사업활동에 대해서 내부금리 FTP 산정, 수익성 측정, 신상품 승인과정에 유동성 비용과 이익, 위험을 반드시 고려해야 한다.

유동성리스크 측정 및 관리 Measurement & Management of Liquidity Risk

- Principle 5: 은행은 유동성리스크의 평가/측정, 모니터링, 통제에 대한 적절한 절차를 보유해야 한다.
- Principle 6: 은행은 적극적으로 유동성리스크 익스포저에 대한 모니터링과 통제를 실행해야 한다.

---

[2] BCBS, "Principles for Sound Liquidity Risk Management & Supervision," 2008.09.

- Principle 7: 은행은 자금을 제공하는 경로와 원천의 효율적 다양화를 제공하는 자금확보 전략을 확립하여야 한다.
- Principle 8: 은행은 정상적인 및 위기상황 stress 조건하에서 시의적절한 채무정산 및 지급결제의 위험과 일일 유동성 포지션을 적극적으로 관리해야 한다.
- Principle 9: 은행은 담보에 차별을 둠으로써 담보물 포지션을 적극적으로 관리해야 한다.
- Principle 10: 은행은 잠재 유동성 부담의 원천을 확인하기 위해 정기적으로 단기 및 장기의 회사 특수적인 스트레스와 시장 전반 stressed 시나리오에 대해 스트레스 테스트를 수행하여야 한다.
- Principle 11: 은행은 비상상황에 확장되는 유동성 부족의 대응전략을 실행하기 위한 비상자금조달계획 Contingent Funding Plan 을 가지고 있어야 한다.
- Principle 12: 은행은 일반적으로 이용 가능한 자금조달 원천의 손실이나 감소와 관련된 것들을 포함하여 유동성 스트레스 시나리오의 범위에 대하여 양질의 유동성 자산을 완충장치 cushion of unencumbered 로 보유해야 한다.

시장공시 Public Disclosure

- Principle 13: 시장참가자들이 은행의 유동성리스크 관리체계와 유동성 포지션의 건전성에 대한 정보에 입각한 판단이 가능하도록 은행은 정기적으로 관련 정보를 공시해야 한다.

감독당국의 역할 Role of Supervisors

- Principle 14: 감독당국은 정기적으로 은행의 전체적인 유동성리스크 관리체계와 유동성 포지션에 대한 포괄적인 평가를 수행해야 한다.
- Principle 15: 감독당국은 은행의 유동성리스크 관리체계의 자체 정기 평가와 유동성 포지션을 내부 및 외부 보고서, 시장정보의 모니터링을 통해 보완해 주어야 한다.
- Principle 16: 감독당국은 은행이 유동성리스크 관리 과정이나 유동성포지션의 결함을 보충하도록 효과적이고 시기적절한 개선책을 요구해야 한다.
- Principle 17: 감독당국은 효과적인 유동성리스크 관리 감독을 위해 국내외 감독당국 및 중앙은행과 원활한 의사소통을 해야 한다.

유동성리스크 관련 건전성 원칙sound principles을 보완하기 위해 바젤위원회는 유동성 조달에 대한 두 가지 최저비율two minimum standards 및 모니터링 지표monitoring tools를 도입하여 유동성 규제체제를 보다 강화하였다. 여기서는 새로운 규제지표로 도입된 양적비율의 구체적인 내용을 중심으로 설명하고, 계약상 만기불일치, 자금조달 편중도, 통화별 관리지표 등의 모니터링 수단에 대해서는 〈Appendix 6.2〉에서 소개하도록 할 것이다.

6.2 주요 내용

여기서는 바젤위원회가 도입하는 두 가지 최저비율 즉, 유동성커버리지 비율LCR: Liquidity Coverage Ratio과 순안정자금조달 비율NSFR: Net Stable Funding Ratio의 두 지표를 구성하고 있는 요소와 이에 대한 상세내용을 설명하고자 한다.

새롭게 도입되는 유동성비율은 서로 다른 기준을 제시하나 상호보완이 가능하도록 하는 목표를 달성하도록 개발됨으로써 유동성리스크 관리의 효율성이 제고될 수 있도록 하고 있다. 첫째 목표는 은행들이 1개월간 지속되는 심각한 스트레스 상황을 견디기에 충분한 고유동성자산HQLA: High Quality Liquidity Assets을 보유함으로써 유동성리스크 관리상 단기 복원력을 제고하는 것으로 바젤위원회는 이를 위한 유동성커버리지비율LCR을 개발하였다.

두 번째 목표는 은행들이 영업에 필요한 자금을 보다 구조적 차원에서 안정적 자금조달원을 통해 확보하도록 유도함으로써 장기 복원력을 제고하는 것으로 바젤위원회는 순안정자금조달비율NSFR을 통해 1년 동안 자산 부채의 지속가능한 만기구조를 유지하도록 하기 위한 지표를 개발하였다.

요약하면, LCR은 은행의 단기 복원력을 높이기 위함이고, NSFR은 안정적 자금조달을 통한 장기 복원력에 초점을 맞춰 상호보완을 하고 있다.

이 두 지표를 구성하는 변수는 국제적으로 동일한 값을 가져야 하나 일부 변수의 경우 개별 국가의 상황 반영을 위해 재량권이 허용된다. 또한 이들 기준은 국제적으로 영업하는 은행들internationally active banks의 최저 유동성 수준을 설정하기 위한 것으로, 은행들은 이들 지표와 함께, 바젤위원회의 "Sound Principles"를 준수하여야 하며 일련의 모니터링 수단도 활용하여야 한다.

유동성커버리지 비율 Liquidity Coverage Ratio

LCR은 향후 30일간 순현금유출액에 대한 HQLA 보유규모의 비율을 의미하는 것으로 규제기준에 의하면 동 비율은 최소한 100% 이상이어야 한다. 이를 간략히 표현하면, 고유동성자산 보유규모는 최소한 순현금유출액 Net Cash Outflows 과 같아야 한다는 의미이다.

$$LCR = \frac{\text{고유동성자산 보유규모}}{\text{향후 30일간 순현금유출액}} \geq 100\%$$

위의 수식에서 LCR은 두 가지 요소로 구성된다. 첫째는 스트레스 상황에서 보유하고 있는 HQLA의 가치이며, 둘째는 향후 30일간의 순현금유출액 합계액이다. 여기서 30일의 의미는 현금유출입 시기가 불확실한 심각한 유동성 스트레스 상황에 직면하여 은행이 적절한 조치 corrective actions 를 취하거나 문제를 해결하는데 필요한 최소 기간을 의미하는 것으로, 은행과 감독당국은 30일 기간 중 발생 가능한 잠재적 현금흐름 불일치를 예상하여 어떠한 현금흐름 갭gap도 보존할 수 있는 충분한 유동성 자산이 사용가능하도록 해야 한다.

아래의 LCR 산출 프로세스 예시 그림을 보면, 고유동성자산 및 순현금유출액은 계정상의 거래를 1) 고유동성자산, 2) 현금유출, 3) 현금유입대상으로 구분하고 각

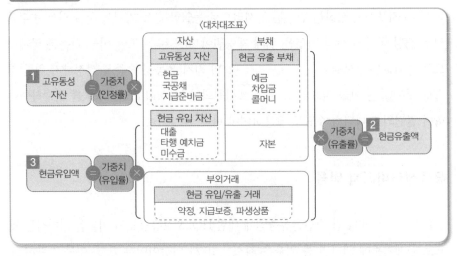

그림 6.1 LCR산출 프로세스(예시)

잔액에 가중치를 곱하여 산출함을 확인할 수 있다.

앞서 언급한 바와 같이, 30일이라는 의미에는 심각한 유동성 경색이 발생하는 스트레스 상황이 가정되고 있는데, 이 스트레스 시나리오는 개별 금융기관 및 시장전체에 대한 충격이 동시에 발생하여 다음의 결과를 초래하게 된다.

a. 소매예금 이탈 run-off

b. 무담보 도매자금 조달여력 unsecured wholesale funding capacity 의 상실

c. 특정 담보 및 거래상대방 관련 단기 담보부 자금조달에서 손실 발생

d. 은행 신용등급이 3단계 3 notch 까지 하락함에 따른 추가적 현금유출 및 추가담보 납입

e. 시장 변동성 증가에 따른 담보가치 할인율 큰 폭 상승, 추가담보 납입, 기타 유동성 보완 요구 등

f. 고객에게 제공된 미사용 신용공여 credit facilities 및 유동성공여 liquidity facilities 약정으로부터 예상치 못한 인출

g. 평판리스크 완화를 위한 조치(채무 buy-back, 계약에 없는 채무이행)로 인한 잠

재적 유동성 필요

다시 말하면, LCR은 위와 같은 시나리오하에서 은행이 30일간 생존할 수 있는 충분한 유동성을 확보해야 한다는 의미이다.

아래에서는 LCR의 두 요소인 고유동성자산과 순현금유출, 현금유입의 정의와 구성요소에 대해 살펴보도록 할 것이다.

① 고유동성자산

고유동성자산은 LCR의 분자로서, 고유동성자산으로 인정되기 위해서는 스트레스 상황에서도 유동성이 높아야 하며, 일반적으로 중앙은행 적격담보로 인정되어야 한다.[3] 일반적으로 자산의 유동성은 스트레스 시나리오나 현금화 규모, 기간 등에 따라 달라질 수 있으나, 스트레스 상황에서도 헐값 매각fire-sale으로 인한 대규모 손실 없이 쉽게 현금화될 수 없는 자산을 의미하는 것이다.

〈표 6.1〉은 특정 자산이 스트레스 상황에서도 유동성 확보가 가능한 고유동성자산에 해당되는지를 판단할 수 있는 요인들(특징 및 운영요건)을 설명한 것으로, 자산의 유동성에 대한 검증은 금융회사 특수 및 시장 전반 스트레스 상황에서 매각 또는 담보부 차입 등을 통해 유동성 창출 능력이 온전히 유지될 수 있는지를 보는 것이다.

고유동성자산의 특징과 운영요건을 충족하는 자산들은 스트레스 기간 시작 시점에 보유하고 있는 자산만을 대상으로 하여 2개의 범주Level 1, Level 2로 구성된다. 유동성이 매우 높은 자산인 Level 1 자산은 적용에 제한이 없으나, Level 2 자산은 전체 고유동성자산의 40%까지만 허용된다.

① Level 1 자산

Level 1 자산은 고유동성자산 풀을 구성하는데 제한이 없는 자산으로, 시장가치

---

[3] 대부분의 국가에서는 위기 시 시장에서 유동성이 유지되고 중앙은행에 담보로 제공이 가능한 자산을 고유동성자산으로 간주한다. 다만 중앙은행 적격 증권의 범위가 좁은 국가의 경우에는 감독당국이 처분 제한이 없고 일반은행에 담보로 제공 가능한 자산 중 Level 1 또는 Level 2 요건을 충족시키는 자산을 고유동성자산으로 간주하는 것도 가능하다(바젤Ⅲ 유동성리스크 기준서 '고유동성자산의 정의' 항목 참고).

표 6.1 | 고유동성자산의 특징

구분	내용구분	주요 내용
기본적 특징	낮은 신용/시장 리스크	신용리스크가 작을수록(ex. 신용등급이 높고, 선순위인 경우 등), 시장리스크가 작을수록(ex. 듀레이션이 짧고, 변동성이 짧고, 환리스크가 작은 경우 등) 유동성이 높음
	가치평가의 용이성과 명확성	가격결정방법이 쉽고 특정 가정에 좌우되지 않으며 투입변수들이 공개적으로 입수 가능해야 함
	위험자산과의 낮은 상관성	상관리스크(wrong-way risk, high correlated)에 영향 받지 않아야 함
	선진적이고 인지도 높은 거래소 상장	거래소에 상장되어 있을수록 자산 투명성이 제고되어 유동성이 높아짐
시장관련 특징	활성화된 시장이 존재	단순매매 및 RP 매매 시장이 활성화되어 다수 시장참가자가 참여하고 거래규모도 대규모인 자산
	신뢰할 수 있는 시장조성자(market makers) 존재	대부분 상황에서 자산 매매를 위한 호가(quote)가 존재해야 함
	낮은 시장편중도	자산시장에 다양한 계층의 구매자와 판매자가 있는 경우 자산 유동성에 대한 신뢰도 상승
	안전자산 선호	역사적으로 시스템 위기 발생 시 투자자들의 선호가 높아지는 자산
기타 특징	중앙은행 적격담보자산[4]	일중 자금수요 또는 익일대출(overnight liquidity facilities) 필요 시 중앙은행 차입을 위한 적격담보가 되는 자산은 심각한 위기 시에도 사용가능하다는 신뢰성을 줌

---

[4] 중앙은행 적격담보요건: 대부분 국가에서 고유동성자산은 시장 위기 시에도 중앙은행의 일중대출 또는 익일물 대출의 담보자산으로 적격성이 인정되었음. 다만 중앙은행 적격 담보증권 범위가 좁은 국가의 경우, 처분제한이 없고 일반은행에 담보로 제공 가능한 자산 중 고유동성자산 요건을 충족시키는 자산을 고유동성자산으로 인정하는 것도 가능.

	처분제한이 없는 자산	HQLA는 보증 또는 신용보강 등을 위해 담보로 제공되지 않아 법적으로나 계약상 이용이 가능한 자산
	우발적 경우에 대비한 비상자금 용도로만 관리	HQLA는 우발적 경우에 대비한 비상자금 용도로만 관리되어야 하므로 트레이딩 포지션의 헤지용으로 이용되거나 혼용(co-mingled)되지 않아야 함
운영상의 요건	유동성리스크 관리 부서에 의한 관할	HQLA는 은행의 유동성리스크를 관리하는 특정부서(일반적으로 자금부)가 관할해야 하며 동 자산의 시장접근성, 현금화 프로세스 점검 등을 위해 정기적으로 일부는 현금화해 볼 필요가 있음
	자회사의 HQLA(및 NCO)반영	연결기준 LCR 산출시 자회사가 보유한 고유동성자산 및 자회사 순현금 유출을 반영함[5]
	통화별 고유동성자산 보유	LCR은 단일통화로 산출하나, 주요 통화별로 유동성 필요규모를 파악하고 이에 부합된 규모의 고유동성자산을 보유해야 함

* Note: 운영상의 요건에는 이 외에도 1) LCR 시나리오에 예상된(혹은 예상치 못한) 일중 유동성부족이 반영되어 있지 않음을 인지해야 하고, 2) 고유동성자산이 신용등급 하락 등으로 부적격자산화 될 경우의 단층효과(cliff effect) 완화를 위해 해당 자산을 향후 30일간 계속 인정하고 동기간 내 다른 고유동성자산으로 대체할 수 있도록 추가적인 30일을 은행에 부여하는 등의 내용이 포함되어 있음.

로 평가하고 할인율을 적용하지 않는다.[6] 이에 해당되는 자산은 아래와 같은 자산들로 제한되어 있다.

a. 현금
b. 중앙은행 지급준비금[7](스트레스 상황에서 인출 가능한 범위 내만 인정)
c. 국가, 중앙은행, 공공기관non-central government public sector entities, BIS, IMF, EU 집행위원회 또는 다국적 개발은행에 대한 청구권이나 이들 기관이 보증한 시장성 증권으로 다음 조건을 충족시키는 자산

---

[5] 자회사의 잉여 고유동성자산(surplus of liquid assets. 자회사 LCR 계산 시 NCO를 초과하는 HQLA)은 스트레스 상황에서 모회사로 이전이 자유로운 경우에만 연결기준에 의한 고유동성자산에 포함 가능.

[6] 다만, 각국 감독당국에서는 듀레이션, 신용 및 유동성리스크, RP거래 할인율 등을 고려한 할인율의 경우 Level 1 자산에 적용하는 것도 가능하다.

[7] 각국 감독당국은 중앙은행과 협의하여 고유동성자산에 포함시킬 지급준비금 수준을 결정하며 이는 스트레스 상황에서 인출가능한 준비금의 수준을 감안한다.

- Basel Ⅱ의 표준방법에 따른 위험가중치가 0%

- 동 증권에 대한 환매조건부매매 또는 매매시장이 활성화되어 편중도가 낮음

- 스트레스 상황에서도 유동성 원천으로 신뢰할 만한 기록이 있어야 함

- 금융기관 및 관계회사affiliated entities가 발행한 증권이 아니어야 함

d. 위험가중치가 0%가 아닌 국가의 경우, 유동성리스크를 부담하는 국가 또는 은행 본점 소재국 통화표시 국채 또는 중앙은행 채무증권debt securities

e. 위험가중치가 0%가 아닌 국가의 경우, 국가 및 중앙은행이 외화로 발행한 채무증권. 단, 해당 은행의 해당국 내 영업에 있어 동 통화가 필요한 수준의 보유분까지만 인정

② Level 2 자산

Level 2 자산은 시장가치market value에 최소 15%의 할인율haircut을 적용하며, 할인율을 적용한 후의 가치를 기준으로 전체 고유동성 자산의 40%를 초과할 수 없다. Level 2 자산은 아래의 자산으로 제한된다.

a. 국가, 중앙은행, 공공기관, 다자간 개발은행에 대한 청구권이거나, 이들 기관이 보증한 시장성 증권으로 아래의 조건을 충족시키는 자산

- Basel Ⅱ의 표준방법에 따른 위험가중치가 20%

- 동 증권에 대한 환매조건부매매 또는 매매시장이 활성화되어 편중도가 낮음

- 스트레스 상황에서도 유동성 원천으로 신뢰할 만한 기록(즉, 심각한 유동성 스트레스 기간(30일) 중 최대 가격하락 또는 할인율 상승이 10%를 넘지 않음)이 있어야 함

- 금융기관 및 관계회사affiliated entities가 발행한 증권이 아니어야 함

b. 아래의 요건을 충족시키는 회사채와 커버드본드covered bond·

- 회사채의 경우 금융기관 및 관계회사가 발행한 증권이 아니어야 함

- 커버드본드의 경우 해당 은행 또는 관계회사가 발행한 증권이 아니어야 함

- 공인된 외부 신용평가사ECAI: External Credit Assessment Institution에 의한 신용등급

이 AA - 이상 채권[8]

- 동 증권에 대한 환매조건부매매 또는 매매시장이 활성화되어 편중도가 낮음
- 스트레스 상황에서도 유동성 원천으로 신뢰할 만한 기록이 있어야 함

위와 같이 Level 2 자산의 경우, 자산의 신용등급에 의존하여 설정되는 경우가 많기 때문에, 추가적인 질적, 양적 요건이 추가되어 Level 2 자산의 적격성을 결정하게 된다. 이는 자격이 있는 Level 2 자산을 배제하려는 것이 아니라 유동성이 낮은 자산을 배제하고 외부 신용등급에 대한 과도한 의존도 undue reliance 를 낮추려는 목적을 갖는다. 최근 바젤위원회는 Level 2 자산의 범위를 확대하기로 하였다. 즉, 비금융기업의 회사채(신용등급 BBB- 이상 A+ 이하), 주요 주가지수에 포함되는 비금융기업의 상장주식 등의 자산은 할인율 50%를 적용하여 전체 고유동성자산의 15%범위내에서 인정키로 하였다.

③ 고유동성자산 부족국가에 제시될 유동성 대안

일부 국가의 경우 자국통화로 표시된 Level 1 자산 공급이 은행 수요에 비해 부족할 것으로 예상되고, 몇몇 국가는 Level 2 자산공급도 제한적인 상황이다. 이에 따라 유동성 자산이 부족한 일부 국가 및 통화에 적용될 유동성 대안이 제시되었다.

이에 따르면 현재 관찰기간 중 바젤위원회가 고려할 사항은 첫째, 고유동성자산 부족국가(또는 통화)를 판단할 구체적 기준, 둘째는 유동성 대안으로 지정될 자산의 범위가 될 것이다. 첫째의 경우 향후 양적기준을 설정하여 결정할 예정이며, 둘째는 아래의 3가지 대안을 제시하였고, 향후 관찰기간 중 확정될 예정이다. 어떤 대안이든 대안이 적용되는 범위는 전체 고유동성자산 중 일정 한도로 제한될 것으로 보인다.

---

[8] 외부 신용등급은 없지만 내부모형에 의한 부도확률이 최소 AA-에 상응하는 채권도 포함

a. 대안 1: 중앙은행의 유동성공급 지원약정Contractual committed liquidity facilities from the relevant central bank, with a fee

- 고유동성자산 부족국가 판단기준을 충족시키는 국가(또는 통화)의 경우 해당 중앙은행이 은행과 유동성공급 지원약정을 체결하고 동 약정에 대해 수수료를 부과

b. 대안 2: 외화표시 고유동성자산Foreign currency liquid assets

- 고유동성자산 부족국가 판단기준을 충족시키는 국가(또는 통화)의 경우, 은행은 감독당국이 허용한 통화불일치 범위 내에서 외화표시 고유동성자산을 보유

c. 대안 3: Level 2 자산 허용범위를 확대하되 확대된 부분에 대해 높은 할인율 적용Additional use of Level 2 assets with a higher haircut

② 순현금유출액: (a) 현금유출액

순현금유출액은 특정 스트레스 시나리오하에서 30일간 예상되는 현금유출액 합계에서 현금유입액 합계를 차감한 값으로 정의된다. 현금유출액은 수취 혹은 지급될 이자를 포함하며, 부채잔액에 예상 이탈율을 곱하거나 부외항목에 예상 자금인출 비용을 곱한 값의 합계로 계산한다. 현금유입액은 계약상 수취액에 시나리오상 유입비율을 곱한 값의 합계로 계산하되, 현금유출액 합계액의 75%cap 까지만 인정된다.[9]

> **30일간 순현금유출액**
> = 현금유출액 합계 − Min{현금유입액 합계, 현금유출액합계×75%}

---

[9] 이탈율이나 예상 자금인출비용 등은 전세계적으로 동일 적용하나 일부 항목의 경우 국가별 상황을 고려하게 되며, 현금 유출입 항목은 중복계산이 허용되지 않는다(즉, 고유동성자산에 포함되는 항목은 현금유입액으로 동시에 계산되어서는 안된다). 현금유출 항목 중 중복계산 소지 있는 항목의 경우(예를 들어, 30일 이내 도래하는 부채를 커버하기 위해 지원하기로 한 유동성 약정의 경우) 계약상 최대 현금유출액 한도까지만 반영한다.

① 소매예금에 적용할 이탈률 run-off rate

LCR 계산 시 소매예금은 개인(법인이 아닌 자연인이며 개인사업자는 제외)이 은행에 예치한 요구불예금 demand deposits 과 기한부예금 term deposits 으로 "안정적 stable 예금"과 "불안정 less stable 예금"으로 구분하여 이탈률 run-off rate 을 적용하게 된다.[10]

a. **안정적 예금: 최소 5% 이탈률 적용.** 안정적 예금은 효과적 예금보험제도 또는 공적보장에 의해 보호되어야 하며 예금주가 해당은행과 긴밀한 관계를 유지하여 예금인출 가능성이 극히 낮으며 또는 예수금이 급여자동예치계좌 등의 거래계좌에 있을 것이 요구된다.

b. **불안정 예금: 최소 10% 이탈률 적용.** 불안정 예금 범위는 각국 감독당국이 정하며, 이탈률의 경우에도 감독당국은 필요시 불안정 예금항목을 세분하여 보다 높은 이탈률을 적용할 수 있다.

감독당국은 외화예금에 대한 이탈률도 결정해야 하는데, 외화예금이 자국통화예금보다 불안정하다고 판단할 근거가 있다면 불안정 예금으로 분류한다.

이외에, 예금주가 30일 이내에 예금을 인출할 법적 권한이 없거나, 중도해지 수수료가 이자수익보다 상당히 큰 벌칙조항 significant penalty 이 있는 예금의 경우, 잔존만기 또는 예금인출 통지기간 withdrawal notice period 이 30일을 초과하는 기한부 예금 term deposits 을 "확정 기한부 소매예금" retail fixed-term deposits 으로 간주하고 LCR 계산에서 제외한다. 만약 이에 대해 은행이 상응하는 벌칙을 적용하지 않거나 예금인출을 허용하는 경우, 잔여만기에 상관없이 동 예금을 요구불예금으로 간주하여 예금 잔액 전체에 이탈률을 적용하게 된다.

② 무담보부 도매자금조달에 적용할 이탈률

무담보부 도매자금조달 unsecured wholesale funding 은 법인(개인사업자 포함)으로부터 조달한 채무로서, 차입기관의 파산, 지급불능, 청산, 정리 등의 사유 발생 시 차입기

---

[10] 여기서 적용되는 이탈률은 바젤위원회의 최소기준으로 스트레스 상황에서 각국 예금주의 행태를 고려하여 감독당국이 상향조정하는 것도 가능하다.

관이 소유한 특정 자산에 대해 행사할 수 있는 법적권리에 의해 담보되지 않는 자금조달로 정의된다(단, 파생거래계약 관련 부채는 동 정의에서 제외함).

도매자금조달은 30일 이내에 만기 전 임의상환을 요구받을 수 있는 자금, 계약상 만기가 30일 이내에 도래하는 자금, 만기가 정해지지 않은 자금 등을 포함하는데, 자금제공자가 계약에 근거하여 30일 이후에야 임의상환을 요구할 수 있는 도매자금조달은 현금유출액으로 간주하지 않는다.

무담보부 도매자금조달은 아래와 같이 자금제공자의 형태, 자금제공자의 성향, 영업적 이해관계operational relationship에 따라 자금을 구분하고 각기 다른 이탈률을 적용한다.

a. 중소기업으로부터의 무담보부 도매자금조달: 5%, 10% 이탈률 적용[11]
　　- 소매예금과 동일하게 각국의 재량에 따라 안정적 예금과 불안정 예금으로 구분하고 각각 5%, 10%의 이탈률을 적용
　　- 기한부 중소기업 예금은 기한부 소매예금과 동일한 방법으로 처리
b. 영업적 이해관계가 있는 무담보부 도매자금 조달: 25% 이탈률 적용

위의 25% 이탈률이 적용되는 자금은 도매고객(금융 및 비금융고객)이 은행과 확고한 영업적 이해관계가 있어야 하는데,[12] 이 경우 확고한 영업적 이해관계는 청산clearing, 보호예수custody, 현금관리cash management와 같은 서비스를 은행이 중개기관 입장에서 독립적으로 고객에게 제공하는 의미하는 것으로, 이 때 코레스뱅킹corre-spondent banking 및 프라임 브로커prime brokerage 예금은 이탈률 적용 시 영업적 이해관계가 없는 예금으로 분류한다.

　　- 청산관계: 국내 지급결제 시스템에 직접 참여하고 있는 은행이 고객을 대

---

[11] 이러한 이탈률 적용은 비금융 중소기업이 예치한 예금 또는 이들로부터의 총 자금조달액이 1백만 유로 미만인 경우 소매예금과 유사한 유동성리스크 속성을 지닌 것으로 간주한다는 의미가 된다.

[12] 비금융회사 고객, 국가, 중앙은행, 공공기관으로부터 조달한 영업적 이해관계가 있는 무담보부 자금조달 중 예금보험기구에 의해 완전히 보장되는 부분은 안정적 소매예금과 동일하게 5%의 이탈율을 적용한다.

신하여 최종 수취자에게 자금을 이체해주는 서비스를 제공하는 것을 의미
- 보호예수: 은행이 고객을 대신하여 금융자산의 거래 및 보유 시 해당 자산에 대한 보호예탁 salekeeping, 보고 reporting, 처리 processing 및 관련 서비스의 운영, 행정지원을 제공하는 것을 의미
- 자금관리 관계: 은행이 고객에게 자금관리 및 관련 서비스를 제공하는 것을 의미

25%의 이탈률이 적용되는 예금을 보유한(예치한) 금융기관은 LCR 계산 시 동 예금에 대해 0%의 현금유입비율을 적용하는데 이는 영업활동 수행을 위해서는 동 예금이 반드시 필요하기 때문이다.

c. 네트워크형 협력은행[13] 예금 처리방안: 네트워크형 협력은행 예금으로 인정받기 위해서는 감독당국 승인이 필요하며 협력은행의 회원기관이 중앙기관에 예치한 예금은 다음 요건에 해당하는 경우 25% 이탈률을 적용하고, 청산, 보호예수, 현금관리 관계 이외의 다른 이유로 중앙기관에 예치하는 예금(예: 코레스 뱅킹)이나 아래 요건의 경우에는 100% 이탈률을 적용한다.
- 협력은행의 회원기관이 중앙기관에 예치한 최저 예금준비금 minimum deposit requirements
- 또는 회원기관이 유동성이 저하되거나 지급불능에 처할 경우 공동 대처 보호기구 mutual protection scheme 가 법상 또는 계약상 존재하는 상황

중앙기관에 예금을 예치한 회원기관은 LCR 계산 시 동 예금에 대해 0%의 현금유입비율을 적용한다.

d. 비금융회사, 국가, 중앙은행, 공공기관으로부터의 무담보부 도매자금조달: 75% 이탈률 적용

---

[13] 네트워크형 협력은행은 법상 협력체계를 구축하여 공통된 전략목표와 브랜드를 가지고 있으며 중앙기관이 특정기능을 수행하는 은행그룹을 의미한다.

- 위의 고객으로부터의 모든 예금 및 무담보부 기타 자금조달 중 영업목적인
  아닌 자금조달의 경우에 해당
- 다자간 개발은행으로부터의 자금조달도 동 범위에 포함

e. 기타 법인고객으로부터의 무담보부 도매자금조달: 100% 이탈률 적용
  - 기타 법인고객: 은행, 증권, 보험, 수탁기관 fiduciaries ,[14] 연금수익자
    beneficiaries ,[15] 콘듀잇 conduits , 특수목적회사 SPV , 은행 관계회사, 영업목적 예
    금에 적용되지 않는 기타 법인 등
  - 은행이 발행한 중기채 notes , 장기채 bonds , 기타 채무증권이 소매시장에서 거
    래되고 소매계좌에 의해 보유될 경우에는 소매예금 이탈률을, 그렇지 않은
    않은 경우에는 기타 법인고객으로부터의 자금조달에 포함하여 이탈률을 적용

③ 담보부 자금조달에 적용할 이탈률

담보부 자금조달 secured funding 은 개인이 아닌 법인 non-natural persons 으로부터 조달
되고, 차입은행의 부도, 지급불능, 청산, 정리 등에 대비하여 해당 은행의 자산 등이
담보로 제공되는 채무로 정의된다.

만기가 30일 이내에 도래하는 모든 담보부 자금조달에 대해서는 〈표 6.2〉와 같은
현금유출 비율을 적용하고, 담보부 자금조달 관련 현금유출액은 담보로 제공된 자
산의 가치가 아니라 거래를 통해 조달한 자금을 기준으로 계산한다.

Level 1 자산은 유동성이 높으므로 동 자산이 담보로 제공된 거래는 자금조달능
력이 감소되지 않는다고 가정하고, 30일 이내 만기가 도래하고 Level 2 자산이 담
보로 제공된 거래는 자금조달 능력 중 15%가 감소된다고 가정한다. 또한 30일 이내
만기가 도래하고 Level 1 또는 Level 2 이외의 자산이 담보로 제공되었으며, 위험가
중치가 20% 이하인 자국정부, 공공기관, 중앙은행으로부터 조달한 담보부 자금은
25%의 감소비율을 적용하게 된다.

---

[14] 제3자를 대신하여 자산을 운용하는 기관으로 헤지펀드, 연금펀드, 기타 집합투자기구를 포함.

[15] 유언장, 보험증서(insurance policy), 퇴직연금(retirement plan), 연금(annuity), 신탁(trust), 기타 계
약에 의해 수익을 얻거나 받을 권리가 있는 법인으로 정의.

표 6.2 | 담보부 자금조달로부터의 현금유출

만기도래 담보부 자금조달 분류	현금유출에 추가될 금액
Level 1 자산을 담보로 제공	0%
Level 2 자산을 담보로 제공	15%
Level 1 및 2 이외의 자산을 담보로 제공한 자국, 중앙은행, 공공기관으로부터의 자금조달	25%
기타 자금조달	100%

④ 추가요건

기타 추가적으로 적용되는 원칙은 다음과 같다.

ⓐ 파생상품 관련 부채: 100% 이탈률 적용

ⓑ 금융거래, 파생 및 기타 계약에 내재된 "신용등급 하향조정 시 트리거조항" 관련 :최대 3등급까지) 신용등급 하락 시 발생하게 될 추가담보 설정금액 또는 현금유출액: 100% 이탈률

ⓒ 파생 및 기타 계약을 보증하는 담보자산의 가치변화: 담보자산이 Level 1 자산이 아닌 경우 20% 이탈률

ⓓ 자산유동화증권 ABS, 커버드 본드, 기타 구조화증권 structured financing instruments 을 통한 자금조달: 30일 이내 만기가 도래하는 자금에 대해서 100% 이탈률

ⓔ ABCP, conduits, 증권투자기구 및 기타 자금조달수단으로부터의 자금조달원 상실: 만기도래 금액의 100% 및 환매 대상 자산의 100%

ⓕ 신용 및 유동성 공여약정 credit and liquidity facilities 은 미래에 자금을 제공하게 되는, 계약상 취소할 수 없는 또는 조건부로 취소가능한 계약만을 포함하며 무조건적으로 취소할 수 있는 약정은 제외하고 "기타 우발성 자금조달 채무 other contingent funding liabilities"에 포함

ⓖ LCR 계산 시 미사용약정액은 담보로 제공된 고유동성자산을 차감한 순액으로 계산하며, 중복계상을 방지하기 위해 담보로 수취한 고유동성자산은 LCR 계산 시 고유동성자산에서 제외

ⓗ 유동성약정: 기업 운전자금으로 제공되는 약정(예: 일반기업에 제공하는 리볼빙 신용 (revolving credit))은 유동성약정이 아닌 신용약정으로 간주. 만기 30일 이내 도래하지 않는 증권의 차환발행 등을 뒷받침하기 위해 제공된 유동성 약정은 이탈율 적용대상에서 제외하고, 반면, 30일 이내 만기가 도래하는 자금조달에 제공되었으나 사용되지 않은 약정은 이탈율 적용 대상에 포함

ⓘ 30일 이내 만기가 도래하거나 유동성 지원 옵션을 행사할 수 있는 자금지원 프로그램으로 인해 유동성을 지원해야 하는 은행은 만기가 도래하는 자금조달 증권으로부터 발생하는 현금유출과 유동성약정으로부터의 현금유출을 중복 계산할 필요 없음

ⓙ 30일 이내 취소불가능 irrevocable 약정으로부터 계약상 자금인출 가능액 및 취소가능한 약정으로부터 발생할 30일 이내 예상 자금인출액은 다음과 같이 반영
- 소매고객 및 중소기업에 제공한 구속력 있는 신용 및 유동성 약정으로부터의 자금인출: 5%
- 비금융 기업고객, 국가, 중앙은행, 공공기관에 제공한 구속력 있는 신용약정으로부터의 자금인출: 10%
- 비금융 기업고객, 국가, 중앙은행, 공공기관 및 다자간개발은행에 제공한 구속력 있는 유동성약정으로부터의 자금인출: 100%
- 기타 도매법인 고객에 제공한 구속력 있는 신용 및 유동성 약정으로부터의 자금인출: 100%

ⓚ 금융회사에 대한 계약상 대출의무에 대해서는 100% 이탈률 적용

ⓛ 기타 우발 자금공여 채무는 각국 재량에 의한 이탈률을 제공하며 우발자금공여 채무에는 계약상 또는 비계약상 채무가 모두 포함되며 대출약정은 포함되지 않음
- 우발자금공여 채무로 인한 유동성 익스포저는 각국별 가정에 따라 LCR 계산에 포함시킬 우발채무가 무엇인지, 이탈률을 얼마로 할 것인지 감독당국이 결정

ⓜ 기타 우발자금공여 채무는 다음과 같은 상품 또는 증권 포함
- 무조건적으로 취소가능한 "구속력 없는" 신용 및 유동성 공여약정
- 보증
- 신용장
- 기타 무역금융상품
- 아래와 같은 비계약상 채무
  - 은행 자신의 부채, 관련 conduits 및 SIV의 부채에 대한 잠재적 환매 청구권과 기타 유사한 금융거래 약정

- 변동금리채권 Adjustable Rate Notes, 변동금리요구채권 VRDNs: Variable Rate Demand Notes 등 고객이 높은 시장성을 기대하는 구조화 상품
- 안정적 가치를 유지하려는 목적으로 조성된 MMMF Money Market Mutual Fund, 기타 안정적 집합투자기구 등
- 제휴 딜러 또는 시장조성자가 있는 증권발행자의 경우 환매가능성에 대비하기 위해 30일 이상 만기 채무증권(담보부 및 무담보부 증권, 단기 및 장기 만기증권 모두해당)의 잔액도 우발 자금공여 채무 CFL 에 포함
- 파생 또는 기타 계약의 시장가치 변화와 관련된 추가적 유동성 필요(각국 감독당국 재량에 의해 0%보다 높은 이탈률 적용)

ⓝ 기타 계약상 현금유출 Other contractual cash outflows : 100% 이탈률 적용

③ 순현금유출액: (b) 현금유입액

현금유입액 계산 시 은행은 완전히 정상이고 30일 이내에 채무불이행이 발생할 가능성이 낮은 계약상 현금유입액만 포함시켜야 한다. LCR 계산 시 총 현금유입액 상한 cap 은 총현금유출액의 75%로 설정되어 있는데, 이는 은행은 최소한 현금유출액의 25%에 상당하는 고유동성자산을 보유해야 한다는 의미로 이해할 수 있다.

① 역 Reverse RP 및 증권대차거래

Level 1 자산을 담보로 제공받은 만기도래 역RP 또는 증권대차 securities borrowing 계약은 만기가 연장됨으로써 현금유입이 없는(현금유입비율 0%) 상태로 가정하고 Level 2 자산을 담보로 제공받은 계약은 —담보자산의 자금조달 능력이 감소함에 따라—15% 현금유입을 가정하며, 그 이외의 기타 자산이 담보로 제공된 경우 100% 현금유입을 가정한다.[16] 위의 처리방안은 현금유출액 산출 시 담보부 자금조달 처리방안과 일관성을 갖도록 하는 것이다.

---

[16] 30일 이내 만기도래 역RP, 증권대차, 담보스왑에 제공된 담보자산을 매도포지션 커버를 위해 재사용(재담보, rehypothecated)함으로써 30일 이내 사용이 불가능한 경우에는 이 사항이 적용되지 않는다. 즉 매도포지션을 지속적으로 커버하기 위해서는 은행이 역RP 및 증권대차에 대해 만기를 연장할 것이라고 기대할 수 있기 때문에 현금유입이 없다(현금유입비율 0%)고 가정하는 것이다.

표 6.3 | 만기도래 역RP 담보자산의 현금유입비율

자산분류	현금유입비율 (담보자산이 매도포지션 커버를 위해 사용되지 않는 경우)	현금유입비율 (담보자산이 매도포지션 커버를 위해 사용되는 경우)
Level 1 자산	0%	0%
Level 2 자산	15%	0%
기타 담보자산	100%	0%

② 신용한도 Lines of Credit

타 금융회사로부터 제공받기로 한 신용, 유동성 공여 또는 비상 자금공여의 경우 현금유입이 불가능하다 0%고 가정하는데, 이는 한 은행의 유동성 부족이 다른 은행의 유동성 부족을 야기하는 전염리스크 contagion risk 를 축소하고, 다른 은행이 자신의 유동성 유지 또는 유동성 위기인 은행에 대한 익스포저 축소를 위해 법률 및 평판리스크를 감수하고서라도 신용공여 약정을 이행하지 않는 상황을 고려하기 위함이다.

③ 기타 현금유입

기타 거래형태(담보부 및 무담보부 거래 모두 적용)에 대해서는 현금유입비율을 거래상대방에 따라 다르게 적용한다. 비록 스트레스 상황이라 해도 은행은 지속적으로 새로운 대출을 실행하거나 거래상대방에 따라 만기연장을 하므로 현금유입은 이루어지나 거래상대방별로 계약상 현금유입에는 상한을 설정하게 되는 것이다.

a. 소매 중소기업 고객으로부터의 현금유입: LCR 시나리오는 소매 및 중소기업 고객으로부터의 계약상 현금유입은 정상여신으로부터의 현금유입만 가정한다. 소매 및 중소기업에 제공된 대출에 대해 50% 정도 지속적으로 만기연장하는 것을 가정하여 계약상 현금유입의 50%만 현금유입으로 인정.

b. 기타 도매 고객으로부터의 현금유입: LCR 시나리오는 도매고객으로부터의 계

약상 현금유입은 정상여신으로부터의 현금유입만 가정한다. 금융기관으로부터의 현금유입[17]은 100%(현금유입액 중 0% 만기연장 가정), 비금융 도매 거래 상대방으로부터의 현금유입은 50%(50% 만기연장 가정)를 적용한다. 영업목적 예금으로부터의 현금유입은 0%(영업목적의 예금은 예치기관에 그대로 남아있다고 가정)를, 네트워크형 협력은행이 중앙기관에 예치한 예금은 0%를 적용한다 (예금이 중앙기관에 그대로 남아있다고 가정).

이 외에 파생관련 현금유입은 100% 현금유입비율을 적용한다. 즉, 파생거래 관련 지급액 및 수취액을 상계처리한 후 순 수취액이 있을 경우 이에 100% 유입비율을 적용하는 것이다.

순안정자금조달비율 Net Stable Funding Ratio

NSFR은 필요 안정적 자금조달 RSF: Required Stable Funding 에 대한 가용 안정적 자금조달 ASF: Available Stable Funding 의 비율로 정의되며 동 비율은 100% 이상이어야 한다. 여기서 "안정적 자금조달"이란 스트레스 상황이 지속되는 가운데 1년 동안 신뢰할 수 있는 자금 조달원으로 여겨지는 자본 및 부채의 일정 부분으로 정의된다.

$$\text{NSFR} = \frac{\text{가용 안정적 자금조달액}(ASF)}{\text{필요 안정적 자금조달액}(RSF)} \geq 100\%$$

아래의 NSFR 산출 예시 그림을 보면, NSFR 산출에 필요한 가용/필요 안정적 자금조달금액은 대차대조표 계정을 감독당국 요건에 따라 구분한 후 장부가액에 가중치를 곱하여 산출하게 된다.

NSFR의 도입 목적은 은행들의 중장기 자금조달 비중을 높이기 위한 것으로, 장

---

[17] 만기도래 증권으로부터의 현금유입은 금융기관으로부터의 현금유입으로 가정한다.

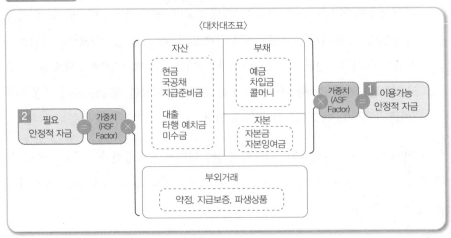

그림 6.2 NSFR 산출 프로세스 (예시)

기적 자산운용(대출, 투자)은 보다 안정적인 자금조달(부채, 자본)에 의해 뒷받침되어야 한다는 의미를 갖는다. 다시 말해, 은행이 1년 동안 자산 및 영업활동의 유동성 특성에 근거하여 최소한으로 필요한 안정적인 자금조달금액을 산출한 것으로, 금융회사가 단기 만기불일치에서 벗어나 보다 장기의 안정적인 자금을 조달하게끔 유도한다. 또한 은행들이 30일 시계 time horizon 를 약간만 초과하는 단기자금으로 고유동성자산을 조달하여 LCR 지표만을 충족시키려는 유인을 감소시키는 데도 기여할 것이다.

① 가용 안정적 자금조달의 정의

가용 안정적 자금조달 ASF 은 금융회사가 보유한 다음 항목의 합계로 정의된다.

a. 자본

b. 만기 1년 이상의 우선주

c. 유효만기 1년 이상의 부채

d. 스트레스 상황하에서도 유출되지 않을 것으로 기대되는 비만기성 예금 non-maturity deposit 및 만기 1년 이내 기한부 예금 term deposit 의 일정부분

표 6.4 | ASF 분류 및 ASF Factors

ASF Factors	ASF 분류

100%	• Basel Ⅲ에서 정의한 자본총액(Tier 1, Tier 2 자본 포함)
	• Tier 2 자본에 포함되지 않는 우선주 총액
	  (단, 예상만기를 1년 미만으로 단축시킬 수 있는 옵션 존재 여부 등을 감안하여 유효만기가 1년 이상인 우선주만 포함)
	• 유효만기 1년 이상의 차입 및 부채(기한부 예금 포함) 총액
	  (단, 예상만기를 1년 이내로 단축시킬 수 있는 옵션이 있는 금융상품은 제외)

90%	• (LCR 정의) 안정적(stable) 예금으로 분류된 비만기성 (요구불) 예금 및 잔존만기 1년 이내의 소매 및 중소기업으로부터 조달한 기한부 예금
80%	• (LCR 정의) "불안정(less stable)" 예금으로 분류된 비만기성 예금 및 잔존만기 1년 이내의 소매 및 중소기업으로부터 조달한 기한부 예금
50%	• 무담보부 도매자금 조달: 비금융회사, 국가, 중앙은행, 다자간 개발은행, 공공기관으로부터 조달한 비만기성 또는 잔존만기 1년 이내 기한부 예금
0%	• 상기 분류에 포함되지 않은 부채 및 자본

e. 스트레스 상황하에서도 유출되지 않을 것으로 기대되는 만기 1년 이하 도매자금조달wholesale funding의 일정부분

가용 안정적 자금조달ASF의 목적은 금융회사가 직면한 1년간 회사 고유의 스트레스 시나리오하에서 계속 영업을 영위할 수 있도록 안정적 자금조달stable funding을 보장하는 것이다.[18] 이 때 금융회사가 중앙은행을 자금조달원으로 의존하는 것을 방지하기 위해 정기적 공개시장조작 이외의 중앙은행으로부터의 차입은 동 비율 계산 시 포함해서는 안된다.

총 ASF 금액은 금융회사 보유 자본 및 부채의 장부가액을 5개의 범주로 분류한

---

[18] 위기 시나리오가 가정하는 상황은 1) 신용, 시장, 운영 및 기타 리스그 증가로 인해 수익성 및 지불능력의 상당한 저하, 2) 신용평가사에 의한 신용등급의 하향조정 가능성, 3) 해당 은행의 평판 또는 신용등급에 문제를 야기하는 중요 사건 발생 등이다.

후, 각 범주에 ASF Factor(가중치)를 곱한 후 이를 합산하여 산출한다. 〈표 6.4〉는 5 개 범주화된 ASF 분류의 각 구성요소 및 최대 적용 가능한 ASF Factors를 나타낸 것이다.

② 자산 및 부외 익스포저에 적용될 필요 안정적 자금조달 정의

① 자산의 필요 안정적 자금조달금액 Required Stable Funding

필요 안정적 자금조달금액RSF 은 금융회사 보유 자산, 부외 익스포저 및 기타 활동의 유동성리스크 특성에 기반하여 보유자산에 자산별 RSF factor(가중치)를 곱한 값과 부외 익스포저에 그에 해당되는 RSF factor를 곱한 값의 합으로 산출한다. RSF factor는 1년 동안 지속되는 유동성 사건 발생 시 특정 자산이 판매 또는 담보부 차입 등에 의해 현금화가 될 수 없는 부분을 추정한 값으로, 이 금액만큼은 가용 안정적 자금조달금액ASF 에 의해 뒷받침되어야 한다는 의미로 이해할 수 있다.

스트레스 상황에서 유동성 원천liquidity sources 으로 쉽게 활용 가능한 자산에는 낮은 가중치가, 현금화 가능성이 떨어지는 자산에는 높은 가중치(이 경우 RSF 금액도 커짐)가 적용된다.

만기 고려 시, 잔존만기 1년 이내 담보부 자금조달 계약의 경우 동 거래의 만기일에 금융회사가 회수하게 될 자산이 무엇인지를 파악하여 동 자산에 적용할 RSF factor를 사용하게 된다. 예를 들어, 금융회사가 회수하게 될 자산이 '현금'이라면 현금에 적용할 가중치(0%)를 사용하고, '기타자산'이라면 동 자산에 적용할 가중치를 사용한다는 의미이다.

〈표 6.5〉는 RSF 관련 자산 분류 및 각각의 범주에 해당하는 RSF factors를 나타낸다.

표 6.5 | 자산별 RSF 분류 및 RSF Factors

RSF Factor	RSF 분류
0%	• (공통) 담보제공 등으로 처분제약이 없어야 함 • 현금 • 잔존만기 1년 이내 단기 무담보부 증권 및 거래 • 예상만기를 1년 이후로 증가시킬 옵션이 포함되지 않은 잔존만기 1년 이내 유가증권 • 상계(offsetting)된 역RP 관련 유가증권(단, 각 거래에 사용된 유가증권은 같은 식별코드(예: CUSIP)를 가지고 있어야 함) • 유효만기 1년 미만의 금융기관에 대한 대출로, 만기연장이 불가능하거나 은행이 취소불능 조기상환청구권을 보유하여야 함
5%	• 처분제한이 없는 잔존만기 1년 이상인 시장성 증권 • 국가, 중앙은행, BIS, IMF, 다자간 개발은행 등에 대한 청구권 또는 이들 기관이 보증한 청구권으로, Basel Ⅱ 표준방법 상 0%의 위험가중치가 적용되는 증권이며, 동 증권에 대해 활발한 RP시장 또는 매매시장이 존재하여야 함
20%	• 처분제한이 없고, 신용등급이 AA- 이상이며, 잔존만기가 1년 이상이면서 Level 2 자산요건을 충족하는 회사채 또는 커버드본드 • 처분제한이 없고 잔존만기 1년 이상이면서 다음 사항을 충족하는 시장성 증권 : 국가, 중앙은행, BIS, IMF, 다자간 개발은행 등에 대한 청구권 또는 이들 기관이 보증한 청구권으로서, Basel Ⅱ 표준방법 상 20%의 위험가중치가 적용되는 증권이며, 동 증권에 대해 Level 2 자산요건을 충족하여야 함
50%	• 처분제한이 없는 금 • 처분제한이 없으며 금융기관 또는 관계회사가 발행하지 않은 주식(인지도가 높은 거래소에 상장되어 있으며 주요 주가지수에 포함되어야 함) • 처분제한이 없는 다음 사항을 충족하는 회사채 또는 커버드본드 : 일중자금수요 또는 익일대출 필요 시 중앙은행 차입을 위한 적격담보가 될 수 있어야 함 : 금융기관 또는 관계회사가 발행하지 않아야 함(커버드본드는 해당되지 않음) : Low Credit Risk: 적격 외부신용평가사(ECAI)에 의한 신용등급이 (A+)~(A-)이거나 외부 신용평가등급은 없지만, 내부평가모형에 의한 부도확률이 신용등급 (A+)~(A-)에 상응하는 채권 : 해당 증권에 대한 RP 또는 매매시장이 활성화되어 편중도가 낮음 : 처분제한이 없는 잔존만기 1년 미만의 비금융회사, 국가, 중앙은행 및 공공기관에 대한 대출

65%	• Basel Ⅱ 표준방법상 35% 이하의 위험가중치가 적용되면서 처분제한이 없는 주택담보대출(만기제한 없음) • Basel Ⅱ 표준방법상 35% 이하의 위험가중치가 적용되면서 처분제한이 없는 잔존만기 1년 이상의 금융기관 이외 고객에 대한 대출
85%	• 소매고객 및 중소기업에 대한 대출로서 잔존만기 1년 미만이고 처분제한이 없는 대출(소매 및 중소기업 대출 중 RSF factor 65% 요건을 만족하는 대출 이외의 대출)에 적용
100%	• 상기 분류에 포함되지 않은 자산

② 부외 익스포저의 필요 안정적 자금조달금액RSF

부외 익스포저는 자금조달에 직접적 또는 즉각적인 영향을 미치지는 않으나, 시장 또는 기업 특유의 스트레스 상황에서는 부외 익스포저로 인해 심각한 유동성 유출이 발생할 수 있으므로 다양한 부외 익스포저에 대해 RSF factor를 적용함으로써 동 기준 내 다른 부분에서 정의한 안정적 자금조달로는 커버되지 않는 자산에 대하

표 6.6 | 부외계정 구성 및 RSF Factors

RSF Factors	RSF 분류
미사용 부분의 5%	조건부 또는 취소불가능 신용 및 유동성 공여 약정
각국 감독당국이 RSF factor를 결정	기타 우발 자금공여 채무는 다음과 같은 상품 또는 증권을 포함 • 무조건적으로 취소가능하며 "구속력 없는" 신용 및 유동성공여 약정 • 보증 • 신용장 • 기타 무역금융상품 다음과 같은 비계약상 채무 • 은행 자신의 부채, 관련 Conduits 부채에 대한 잠재적 환매 청구권과 기타 유사한 금융거래 약정 • 변동금리채권, 변동금리요구채권(VRDNs: Variable Rate Demand Notes) 등의 고객이 즉각적인 시장성을 요구하는 구조화 상품 • 안정적 가치를 유지하려는 목적으로 조성된 MMMF(Money Market Mutual Funds), 기타 안정적 집합투자펀드 등

여 자금조달을 제공할 수 있도록 안정적 자금조달 여유분을 설정하게 된다.

LCR과 동일하게, NSFR 기준에서도 부외 익스포저를 신용공여약정, 유동성공여약정, 기타 우발채무로 구분하는데, 〈표 6.6〉에서는 부외계정 분류 및 각각의 분류에 해당하는 RSF factor를 나타낸다.

모니터링 수단 Monitoring Tools

유동성리스크의 즉각적 인식, 유동성리스크 지표 변동 원인의 분석, 한도초과 시 Action Plan의 수립 등을 위해서는 유동성리스크에 대한 다양한 관점의 모니터링이 필요하다. 이를 위해서는 모니터링을 위한 별도의 지표를 선정하여 모니터링 주기 및 지표별 Trigger level(또는 허용수준) 관리 등의 체계수립 등의 관리방안을 수립해야 할 필요성이 증대되고 있다.

이에 따라 바젤위원회에서도 유동성리스크 익스포저를 상시 모니터링하고, 지표를 활용하여 규제비율 중심의 유동성리스크 규제체계를 보완하려는 목표하에 일련의 모니터링 수단 monitoring tools 을 개발하였다. 바젤위원회가 제시한 모니터링 지표는 다음과 같은 사항들을 포함한다.

a. 계약상 만기불일치 Contractual Maturity Mismatch
b. 자금조달 편중도 Concentration of Funding
c. 담보 미제공 가용자산 Available Unencumbered Assets
d. 중요 통화별 LCR LCR by significant currency
e. 시장정보를 통한 모니터링

계약상 만기불일치 Contractual maturity mismatch 는 일정 기간대(예: 1일/1주/2주, 1/2/3/6/9개월, 1/2/3/5년/5년 초과 등)별 계약상 유동성 유입액과 유출액간 차이를 의미한다. 즉, 가가이 기간 대에서 모든 현금유출이 최다 시일 내 발생할 경우 은행이 잠재적으로 필요로 하는 유동성을 의미하는 것으로, 이를 통해 현재 체결된 계약을 기준으로 은행이 만기변환에 얼마나 의존하고 있는지에 관한 정보를 제공할 수 있다. 전체 현금흐름을 포괄하여 감안해야 한다는 하므로, 금리스왑 및 옵션 등 파생상품으로부터 발생 가능한 현금흐름 정보도 산출되어야 하고, 만기가 정해지지 않은 항목에 대한 세부사항도 별도로 파악되어야 한다.

자금조달 편중도Concentration of funding 는 자금 인출 시 유동성 문제를 야기할 수 있는 중요한 도매자금조달의 원천을 확인하기 위한 지표이다. 편중도의 현저한 증가나 비율의 절대수준 등을 모니터링 하는 등의 편중도 지표의 관리는 자금조달 다변화를 유도하기 위한 것이다. 편중도와 관련한 지표는 거래상대방별, 상품유형별, 통화별 편중도를 구분하여 적용가능하며, 지표별로 1개월 미만, 1~3개월, 3~6개월, 12개월 초과 등으로 구간별로 구분하여 파악할 수 있다.

담보 미제공 가용자산Available unencumbered assets 이란 현재 담보로 제공되어 있지 않아, 유통시장에서 담보로 사용할 수 있는 시장성 자산이거나, 중앙은행의 대출제도에 담보로 활용될 수 있는 적격자산을 의미한다. 동 자산을 통해 은행은 유통시장 및 중앙은행으로부터 담보부 자금조달을 위한 담보로 사용하거나 해당 자산 자체를 추가적인 유동성 원천으로 사용할 수 있게 된다. 은행은 유통시장에서 담보부 자금조달이 가능한 담보 미제공 가용자산을 파악하여 중요 통화별로 분류하고 유통시장이나 관련 중앙은행이 각 자산에 적용할 예상 할인율haircut 을 파악하고, 해당 담보의 기대 현금화 가치 및 담보자산의 국별 소재지, 활용되는 사업분야 측면을 고려한 담보자산의 실질적 보유지역을 파악해야 한다.

참고 6.2   위기상황하의 생존기간 Survival Time

현금흐름 산출 시 스트레스를 가하여 Stressed 현금흐름을 산출하면 MCOMaximum cumulative net Cash Outflow 를 통한 위기상황분석이 가능하다. 이 경우 유동성버퍼자산(Li-quidity Buffer, 고유동성자산 내지 고신용등급 유가증권 등 포함 가능)이 MCO의 한도로 설정된다. MCO 수준이 유동성 버퍼자산을 넘어서는 경우 위기의 식별이 가능하며, 이에 해당되는 미래 현금흐름 예측시점(즉, 한도를 넘어서는 시점)까지가 생존기간ST: Survival Time Horizon 이 된다.[19]

예를 들어, 평상시의 미래 현금흐름CF 산출 시, MCO가 한도를 넘어서는 시점이 70일이라면 평상시의 생존기간은 70일이 되고, Stressed 현금흐름 산출 시 MCO가 한도를 넘어서는 시점이 25일이라면 위기 시의 생존기간은 25일이라고 판단할 수 있다. 즉, MCO를 활용하게 되면 은행은 위기시의 생존기간별 관리방안의 수립이 가능해진다.

MCO와 생존기간(예시)

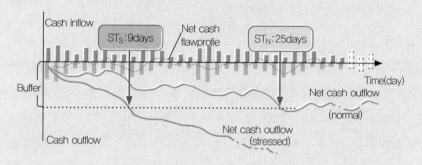

은행의 ALM시스템에서 MCO 산출이 가능하다면, 여러 모니터링 지표 중에서도 MOC에 기반하는 생존기간ST 을 중심으로 위기상황을 판단하는 주지표로 활용하고 기타 지표는 보조지표로 활용하는 방법이 유용할 것이다.

이러한 모니터링 지표의 설정은 조기경보지표EWI: Early Warning Indicator 및 비상조달계획CFP: Contingency Funding Plan 과 밀접한 연관성을 가지고 있다. 모니터링 지표의 일부는 감독목적상 혹은 개별 은행의 내부적 특성에 따라 조기경보지표로써의 성격을 부여할 수 있고, 이 지표들의 활용에 따라서는 유동성 위기를 사전 감지할 수 있는 기능을 수행할 수 있다. 또한 은행은 비상조달계획을 통해 사전 감지된 유동성 위기 시 위기 단계별로 조달에 대한 상세한 계획을 수립하고 있어야 한다.

---

[19] 생존이라는 의미는 순누적현금유출액을 은행 자산수준으로 감당할 수 있는 가능시간이라 해석가능하며 위기시에 유동성버퍼자산 > MCO인 경우 생존된다고 가정한다.

1. Level 0: 정상수준 Business as-usual

- 일상적인 지표 모니터링 단계

2. Level 1: 위기1단계(요주의단계)

- 유동성악화의 징후가 시작되는 상태
- 내외부 시장환경의 변화가 시작되고 조달리스크의 변화가 감지되어 비상조달계획의 검토가 시작되어야 하는 단계
- 위기를 불러오는 지표와 연관된 대응방안 시행, 지표의 움직임이 미미한 지표와 연관된 조달계획은 검토 시작

3. Level 2: 위기2단계(준위기 단계)

- 예금인출상태가 본격화되고 시중자금 조달이 힘든 상태
- 유동성위기 발생가능성이 높아지고 ALCO가 조달계획을 발효해야 하는 단계(전체 조달계획의 단계별 시행)

4. Level 3: 위기3단계(위기단계)

- 무차별적 예금인출 상태로 사실상 지급불능 상태
- (중앙은행 지원을 포함한) 최종적인 조달수단을 총동원해야 하는 단계

현재 국내은행에서는 규제비율(주로 원화/외화 유동성비율, 외화 중장기대출재원 조달비율 및 만기불일치 비율) 및 은행별 관리지표(원달러 환율, 시장금리 등의 시장지표나 신용등급, Credit Line 등의 자체 내부요인 지표 등)에 대한 지표를 중심으로 유동성리스크에 대한 모니터링을 수행하고 있다. 그러나 유동성리스크에 대한 규제기준이 강화되는 추세와 급작스런 유동성 위기에 직면하여 실제 금융위기에 취약했던 과거의 전례를 교훈삼아 향후 모니터링의 범위가 확대되어야 할 것으로 보인다.[20]

---

[20] 이에 관한 자세한 내용은 〈Appendix 6.2〉 부분에서 설명할 것이다.

이행기간

레버리지 비율에서와 마찬가지로 유동성 규제에 있어서도 규제가 금융시장, 신용공급, 경제성장에 미치는 영향을 모니터링하고, 필요시 예기치 않은 부작용에 대해 대응할 목적으로 일정한 이행기간을 두고 시행하게 된다.

이행기간은 주로 소형 및 대형 금융기관에 미칠 영향, 서로 다른 사업모델을 가진 금융기관에 대한 규제영향(특히 소매 및 도매 영업에 미치는 영향을 집중 분석) 등을 모니터링하기 위해 도입된 것으로 바젤위원회 일정에 따르면 LCR 및 NSFR 분석을 위해 2011년 중으로 추가적인 계량영향평가_{QIS}가 실시될 예정이다.

유동성리스크 규제의 관찰기간 및 규제적용은 아래 표에서와 같이 LCR과 NSFR을 별도로 시행하는 프로세스로 구분된다.

표 6.7 | 유동성 규제비율 도입 이행기간

구분	기간	주요 활동
이행기간	LCR: 2011~2014 NSFR: 2011~2017	• 비금융회사에 대한 유동성공급약정 관련 처리방안, Level 2 자산에 대한 추가적 양적, 질적 기준 개발, LCR 계산 시 기한부 예금 처리방안 등 검토 중 • 2012년 1월 첫 번째 LCR, NSFR 보고 예정
규제적용	LCR: 2015년부터 NSFR: 2018년부터	• LCR 수정사항은 2013년 중반까지, NSFR 수정사항은 2016년 중반까지 반영하여 규제 시행

최근 바젤위원회는 LCR 규제가 2015년 60% 규제비율을 시작으로 매년 10%씩 비율을 단계적으로 상향하여 2019년부터 100% 시행하는 방안에 대해 합의하였다.

기존 유동성리스크 주요 규제제도였던 유동성비율로 보면 국내 은행들의 유동성 환경은 금융위기 이후 지속적으로 개선되고 있는 것으로 보인다.

　그러나 금융감독원이 국내 시중은행들을 대상으로 시행한 새로운 규제기준에 대한 계량영향평가 QIS 에서 주요 시중은행 모두 규제기준(100%)에 미치지 못하는 것으로 나타났다. 이러한 결과는 바젤위원회가 2010년 12월에 공표한 QIS 결과에서도 나타나는데, 해외 주요 은행들의 경우에도 대체로 100% 기준을 준수하지 못하는 것으로 나타나고 있다. 이러한 결과는 국내은행들이 Basel Ⅲ의 새로운 규제안 중에서도 특히 유동성리스크에 대한 관심과 우려를 가지게 되는 결과를 낳게 되었다. 따라서 국내은행이나 감독당국은 향후 국내은행들의 유동성 체질 개선을 위해 고유동성자산 HQLA 의 확대나 새로운 규제기준의 ─국내 여건에 맞는─재량적 적

표 6.8 | 국내은행 원화유동성비율 추이

은 행 명	원화유동성비율				
	2005년말	2006년말	2007년말	2008년말	2009년말
우리	119.0	113.4	111.6	110.0	121.9
S C제일	109.2	104.1	102.2	119.0	124.2
하나	112.8	114.1	107.2	109.6	118.7
외환	113.6	106.3	103.6	115.6	114.1
신한	112.0	112.4	105.5	107.4	129.0
한국씨티	112.9	122.8	114.2	130.8	150.7
국민	108.6	103.9	104.5	110.9	121.0
시중은행 평균	112.9	109.8	107.1	112.9	124.4

*출처: 2010년 은행경영통계(금융감독원).

용에 대해 논의를 진행해야 하며, 향후 이행기간 동안 지속적으로 이를 수행해야할 것으로 보인다. 아래에서는 이와 관련하여 현재 진행되거나 향후 발생할 수 있는 새로운 규제안에 대한 이슈를 중심으로 논의한다.

일반적 이슈

① 규제비율 설계상의 이슈

엄밀한 의미에서 새로운 규제기준은 스트레스 상황의 가정하에 현재의 은행 대차대조표 B/S의 잔액기준으로 산출된다는 의미에서는 일종의 정태적 분석으로 이해할 수 있다. 이런 점에서 Basel Ⅲ의 유동성리스크 규제제도는 기존에 국내에서 적용되고 있는 규제제도와—복잡성의 차이에도 불구하고—유사한 측면이 존재한다.

금융자산별 형식에 따라 동일한 가중치 기준을 부여하고 규제치를 산출하는 과정은 공통적으로 적용할 수 있다는 용이성과 은행간 비교가능성, 국가간 비교가능성의 장점에도 불구하고, 은행들의 미래현금흐름에 대한 예측과 이를 통한 자산부채관리의 관점에서는 부분적으로 제한적인 성격을 가질 수밖에 없다. 이는 Basel Ⅱ의 표준방법과 고급측정법간의 관계를 통해 일정 정도 유추해 볼 수 있는 성격이기도 하다.

따라서, 규제기준의 준수만으로 유동성리스크 관리의 전체가 포괄되고 있다고 장담할 수는 없을 것이다. 우선, 규제비율 외에 바젤위원회가 제안하는 계약상 만기불일치, 자금조달 편중도 등의 모니터링 지표를 설정하여 상호보완적으로 유동성리스크관리를 수행해야 할 필요성이 존재하는 것이다.

더 나아가서 장기적으로는 현재 은행들이 운용하고 있는 자산부채관리 ALM: Asset Liability Management 시스템을 보다 정교화하여, 은행 자체 모형에 의한 동태적 현금흐름 산출체계를 통해 보완되어야 할 것으로 보이며 이에 대한 감독기준도 강화되어야 할 것이다.

1. 단기유동성: LCR과 유동성비율

　LCR은 만기기준이나 최소요건 등에서 1개월 원화 유동성 비율과 유사하다. 그러나 LCR은 유동성비율의 분자인 만기 1개월 미만의 모든 자산 대신 고유동성자산 HQLA 을, 유동성비율의 분모인 만기 1개월 미만의 모든 부채 대신 스트레스하의 30일내 순현금유출로 대체함으로써, 보다 개선된 지표를 사용하고 있고, 원화 외에 주요 외화를 고려한다는 특징을 갖는다.

2. 장기유동성: NSFR과 예대율[21]

　두 지표의 목표는 장기자산이 장기조달을 통해 충분히 커버됨을 보장하여 장기유동성의 부족을 안정적으로 해결하고자 하는 목표에 있어서는 유사한 목적을 가진다고 볼 수 있다.

　그러나, 자산의 측정 시 예대율은 대출만을 고려하는 반면, NSFR은 대차대조표상 모든 자산을 고려하고, 조달측면의 측정 시 예대율은 수신과 기타조달의 두 형태로만 구분하는 반면, NSFR은 잔존만기 1년 이상, 1년 미만의 안정적 수신에 대해 엄격한 제한을 두고 있다. 또한 예대율은 원화만을 고려하는 반면 NSFR은 주요 통화를 고려한다는 차이점도 갖는다. 이에 더하여, 예대율은 위험자산중 회사채, 주식 등의 유가증권은 배제하고 대출만 포함시킴으로써 유동성리스크를 정확히 측정하지 못하는 측면이 존재한다.

　현 상태에서는―LCR의 경우―스트레스 가정에 의한 이탈률 등을 감독당국이 사전에 지정함으로써 1차적 유동성 시나리오 분석이 행해진다면, ALM시스템의 미래현금흐름 산출과정에 스트레스를 가하여 위기시의 최대현금유출금액 MCO 을 산출할 수 있는 동태적 현금흐름 분석체계를 강화해야 하는 것이 장기적인 과제가 될

---

[21] 예대율은 은행의 구조적 유동성 현황을 검증하는 지표로서 과도한 외형확대 유인을 억제하는 효과가 있다. 반면 바젤위원회가 도입을 추진하고 있는 순안정자금조달비율(NSFR)은 단기 도매자금조달에 의한 장기자산의 보유확대를 방지하는 데 중점을 두는 등 규제 관점이 일부 상이하다고 할 수 있다.

것이다.

예를 들어, 현재 LCR 산출은 위기시나리오 상황에서 잔액에 가중치(또는 Stressed 가중치)를 곱해서 산출하는 체계를 가지고 있으며, 가중치는 유출률, 유입률, 차감률/할인율haircut로 나누어 볼 수 있다. 그러나 은행의 자체 모델링에 의한 내부모형화에 따르면, 향후에는 위기시나리오 상황하에서 최대현금유출금액이 유동성버퍼 수준을 초과하는 시점을 산출해야 할 것이다. 이 경우 가중치는 LCR의 유출률, 유입률, 차감률 등이 아니라 고객행동 시나리오의 Risk Factor 즉 중도해지율, 만기연장률 등이 될 수 있을 것이다.

다시 말해, 기존의 방법은 만기가 30일 이내인 경우 만기를 고려하지 않고 자산/부채 잔액에 가중치를 곱함으로써 만기가 시계time-horizon 이내인 자산/부채의 현금유출입을 반영하기에는 미흡하다. 그러나 향후 추구해야 할 방향은 고객행태 분석(조기상환율, 한도소진율, 연체율 등)을 통해 동태적 현금흐름 변화를 분석하고 은행이 보유한 자산부채의 만기구조를 반영한 일별 현금흐름daily cash flow 을 산출함으로써 고유동성자산또는 유동성 버퍼 의 부족분, 생존기간survival time 등의 정보 산출과 활용이 가능할 것이다.[22]

② 규제비율 준수에 따른 부정적 영향의 가능성

계량영향평가QIS 등을 통한 각국 LCR, NSFR 산출결과를 보면, 현 상태에서 대부분의 은행들이 100%의 규제기준을 충족하지 못하는 것으로 나타난다. 이에 따라 규제비율 충족을 위한 은행들의 자산 부채 포트폴리오 재조정이 발생할 가능성이 있으며, 이에 따른 은행산업과 경제시스템에 미칠 부작용도 경계해야 할 요소이다.

우선 은행의 수익성이 하락할 가능성이 높다. LCR/NSFR의 규제기준(100% 이상)을 충족하기 위해서는 고유동성자산 비중 증대, 대출금 및 은행채의 만기조정 등 자산 부채의 구조를 변경하여야 하며, 이 경우 은행의 이자수익 감소, ROE 하락 등

---

[22] 생존기간(ST: Survival Time)은 스트레스 상황하에서 최대 누적 순현금유출금액(MCO)이 보유중인 유동성버퍼(고유동성자산)를 초과하는 시점을 의미하는 것으로, 생존기간이 2주라는 의미는 외부의 도움 없이 유동성 위기 발생 시 금융회사가 자체적으로 버틸 수 있는 기간을 의미한다.

의 영향을 예상할 수 있다. 예를 들어, 은행이 LCR 비율 충족을 위해 기업대출을 국채나 통안채 등의 고유동성자산 운용 패턴으로 전환할 경우 금리 차이만큼 수익성 하락이 예상되고, NSFR 비율 충족을 위해 대출만기의 축소(예를 들어, 3년 대출을 1년 대출로 전환)할 경우 그에 따른 수익성 하락, 부채 측면에서 은행채 1년물을 3년물로 전환하는데 따른 이자비용의 증가 등도 예상된다.

기업대출 여력의 감소도 대처가 필요한 부작용 중 하나이다. 조달자금의 이탈률 해당 분을 위기상황 시의 현금유출액으로 인식하여 고유동성자산의 추가 보유가 필요하게 된다면, 기업대출 재원이 감소하고 자산의 성장여력이 제한 받는 등의 연쇄적인 파급효과를 예상할 수 있다.

또한, 채권시장의 수요변동으로 자금의 조달 및 운용에 부정적 현상도 예상된다. 고유동성자산으로 인정받는 국공채의 수요가 증가하는 반면, 고유동성자산으로 인정되지 않는 금융채의 수요 감소로 시장에서 은행채에 대한 수요 감소가 예상되고, 국채 등 고유동성자산은 수요증가에 따라 금리하락(가격상승)이 예상된다.

은행들의 입장에서 LCR 비율 충족을 위해서는 소매로부터의 자금조달 강화를 통한 현금유출액 감소 및 필요 시 고유동성자산 추가확보가 필요한 실정이다. 따라서 낮은 이탈률이 적용되는 안정적 예금 비중을 높이기 위해서는 소매 위주의 자금조달 확대가 필수적이다. 이는 소매영업 등 리스크가 적은 부문에 투자할 유인을 높여 기업대출이 줄어들 가능성을 의미하는 것이다. NSFR의 경우 만기가 짧은 시장성 수신을 장기화하고, 장기 시설자금 대출의 만기를 축소하는 방안 등의 움직임이 예상된다. 시장성 수신을 장기화할 경우 은행의 장기조달 단기운용 구조가 심화되어 금리리스크가 증가할 부작용도 존재한다.

세부 이슈

규제비율의 설계에 있어서의 이슈가 되는 사항들은 대부분 LCR의 고유동성자산의 기준 적용문제, 가중치(LCR의 현금이탈률, 현금유입률, NSFR의 ASF 항목, RSF 항목)

에 관한 것이다. 즉, 각 유동성 측정방식별 세부 구성항목을 정의함에 있어 금융자산의 형식보다는 실질 유동성 여부를 감안하여 정의할 필요가 있다는 것이다. 이에 따라 바젤위원회는 각국 감독당국이 재량권을 행사하여 각국 특성 및 은행의 특성을 반영하여 재량적으로 결정할 수 있는 사항들을 열거하고 있다.

참고 6.5   LCR 관련 각국 감독당국 재량권 주요사항

- 6항: 바젤위원회의 자본적정성 capital adequacy 기준과 마찬가지로 각국 감독당국은 유동성 수준을 바젤위원회가 제시한 최저 수준보다 높게 요구할 수 있음
- 13항: 유동성 기준은 전세계 감독당국에 의해 일관성있게 적용되어야 하나, 일부 변수의 경우 각국 감독당국이 개별 국가 상황을 고려하여 재량적으로 결정
- 14항: 유동성 규제기준 LCR 및 NSFR 은 각국 감독당국의 유동성리스크 관리의 핵심요소가 되어야 하며, 감독당국은 금융기관별 유동성리스크 특성과 바젤위원회의 가이드라인 Sound Principles 준수 여부에 대한 감독당국의 평가 등을 감안하여 특정 기관에 대해 보다 엄격한 기준 또는 변수를 적용할 수 있음
- 51항: 현금유출 이탈률, 자금인출 비율 등의 일부 항목은 국가별 상황을 고려하여 감독당국이 결정하되, 투명하게 공개하여야 함
- 55항: 소매예금 이탈률 적용 시 스트레스 상황에서 각국 예금주 행태를 고려하여 감독당국이 이탈률을 상향 조정하는 것도 가능
- 57항: 불안정 예금 항목을 세분하여 보다 높은 이탈률을 적용할 수 있고, 불안정 예금 범위는 각국 감독당국이 정함
- 61항: 감독당국은 외화예금 foreign currency deposits 에 대해 적용할 이탈률을 결정
- 100항, 102항: 자국 내 금융회사와 협의하여 우발자금공여 채무의 내용과 이탈률을 재량으로 결정.
- 118항: 기타 현금유입과 관련하여 각국 감독당국이 동 범위에 포함될 구성요소에 적용할 적절한 현금유입비율 결정

다음에서는 그 중 대표적으로 제기될 수 있는 몇 가지의 논의를 소개한다.

① 무역금융 취급 이슈

신용장 등 무역금융상품은 은행이 고객의 무역상대방을 대신하여 우발채무를 부담하므로 기타 우발자금공여 채무에 포함된다. 앞서 언급하였듯이, '기타 우발성 자금조달 채무'(LCR, RSF에서 자금 유출비율 적용 항목)는 각국 감독당국의 재량에 의해 이탈률이 결정될 것이다. 일반적으로 무역금융상품의 수수료는 대출마진보다 훨씬 낮기 때문에 동일한 유동성 요건이 적용되면 무역금융상품에 대한 영향이 더 클 것으로 예상된다. 업계에서는 통상 무역금융상품은 신용리스크가 매우 낮으므로 이와 같은 우발채무에 대해 자금조달 필요성은 높지 않다고 주장하고 있다. 따라서 무역금융상품이 미사용 신용약정보다 실행될 가능성이 더 낮다고 본다면 최소한 일반기업 신용약정(LCR 10%, RSF 5% 인출비율)과 동일하거나 더 낮은 가중치를 적용할 것을 검토할 필요가 있다.

② 기존 규제제도와의 조화문제

기존 유동성비율 규제보다 금융상품의 차별화된 특성을 보다 강화하여 반영하는 새로운 규제지표에 따라 기존 규제기준과의 조화문제가 대두된다. 예를 들어, 특정상품이 기존 규제에서는 반영이 안 되었으나 새로운 규제안에서는 포함되는 경우 은행의 조달여건이나 포트폴리오 운용전략에 있어 혼선을 야기할 가능성이 있을 것이다.

예대율과 관련하여 이런 측면이 존재하는데, 다음과 같은 상품이나 조달방식에서의 차이들은 향후 규제간의 조화를 위해 고려되어야 하는 요소로 판단된다.

① CD Certificates of Deposit : 예대율이나 NSFR에선 CD가 포함되지 않으므로(CD의 대부분이 만기 1년 미만), 동 규제기준에서는 CD 보유의 유인은 크지 않다고 볼 수 있다. 그러나, LCR에서는 만기 전에 인출이 불가능하고 최소 만기가 30일인 CD는 매력적인 수단이 되는데, 이는 CD의 경우 소매 수신으로 인정된다 하더라도 30일 이내에 만기가 도래한 부분에 대해서만 이탈률이 적용되는

반면, 기타 "불안정" 수신의 경우에는 만기가 30일 이상인 부분에 대해서도 10% 이탈률이 적용되기 때문이다.

② **도매수신**: 예대율에서는 만기, 수신 유형에 관계없이 모든 수신을 동일하게 취급한다. 따라서 소매 수신과 타 은행 예치금이 동일하게 간주되고, 장기 수신 또한 단기 수신에 비해 더 유리하다고 할 수 없다. 그러나 LCR 및 NSFR에서는 만기/수신고객 유형별로 차별화됨으로써, 수신 확보 시 은행들로 하여금 예대율과 다른 대응을 요구하게 된다.

③ **비수신성 도매조달**: 예대율 관점에서 비수신성 도매조달은 아무 상관이 없다. LCR의 경우에도 도매조달에 대해 75~100% 이탈률을 적용하기 때문에 마찬가지로 큰 관계가 없다. 그러나 도매조달 중 만기 1년 이상인 부분은 NSFR에서는 100% ASF 인정을 받기 때문에 매우 중요한 자금조달 원천이 될 수 있다.

❸ 고유동성자산 정의

새로운 규제안 적용에 있어 은행들이 가장 우려하는 부분이 고유동성자산의 부족 문제일 것이다. 실제로 고유동성자산의 부족은 LCR 규제기준 100% 준수에 가장 결정적인 항목 중 하나이다. 고유동성자산의 정의와 관련해서는 각국 감독당국의 재량권이 허용되지 않으므로[23] 고유동성자산의 확대를 위해서는 두 가지의 방안이 가능하다.

하나는 국가나 감독당국에서 제도나 규제여건을 개선하여 고유동성자산에 포함될 수 있는 상품의 폭과 범위를 확대해 주는 것이며, 두 번째는 바젤위원회가 규정한 사항을 국내적인 상황에 맞게 재해석하는 것이다.

---

[23] 고유동성자산(HQLA)의 정의와 관련하여 각국 감독당국에 재량이 허용되는 사항은, 중앙은행 적격담보요건과 관련하여, 중앙은행 적격담보증권 범위가 좁은 국가의 경우 처분제한이 없고 각국 은행에 담보로 제공 가능한 자산 중 고유동성자산 요건을 충족시키는 자산을 고유동성자산으로 인정할 수 있다는 것과, 각국 감독당국은 중앙은행과 협의하여 고유동성자산에 포함시킬 지준금 수준을 결정한다는 내용 정도이다.

첫째의 방안에 대해서 가장 먼저 제기될 수 있는 해결책은 국채 발행을 증가시키는 것이다. 이는 국내 채권시장의 성장을 고려하여 국채 발행증가를 통해 고유동성자산 공급을 확대하여 국내은행에 공급해 주는 것이다. 그러나 이는 정부의 부채를 필요 이상으로 증가시켜 국내경제에 과도한 이자부담과 신용등급에 악영향을 줄 수 있다는 단점이 존재한다.

두 번째 부분은 고유동성자산의 정의에 관해 해석이 필요한데, 이러한 이슈 중 하나가 아래에서 다루게 될 국책은행 발행채권의 고유동성자산 포함여부에 관한 이슈이다.

④ 고유동성자산 취급: 국책은행 발행채권의 고유동성자산 포함 이슈

2009년 이후 유동성리스크 규제비율에 대한 국내 은행권의 계량영향평가QIS를 시행하면서 이슈가 된 사항 중의 하나가 국책은행 발행채권(산금채, 중금채, 농금채 등)의 고유동성자산 편입 문제이다.

우선 바젤위원회의 규제기준에 따르면, 다음 〈참고 6.6〉에서 볼 수 있는 바와 같이 국책은행 또한 은행의 일부이므로 은행이 발행한 채권에 대해서 고유동성자산으로 편입될 수 없다는 근거를 확인할 수 있다.

그러나, 실질적인 의미에서 보면, 법리적인 의미나 Basel II 규정과의 일관성이라는 측면에서 이를 고유동성자산에 포함하는 것이 타당하다는 주장도 존재한다.

우선 법리적으로 국책은행 발행채권은 해당 기관에 대한 특별법(예: 중소기업은행법)에 의해 법적 근거를 가지고 있으며, 원리금 상환에 대해 정부가 지급보증을 할 수 있도록 규정하고 있다(예를 들어, 중금채의 경우, 중소기업은행법 36조 5항에 정부의 지급보증을 규정하고 있다). 그에 따라 국책은행에서 발행하는 채권(중금채, 산금채 등)은 대한민국 정부가 지급보증을 한다는 의미에서 국공채와 부도 가능성은 동일하다고 할 수 있다.[24]

---

[24] 국채에 비해 금리가 다소 높게 형성되는데, 이는 수요 측면에서의 제약(국채가 아니므로) 및 채권의 활용도(입찰보증금 대납 등)가 상대적으로 떨어지기 때문이다.

국책은행 발행채권 고유동성자산 제외의 근거조항

1. Basel Ⅲ 유동성리스크 규제 기준서 Level 1 자산의 정의 중 해당 항목(40항)

   c) 국가, 중앙은행, 공공기관non-central government public sector entities, BIS, IMF, EU 집행
   위원회 또는 다국적 개발은행에 대한 청구권이나 이들 기관이 보증한 시장성
   증권으로 아래 조건을 충족시키는 자산
   - Basel Ⅱ의 표준방법에 따른 위험가중치가 0%
   - 동 증권에 대한 환매조건부매매 또는 매매시장이 활성화되어 편중도가 낮음
   - 스트레스 상황에서도 유동성 원천으로 신뢰할만한 기록이 있어야 함
   - **금융기관 및 관계회사**affiliated entities **가 발행한 증권이 아니어야 함**

2. Basel Ⅲ 유동성리스크 규제 기준서 Level 2 자산의 정의 중 해당 항목(42항)

   a) 국가, 중앙은행, 공공기관, 다자간 개발은행에 대한 청구권이거나, 이들 기관이
   보증한 시장성 증권으로 아래의 조건을 충족시키는 자산
   - Basel Ⅱ의 표준방법에 따른 위험가중치가 20%
   - 동 증권에 대한 환매조건부매매 또는 매매시장이 활성화되어 편중도가 낮음
   - 스트레스 상황에서도 유동성 원천으로 신뢰할 만한 기록(즉, 심각한 유동성 스
   트레스 기간(30일) 중 최대 가격하락 또는 할인율 상승이 10%를 넘지 않음)이 있어
   야 함
   - **금융기관 및 관계회사**affiliated entities **가 발행한 증권이 아니어야 함**

   b) 아래의 요건을 충족시키는 회사채와 커버드본드
   - **회사채의 경우 금융기관 및 관계회사가 발행한 증권이 아니어야 함**
   - 커버드본드의 경우 해당 은행 또는 관계회사가 발행한 증권이 아니어야 함
   - 적격 외부신평사ECAI에 의한 신용등급이 AA- 이상이거나 외부 신용평가등
   급이 없지만 내부평가모형에 의한 부도확률이 최소 AA-에 상응하는 채권
   - 동 증권에 대한 환매조건부매매 또는 매매시장이 활성화되어 편중도가 낮음
   - 스트레스 상황에서도 유동성 원천으로 신뢰할만한 기록(즉, 심각한 유동성 스트
   레스 기간(30일) 중 최대 가격하락 또는 할인율 상승이 10%를 넘지 않음)이 있어야
   함

또한, 국내 [은행업감독시행세칙]상 Basel Ⅱ 관련 규정을 보면, 표준방법에 의한 신용 위험가중자산RWA 산출 시 국책은행 발행채권이 포함되는 '국내 공공기관 익스포저'는 0%의 위험가중치를 부여하도록 규정하고 있다. 그에 따라, Basel Ⅱ 체계 하에서 국책은행의 부도가능성은 여타 국공채와 동일한 취급을 받고 있는 것이다.

⑤ 안정적 조달원천의 제공을 위한 커버드본드 발행 이슈

국내은행들의 안정적 조달여건 마련을 위해 가장 많이 논의되는 주제 중 하나가 커버드본드Covered Bond 의 도입 여부이다. 커버드본드는 은행 등 금융회사가 대출자산 등에서 비롯되는 현금흐름을 담보로 발행하는 채권을 말한다. 커버드본드의 가장 큰 특징은 다른 담보부채권과 달리, 발행자issuers 의 도산 시 투자자가 담보자산에 대한 우선청구권과 발행자에 대한 상환청구권을 동시에 보유하는 이중청구권dual recourses 을 보유한다는 점이다. 민간부문 대출과 모기지 등을 담보로 발행되는 채권이라는 점에서 자산유동화증권ABS 과 유사하지만 안전성이 높아 조달 금리를 낮출 수 있다는 특징을 갖는다.

커버드본드는 주로 은행들 높은 신용등급을 보유한 금융회사가 발행하며, 담보자산으로 제공되는 Cover Pool은 보통 높은 건전성을 지닌 모기지 대출채권 또는 공공부문 대출로 구성된다. 또한 지속적인 자산교체 및 추가를 통해 Cover Pool의 Balance가 일정수준 이상 유지되어야 하며, 이를 통해 발행 당시 목표했던 신용보강credit enhancement 이 지속적으로 제공될 수 있도록 한다.

커버드본드의 가장 중요한 특징은 투자자에게 이중상환청구권이 부여되어 있다는 점이다. 이중상환청구권이란 CB 투자자에게 일반회사채 투자자와 같이 일차적으로 발행기관에 대한 청구권을 제공할 뿐만 아니라 추가로 담보자산Cover Pool 에 대한 우선적 청구권까지 보장하는 것을 의미한다.

기존의 은행채는 은행의 신용으로만 자금을 조달하지만 커버드본드는 은행이 보유한 주택담보부 대출채권을 담보로 제공하고 자금을 조달한다. 이렇게 되면 자금을 빌려주는 입장에서는 은행이 채무상환에 어려움이 있어도 담보로 받은 대출채권에서 채무를 우선 변제받을 수 있어 은행채보다 안정적이며, 신용만으로 돈을 빌려야 하는 은행채보다 외화를 조달하기 유리하다. 또한 담보를 제공하는 만큼 금리가 낮아져 외화 조달비용도 낮아진다. 이 때문에 미국 서브프라임 모기지 사태 이후 커버드본드는 상대적으로 낮은 금리에 자금을 조달할 수 있는 수단으로 떠오르기도 했다.

국내의 경우, 2009년 국민은행, 2010년 주택금융공사의 해외 CB 발행을 통한 성공적 외화조달 사례를 통해 그 관심이 커졌다. 특히 Basel Ⅲ 유동성규제를 앞두고 안정적 조달수단의 다양화를 추구하는 은행들의 입장에서 불안한 국제 금융시장에서의 달러조달 위험을 극복하는 데 대안적으로 사용할 수 있는 매력이 은행들로 하여금 커버드본드에 대한 관심을 배가시키는 것으로 보인다. 유동성규제기준 준수를 위해, 만기가 30년까지 장기조달이 가능하다는 점도 커버드본드 도입의 매력을 증가시키는 한 요인이다.

이러한 장점에도 국내 커버드본드 시장은 아직 미미한 수준이다. 커버드본드 발행 활성화를 위한 법적체계가 아직 미비한 데 따른 것이다. 즉, 현행법상으로는 은행이 보유 담보자산을 담보로 하는 이른바 '법정 커버드본드'[25]의 발행이 불가능하다. 따라서 국내 은행이 커버드본드를 발행하려면 지급보증을 위한 특수목적회사 SPC 를 따로 설립하고 담보자산을 매입하게 해 이중청구권을 가능하도록 하는 '구조화 커버드본드' 방식을 취해야 한다. 절차가 복잡해지는 만큼 구조화과정에서 발행비용이 증가하고, 투자자 신뢰를 얻기도 쉽지 않아 은행이 쉽게 발행 결정을 내리는 게 용이하지 않다.

또한, 발행기관이 부실화됐을 경우 주주와 커버드본드 보유자, 주택담보 채무자 등 이해당사자 간 형평성 논란이 야기될 수도 있다. 은행 등 발행기관이 청산 절차

---

[25] 커버드본드는 법률의 존재유무에 따라 법정 커버드본드(Statutury Covered Bond)와 구조화 CB(Structured Covered Bond)로 구분되는데 그 차이는 투자자에 대한 이중상환청구권 보장이 관련 법률에 의해 보장되는가와 자산유동화에서 적용되는 구조화 기법을 통해 이루어지는가에 있다. 2009년 국민은행 CB는 자산유동화법을 기반으로 유동화 기법을 활용한 구조화 CB이며, 2010년 한국주택금융공사 CB는 한국주택금융공사법에 의해 투자자들이 Cover Pool에 대해 우선변제권을 인정받는 일종의 법정 CB이다(원종현, 2011.4).

를 밟을 경우 주주 입장에서는 특별법에 의해 커버드본드 투자자에게 우선 변제가 되면서 자신들이 챙겨야 할 몫이 줄어들고, 채무자로서도 커버드본드 투자자 우선 변제 과정에서 저당권이 정리기관으로 넘어가면 자신의 자산을 유연하게 사용할 수 있는 여지가 줄어들게 되는 문제점이 발생할 수 있다.

담보자산Cover Pool의 범위도 커버드본드 발행에 필수적인 이슈이다. 커버드본드가 활성화된 유럽, 대표적으로 독일의 Pfandbrief는 공공저당채권Öffentliche Pfandbrief과 모기지저당채권Hypotheken Pfandbrief 등 우량채권만을 담보자산으로 정하는 법정 커버드본드 발행제도를 가지고 있지만, 법적인 제도가 미비된 미국 등에서는 편입되는 담보자산의 범위를 둘러싼 논의가 이슈가 되기도 한다. 우량하지 못한 자산이 편입될 경우 안정적 조달수단으로써의 커버드본드의 실효성이 문제가 될 가능성이 존재한다.

이와 같이, 커버드본드의 활성화를 위해서는 관련 법률 및 제도 정비, 감독당국을 포함한 관련 기관들 간의 논의를 통한 발행기관 및 대상자산 범위 확정, 투자자 저변 확대, 커버드본드의 신용등급 수준과 신용평가 방법(발행기관 부도 시 Cover Pool을 이용하여 투자자가 투자금액을 어느 정도 회수할 수 있는지에 대한 평가) 등 해결해야 할 문제들이 많다.

그럼에도 불구하고, 은행의 마지막 조달수단으로 불리는 커버드본드에 대한 논의는 유동성규제기준의 도입에 따른 조달필요성의 증대에 따라 향후에도 활발히 개진될 것으로 예상된다.

이외에도 은행들이 제기하고 있는 이슈들은 다음과 같다.

우선, LCR과 관련하여 (a) 신용공여약정에 적용되는 이탈률/인출비율 등을 하향 조정, (b) 안정적/불안정적 수신상품에 대한 보다 객관적 가이드라인 제시, (c) 산금채 중 소매 투자자들이 보유한 부분에 대해서는 소매 수신상품으로 분류토록 조치 등이다. NSFR와 관련해서는 거래적 성격이 강한 금융기관 예치금을 안정적 자금 조달로 인정해달라는 것이다. 참고로, 현재 기준에서 이 부분은 LCR에서는 일부 인정되어 25% 이탈률만 적용하는 반면, NSFR에서는 전혀 인정받지 못하고 있다.

Appendix 6.1

LCR 템플릿 예시

여기서는 Basel Ⅲ의 유동성 규제비율 중 LCR을 산출하기 위해 사용 가능한 LCR 산출 템플릿을 예시적으로 보여주고자 한다. 이 템플릿 내의 가중치(적용비율)는 Basel Ⅲ 최종안에 기초한 것이다.

구분		적용비율(a)	총액(b)	산출금액(a×b)
고유동성자산				
A. Level1 자산				
	현금	100%		
	국가, 중앙은행, 공공기관, 다자간 개발은행이 발행한 시장성 증권	100%		
	중앙은행 예치금	100%		
	자국 또는 자국 중앙은행의 자국통화 부채	100%		
	자국 정부가 발행한 위험가중치가 0%가 아닌 외화표시 부채	100%		
B. Level2 자산				
	위험가중치가 20%인 국가, 중앙은행, 공공기관이 발행한 증권	85%		
	신용등급 AA-이상인 회사채	85%		
	신용등급 AA-이상인 커버드본드	85%		
	고유동성자산 40% 상한 계산	담보부 자금조달 환원으로 조정된 Level 1 자산의 2/3		
고유동성자산 총합계				(i)
현금유출액				

A. 소매예금			
요구불예금 자격요건을 충족시키는 잔존만기 또는 통지기간이 30일 이내인 기간부예금			
안정적 예금	최소 5% (감독당국 재량에 의해 추가분류가능)		
불안정 예금	최소10% (감독당국 재량에 의해 추가분류가능)		
중도해지 패널티가 상당히 크거나 중도해지 인출권리가 없는 잔존만기 30일 초과 기한부예금	0% (또는 감독당국 재량에 의해 높은 비율 적용가능)		
현금유출액			
B. 무담보부 도매자금조달			
자금조달원			
중소기업고객(안정적)	최소 5% (감독당국 재량에 의해 추가분류가능)		
중소기업고객(불안정)	최소10% (감독당국 재량에 의해 추가분류가능)		
영업적 이해관계가 있는 법인	영업목적 달성에 필요한 예금에만 25%		
영업적 이해관계가 있는 예금 중 예금보험기구에 의해 보장이 되는 부분 (소매 요구불예금과 동일하게 취급)			
네트워크형 협력은행	중앙기관 예치금 중 자격을 충족시키는 부분에만 25%		
비금융회사, 국가, 중앙은행, 공공기관	75%		
기타 법인고객	100%		
C. 담보부 자금조달			

Level 1 자산이 담보로 제공된 자금 조달	0%		
Level 2 자산이 담보로 제공된 자금 조달	15%		
非고유동성자산이 담보로 제공된 자국, 중앙은행, 공공기관과의 자금 조달	25%		
기타 담보부 자금조달	100%		
현금유출액			
D. 추가요건			
파생계약에 내재된 신용등급 3등급 하락 시 발생할 담보 call로 인한 채무	3등급까지의 등급하락 시 계약을 커버하기 위해 필요한 담보액의 100%		
파생거래의 시장가치 변화	감독당국 재량에 의해 결정		
Level1 이외의 자산이 담보로 제공된 파생계약의 담보자산 가치변화	20%		
ABCP, SIVs, Conduits 등			
• 만기도래 ABCP, SIVs, SPVs 등에서 발생할 부채	만기도래금액의 100% 및 반환대상 자산의 100%		
• 자산유동화증권(커버드본드 포함)	만기도래 금액의 100%		
신용/유동성 공여약정 중 미사용분			
• 소매 및 중소기업 고객	미사용분의 5%		
• 비금융회사, 국가, 중앙은행 공공기관(신용 약정)	미사용분의 10%		
• 비금융회사, 국가, 중앙은행 공공기관(유동성 약정)	미사용분의 100%		
• 기타 법인고객에 대한 신용 및 유동성 약정	미사용분의 100%		
기타 우발자금공여 채무(보증, 신용장, 취소가능 신용 및 유동성약정, 파생계약 등)	신용감독당국 재량에 의해 결정		
계약상 추가적 자금유출	100%		
파생거래관련 순지급액	100%		
기타 계약상 현금유출	100%		
총현금유출			(ii)

현금유입액			
역RP 및 증권대차거래(담보자산에 따른 구분) • Level 1 자산 • Level 2 자산 • 기타 자산	0% 15% 100%		
신용 및 유동성공여 약정	0%		
다른 금융기관에 예치한 영업적 이해관계가 있는 예금 • 네트워크형 협력은행이 중앙기관에 예치한 예금	0% 0% (중앙기관 예치금중 요건충족 부분)		
기타 거래상대방에 따른 현금유입			
• 소매고객으로부터의 수취액	50%		
• 비금융회사로부터의 수취액 중 위(역RP 등)의 범주에 해당되지 않는 부분	50%		
• 금융기관으로부터의 수취액 중 위(역RP 등)의 범주에 해당되지 않는 부분	100%		
파생거래 관련 순수취액	100%		
기타 계약상 현금유입	감독당국 재량에 의해 결정		
총현금유입			(ⅲ)
순현금유출액 = 총현금유출−Min(총현금유입, 총현금유출×75%)			(ⅳ)
LCR(=HQLA총합계/순현금유출액)			(ⅰ)/(ⅳ)

Appendix 6.2

유동성리스크관리를 위한 모니터링 수단

여기서는 바젤위원회가 제시하고 있는 유동성리스크관리 모니터링 수단 monitoring tools과 더불어 이를 활용하여 위기단계를 식별하고 비상조달계획을 수행하는 프로세스에 대해 보다 상세히 설명하고자 한다.

A.6.1 모니터링 지표

계약상 만기불일치 Contractual maturity mismatch

① 정의 및 관리목적

계약상 만기불일치는 일정 기간대별 계약상 유동성 유입액과 유출액 간 차이를 의미한다. 즉, 각각의 기간 대에서 모든 현금유출이 최단 시일 내 발생할 경우 은행이 잠재적으로 필요로 하는 유동성을 의미하는 것으로, 이를 통해 현재 체결된 계약을 기준으로 은행이 만기변환에 얼마나 의존하고 있는지에 관한 직관을 제공할 수 있다.

② 지표 적용 및 활용방법

지표 적용 시 기본적인 원칙은 모든 난내외 자산 및 부채상 계약상 현금 및 담보 security 의 유입/유출 금액을 각각의 (계약상 잔존) 만기에 따라 일정 기간대별로 분류하여 비교하는 것이다. 이 때 기간단위는 현금흐름 포지션을 적절히 파악할 수 있는 단위를 설정할 필요가 있다. 예를 들어, 1일, 1주일, 2주, 1, 2, 3, 6, 9개월, 1, 2, 3, 5년, 5년 초과 등으로 구분 가능할 것이다. 물론 전체 현금흐름을 포괄하여 감안해야 한다는 점에서, 금리스왑 및 옵션 등 파생상품으로부터 발생 가능한 현금흐름정보도 산출되어야 하고, 만기가 정해지지 않은 항목에 대한 세부사항도 별도로 파악되어야 한다.

계약상 현금흐름의 산출 시에는 다음과 같은 몇 가지 가정이 내포된다.

① 기존 부채의 만기연장은 허용되지 않으며 자산에 대한 새로운 계약을 체결하지 않는다고 가정

② 시장상황 변화에 따라 발생하는 우발채무(예를 들어, 금융상품 가격변화 또는 은행 신용등급 하락 등 사전에 정한 사건이 일어나면 발생하는 채무) 익스포저는 트리거 조건별로 상세히 분류

③ 은행의 모든 담보 유출입 반영(이를 통해 현금흐름을 초래하는 담보 변동, 담보스왑의 계약상 만기, 현금흐름이 발생하지 않는 무담보부 증권 대차거래(stock lending/borrowing) 관찰 가능)

④ 고객이 제공한 담보자산의 경우 다시 담보로 활용할 수 있는 금액 및 이미 담보로 활용하는 금액을 구분(이를 통해 고객 담보자산 차입/대출간 불일치 시기 확인 가능)

간략히 표현해 보면, 위의 가정들은 전체 현금흐름을 포괄하되, 신규 현금흐름 갱신은 나타나지 않음(만기연장 미허용, 신규계약 미체결 가정 등)을 전제하는 정태적 static 분석이라 이해할 수 있다. 이런 분석은 행태적 가정을 고려하지 않고 계약상

만기에만 근거한 지표이므로 계속기업on going business 관점에서 전략 또는 사업계획상 실제로 나타날 (동태적) 미래 현금흐름을 포착하지 못할 가능성이 존재한다. 또 계약상 이행의무는 없지만 은행이 평판 유지를 위해 발생할지 모르는 현금유출의 포착도 어렵게 할 것이다. 때문에 실무적으로 혹은 감독목적상 만기불일치 검토 시에는 경제주체의 예상과 다른 행태를 반영한 가정을 적용하는 것도 필요할 것이다.

자금조달 편중도 Concentration of funding

① 정의 및 관리목적

자금조달 편중도는 자금 인출 시 유동성문제를 야기할 수 있는 중요한 도매자금조달의 원천을 확인하기 위한 지표이다. 편중도의 현저한 증가나 비율의 절대수준 등을 모니터링 하는 등의 편중도 지표의 관리는 바젤위원회에서 권고된 자금조달 다변화를 유도하기 위한 목적을 가진다.

② 지표 적용 및 활용방법

편중도와 관련한 지표는 거래상대방별, 상품유형별, 통화별 편중도를 구분하여 적용가능하며, 지표별로 1개월 미만, 1~3개월, 3~6개월, 12개월 초과 등으로 구간별로 구분하여 파악할 수 있다.

① 지표 A: 중요 거래상대방으로부터의 자금조달 편중도

$$지표\ A = \frac{\sum(중요거래상대방으로부터의\ 자금조달)}{\sum(은행대차대조표\ 부채)}$$

동 지표는 중요 거래상대방으로부터의 자금조달 편중도를 나타내는 지표로, 여기서 "중요 거래상대방"이라 함은 관련 부채의 합이 은행 총부채의 1%를 초과하는

단일 거래상대방 또는 관계회사를 포함한 그룹 거래상대방으로 정의할 수 있다.

이러한 중요 거래상대방으로부터의 자금조달 부채, 즉 지표의 분자 부분은 단일 거래상대방 또는 관계회사를 포함한 그룹 거래상대방으로부터 조달한 예금(유사 자금조달 포함)과 은행이 동일 거래상대방[26]으로부터 조달한 담보부/무담보부의 기타 직접 차입(익일물 CP/CD 등)의 합계로 산출된다.

② 지표 B: 중요 상품으로부터의 자금조달 편중도

$$\text{지표 B} = \frac{\sum(\text{중요 금융상품으로부터의 자금조달})}{\sum(\text{은행대차대조표 부채})}$$

"중요 금융상품"은 관련 부채의 합이 은행 총부채의 1%를 초과하는 단일 금융상품 또는 유사 상품그룹으로 정의되며, 중요 상품으로부터의 자금조달 부채는 유사한 유형의 상품그룹별로는 물론 개별 금융상품별로도 측정해야 한다.

③ 중요 통화별 자금조달 편중도

$$\text{지표 C} = \text{중요 통화별 자산 부채 목록}$$

"중요 통화"는 관련 부채의 합이 은행 총부채의 5%를 초과하는 단일 통화 표시 부채로 정의되며, 은행 자산 부채에서의 구조적 통화 불일치를 파악하기 위해 중요 통화별 자산 부채 목록을 파악하고 경영진에 보고해야 할 필요가 있다.

물론, 이와 같은 지표들을 감안하더라도 모든 자금조달 편중도가 포착되지는 않음을 인식해야 한다. 일부 부채의 경우 실질적인 자금조달 거래상대방을 확인할 수

---

[26] 거래상대방 간 양도 가능한 부채(예. 만기가 1일을 초과하는 CP/CD를 활용한 자금조달)와 같은 일부 자금조달의 경우 해당 부채 보유자에 대한 권리보유자를 파악하는 것이 불가능한 경우도 존재함.

없거나, 실제 자금조달 편중도가 계산된 지표 값보다 더 클 수도 있다. 또한 이 지표가 자금조달원 변경이 어느 정도 어려운지를 보여주지는 못한다.

또한 양자간bilateral 자금조달거래는 상업적 관계commercial ties를 강화함으로써 순자금유출이 확대될 수 있음을 인식할 필요가 있다. 예를 들어, 은행이 중요 거래상대방에 대하여 자금제공을 확대하거나 또는 대규모의 미사용 신용공여 한도를 제공한 경우가 발생할 수 있다.

담보미제공 가용자산 Available unencumbered assets

① 정의 및 관리목적

담보 미제공 가용자산이란 현재 담보로 제공되어 있지 않아, 유통시장에서 담보로 사용할 수 있는 시장성 자산이거나, 중앙은행의 대기성 대출제도에 담보로 활용될 수 있는 적격자산을 의미한다. 동 자산을 통해 은행은 유통시장 및 중앙은행으로부터 담보부 자금조달을 위한 담보로 사용하거나, 해당 자산자체를 추가적인 유동성 원천으로 사용할 수 있게 된다.

② 지표 적용 및 활용방법

은행은 유통시장에서 담보부 자금조달이 가능한 담보 미제공 가용자산의 총액(사전 협의된 또는 현재의 적정 할인율 적용 후 금액기준)/유형/소재와 중앙은행의 대기성 대출제도(standing facilities. 긴급자금지원 등은 제외)에 담보로 활용할 수 있는 자산의 총액(사전 협의된 또는 현재의 적정 할인율 적용 후 금액기준)/유형/소재를 파악하고 경영진에 보고해야 한다.

위 자산은 중요 통화별로 분류하고 유통시장이나 관련 중앙은행이 각 자산에 적용할 예상 할인율[27]을 파악하고, 해당 담보의—명목가치가 아닌—기대 현금화 가

---

[27] 중앙은행 적용 할인율의 경우, 정상 영업 환경에서 중앙은행이 적용하는 할인율을 참조(예를 들어 유로화

치 및 담보자산의 국별 소재지, 활용되는 사업분야 측면을 고려한 담보자산의 실질적 보유지역을 파악하고 보고해야 한다.

아울러 동 자산 파악 시에는 중앙은행에 담보로 제공하였으나 아직 미사용된 부분을 포함하고, 은행이 현금조달 담보로 활용하기 위한 운영절차를 마친 자산만 포함한다. 또 고객이 담보로 제공한 자산 중 은행이 다시 담보로 활용할 수 있는 금액과 다시 담보로 활용하고 있는 금액을 보고시점 기준으로 각각 보고하여야 한다.

이 지표는 시스템적 또는 개별 금융회사의 사건 발생 시 거래상대방의 할인율 및 대출 정책의 변화를 포착할 수 있는 것은 아니며, 담보미제공 가용 자산의 실제 현금화가치가 현금화가치 추정액보다 더 작을 수도 있다. 동 지표가 담보미제공 가용 자산을 담보부 조달자금 잔액이나 기타 대차대조표 항목의 합계와 비교하기 위한 것이 아님에 유의해야 한다.

주요 통화별 LCR

① 정의 및 관리목적

주요 통화별 LCR LCR by significant currency 은 특정 통화에 대해 고유동성자산과 순현금유출을 구하여 산출한 것으로, 잠재적 통화불일치를 파악하기 위한 목적으로 모니터링 하게 된다.

$$통화별 \; LCR = \frac{주요 \; 통화별 \; 구유동성자산}{30일 \; 이내 \; 중요 \; 통화별 \; 순현금유출}$$

*외화 순현금유출액은 헤지가 되어 있는 거래를 차감한 순액 기준임.

주요 통화는 앞에서와 같이 특정 통화표시 부채가 은행 전체 부채의 5% 이상인

자금조달은 ECB, 엔화 자금조달은 BOJ의 할인율을 참조).

통화로 정의되며, 외화표시 고유동성자산 및 순현금유출액 정의는 단일통화기준의 LCR 정의와 동일하다.

② 지표 적용 및 활용방법

규제기준인 단일통화 기준 LCR과 달리, 동 지표는 단순 모니터링 지표이므로 국제적으로 정의된 최저 기준치가 존재하지 않는다. 그러나 허용수준tolerance level 을 관리하는 차원에서 최소 기준치를 정하고 이를 하회할 경우에 대한 대비가 필요할 것이다.

최소 기준치는 스트레스 가정에 기반하여 설정해야 하는데, 감독당국은 은행의 외화조달 능력, 그리고 통화/국가/법적 실체 간 잉여 유동성의 이전가능성을 평가하여 조달능력 및 이전가능성이 제한적이라 판단될 경우 해당 통화에 더 높은 최저 기준치를 설정하는 등의 방안을 강구할 수 있다.

시장정보를 통한 모니터링

① 정의 및 관리목적

시차가 거의 없이 수시로 입수 가능한 시장 데이터는 은행의 유동성 위기를 모니터링 하기 위한 조기경보 지표로 활용가능하다.

② 지표 적용 및 활용방법

감독당국은 다양한 시장 데이터 가운데 은행의 잠재적 유동성 위기에 초점을 두고 다음과 같은 데이터를 모니터링 할 수 있다.

① 시장 전반 정보Market Wide information

시장정보는 은행 자금조달 계획과 관련한 가정의 설정에 매우 중요한 것으로써, 관련 정보를 통해서 지표의 절대적 수준 또는 주요 시장의 방향성을 나타내는 정보를 모니터링 할 수 있고, 금융부문과 개별 은행에 미칠 잠재적 영향을 분석할 수 있다.

이런 시장정보로는 주가(감독대상 은행이 활동하고 있는 국가의 전반적 주가지수 또는 하위지수), 채권시장(단기금융시장, 중기채권, 장기채권, 파생상품, 국채시장, CDS지수 등), 외환시장, 상품시장 등이 있다.

② 금융부문 정보 Information on the financial sector

금융부문 정보는 전반 및 특정 금융부문을 설명할 수 있는 주식, 채권시장 정보 등을 의미하는 것으로, 금융부문이 전반적 시장 움직임을 반영하고 있는지 또는 금융부문이 어려움을 겪고 있는지 확인 가능하다.

③ 개별은행 고유정보 Bank-specific information

개별 은행 고유정보는 특정 금융회사에 대한 신뢰도가 저하되고 있는지, 특정 금융회사의 리스크가 확인되었는지 등의 모니터링을 위한 것으로, 주가, CDS 스프레드, 단기금융시장에서의 거래가격, 만기연장 여건, 다양한 만기의 자금조달 비용, 유통시장에서의 은행채 및 후순위채의 가격·수익률 등에 대한 정보 등을 들 수 있다.

이러한 시장지표는 대체로 시장에서 쉽게 이용 가능하지만, 해당 정보에 대한 해석에는 유의하여 시행할 필요가 있다. 예를 들어, CDS 스프레드가 같다 해도, 특정 시장이 낮은 유동성을 보이는 등 시장상황이 다르면 모든 시장에서의 리스크가 동일하다고 볼 수 없다. 유동성 공급자들이 중요하게 생각하는 데이터가 서로 다르므로 유동성 충격으로 인한 특정 데이터 변화에 대하여 시장참가자들의 반응에 차이가 나타날 가능성이 존재하는 것이다.

A.6.2 지표 모니터링과 유동성위기의 식별방안

모니터링지표의 설정, 조기경보지표, 비상조달계획$_{CFP}$은 상호 유기적인 관계를 갖는다. 모니터링 지표의 일부는 감독목적상 혹은 개별 은행의 내부적 특성에 따라 조기경보지표로써의 성격을 부여할 수 있고, 이 지표들의 활용에 따라서는 유동성위기를 사전 감지할 수 있는 기능을 수행할 수 있다. 또한 은행은 비상조달계획을 통해 사전 감지된 유동성 위기 시 위기 단계별로 조달에 대한 상세한 계획을 수립하고 있어야 한다.

아래에서는 이와 관련한 모니터링 지표의 관리방안과 조기경보지표의 활용(및 유동성위기의 식별)과 비상조달계획에 대해 살펴본다.

모니터링지표 관리방안과 조기경보지표

현재 국내은행에서는 규제비율(주로 원화/외화 유동성비율, 외화 중장기대출재원 조달비율 및 만기불일치 비율) 및 은행별 관리지표(원달러 환율, 시장금리 등의 시장지표나 신용등급, Credit Line 등의 자체 내부요인 지표 등)에 대한 지표를 중심으로 유동성리스크에 대한 모니터링을 수행하고 있다. 그러나 유동성리스크에 대한 규제기준이 강화되는 추세와 급작스런 유동성위기에 직면하여 실제 금융위기에 취약했던 과거의 전례를 교훈삼아 향후 모니터링의 범위가 확대되어야 할 것으로 보인다.

금융감독원에서도 이를 반영하여 유동성리스크관리기준(2009년 9월)을 통해 규제지표 및 모니터링에 관한 요건을 제시하고 있다. 아래의 표는 모니터링 관련한 감독당국 요건과 이를 통해 은행이 수행해야 할 목표를 정리한 것으로 이는 기존의 모니터링 관점을 보다 확장하여 모니터링 지표를 다양화하고, 허용한도 관리를 통한 조기경보지표를 설정/운영할 것을 요구하고 있다.

표 A.6.1 | 모니터링관련 감독요건 및 은행 요구사항

해당 항목[28]	주요내용	은행 요구사항
(7조) 자금조달 다변화	자금조달원 편중도 완화, 만기 분산 목표치 설정	• 자금조달 편중도 관리지표 설정 및 운영 • 만기집중도 및 만기불일치 관리지표의 설정 및 운영 • 관리지표별 목표관리수준(Trigger Level) 설정 운영
(8조) 담보관리	보유자산의 적격담보 여부, 시 장에서의 담보인정가능 여부 상시 모니터링	• 원화/외화 담보가능자산의 규모관리 • 객관적 기준에 의한 적격담보수준의 모니터링 • 담보설정 현황 모니터링을 통한 추가조달 가능규모 산출
(10조) 허용한도	영업전략, 재무상황 및 조달능 력 등을 반영한 허용한도 설 정, 운영	• 각 모니터링 지표별 내부 목표비율 산정 • 유동성리스크 관리팀, 자금부 등 관련부서는 (과거) 위기 시의 경험을 분석, 내부 관리목표 등을 반영하여 허용한도 설정 운영
(10조) 조기경보지표	유동성리스크 허용한도 외의 다양한 조기경보지표 설정/ 운영	• 지표 모니터링을 통한 위기비상계획 연계 방안 수행 • 허용한도 단계(1, 2차 한도)별 대응계획 수립 • 데이터 축적에 따른 지표별 시계열 데이터 분석 수행
(11조) 이사회 역할	유동성관련 정보를 적절히 산 출하고 경영진/이사회에 유동 성 상황 적시 보고	• 모니터링 지표의 이사회/경영진 보고 • 지표의 이상치(Outliers) 분석 보고

* Note: 은행 요구사항은 감독기준 요건에 맞춰 은행에 요구되는 사항을 예시로 정리한 것임.

① 모니터링 지표의 다양화

우선 국내은행들은 유동성리스크의 원천 및 영향도를 포괄적으로 평가하기 위해 모니터링 범위를 확대할 필요가 있다. 바젤위원회에서 제시되는 지표를 기본적으

---

[28] 이에 대한 상세한 내용은 금융감독원 유동성리스크관리기준(2009.9)을 참조하기 바람.

표 A.6.2 | 모니터링 차원 및 지표설정(예시)

모니터링 차원	주요 지표[29]	주요 모니터링 내용
자금조달평가	• 핵심예금비율(조달안정성) • 은행채 조달 비중(편중도)	• 조달 안정성: 자금조달 원천이 위기상황에서 이탈하는 수준 평가 • 조달 편중도: 특정 상품 또는 고객이 전체 조달에서 차지하는 수준 평가
유동성자산 평가	• 원화/외화 양질의 자산비율 • 담보설정비율	• 양질의 유동성자산 보유수준의 평가 • 담보가능자산 및 현 담보수준 대비 향후 조달규모 및 추가 담보자산 규모 평가
규제	• 원화/외화 유동성비율 • 원화/외화 예대율 • 유동성커버리지비율(LCR) • 순안정자금조달비율(NSFR)	• 유동성비율 및 예대율 규제기준 준수 여부 평가 • 신규 규제비율의 기준 준수 여부 평가
시장 모니터링	• 은행 특성: 자금과부족 규모 • 시장 지표: CDS 스프레드	• 은행 일일 자금현황의 평가 • 시장요인에 의한 유동성리스크 영향 평가

로 반영하고 은행 자체의 모니터링 필요성을 감안하여 자금조달, 유동성자산, 시장 측면을 고려할 필요가 있을 것이다.

주요 모니터링 지표는 원화/외화를 구분하여 관리할 필요가 있다. 예를 들어, 외화자금조달 측면에선 차환율Roll-over rate, 외화 핵심조달 원천 구성비율 등의 지표가 추가로 필요할 것이다.

② 모니터링 지표 관리방법

감독요건에서 제시된 바와 같이, 선정된 모니터링 지표들은 허용수준 관리를 통해 위기상황의 징후를 모니터링 할 수 있는 관리방안을 수립해야 한다. 아래에서 제시되는 바와 같이, 이를 위한 일반적인 절차는 지표 모니터링, 한도관리, 대응방

---

[29] 위의 주요 지표들은 해당 모니터링 항목을 대표하는 지표를 예시한 것이며, 개별은행의 특성이나 상품의 속성 등을 감안하여 추가 혹은 삭제할 수 있음.

표 A.6.3 | 모니터링 지표 한도설정방안(예시)

한도수준	경보신호	관리방안	대응방안
정상수준	Green	모니터링 임계치를 초과하지 않은 상태: 기 설정된 한도의 80% 이하 수준	정상상황으로, 일상적인 통제수준 유지(별도조치 불필요)
1차 한도	Amber	요주의 모니터링 및 원인분석 필요 요주의상태: 한도의 80~100%	리스크 증가 상태로 해당 부실점, 담당자에 통보하여 원인분석 및 이상추이 확인
2차 한도	Red	조기경보 발령 한도초과 상태: 한도의 100% 이상	한도초과 상태로 위험경고를 발령하고, 연계상품 및 영업활동 점검, 해당 부실점 원인분석 및 대응방안 수립 요구

안 수립, 보고의 절차를 따르게 될 것이다.

a. 지표 모니터링: 선정된 지표에 대한 소관 부서별 모니터링 수행
b. 한도관리: 1, 2차 한도를 설정 및 모니터링 수행. 예를 들어, 1차 한도는 허용수준 80%, 2차 한도는 허용수준 100%로 설정하여 관리
c. 대응방안 수립: 한도 100% 초과 시 비상조달계획에 반영, 지표 소관부서의 원인분석, 위기단계 발령시 비상조달계획 절차 수행
d. 보고: 한도 초과 여부 및 대응방안 보고, 이상치 특성 보고

보다 실질적인 한도관리를 위해서는 단일 한도체계보다는 복수의 한도체계(1차 및 2차)를 설정하여 단계별로 모니터링을 수행하는 것이 보다 적절할 것이다. 아래 예시와 같이 흔히 사용되는 신호등Traffic-Lights 방법이 이에 적용될 수 있다.

③ 조기경보지표의 설정

모니터링 지표 설정의 주요한 목표 중 하나는 지표의 추이 분석을 통한 유동성

위기 상황의 사전 식별이다. 이를 위해서는 사전에 모니터링 지표 설정 시부터 유동성리스크와 연관성이 높은 지표를 설정해야 한다. 물론 지표 설정 시에는 모니터링의 분야의 포괄성과 지표관리의 효율성의 상충관계를 고려해야 하는데, 이를 위해서는 특히 다수의 모니터링 지표 중에서도 일부 리스크 연관성이 높은 지표들을 주지표(기타의 지표는 보조지표로 관리)로 별도 선정하여 조기경보지표로 관리하는 방안을 검토할 수 있다.

조기경보지표로 설정되기 위해서는 무엇보다도 리스크와의 연관성이 가장 중요하며, 이를 위시하여 다음과 같은 측면들을 고려할 필요가 있다.

- 리스크연관성: 유동성리스크의 변화를 직접적으로 나타낼 수 있는 지표
- 포괄성: 보조지표가 나타내고 있는 유동성리스크 요인을 포괄적으로 나타낼 수 있는 지표
- 적시성: 유동성리스크의 추이에 선행적 leading 혹은 동행적 co-movement 인 움직임을 나타낼 수 있는 지표
- 중요성: 은행 특성을 나타내며, 익스포저 비중이 높고 민감한 요소 반영(예를 들어, 소매예금보다 기업예금 비중이 높은 특성 등)

지표를 통한 위기식별 절차

리스크 연관성이 높은 지표를 중심으로 모니터링을 통한 조기경보지표의 설정은 향후 위기에 대한 사전징후를 감지할 수 있는 중요한 판단기준이 된다. 즉, 아래의 예시(표)와 같이 조기경보지표들의 움직임을 통해 위기의 단계를 별하고 이와 관련한 대응방안을 수립할 수 있게 된다.

여기서 단계를 식별하는 방법에는 몇 가지의 고려사항이 필요하다. 우선 어떤 지표를 우선적으로 위기단계에 적용할 것인지에 관한 문제이다. 먼저 생각해 볼 수 있는 것은 중요도 순으로 배점(혹은 가중치)을 부여하여 총점 total score 기준으로 위

표 A.6.4 | 모니터링 지표를 통한 위기단계 식별(예시)

구분	식별차원	지표명	위기1단계	위기2단계	위기3단계
주지표	조달 안정성	총수신규모	요지준금 150% 이상 감소	200% 이상 감소	250% 이상 감소
	조달 편중도	은행채조달 비율	50%	60%	70%
	담보자산	총담보자산 규모	30%	20%	10%
	유동화자산	고유동성자산 비율	5%	3%	2%
규제비율		LCR	100% 이하	90% 이하	70% 이하
		NSFR	100% 이하	90% 이하	70% 이하
		유동성비율	100% 이하	90% 이하	70% 이하
위기상황 분석	LCR위기분석	Stressed LCR	70% 이하	60% 이하	40% 이하
	현금흐름 분석	생존기간(ST)	90일 이내	30일 이내	15일 이내
일반 모니터링 지표	은행 고유지표	자금과부족 규모	요지준금 150% 초과 5영업일 이상 지속	200% 초과 5영업일 이상 지속	250% 초과 5영업일 이상 지속
		신용등급	1 notch 하락	2 notch 하락	3 notch 하락
	시장지표	은행채 스프레드	100bp 이상	200bp 이상	300bp 이상

기를 식별하는 것인데, 이 경우에는 여러 지표의 값이 합산되며 중요 지표의 유동성위기 정보가 왜곡될 수 있는 가능성이 존재한다.

어떤 경우에는 여러 비율을 모두 고려할 필요 없이 하나의 지표, 예를 들어 유동성비율의 대폭적 하락만으로도 유동성위기가 식별가능한데 이런 점을 여러 모니터링 지표와의 관계 속에서 어떻게 감안할 것이냐의 문제가 존재하게 된다.

또한, 여러 지표를 고려할 때 지표간의 움직임이 유사한 지표간 상관성 문제가 발생할 수도 있다. 예를 들어, 은행의 신용등급과 은행채 스프레드가 모두 조기경보지표일 때, 두 지표는 은행의 상황에 따라 동시적인 움직임을 보이는 경향을 나타낼 수 있어 2개의 지표를 동시에 고려할 필요가 있는지에 대한 회의를 불러올 것이다.

이를 감안하여 사전적으로 위기단계의 특성을 설정하고, 조기경보지표를 보조적으로 감안하여—자산부채관리위원회 ALCO: Asset Liability Committee 혹은 이사회의 의사결정을 통해—위기단계를 식별하는 방법이 존재한다. 아래의 예시에서 보듯 위기단계별 정의를 통해 위기단계별 특성을 고려하고, 이에 부합하는 지표의 움직임을 매핑하여 위기단계를 결정하게 되는 것이다.

비상조달계획

유동성위기를 대비해서 은행은 위기상황을 대비하고, 이에 대한 구체적인 비상조달계획을 수립할 필요가 있다. 특히 앞에서 거론한 바와 같이 유동성위기를 식별하는 체계적인 절차를 수립하는 최종적인 목표는 위기 시에 조달능력을 어떻게 제고할 것인지에 대한 상세한 대응체계가 될 것이다. 아래에서는 이러한 비상조달계획의 수립에 필요한 요소를 검토해 본다.

① 조달수단 Funding Pool 관리

조달수단 관리의 목표는 조달수단을 체계적으로 관리함으로써, 위기의 내용에 따라 동원 가능한 조달수단을 유연하고 즉각적으로 시행할 수 있도록 하기 위한 것이다. 이를 위해 아래에서는 예시로 위기 시에 동원 가능한 조달수단을 은행의 조달방법, 조달원천, B/S관리별로 구분하여 제시해 본다.

① 조달방법관리

- 자체해결: 은행의 기존조달수단(소매 및 도매) 및 신규조달수단을 감안한 해결
- 그룹내 해결: 계열 그룹 내의 지원을 통한 해결

- 외부지원을 통한 해결: 중앙은행 및 정부 재정지원 등을 포함한 해결

② 조달원천관리

- 중앙은행 차입
- 비유동성 자산의 추가적 매입 금지
- 적격담보를 통한 Repo 담보부 차입
- 단기자금시장 Money Market 에서의 만기조정
- 고객예금의 추가 확보
- 신용약정 축소
- 은행채 추가 발행
- 신규 대출 제한 등

③ B/S관리: 위기단계 시에 동원가능한 자산/부채 조달수단(기존 조달수단 및 신규 조달수단 포함) 및 대응조치를 아래의 기준에 따라 구분하여 관리

- 자산(자산매각 및 자금운용 제한)
  - 현금 유입계획: 유동성자산의 매각, 투자유가증권의 회수
  - 현금 유출 저지계획: 신규자산 취득 제한, 신규대출 제한
- 부채(차입 및 유가증권 발행)
  - 현금 유입계획: 예수금 확대, 무담보 차입, 담보부 차입, 은행채 조달, 중앙은행 조달, 대정부자금 요청
  - 현금 유출 저지계획: 은행채 상환연기, 차입금 상환연기

② 조달목표관리

조달목표관리는 유동성 위기 시 과부족 금액에 대한 부문별 목표 조달비율을 설정하여 관리함으로써 조달계획을 체계화하고자 하는 목표를 갖는다. 이를 위해 부문별 담당부서에서는 유동성 위기 시 조달방안을 마련해야 하며, 총괄 조달계획 수립 시에는 시장상황에 따라 목표비율을 조정하는 방안을 모색할 수 있다.

③ 커뮤니케이션 전략

커뮤니케이션 전략은 내부 커뮤니케이션 전략과 외부 커뮤티케이션 전략으로 구분할 수 있다. 내부 커뮤니케이션 전략은 위기 시에 내부적인 보고 및 승인권한, 즉 각적인 조달수단 실행을 위한 비상연락망의 구성을 통한 비상조달계획의 즉시성을 확보하고자 하는 것이다. 위기 시 '유동성위기 대응조직(가칭)'의 구성과 역할, 각 유관부서의 위기단계별 역할과 책임 등이 이에 해당되는 문제가 될 것이다. 덧붙여 비상연락망의 구성도 커뮤니케이션 전략의 한축이 될 수 있다. 비상연락망은 BCP(영업연속성계획)에 준하는 수준으로, 위기 시에 조달 및 대응조치 수행을 위한 각 담당자의 위치 및 연락처, 위기 시 역할을 명시하고, 또한 수행 인력의 부재 시 대체인력을 지정하여 관리할 수 있다. 외부 커뮤니케이션 전략은 외부 기존조달원천, 신규조달원천, 신용평가사, 언론, 대정부 접촉 등의 커뮤니케이션 전략 수행을 통해 조달계획 및 대응조치의 원활한 수행을 대비하고자 하는 목표를 가지며, 커뮤니케이션 대상자 contact point 관리 및 위기 시 주요 정보의 제공계획 등으로 구분할 수 있다.

④ 조달원천별 우선순위의 관리

우선순위관리는 조달원천 및 보유자산 매각 등을 우선순위별로 구분함으로써, 단계별 비상조달계획의 체계적인 수행을 보완하는 목표를 갖는다. 이를 위해서는 위기단계별로 우선순위별로 조달가능성을 타진하고, 해당 우선순위 아이템의 실행이 불가능한 경우 차순위 우선순위를 고려하는 관리방법을 생각해 볼 수 있다.

우선순위관리는 자산매각 우선순위 및 자금조달 우선순위 등으로 구분가능하며, 우선순위별로 대상자산의 매각(혹은 조달) 소요 예상시간, 주요매각(혹은 조달)가능 거래선, 기타 옵션 등의 구체적인 내용을 사전적으로 지정하여 관리하는 방안을 모색할 수 있다.

⑤ 비상조달계획과 관련한 위기시 측정/평가 계획

이는 위기 시 긴급하게 진행되는 자금유출 및 향후 조달가능성의 타진과 이사회/경영진의 의사결정을 지원하기 위한 측정계획을 수립함으로써, 비상조달계획수행의 실효성 확보하고자 하는 목표를 갖는다. 측정/평가계획은 아래의 사례와 같이 위기가 발발한 경우의 측정내용과 위기시를 대비한 평시의 사전적인 측정내용으로 구분하여 볼 수 있다.

① 위기 시 주요 평가내용 (예시)

- 대고객 신뢰도 상실에 의한 고객이탈 영향 분석
- 고객이탈에 따른 업무 영향성 분석
- 조달원천/규제기관/언론 등 채널 등의 반응에 대한 영향 분석
- 고객손실 보상비용(벌칙금, 위약금)
- (자산)대출금회수/(부채)대출금 상환전망 평가 등
- 담보를 통한 추가 조달 가능규모 산정
- 일별 시장성 자산/부채의 증감규모 파악

② 평시 주요 평가 내용 (예시)

- 유동성 버퍼자산(혹은 고유동성자산)의 리스트 관리
- 담보가능자산 및 추가담보 필요 부분의 검토
- 모니터링 지표의 일상적 모니터링 및 한도 초과여부 검토
- 조기경보지표의 한도초과 여부 검토
- 주요 조달원천별 상세명세 및 조달규모 변동현황 파악
- 언론 평판도 이상 현황 검토

바젤 Ⅲ와 리스크 관리

참고문헌

|국|내|문|헌|

강종구, "유동성위험과 금융규제간의 관계분석", 한국은행 금융경제연구 433호, 2010.12.

김영도, "자산유동화시장의 부진원인과 개선방안", 금융연구원, 주간금융브리프 17-30
호, 2008.8.

김영도, "커버드본드 시장 현황과 정책적 고려사항", 금융연구원, 주간금융브리프 20-14
호, 2011.4.

금융감독원, "2010년 은행경영통계" 금감원 DB, 2010.09.

서정의, 권효성, "은행 유동비율 규제가 장기금융시장에 미치는 영향", 한국은행 Monthly
Bulletin, 2008.

원종현, "Covered Bond에 대한 이해 - 신용평가 개념을 중심으로", 한국신용평가
2011.4.

|외|국|문|헌|

BCBS, "BaselⅢ: A Global Regulatory Framework for More Resilient Banks and
Banking Systems," 2010.12.

BCBS, "Strengthening the resilience of the banking sector," Consultative Document,
2009.12.

BCBS, "Quantitative Impact Study Analysis of the Leverage Ratio," 2010.07.

BCBS, "Liquidity Risk: Management and Supervisory Challenges," 2008.02.

BCBS, "Principles for Sound Liquidity Risk Management and Supervision," 2008.09.

BCBS, "Basel Ⅲ: International Framework for Liquidity Risk Measurement, Standards and Monitoring," 2010.12.

BCBS, "International Framework for Liquidity Risk Measurement, Standards and Monitoring," Consultative Document, 2009.12.

BCBS, "International Convergence of Liquidity Risk Measurement, Standards and Monitoring," 2009.06.

CEBS, "Consultation Paper on Liquidity Buffers & Survival Periods," 2009.07.

Charles Goodhart, "Liquidity Risk Management", Banque de France Financial Stability Review No 11, Feb 2008.

Institute of International Finance, "Principles of Liquidity Risk Management", March 2007.

Leonard Matz & Peter Neu, "Liquidity Risk Measurement and Management: A practitioner's guide to global best practices", 2007.

BASEL Ⅲ & FINANCIAL
RISK MANAGEMENT

PART

03

거시건전성 규제

Summary

거시건전성 감독Macroprudential supervision 은 금융시스템 전체를 대상으로 거시경제적 비용을 수반하는 시스템 차원의 리스크를 통제하는 것을 목적으로 한다. 시스템 차원의 리스크는 개별 금융회사가 보유한 리스크의 단순 합이 아닌, 금융회사와 실물경제 간 그리고 금융회사 간의 상호작용interaction 에 의해서 축적되고 발현된다.

Basel Ⅲ에서는 경기순응성 완화 및 시스템적으로 중요한 금융회사SiFi: Systemically Important Fi-nancial Institutions 에 대한 규제 강화로 시스템리스크를 관리하고자 한다.

먼저, 경기순응성 완화와 관련하여, 바젤위원회는 경기순응성의 문제를 리스크 평가방법의 한계와 경제주체 간 인센티브의 불일치에서 비롯되는 자연발생적인 문제로 인식한다.[1] 따라서 경기순응성의 문제는 제거의 대상이 아닌 완화의 대상이며, 축적된 리스크의 발현이 미치는 영향을 최소화하기 위한 정책 수단이 요구된다는 것이다. 경기순응성 완화를 위한 정책 수단은 경기순응성을 확대시키는 대표적인 요소 - 자본규제, 회계기준, 보상체계 등 - 에 대한 개선을 통해서 이루어 질 수 있으며, 이와 관련하여 바젤위원회는 경기순응성 완화를 위한 4가지 핵심 목표와 관련된 정책 수단을 도입하기로 하였다.

① 자본규제의 과도한 경기순응성 완화[2]
② 미래지향적인 충당금 적립 유도
③ 개별은행과 은행부문 전체가 위기 시 활용 가능한 완충자본 적립
④ 신용확대가 과도한 시기에 은행부문을 보호할 수 있는 보다 광범위한 거시건전성 목표 달성

미래지향적인 충당금 적립을 위해서 바젤위원회는 국제회계기준위원회IASB 의 예상손실EL 에 기반한 충당금 적립방식으로의 회계기준 변경을 지지하며, 관련 감독기준을 개정 중이다. 예상손실 기반 충당금 제도는 기존 발생손실에 기반한 충당금 제도에 비해서 신용손실의 조기 인식이 가능하며, 경기순응성도 완화될 것으로 기대된다. 왜냐하면, 발생손실 모형은 손실이 발생한다는 명확한 증거가 있거나 특정 사건이 발생한 경우에만 금융자산의 손상impairment 을 인식하므로 미래의 예상되는 손실을 사전에 인식하는 것이 불가능하기 때문에, 경기상황이 악화되면 충당금 적립규모가 빠른 속도로 증가하고 반대로 경기상황이 개선되면 충당금 적립규모가 감소하는 반면, 예상손실 모형은 손실 발생에 대한 명확한 증거와 무관하게 현 시점

---

[1] BIS, "Addressing financial systemic procyclicality: a possible framework," Note for the FSF Working Group on Market and Institutional Resilience, September 2008.
[2] 상기 목표 중 첫 번째 목표는 Basel Ⅱ 체계의 규제자본 리스크민감도와 관련된 내용이므로 Part Ⅱ 미시건전성 규제 부분을 참고하기 바람.

대비 만기까지의 예상되는 손실을 대출의 잔여기간 전체에 배분하기 때문이다.

경기순응성 완화를 위한 세 번째, 네 번째 핵심 목표는 완충자본capital buffer 적립이라는 정책수단을 통해서 구체화된다. 완충자본은 팽창기 또는 호경기에 완충장치를 강화하여 수축기 또는 불경기의 충격을 흡수하는 방식으로 작동하며, 경기순응성의 진폭 뿐 아니라 속도도 완화시키는 효과가 기대된다.

먼저 세 번째 핵심 목표를 달성하기 위한 정책수단은 자본보전 완충자본CB 으로 구체화되었다. 자본보전 완충자본이란, 경기상황과 무관하게 위험가중자산의 일정비율을 추가 적립하는 고정형 완충자본Fixed Buffer 으로서 결과적으로 최소자기자본 수준을 단순 상향조정하는 것과 유사하지만, 손실 발생 시 동 자본을 사용할 수 있도록 허용한다는 점에서 차이가 존재한다. 즉, 금융회사가 최소자기자본 수준(8%)을 만족하지 못하는 경우 감독상 조치가 수반되는 반면, 적립된 자본규모가 자본보전 완충자본의 요구 수준(2.5%)에 미달되는 경우 미달 정도에 따라서 배당 등에 제한이 가해진다. 따라서 적립된 자본을 위기발생 시 손실보전 및 대출재원 등에 자유롭게 사용할 수 있다.

네 번째 핵심목표는 경기대응적 완충자본CCB 이라는 정책수단으로 구체화되었다. 경기대응적 완충자본은 자본보전 완충자본과 달리 경기상황에 따라서 자본적립 규모가 변화하는 변동형 완충자본Variable Buffer 으로써, 자본보전 완충자본을 확장하는 형태로 적립된다. 경기대응적 완충자본은 각 국가의 감독당국이 해당 국가에서 시스템리스크 축적과 관련된 과도한 신용팽창이 발생된다고 판단되는 경우, 해당 국가에 속한 금융회사에게 완충자본의 적립을 요구함으로써 작동한다. 완충자본의 적립 수준(0.0~2.5%)은 감독당국이 결정하되, 결정된 요구수준은 자본보전 완충자본의 요구 수준에 추가(2.5~5.0%)하여 운영된다. 감독당국이 완충자본의 적립이 더 이상 불필요하다고 판단하는 경우, 금융회사 별 적립된 자본은 자유롭게 사용가능하다.

시스템적으로 중요한 금융회사SIFI 의 규제에 대한 정책수단은 특정 시점 시스템리스크에 대한 기여도가 큰 금융회사에 대해서 그렇지 않은 금융회사들보다 더욱 강한 규제 및 감독을 받도록 하여, SIFI의 리스크를 감축시키고 부도 시 영향을 축소시키는 것을 목표로 한다. 현재 금융안정위원회와 바젤위원회에서는 SIFI에 대한 정의 및 선정 기준, SIFI 추가자본 부과, 조건부자본 등 SIFI의 손실흡수력 강화 방안 및 납세자 부담 완화를 위한 사전정리절차의 마련 등의 방안을 제안하고 있다.

제 7 장

자본 버퍼

7.1 도입배경

Basel Ⅱ의 최소자기자본 규제는 경기상황에 상관없이 위험가중자산RWA: Risk Weighted Assets 대비 일정 수준(8%) 이상의 자본을 요구하는 반면, 위험가중자산RWA 은 경기상황에 따라 변동함으로써 대출 및 경기변동의 진폭을 확대시키는 요인으로 작용할 수 있다고 지적받아 왔다.[3] 2008년 금융위기는 이러한 문제점이 현실화되는 것을 생생하게 경험한 시기였으며, 이에 따라 Basel Ⅱ의 최소자기자본 규제에 내재된 경기순응적 요소에 대한 보완책 마련이 중요한 과제로 대두되었다.

이에 2009년 4월 금융시스템 강화에 대한 선언에서 G20 정상들은 금융안정위원

---

[3] 위험가중자산(RWA)은 금융회사가 보유한 각 자산별로 Basel Ⅱ 체계에서 산출한 위험가중치(risk weights)를 곱하여 합산하는 과정에 의해 산출된다.

회FSB, 바젤위원회BCBS 및 회계 관련 기구들에게 완충자본을 포함한 경기순응성 완화를 위한 방안을 제안하도록 요구했다. 그에 따라 바젤위원회 내 정책개발 소그룹PDG: Policy Development Group 에서는 경기순응성 완화를 위한 완충자본 설정과 관련한 주요 정책 목표를 합의하고, 규제부담 최소화를 위해 현행 Basel II 체계를 토대로 완충자본제도를 도입하기로 하였다. 2010년 12월 공표된 Basel III 규제안에서는 그간의 논의를 바탕으로 경기순응성 완화를 위한 핵심 목표에 완충자본에 관한 사항이 포함되었으며, 완충자본 설정 방법으로, 자본보전 완충자본CB: Conservation capital Buffer 과 경기대응적 완충자본CCB: Counter-Cyclical capital Buffer 이 제시되었다.[4]

정책 목표[5]

완충자본buffer capital 은 은행산업의 자본적정성 강화와 안정적인 신용공급을 달성하기 위한 수단 중 하나이다. 즉, 경기호황기 시 완충자본 추가적립이 각 국가별 은행산업 전체의 자본적정성을 강화하는 방향으로 설정되어야 하며, 각국 은행 부문의 자본적정성 강화는 글로벌 은행의 파산이 미치는 국제적 영향 등을 최소화하는데 기여해야 한다. 이 때, 개별 은행의 자본적정성 강화는 은행산업의 자본적정성을 강화하는 과정에서 간접적으로 달성될 수 있다.

다음으로, 경기호황기 시 추가 적립된 완충자본은 경기침체기의 신용경색credit crunch 을 일정부분 완화시켜 신용이 안정적으로 공급되게 하여야 한다. 적립된 완충자본을 경기침체기 시 소진토록 함으로써 개별 은행들이 최소 자기자본비율 준수를 위해 여신을 축소하는 행위 등을 방지할 것이다.

---

[4] 완충자본 관련 핵심 목표는 다음과 같이 언급되었으며, 각각 자본보전 완충자본과 경기대응적 완충자본과 관련됨.
　　a. 개별은행과 은행부문 전체가 위기 시 활용 가능한 완충자본을 위한 자본보전
　　b. 신용확대가 과도한 시기에 은행부문을 보호할 수 있는 광범위한 거시건전성 목표 달성
[5] 그 밖에 '거시경제 및 자산가격 안정'도 주요 정책 목표에 포함시켜야 한다는 주장이 있었으나, 현재까지 은행 자본수준이 거시경제 주요변수 및 자산 가격 안정에 영향을 미치는 경로가 명확히 밝혀진 바 없기 때문에 주요 목표가 되기는 어렵다고 결론 내림.

그림 7.1 경기변동에 따른 완충자본과 규제자본요건

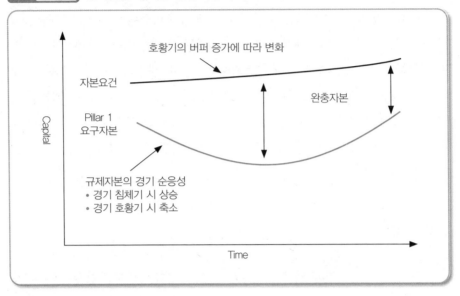

완충자본의 구성 및 크기

완충자본은 경기상황에 관계없이 일정비율을 추가 적립하는 자본보전 완충자본CB과 경기상황에 따라서 요구 비율이 변동하는 경기대응적 완충자본CCB으로 구성된다.

이 때, 완충자본은 경기침체기 시 자기자본에 대한 신뢰도를 제고하기 위해서 보통주자본으로 최소자기자본에 추가하여 적립하며, 적립 규모는 위험가중자산RWA의 일정 %로 결정된다.

즉, 완충자본을 포함하는 필요 보통주자본비율은 다음과 같이 7.0~9.5%의 범위

표 7.1 | 완충자본별 적립 규모

구분	자본보전완충자본	경기대응완충자본
적립규모(위험가중자산의 %로 표현)	2.5%	0~2.5%

에서 계산된다.

> **보통주자본비율(7~9.5%)** = 최소 보통주자본비율(4.5%)
> + 자본보전완충자본 요구비율(2.5%)
> + 경기대응 완충자본비율(0~2.5%)

완충자본 적정수준 위반 시의 조치

자본수준이 완충자본 범위 내로 하락하는 경우 은행의 이익 배분을 제한하게 되지만, 다른 영업활동에는 영향을 주지 않는다. 제한조치의 강도는 자본수준이 최소 자기자본 수준에 근접할수록 강화되며, 자본수준이 완충자본의 상한에 근접할수록 약화된다. 즉, 완충자본이 소진된 은행들은 재무건전성에 문제가 없다는 신호를 시장에 보내는 방편으로서 자본을 배분하는 것은 엄격하게 제한되지만, 완충자본의 상한을 초과한 자본은 제한 없이 사용될 수 있다.

산출 및 공시

최소자기자본 규제와의 일관성을 확보하기 위해서, 개별 은행들의 완충자본 산출은 적어도 규제자본과 동일한 주기(분기)로 산출되고 공시되어야 한다.

특히, 경기대응적 완충자본의 경우, 신용 익스포저의 지리적 구성에 따라서 완충자본 적립수준이 상이해지므로, 동 정보가 공시 내용에 포함돼야 한다.

준칙과 재량 Rule & Discretion

완충자본의 조정은 기본적으로 개별적인 감독상이 결정 없이 '자동적으로' 이루어지며, 각 은행에 부여된 완충자본 요구수준과 준수 여부는 정기적인 공시를 통해 외부에 공개되어야 할 것이다.

필요 시 각국 감독당국은 규정보다 높은 완충자본을 요구할 수 있는 재량권을 보유할 수 있다. 특히, Basel Ⅲ의 Pillar 2를 통해 개별 은행이 목표 완충자본에 미달할 때 보다 차별화된 대응이 가능토록 함으로써 준칙을 보완할 수 있다. 또한, 금융경기(financial cycle) 판단 시 준칙으로 제시된 거시경제 지표 이외의 정보도 재량적으로 반영할 수 있다.

Basel Ⅲ에서 제안한 완충자본과 관련하여 주목할 만한 사항은 완충자본의 구성요소와 위반 시 제재 조치에 관한 내용으로써, 다음과 같이 해석할 수 있다.

첫째, 바젤위원회는 완충자본이 새로운 자본규제로 받아들여지기를 원하지 않는다. 이는 자본수준이 완충자본 범위 내로 하락하는 경우의 제재 조치가 이익 배당에만 국한된다는 점에서 명확하다. 이는 완충자본이 Basel Ⅱ의 Pillar 1의 자본보다 후순위(junior) 자본으로써, 먼저 소진돼야 함을 의미한다. 아직까지 완충자본과 Pillar 2의 자본과의 관계는 명확하지 않지만, Pillar 2 요건을 만족하기 위한 자본은 경기대응적 완충자본 요건을 만족하기 위해서 사용되어서는 안 된다는 사실은 명확하다.

둘째, 완충자본 적정 수준 위반 시 배당 제한 등을 통해 이익을 내부에 유보토록 조치함으로써, 경기순응성 발생원인 중 하나인 보상체계를 개선한다. 통상 보상체계(compensation scheme)는 이익과 연관되어 결정된다. 특히 호경기에는 이익이 증가하므로, 리스크를 좀 더 적극적으로 부담하여 리스크를 축적하게 만든다. 따라서 호황기 과다한 리스크 부담으로 자본수준이 완충자본 범위 내로 떨어질 때, 이익의 일부를 자본으로 유보시킴으로써, 축적된 리스크에 대비한다. 더 나아가, 동 절차를 통하여 배분될 이익을 감소시킴으로써 경영자가 과도한 리스크를 부담할 유인을 제거할 수 있다. 뿐만 아니라, 완충자본이 소진된 은행의 자본 배분을 제한함으로써, 2008년 금융위기 당시 일부 은행이 매우 큰 리스크에 노출되어 있음에도 불구하고 건전성에 위험이 없다는 신호를 보내기 위하여 배당금 지불을 계속했던 사례의 재발을 방지할 수 있다.

셋째, 완충자본을 보통주자본으로 구성토록 함으로써, 충격의 흡수뿐만 아니라 신용팽창 속도 및 신용주기의 진폭 확대를 완화한다. 왜냐하면, 신용이 과도하게 축적될 때 완충자본의 확충이 요구되며, 이에 따라 자본비용이 상승하여 결과적으로 대출 수요를 감소시키기 때문이다.

7.2 주요 내용

자본보전 완충자본

자본보전 완충자본 CB: Conservation capital Buffer 은 평상시 완충자본을 적립하고 손실 발생 시 동 자본을 사용할 수 있도록 최저규제 이상의 자본을 보유/유지하도록 한다는 단순한 규칙 하에 설계되었다.

자본보전 완충자본 규제체계가 바탕으로 하고 있는 문제의식과 중점사항은 다음과 같다.

첫째, 은행은 스트레스 기간을 제외하고, 최소자기자본을 초과하는 완충자본을 보유해야 한다. 이 완충자본은 손실을 확실히 흡수할 수 있어야 하므로, 손실 흡수력이 큰 보통주에 기반하여 구성되어야 하며, 은행산업 전반에 걸친 침체기 동안 최소자본 규제요구 수준 이상의 자본을 유지할 수 있어야 한다.

둘째, 완충자본이 소진됐을 때 은행들은 이익금의 재량적 분배를 제한하여 완충자본을 재적립해야 한다. 여기서 이익금의 재량적 배분이란, 배당, 주식환매, 상여금 지급 축소 등을 의미한다. 내부적으로 자본을 유보하는 것 이외에, 새로운 자본을 민간부문에서 조달하는 방법을 혼용하여 사용할 수 있으며, 이는 자본조달계획 capital planning process 에 반영되어 감독당국과 협의하에 실행되어야 한다.

셋째, 자본수준이 최소요구 수준에 가까울수록, 완충자본 적립을 위한 이익금 유보 규모는 커져야 한다.

넷째, 자본보전을 통한 완충자본 적립은 침체기와 회복기를 포함한 모든 주기에 걸쳐서 적용돼야 한다. 이는 경기회복이 더뎌지고, 은행산업과 개별 은행의 복원력이 감소하는 상황에서도 재무건전성에 문제가 없다는 신호를 시장에 보내는 방편으로써, 배당과 성과급 등을 관대하게 배분하는 것을 방지할 뿐만 아니라, 경기하락 시 높은 이익 유보비율을 유지함으로써, 스트레스 상황에서도 은행이 지속적인 영업활동을 영위할 수 있도록 자본을 확충할 수 있다.

❶ 규제체계 및 적용 기준

상기의 자본보전 완충자본과 관련한 규제 체계는 규제부담 최소화를 위해 현행 Basel Ⅱ 체계를 토대로 완충자본을 적립하도록 수립되었다. 자본보전 완충자본은 위험가중자산의 2.5%를 보통주자본 Common Equity Tier 1 으로 최소 규제자본에 추가하여 적립한다.[6]

그림 7.2 경기변동과 자본보전 완충자본

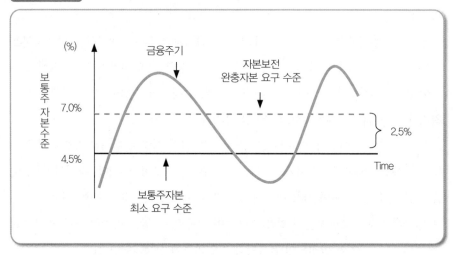

---

[6] 보통주자본은 자본보전완충자본으로 활용되기 전에 우선적으로 최저규제자본(4.5%의 보통주 자본비율, 6%의 Tier 1 자본비율 및 8%의 총자본비율)을 충족하는 데 사용되어야 한다.

표 7.2 | 필요 완충자본 충족도에 따른 최소자기자본 보전 기준

필요 완충자본 충족도 (요구완충자본 수준대비 적립된 완충자본 수준)	자본보전 비율* (이익금의 %로 표현)
[< 25%]	100%
[25 ~ 50%]	80%
[50 ~ 75%]	60%
[75 ~ 100%]	40%
[> 100%]	0%

*Note: 여기서 자본보전 비율은 이익 배분 제한수준을 의미함.

앞서 언급한 대로, 자본수준이 완충자본 범위 내로 하락하는 경우에 은행의 이익 배분을 제한된다.[7] 은행의 이익 배분은 자본수준이 최소자기자본 수준에 근접할수록 엄격하게 제한되어야 하며, 반대의 경우 제한이 최소화되어야 한다. 이를 위해서 다음과 같이 완충자본의 범위를 4개 구간으로 나눈 후, 완충자본 적립 수준이 요구수준 충족도가 낮을수록 이익 배분을 엄격하게 제한하는 체계가 제안되었다.

예를 들어, 보통주자본비율이 5.2%일 때, 보통주 최소자기자본 비율(4.5%)을 초과하는 보통주자본비율 0.7%는 완충자본의 적립수준(2.5%)의 28%에 해당하므로, 익년도 이익의 80%를 유보해야 한다. 즉, 배당금, 주식환매, 상여금 지급 등이 이익의 20%를 초과할 수 없도록 제한된다. 만약, 은행이 제한된 이익 배분을 초과하여 이익을 배분하고 싶다면, 초과분만큼을 민간부문에서 자본으로 조달해야 한다.

이 때, 자본보전 완충자본 CB 으로 사용되는 보통주자본은 우선적으로 최소자기자본(4.5%의 보통주자본 비율, 6%의 Tier 1 자본비율 및 8%의 총자본비율)을 충족하는데 사용된 여분의 자본으로 구성돼야 한다.

예를 들어, 보통주자본을 8% 보유하고 있으나, 기타 Tier 1 혹은 Tier 2 자본

---

[7] 자본수준이 완충자본 범위 내로 떨어지는 것을 허용하며, 이익 배분 이외의 영업활동에 제한을 적용하지 않는 것이 최소규제와 구별되는 완충자본 규제체계의 특징이다.

표 7.3 | 보통주자본비율별 최소자본 보전 기준

(경기대응적 완충자본 미포함 시)

보통주자본 비율	자본보전 비율(이익금의 %로 표현)
4.5% ~ 5.125% 미만	100%
5.125% ~ 5.75% 미만	80%
5.75% ~ 6.375% 미만	60%
6.375% ~ 7.0% 미만	40%
7.0 % 이상	0%

을 보유하지 않은 경우, 보통주자본은 최소자기자본 규제 수준을 만족하기 위해서 모두 사용되므로, 자본보전 완충자본 보유량은 '0'이 된다. 따라서 익년도 이익의 100% 유보가 요구된다.

만약, 보통주자본 이외에도 다른 형태의 자본을 보유하고 있어 보통주 최소자기 자본 규제비율(4.5%)만으로, Tier 1 자본비율(6%)과 총자본비율(8%)을 만족한다면, 다음과 같이 보통주 자본의 적립 수준 별 최소자본보전 기준을 얻을 수 있다.

동 체계를 통하여 위험가중자산의 크기가 확대되는 경기침체기에는 이익 유보비율이 상승하여, 스트레스 상황에서도 은행이 지속적인 영업활동을 영위할 수 있도록 자본이 확충되는 효과를 기대할 수 있다.

위에서 언급된 이익이란, 배분에 제약이 가해지는 항목을 차감하기 전의 세후 배당가능 이익을 의미하며, 배분에 제약이 가해지는 항목은 다음과 같다.

① 배당금
② 주식 환매
③ 기타 Tier 1 자본증권에 대한 재량적 지급
④ 직원 상여금 등

은행들이 이익 배분의 제약을 감수하고서라도, 손실흡수 이외의 목적으로 완충자본을 사용하는 것을 방지하기 위해서, 감독당국은 완충자본의 사용을 제재할 수 있는 재량권을 보유하게 된다. 예를 들어, 감독당국은 완충자본이 타 은행과의 경쟁 및 시장점유율 확대 등을 위해 사용되는 것을 방지하기 위해서 완충자본을 100% 적립하지 않은 은행에 대해서 완충자본을 사용할 수 있는 기간을 사안별로 제한할 수 있다.

또한, 자본보전 완충자본은 연결기준으로 적용하는 것을 원칙으로 하지만, 감독당국이 개별 회사 기준으로 자본을 유보하는 것이 필요하다고 판단하는 경우, 개별 회사 기준으로 적용할 수 있다.

❷ 이행기간

자본보전 완충자본은 2016년부터 단계적으로 이행하여 2019년부터 1월 1일부터 전면 적용된다. 적립비율은 시행 1개 년도에 위험가중자산의 0.625%를 적용하고 순차적으로 해마다 0.625%씩 늘려 2019년부터는 최고 수준인 2.5%를 적용한다. 다만, 급격한 신용팽창 excessive credit growth 이 발생했다고 판단되는 경우, 감독당국은 이행시기를 단축할 수 있다.

경기대응적 완충자본

2008년 금융위기는 신용팽창이 과도한 시기 이후의 경기침체가 진행되는 경우, 은행산업의 손실이 극단적으로 커질 수 있음을 보여주었다. 이러한 손실은 금융시스템과 실물경제 간의 상호작용에 의해서 경기순응성이 심화되는 과정에서 발현되었는데, 특히 시스템 차원의 리스크를 유발할 수 있는 과도한 신용팽창이 발생하는 경우, 경기침체기의 손실을 흡수하기 위한 자본 적립의 필요성이 부각되었다.

경기대응적 완충자본 CCB 은 이러한 필요성에 의해서 은행산업의 요구 자본량이 기시금융환경을 반영하도록 설계되었다. 경기대응적 완충자본의 기본 개념은 감독당국은 시스템리스크 systemic risk 축적의 징후(과도한 신용팽창 등)가 나타나면, 개별

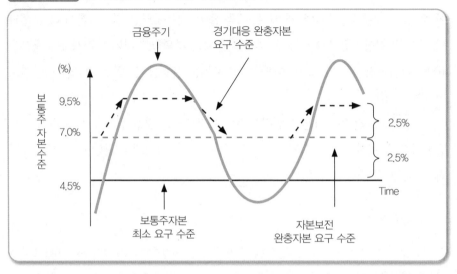

그림 7.3 경기변동과 경기대응적 완충자본

은행에게 경기대응적 완충자본의 적립을 요구하고, 시스템리스크가 현실화되었을 때, 손실을 흡수하기 위해서 경기대응적 완충자본을 사용하도록 하는 데 있다. 시스템리스크 축적의 징후와 관련된 과도한 신용팽창이 발생하는 시기에 완충자본의 축적이 요구된다는 것은 동 자본이 일상적으로 요구되는 것이 아니라, 필요한 경우에만—약 10~20년에 1회—완충자본 적립이 요구될 것임을 의미한다.

경기대응적 완충자본 CCB 은 자본보전 완충자본 CB 과는 달리 감독당국이 완충자본의 적립 및 해제 시기를 판단해야 한다는 점에서 중요한 차이가 존재한다. 따라서, 경기대응적 완충자본은 여타의 거시건전성 수단과 구별되고 국제적으로 일관되게 적용될 수 있는 특징을 지녀야 하는데, 바젤위원회에서는 이러한 특징을 다음과 같이 제시한다.[8]

첫째, 경기대응적 완충자본의 목적은 광범위한 금융시스템을 보호하는 거기건전성 목표를 달성하기 위해서 시스템리스크를 유발할 수 있는 과도한 신용팽창 기간 동안 적립된 완충자본을 활용하는 데 있다. 이는 개별 은행의 부도 방지뿐만 아니

---

[8] BCBS, "Counter-cyclical capital buffer proposal", July 2010.

라, 은행산업 전체의 보호를 의미한다. 더불어 신용팽창 기간 동안 완충자본을 적립케 함으로써, 신용주기의 진폭을 축소하는 긍정적인 효과도 기대할 수 있다. 왜냐하면, 완충자본의 확충은 자본비용의 상승을 초래하여 결과적으로 신용공급을 축소시키기 때문이다.

둘째, 각국의 경기대응적 완충자본은 상호호혜주의 jurisdictional reciprocity 에 입각해서 결정된다. 경기대응적 완충자본의 적립 요구는 각국별로 시행된다. 각국 감독당국은 관할권 내 금융회사가 보유한 신용 익스포저에 적용할 경기대응적 완충자본의 수준을 결정하고, 여타 국가들에 해당 정보를 신속히 알림으로써 자국이 정의한 완충자본 요건을 준용하도록 요구할 수 있다.[9] 반대로 본국의 은행이 신용 익스포저를 보유한 국가의 감독당국 host regulator 으로부터 경기대응적 완충자본에 대한 정보를 수신하면, 감독당국은 해당 은행이 신용 익스포저의 지리적 위치를 고려하여 완충자본을 정확하게 산출하고 있는지를 확인해야 한다.[10] 결과적으로 경기대응적 완충자본과 관련한 정책의 수립과 집행에 대한 권한은 은행의 본국 감독당국 home regulator 에게 주어지므로, 국가 간 완충자본 수립에 대한 권한의 이동은 발생하지 않는다. 덧붙여, 은행이 속한 본국의 감독당국이 자국 은행이 진출한 현지국에서 결정한 완충자본의 수준이 적절하지 않다고 판단하는 경우, 자국 은행에 대하여 추가적인 완충자본 적립을 요구할 수 있다. 다만, 그 반대의 경우 즉 더 낮은 수준의 완충자본을 요구할 수는 없다. 따라서 이러한 상호호혜주의에 입각한 완충자본 적립 요건은 국내은행이 외국은행에 비해 경쟁력을 상실하게 되는 것을 방지하여, 국내은행과 외국은행 사이의 공정경쟁을 보장할 수 있다.

다시 말해, 순수하게 국내 신용 익스포저만을 보유한 은행의 경우, 본국에서 부과한 경기대응적 완충자본 수준을 충족하면 되는 반면, 국제적으로 영업을 하는 은

---

[9] 신용 익스포저의 범위에는 '신용리스크 자본규제 대상 익스포저' 및 '개별리스크(specfific risk), IRC(Incremental Risk Charge), 유동화증권 등 트레이딩 계정의 자본규제 대상 익스포저'에 해당하는 모든 민간부문 신용이 포함된다.

[10] 익스포저의 지리적 위치란, 신용 익스포저가 계리된 기준이 아니라 보증인이 거주하는 국가를 기준으로 판단하여, 궁극적인 리스크부담주체 기준으로 판단한다.

행internationally active banks 의 경우, 신용 익스포저가 소속된 국가host country 의 자본적립 기준에 따라서 완충자본을 적립해야 한다.

셋째, 감독당국의 건전한 의사결정 및 국가 간 비교를 위해서 금융경기 판단에 대한 공통의 참조가이드common starting reference guide 를 활용해야 한다. 바젤위원회는 GDP 대비 신용credit 의 장기평균과의 갭gap 을 분석하여, 완충자본으로 변환하는 가이드를 제안한 바 있다.

해당 가이드는 시스템리스크 확대와 관련된 과다한 신용팽창이 발생하고 있음을 나타내는 지표로써 GDP를 민간부문의 총 신용으로 나눠서 산출한 값(이하 Credit-to-GDP)을 사용할 것을 권고한다. 이는 특정 시점의 Credit-to-GDP와 해당 지표의 장기추세를 비교함으로써, 시스템리스크와 관련된 과도한 신용팽창을 인식하는 방법으로써, Credit-to-GDP가 장기추세 근처이거나 미만일 때 신용팽창은 적정한 것으로 판단되어, '0'의 완충자본을 요구하는 반면, Credit-to-GDP가 장기추세를 초과하는 경우 완충자본의 적립을 요구하는 방식이다.

바젤위원회의 분석에 따르면, 해당 가이드가 항상 올바르게 동작하는 것은 아니므로, 감독당국은 해당 가이드에 기계적으로 의지하기보다는 가능한 모든 정보를 검토한 후 완충자본 적립을 결정해야 하며, 은행과 기타 이해당사자들과의 의사소통을 통해서 완충자본 적립에 대한 결정을 설득해야 할 것이다.

이러한 측면에서 바젤위원회는 각국 감독당국의 경기대응적 완충자본 제도 운영 시 각국이 준수해야 할 원칙을 다음과 같이 제시하였다.

참고 7.1 경기대응적 완충자본제도 운영원칙

① **(목적)** 완충자본의 결정은 완충자본에 의해서 달성해야 하는 목적을 염두하고, 결정돼야 한다.

② **(공통 참조가이드)** Credit-to-GDP 가이드는 완충자본 결정의 준거로 사용하기에 유용하다. 정책당국이 완충자본을 설정과 결정사항을 설명하는데, Credit-

---

먼저, 경기대응적 완충자본은 시스템리스크를 증가시키는 금융시스템 내의 신용이 과도하게 팽창할 때, 미래 잠재적 손실로부터 은행을 보호하기 위해서 은행시스템에 추가적으로 부여되는 자본임을 명확히 인식하고 결정돼야 한다. 예를 들어, 경제주기 혹은 자산가격을 관리하기 위한 수단으로써 완충자본을 사용해서는 안 된다. 이러한 문제는 통화정책이나 재정정책 혹은 기타 정책에서 다뤄져야 하는 문제이므로 정책수단의 혼동이 없도록 명확히 할 필요가 있다.

또한, 경기대응적 완충자본의 적립과 관련한 지표는 유용성이 증명된 경우 상호보완적으로 사용되어야 한다. 이러한 관점에서 바젤위원회에서 제안한 Credit-to-GDP 가이드는 유용성이 증명된 지표로서 활용 가능한 지표이다. 마찬가지로 신용팽창과 시스템리스크에 대한 관계를 설명할 수 있는 여타의 변수나 정량적 정보가 있다면, 각국 감독당국은 해당 정보를 생성/사용할 수 있다. 다만, 만약 새로운 지표가 발굴되어, 이러한 데이터들이 완충자본 계산에 사용된다면, 해당 데이터가 과거 감독 목적으로 활발하게 사용되지 않았던 정보인 경우, 정확도와 적시성이 향후에도 보장할 수 있는지 확인해야 하며 정기적으로 공시해야 한다.

Credit-to-GDP 가이드 이외에 신용팽창과 시스템 리스크에 대한 관계를 설명할 수 있는 여타의 변수로는 다음을 고려할 수 있다.

① 자산가격

② 자금조달 스프레드와 CDS 스프레드

③ 신용상태 조사

④ 실질 GDP 성장률

⑤ 채무관계가 있는 비금융회사 관련 데이터

만약, Credit-to-GDP 가이드에 대한 추론inference 과 다른 변수들이 일관된 움직임을 보이지 않는다면, 이를 종합적으로 고려하여 경기대응적 완충자본의 적립 여부를 판단해야 하며, 판단 결과는 금융회사 및 시장참여자를 설득시킬 수 있어야 한다. 이를 위해서는 금융회사 및 시장참여자와의 적극적인 논의가 필요할 수 있다.

또한, 경기대응적 완충자본은 비정기적으로 필요한 경우에만 적립되므로, 해제 시점에 대한 논의가 추가적으로 필요하다. 감독당국은 신용팽창이 느리고, 시스템리스크가 양호한 방향으로benign fashion 감소하는 상황에서는 적립된 완충자본의 해제 시점과 속도가 큰 영향이 없을 수 있다. 그러나 신용팽창이 위기에 대한 후행지표lagging indicator 인 경우에는 완충자본을 신속히 해제하는 것이 손실을 흡수하고 규제자본에 의해서 신용공급이 제한되는 것을 방지하도록 도와준다. 즉, 어떤 경우에든 완충자본을 신속하게 해제하는 것은 규제자본에 신용공급이 제한되는 위험을 줄이는 데 도움이 된다.

덧붙여, 신속한 완충자본 해제가 결정되었을 때, 감독당국은 완충자본이 언제까지 해제되어야 하는지 알릴 필요가 있을 것이다. 이것은 은행의 미래 자본요구에 대한 불확실성을 줄이는 데 도움이 될 것이다.

이외에도 감독당국은 시스템리스크와 관련된 과도한 신용팽창 시기에 감독당국은 완충자본의 적립뿐 아니라 가능한 다른 거시건전성 수단과의 연계도 고려해야 한다. 시스템리스크와 상관없이 특정 부문에서 과도한 신용팽창이 발생한 경우에는 대체적인 수단들—주택담보대출비율LTV: Loan-To-Value 규제, 부분적 자본버퍼, 수익 레버리지 한도Income gearing limit 혹은 부문별 완충자본sectoral capital buffers —이 함께 사용될 수 있다.

이상에서 살펴본 바와 같이, 경기대응적 완충자본의 적립 및 해제에 대한 결정 및 운영과 별개로 감독당국은 결정 내용에 대한 사전적이고 정기적인 공시market dis- closure 가 요구된다. 바젤위원회에서는 완충자본 결정의 은행들에게 경기대응적 완 충자본을 적립할 시간을 주기 위해 완충자본수준의 상향 조정과 관련한 결정을 최 대 12개월 전에 사전 공지하도록 권고하였다. 다만, 외국은행의 경우, 상호호혜주 의에 입각해서 해당 은행의 본국에서 완충자본 적용 시점을 결정한다. 반면, 경기 대응적 완충자본의 해제(수준 하향 조정) 결정은 즉시 효력이 발생될 것이다.

바젤위원회는 경기대응적 완충자본과 관련한 의사결정의 공시 주기와 관련하여 의사소통 전략과 경험이 축적되었다면, 최소한 연 1회 관련 의견을 개진하는 것이 적당하다고 판단하고 있다. 왜냐하면, 거시경제, 금융 그리고 건전성 정보가 최소 분기에 한 번 업데이트되므로, 경기대응적 완충자본의 적립과 처분에 대한 사항을 분기 1회 이상으로 하는 것이 바람직할 수 있지만, 시스템리스크를 확대시키는 과 도한 신용팽창은 비정기적이고, 비일상적으로 발생하는 경향이 있기 때문이다. 그 러나 완충자본 설정과 관련한 감독당국의 관점에 유효한 변화가 발생한다면, 은행 과 기타 이해당사자에게 신속하고 빈번한 의사소통이 이루어져야 한다.

① 규제체계 및 적용 기준

경기대응적 완충자본은 감독당국이 정의한 수준에 따라서 위험가중자산의 0~2.5% 범위 내에서 적립되며, 적립 방법은 자본보전 완충자본을 확장하여 적립 된다.

예를 들어, 감독당국이 경기대응적 완충자본의 수준을 2.5%로 요구하는 경우, 필요 완충자본의 수준은 자본보전(2.5%) + 경기대응(2.5%)으로 결정되며, 해당 수 준을 위반 시의 제재 조치는 자본보전 완충자본과 동일하게 적용된다. 따라서, 보 통주자본비율에 따른 최저자본보전 비율은 나음과 같이 정의된다.

국제적으로 영업을 하는 은행internationally active bank 의 경우, 적용되는 완충자본은

표 7.4 | 보통주자본 비율별 최소자본 보전 기준

(경기대응적 완충자본 비율이 2.5%일 때)

보통주 자본비율 (여타 손실흡수력이 큰 자본 포함)	자본보전 비율 (이익금의 %로 표현)
4.5 ~ 5.75% 미만	100%
5.75 ~ 7.0% 미만	80%
7.0 ~ 8.25% 미만	60%
8.25 ~ 9.5% 미만	40%
9.5 % 이상	0%

*앞서 〈표 7.3〉은 경기대응적 완충자본이 포함되지 않았을 경우의 기준임.

은행 신용 포트폴리오의 지정학적 구성을 반영하여 결정된다. 이러한 은행은 신용 자산(비은행 금융부문 자산을 포함)의 지리적 위치를 확인하고, 신용 익스포저가 위치한 국가에 적용되는 경기대응적 완충자본을 가중평균하여 전사 차원의 경기대응적 완충자본 수준을 계산해야 한다. 국가별 가중치는 해당 국가에 대한 민간부문 신용 익스포저 관련 규제자본credit risk charge 을 총 민간부문 신용 익스포저 관련 규제자본으로 나누어 산출한다. 이러한 절차를 통해서, 동일 지역에서 실행된 신용 익스포저는 은행의 본국과 무관하게 동일한 완충자본 적립을 요구받지만, 전사적 차원에서의 경기대응적 완충자본의 요구수준은 상이하게 된다.

예를 들어, 영국, 독일 그리고 일본이 위험가중자산에 대해서 각각 2%, 1% 그리고 1.5%의 경기대응적 완충자본을 요구한다고 가정하자. 이는 대출은행의 위치와 상관없이, 영국 거래상대방에게 대출이 실행된 경우, 해당 대출에 대해서 2%의 완충자본 적립이 요구된다는 것을 의미한다. 마찬가지로 독일과 일본 대출에 대해서는 1%와 1.5%의 완충자본 적립이 요구될 것이다. 결과적으로 은행이 보유한 총 민간부분 신용 익스포저 관련 규제자본 대비 60%의 규제자본이 영국 거래상대방에 의한 것이고, 25%가 독일, 15%가 일본 거래상대방에 의한 것이라면, 전체적으로 적립해야 하는 경기대응적 완충자본 수준은 위험가중자산의 1.68%가 된다.

경기대응완충자본적립수준 = (0.60×2%+0.25×1%+0.15×1.5%) = 1.68%

이는 동 체계의 적용이 신용 익스포저가 다양한 지역으로 분산되는 경우, 경기대
응적 완충자본의 변동성을 줄일 수 있음을 시사한다. 다음은 네덜란드의 영업행위가
상이한 두 은행에 대하여 바젤위원회에서 계산한 전사차원 완충자본 산출 결과이다.
은행 A는 대형 글로벌 은행이고, 은행 B는 은행 A에 비해서 국제적으로 익스포저가
덜 분산된 중간 크기 mid-sized 은행이다. 은행이 익스포저를 갖고 있는 모든 국가는 완
충자본을 결정하기 위해서 동일 지침(Credit-to-GDP 가이드)을 따른다고 가정한다.

두 은행의 경기대응적 완충자본 비교 결과, 대형 은행(A은행)이 대부분의 경우
더 적은 완충자본의 적립을 요구받고 있으며, 변동성도 낮음을 알 수 있다. 또한, A
은행에 부과되는 경기대응적 완충자본의 수준은 단일 국가에서 결정한 최대 완충
자본 수준보다 낮은 수준의 완충자본 적립을 요구된다. 왜냐하면 지역들 간 신용주
기의 상관성이 항상 높은 것은 아니기 때문에 요구되는 경기대응 자본 수준이 상쇄
되는 반면, 단일 지역에 익스포저가 집중된 경우(B은행의 경우) 혹은 신용주기의 상

그림 7.4 신용 익스포저의 지역별 구성이 상이한 은행의 경기대응적 완충자본 비교

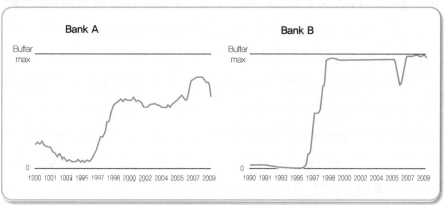

*출처: BCBS, "Countercyclical Buffers Proposal," 2010.07.

관성이 높은 소수의 지역에 익스포저를 보유한 은행들의 경우 이러한 분산효과를 기대하기 어렵기 때문이다.

그러나 이러한 사실이 국제적으로 분산된 익스포저를 보유한 은행이 순수 국내 은행에 비해서 경쟁적 이점competitive advantage 을 제공하지는 않는다. 은행 영업행태는 부여된 가중평균 완충자본보다는 해당 지역의 익스포저에 적용되는 신용에 대한 한계비용marginal cost 에 의해서 영향을 받기 때문이다. 즉, 은행들은 대출 포트폴리오의 위험가중 평균이 아닌, 해당 여신이 수반하는 위험가중치에 기반하여 여신의 가격을 결정하기 때문이다. 또한, 전사 차원의 경기대응적 완충자본의 요구 수준과 무관하게 동일 국가(지역)에서 발생한 신용 익스포저는 동일한 완충자본의 적립을 요구받는다.

경기대응적 완충자본의 적립은 최소규제자본과 자본보전 완충자본에서처럼, 은행이 진출한 국가의 정책당국host regulator 이 경기대응적 완충자본을 연결기준에서 적립하는 것을 원칙으로 한다. 그러나 각국 감독당국이 필요하다고 판단할 경우 개별 회사 기준으로 적용 가능하며, 만약 은행이 진출한 국가의 정책당국이 완충자본을 요구하지 않는다면, 연결기준 모회사가 속한 본국의 감독당국이 모회사 수준에서 완충자본을 보유하도록 할 수 있다. 참고로 해외지점을 통한 대출 혹은 역외에 위치한 은행banks located offshore 이 실행한 해외여신cross-border lending 의 완충자본은 해당 은행이 속한 본국에 위치하며, 상호호혜주의에 따라서 본국의 감독당국은 대출 실행 국가에서 요구하는 것 이상의 완충자본을 적립하도록 요구할 수 있다.

경기대응적 완충자본 요구수준이 0으로 되었을 때 발생하는 잉여자본capital surplus 은 원칙상 자유로운 사용이 가능하다. 따라서, 완충자본이 요구되지 않을 때, 해제된 자본은 손실을 흡수하거나 금융시스템상의 어딘가에서 발생한 문제에 의한 충격으로부터 은행을 보호하기 위해서 사용할 수 있다. 그러나 감독당국이 은행의 해당 자본 분배가 불건전imprudent 하다고 판단하면, 감독당국은 은행과 자본조달계획에 대한 협의를 통해서 자본 배분을 금지할 수 있다.

경기대응적 완충자본은 자본보전 완충자본과 동일하게 2016년부터 단계적으로 이행하여 2019년부터 전면 시행된다. 즉, 최고적립비율(2.5%)을 목표로 적립해 나간다고 할 때, 매년 0.625%를 늘려 2019년 1월부터 최고수준인 2.5%를 적용한다.

7.3 쟁점사항

자본보전 완충자본과 경기대응적 완충자본은 전 세계적으로 처음 도입되는 제도임에 따라 많은 이슈들이 존재하는 것이 사실이다. 아래에서는 이와 관련한 대표적인 이슈를 검토해 볼 것이다.

첫째, 완충자본을 새로운 자본규제로 인식하여, 경기순응성 완화에 실패할 가능성이 존재한다. 은행들이 목표 완충자본을 하회하는 것을 시장에서 부정적 신호 negative signal 로 받아들일 것을 우려하거나, 감독당국으로부터 배당 제한을 받는 것을 기피하여 경기침체기임에도 목표 완충자본을 고수할 가능성이 존재한다. 또한 위기의 지속기간이 불명확한 상황에서 감독당국이 완충자본의 사용을 허용하더라도 은행들이 완충자본을 유지할 가능성도 존재한다. 이에 대한 해결책으로 바젤위원회는 이익 배분 제한범위를 조정할 것을 권고하고 있으며, 위기의 지속기간에 대한 예측을 감독당국이 공시할 것을 제안하고 있으나 예측의 신뢰성에 대한 의문이 여전히 존재하고 있다.

둘째, 완충자본의 적립을 회피하기 위해서 신용공급을 비은행 금융회사와 자본시장으로 이전시키거나, 자산을 증권화하거나 보다 위험한 영업행위를 시도할 수 있다. 이러한 문제점은 경기대응적 완충자본의 경우 일상적으로 요구되는 자본이 아니므로 지속적으로 실행할 수 있는 영업행위가 아니라는 사실과, 'Credit to

GDP' 가이드에 광의의 신용 정의를 사용함으로써 해결될 수 있다. 또한, 완충자본은 위험가중자산과 연동되어 있으므로 동 행위는 위험가중자산을 증가시켜 완충자본을 확대시킬 수 있다.

셋째, 'Credit-to-GDP' 가이드에 정의된 '신용credit'이 은행뿐 아니라 비은행 금융회사 등의 신용공급까지 포괄하도록 정의함으로써, 비은행 금융부문을 통해서 공급된 신용까지 은행부문이 책임을 져야하는 문제이다. 하지만, 과거 사례를 보면 은행이 신용팽창을 직접적으로 부담하지 않았음에도 불구하고, 과도한 신용팽창의 결과로 은행이 피해는 보는 것이 현실이므로 신용팽창의 주범이 누구인지 무관하게 해당 지역의 모든 은행이 동일한 완충자본을 적용받아야 하는 이유이다. 또한, 신용을 포괄적으로 정의함으로써, 금융산업 구조개편 등과 같은 이유로 변동되는 금융시스템과 상관없이 신용공급의 안정적인 추세 파악이 가능해진다는 장점이 있다. 마지막으로 이러한 이유와 별도로 사례분석 결과는 광의의 신용 정의를 사용하는 것이 협의의 신용 정의를 사용하는 것보다 은행산업 부문의 위기상황 예측지표로서 더 효율적임을 보여주고 있다.

넷째, 글로벌 은행 완충자본의 실효성은 동 은행의 신용이 공급된 진출국들이 자국의 목표 완충자본량을 신뢰성 있게 설정하고 있는지 여부에 크게 의존한다. 이를 평가하기 위해서 바젤위원회는 회원국의 완충자본 결정을 논의하고 비교하기 위한 하위위원회subcommittee 를 구성을 추진 중이다. 하위위원회의 목적은 완충자본 결정에 사용된 로직을 상호 교류하고, 제안하며, 모범사례 지침을 갱신하는 것이다. 다만, 동 위원회는 각국 감독당국에 의해 결정된 완충자본 수준을 상향조정하거나 승인하는 권한을 갖지는 않는다. 덧붙여 하위위원회에는 각 국의 완충자본 설정을 위해서 수행된 절차를 평가하기 위하여 바젤위원회의 기준제정그룹SIG: Standards Implementation Group 이 포함되어야 하며, 실제 완충자본의 결정보다는 절차가 평가된다.

또한, 이러한 점을 감안하여 각국 정책당국 간 원활한 정보교류를 위한 정보망 구축이 요구된다. 감독당국은 은행들이 기초자산과 차주의 소재지를 모니터링 하기 위해 구조화 상품과 기타 리스크이전 수단들을 지속적으로 검토하는지 감독해야 한다. 즉, 은행 별 리스크 부담 주체기준 ultimate risk basis 에 따라서 국가별 익스포저를 할당할 수 있는 시스템을 갖추어야 한다.

다섯째, 신용공급에 영향을 미치고자 한다는 측면에서 경기대응적 완충자본과 통화신용 정책 간에 유사점이 존재하므로 양 정책 간 상호관계를 고려한 종합적인 판단이 요구된다. 예를 들어, 금융위기에 대응한 완화적 통화정책의 효과를 충분히 고려하지 않고 완충자본을 통해 추가적인 신용공급 확대를 도모할 경우 정책효과가 의도하지 않게 증폭되어 자산버블 형성 등 부작용을 초래할 가능성이 있다.

여섯째, 여신 건전성과 상관없이 동일한 완충자본 적립 수준을 요구하는 것은 건전한 여신을 보유한 은행에 대한 불이익이 될 수 있다는 지적이 존재한다. 하지만, 완충자본의 목적 자체가 시스템 전반에 대한 이슈이므로, 개별 은행보다는 산업 전반에 대한 정보를 기초로 완충자본이 설정되어야 하는 것이 합리적이다. 다만 완충자본 적립 시 위험가중자산에 요구 수준을 곱함으로써, 은행의 여신 건전성 정보를 일부 반영할 수 있다.

일곱째, 글로벌 은행은 전사차원의 경기대응적 완충자본 적립 수준을 축소하기

표 7.5 | Basel III 완충자본 vs FSA 자본계획버퍼

	Basel III 완충자본	FSA 자본계획버퍼 (Capital Planning Buffer)
관리대상	금융 시스템 전체	개별 은행
완충자본 설정	• 자본보전 완충자본: 위험가중자산의 2.5% 상시 적립 • 경기대응 완충자본: 감독기관이 적립 시기 및 규모 결정	• 은행 스스로 필요 자본량 분석 후 감독당국과 협의하에 결정
완충자본 사용	• 은행 자율적으로 사용 가능하지만, 요구수준 미달 정도에 따라서 이익 배분 제한 및 유보 • 필요한 경우 감독당국 개입	• 사용 전 감독당국 통보 • 필요한 경우 감독당국 개입

위해서 완충자본 적립 수준이 낮은 지역으로 신용 익스포저를 이전시킬 수 있다. 해당 이슈는 문제점이라기보다는 바람직한 현상으로 비춰진다. 왜냐하면 경기대응적 완충자본 수준이 높게 설정된 국가의 경우 과도한 신용팽창이 발생하고 있음을 의미하는데, 해당 은행의 신용을 회수하는 만큼 신용팽창이 완화될 것으로 기대되기 때문이다.

여덟째, 경기순응성 완화 버퍼가 실행되는 경우, Pillar 2 완충자본과의 "Double-counting"이 발생할 수 있다. Basel Ⅲ 경기순응성 자본버퍼 기본 가이드라인에서는 시스템 이슈에 대응하기 위한 Pillar 2 완충자본은 사실상 경기순응성 완화 버퍼에 의해 대체된다고 제시하고 있으나, 편중리스크와 같은 은행 고유 이슈에 대응하기 위한 Pillar 2 완충자본은 경기순응성 완화 버퍼에 추가하여 적용된다고 규정하고 있다.

그 외에도 완충자본은 모든 금융회사에 동일하게 적용되므로, 산업부문마다 경기주기가 다르고 은행들의 포트폴리오 구성내용이 상이한 경우, 경기과열 징후를 보이는 부문에 많은 익스포저를 가진 은행(특히 특수은행)에 대한 취급방안이 마련되어야 한다는 의견이 있으나, 이는 거시건전성 규제 목적의 정책수단이 아닌 여타의 감독수단(예: 담보대출비율, LTV) 등에서 다뤄져야 할 문제로 판단된다. 참고로, 영국 FSA에서는 유사한 문제에 대해 은행 고유의 자본계획 버퍼 Capital Planning Buffer 를 통해 대응하고 있다.

7.4 시장반응

Basel Ⅲ의 완충자본 도입에 의한 국내 금융권에 대한 영향은 당장은 미미할 것이라는 분석이 우세하다. 2010년 6월 말 기준 국내 은행들의 보통주자본비율에 신종자본증권을 포함한 Tier 1과 자기자본비율은 평균 11.33%와 14.29%로 Basel Ⅲ

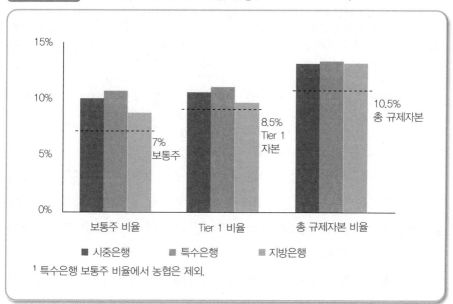

그림 7.5 국내 은행의 규제자본 비율 현황(2010년 2분기 기준)

¹ 특수은행 보통주 비율에서 농협은 제외.

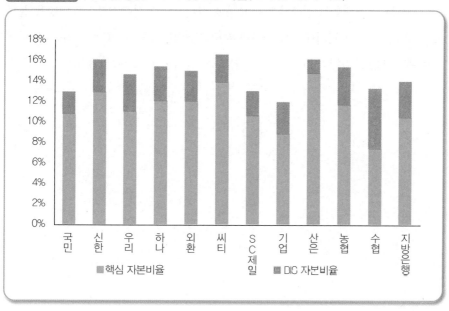

그림 7.6 국내 은행별 Tier 1 및 BIS 비율(2010년 2분기 기준)

표 7.6 | 경기대응적 완충자본에 따른 은행 수익성 영향

경기대응 완충자본	0%	0.5%	1%	1.5%	2%	2.5%
Tier 1 부족분	0.7조원	1.4조원	2.1조원	3.4조원	5.9조원	9.0조원
ROE 영향	− 0.04%	−0.08%	−0.12%	−0.19%	−0.33%	−0.48%

의 평상시 최소비율 8.5%와 10.5%를 초과하기 때문이다.

다만, 경기대응적 완충자본이 최고수준인 2.5%로 요구된다면, 대부분 은행이 Tier 1 비율 혹은 자기자본비율을 만족하지 못할 것으로 예상된다. 하지만, 경기대응적 완충자본은 공시 후 적립까지 12개월의 경과기간이 존재하므로, 그 영향 역시 크지는 않을 것으로 판단된다.

참고로 개별 은행 별 Tier 1 자본비율과 BIS 비율을 분석한 결과를 살펴보면, 씨티은행과 산업은행의 Tier 1 비율이 높은 반면에 수협과 기업은행의 Tier 1 비율이 상대적으로 낮은 것으로 분석되어 대비가 필요한 것으로 판단된다.

다음으로 경기대응적 완충자본의 요구에 따른 자기자본수익률$_{ROE}$ 영향을 살펴보면, 최대 2.5%의 경기대응적 완충자본이 요구되더라도, ROE는 0.48%p 하락에 그쳐 완충자본 도입에 의한 수익성 악화도 크지 않을 것으로 예상된다.

Appendix 7.1

Credit-to-GDP 가이드[11]

A.7.1 신용 credit 의 정의

경기대응적 완충자본 가이드 계산 시 (해외 포함) 민간부문에서 채무를 질 수 있는 모든 원천을 반영하기 위해서 신용에 대한 광의의 정의를 사용할 필요가 있다. 여기서 광의의 신용이란, 자금 공급자의 형태와 종류에 상관없이 가계와 비금융 민간부문의 모든 신용을 포함하는 개념이다. 이것은 은행의 신용뿐만 아니라 비은행 금융회사에 의해서 국내뿐만 아니라 해외에서 직접적으로 발생한 신용을 포함함을 의미한다. 또한, 가계와 비금융 민간부문에 자금을 조달하기 위해서 국내 혹은 국제적으로 발행된 모든 채무증권 debt securities 과 유동화 자산을 자산 보유자에 상관없이 모두 포함해야 함을 의미한다. 또한, 정의상 은행과 기타 금융회사의 트레이딩 포트폴리오와 은행 계정상에 보유한 증권을 포함해야 한다.

이러한 광의의 신용은 민간부문에 자금을 조달하는 부채의 모든 원천을 포착할 수 있다. 민간부문에 자금을 조달하는 기업의 종류가 시간에 걸쳐서 변경되더라도 총완충자본은 영향을 받지 않으므로, 은행이 신용공급을 금융시스템의 다른 부문으로 이동시키는 것과 같이 의도하지 않은 결과가 초래되는 것을 방지한다. 이러한

---

[11] BCBS, "Counter-cyclical capital buffer proposal," 2010.07.

사실은 은행이 신용팽창을 직접적으로 유도하지 않았음에도 불구하고 과도한 신용팽창의 결과로 은행이 고통받는 현실을 반영한다고 할 수 있다.

A.7.2 Credit-to-GDP 가이드를 통한 경기대응적 완충자본 산출

위험가중자산의 %로 표현되는 경기대응적 완충자본 요구 수준은 다음의 3단계를 거쳐서 산출된다.

- Step 1: 전체 민간부문의 Credit-to-GDP 비율 계산
- Step 2: Credit-to-GDP 갭 산출 (비율과 추세 사이의 갭)
- Step 3: Credit-to-GDP 갭을 가이드 완충자본으로 변환

〈Step 1〉 Calculating the credit-to-GDP ratio

기간 t의 Credit-to-GDP 비율은 다음과 같이 계산한다.

$$RATIO_t = \frac{CREDIT_t}{GDP_t} \times 100\%$$

여기서, GDP_t는 t시점 명목 GDP이고, $CREDIT_t$는 민간, 비금융 부문에 대한 포괄적 계산치로써 명목금액으로 계산된다.

〈Step 2〉 Calculating the Credit-to-GDP gap

Credit-to-GDP 벽율은 장기 평균(추세)과 비교된다. 만약 Credit-to-GDP 비율이 유의하게 장기평균 추세보다 위에 있다면(예를 들어서 양(+)의 큰 차이를 보인다면),

이 경우를 GDP 대비 과도한 수준의 신용이 팽창하고 있는 것으로 해석할 수 있다.

t시점의 갭 GAP 은 실제 Credit-to-GDP 비율에서 그것의 장기추세 TREND 를 차감하여 계산한다.

$$GDP_t = RATIO_t - TREND_t$$

TREND는 최근 관측치에 좀 더 높은 가중치를 부여하는 이점이 있는 Hodrick-Prescott Filter를 사용하여 계산한다. Hodrick-Prescott 필터는 시간에 따른 변수의 추세를 만들기 위해서 거시경제 분야에서 많이 사용되는 추세제거 방법으로, 구조적 변화 structural break 를 좀 더 효과적으로 다룰 수 있기 때문에 유용하다.[12]

〈Step 3〉 Transforming the Credit-to-GDP gap into the guide buffer add-on

GAP_t 가 하한(L)보다 작으면, 완충자본의 요구 수준은 0%가 된다. GAP_t 가 상한(H)를 초과했을 때, 완충자본의 요구수준은 경기대응적 완충자본의 상한으로 (2.5%) 설정되며, GAP_t 가 하한(L)과 상한(H) 사이에 있을 때, 완충자본의 요구수준은 완충자본의 최저수준(0%)과 최대수준(2.5%) 사이에서 선형적으로 결정된다.

그림 A.7.1 영국의 경기대응완충자본 적립(예시)

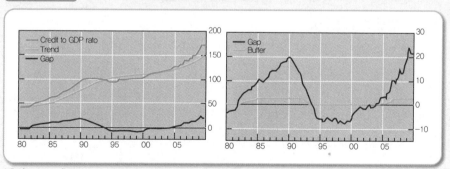

*출처: BCBS, "Countercycliclal Buffers Proposal", 2010.07.

---

[12] 바젤위원회에서는 큰 smoothing parameter(400,000)를 갖는 one-sided Hodrick-Prescott 필터가 $TREND_t$계산 시 사용되었다.

즉, 하한과 상한 L과 H는 완충자본의 조정시점과 속도를 결정하는 핵심요소로써 결정 시 주의해야 한다.

자본을 적립 필요성을 나타내는 최소 임계치(L)에 대한 기준은 다음과 같다.

① L은 은행들은 잠재적인 위기 전에 점차적인 방법으로 자본을 적립하기 위해 서 충분히 작아야 한다. 이것은 위기에 앞서 최소 2~3년 전에 지표가 해당 임 계치를 초과해야 한다.

② L은 정상시점에 부가적인 자본이 적립이 요구되는 것을 방지하기 위해서 충 분히 커야 한다.

갭이 계속 커지더라도, 더 이상의 부가적인 자본 적립이 요구되지 않는 상한(H) 에 대한 기준은 다음과 같다.

③ H는 충분히 낮아서(미국의 현재 위기 혹은 1990년대 일본 위기 같은) 큰 은행 위 기 전에 최고 수준의 완충자본이 적립되어 있어야 한다.

바젤위원회의 과거 사례 분석 결과는 L=2%p, H=10%p로 설정할 때, Credit-To-GDP 가이드가 가장 합리적이고 강건한 결과를 제공한다고 결론 내리고 있다 (해당 결과는 HP 필터의 Smoothing parameter(lambda)와 신용/GDP 데이터의 길이 에 따라 변경될 수 있다).

L=2, H=10으로 설정한 경우 경기대응적 완충자본의 수준은 다음과 같이 결정 된다.

- GAP_t 가 L(2%p) 미만인 경우 경기대응적 완충자본 요구수준은 최저수준(0%) 으로 설정: $CREDIT_t / GDP_t = 100\% - TREND_t < 2\%p$

- GAP_t 가 H(10%p)를 초과하는 경우 경기대응적 완충자본 요구수준은 최대수 준(2.5%)으로 설정: $CREDIT_t / GDP_t = 100\% - TREND_t > 10\%p$

- *GAP_t* 가 L(2%p)과 H(10%p) 사이에 존재하는 경우 경기대응적 완충자본 요구수준은 0~2.5% 사이에서 선형적으로 설정: $2\%p \leq CREDIT_t / GDP_t \times 100\% - TREND_t \leq 2\%p$
  : 예를 들어, *GAP_t* 가 하한(L)과 상한(H)의 중간인 6%p일 때, 경기대응적 완충자본 요구수준은 최고수준(2.5%)과 최저수준(0%)의 중간값인 1.25%로 설정

바젤위원회에서 다음 24개국의 신용 데이터와 GDP 데이터를 이용하여 Credit-to-GDP 가이드의 성과를 평가하였다. 바젤위원회의 성과평가 결과, Credit-to-GDP는 시스템리스크와 관련된 신용팽창을 인식하는 데 유용한 지표이지만, 경기대응적 완충자본의 해제 시점에 대해서는 적절히 작동하지 못한다는 사실이 확인되었다.

Appendix 7.2

경기대응적 자본버퍼 관련 이슈[13]

바젤위원회는 주요 은행들의 강한 반대와 실행가능성에 대한 비관론에도 불구하고 혁신적인 경기대응적 완충자본CCB: Counter-cyclical Capital Buffer 체제를 추진하는 데 합의하였다. Basel Ⅲ 자본과 유동성 개혁안의 부분을 형성하는 경기대응적 완충자본CCB 은 신용 거품이 꺼질 때 은행시스템을 보호하기 위해 제안된 것이다. 은행들은 신용주기credit cycle 가 상승하는 동안 자본을 축적하여 경기가 하강하는 동안 완화하도록 요구받게 될 것이다.

감독당국자들은 이러한 체제가 신용비용을 상승시킴으로써 거품 시기에 신용수요를 제어하는 것을 도와 전체적으로 경제의 안정성에 기여할 것으로 기대하고 있다. 바젤위원회 사무차장인 Bill Coen은 경기대응적 완충자본 체제에 대해 이전까지 한 번도 사용되지 않았다는 점에서 혁명적이기는 하지만, 이는 금융위기에 대한 직접적인 대응이라고 하였다. 또한 신용 팽창은 금융위기를 야기한 주요 요인이었고, 바젤위원회의 모든 27개 회원국은 거시경제 압력을 해결하고 시도하기 위한 적절한 방법으로 경기대응적 완충자본을 간주하고 있다고 말하였다.

앞서 본문에서 언급한 바와 같이, 경기대응적 완충자본CCB 은 은행의 새로운 목표 자본비율인 7%의 보통주비율(위험가중자산 대비) 이상에서 0~2.5% 범위 내에서 결정될 것이다. 완충자본은 보통주나 완전히 손실흡수가 가능한 자본으로 구성되어야만 하며, 각국 감독당국은 은행들이 '신용-GDP 지수'에 따라 초과 신용 증대

---

13 이 내용은 GRR(Global Regulator Review) 2011.2월호의 "Basel's counter-cyclical regime now a done deal"을 요약 정리한 것임.

의 기미가 나타나는 호황기 동안 완충자본 추가를 요구하게 될 것이다. 이는 자동적인 메커니즘을 의미하는 것은 아니고 추가 의사결정이 필요할 것이라고 바젤위원회는 밝히고 있다.

잠재적으로 더욱 어려운 관점 중 하나는 "상호성"이라고도 불리는 다른 국가의 감독당국과의 협조이다. 어느 특정 국가가 완충자본의 수준을 확대시키기로 결정하면, 요구조건은 동일 지역 내에 외국 은행을 포함한 모든 은행에 적용될 것이다. 그러나 그 부담은 외국 은행이 본사를 둔 본국의 감독자가 '거품' 국가에서 영업한 비율만큼 자본을 증가시키도록 결정될 것이다. 따라서 한 국가에서 5분의 1의 영업을 하고 있는 외국 은행은 완충자본이 2.5%만큼 상승하였을 때 전체 자본비율을 0.5%만큼 상승시켜야 할 것이다.

이에 대해 은행업계는 실제 운영이 불가능하다고 주장하고 있다. 여기서 주요 문제는 경제의 신용공급을 조절하는 방법으로써 완충자본의 증가는 단순히 非은행 부문에서의 신용 창출을 장려하기 때문에 효과가 없을 것이라는 것이다.

개별 국가당국의 CCB 시행지침에서 바젤위원회는 다음과 같이 분명하게 언급하고 있다. 경기대응적 완충자본CCB은 경기변동이나 자산가격을 관리하기 위한 도구로 사용되는 것을 의미하지 않는데, 이러한 문제는 재정적, 통화적 그리고 다른 정책적 조치들을 통해 해결되어야 한다. 즉, 경기대응적 완충자본은 거시건전성 도구이지 거시경제정책 자체는 아니라는 것이다.

은행업계에서는 실제로 거품이 꺼진 후 은행들이 완충자본을 줄일 수 있을지에 대해 우려하고 있다. 그 단계에서 은행은 정부가 신용제공을 지속하고 경제회복 지속을 돕는 것을 원할 때 부실채권을 탕감할 수도 있다. 그러나 시장은 아마 완충자본이 정확히 이 목적으로 만들어졌음에도 불구하고 자본을 줄이려는 은행에 부정적으로 반응할 것이다. 은행들은 완충자본이 한번 적립되면, 이는 사실상 새로운 최소자본 비율의 부분이 될 것으로 우려한다.

CCB는 급속한 성장을 하는 부문과 여타 부문, 무모하게 대출을 하는 은행과 책임감 있게 대출하는 은행을 구분하지 않는 정교하지 못한 수단이라는 점에 대해서도 우려가 있다. 거품은 소비자 대출이나 더욱 자주 나타나는 부동산과 같이 하나의 자산 부문에서 항상 존재한다고 주장한다. 따라서 부동산 거품이나 소비자 대출이나 신용카드의 초과 신용성장을 포함한 GDP와 연관된 거시적 조치 사용 시도는 이해하기 어렵다는 입장이다. 또한, 중소기업들에 대한 대출을 제한할 수 있다는 주장이 바젤위원회의 공개협의안에 대한 반응으로 나오고 있다.

바젤위원회는 적정한 경기대응적 완충자본의 수준을 결정하는 주요 기준은 민간 부문의 신용 상태와 GDP의 관계가 될 것이라고 제안한다. 신용 혹은 GDP가 장기 추세와 근접하거나 아래로 내려갔을 때, 완충자본의 추가는 불필요할 것이다. 반면에, 신용 혹은 GDP가 장기 추세보다 일정 수준 이상 높아 과거 경험에 비추어 봤을 때 시스템리스크와 관련될지도 모르는 과도한 신용 팽창이 존재한다고 판단될 때에는 양(+)의 CCB가 필요해질 것이다.

그러나 이러한 방법론은 많은 비판에 직면하고 있다. 우선 과도한 신용 팽창을 인식하는 것이 쉽지 않다. 캐나다 은행연합회의 부회장 Nancy Fung은 신용/GDP 비율을 기준으로 사용하는 것은 오해의 소지가 있는 신호를 제공하게 된다고 주장하였다. 그녀는 바젤위원회에 보낸 의견서에서 "결과적으로, 그 계획은 정부당국의 재량적 판단 적용을 허용하는 것인데, 이는 일관적이지 않은 적용을 초래할 수 있는 임의성을 도입하는 것이며, 다른 요소들(정치적이거나 그 외의 것)이 완충자본을 부과하기 위한 결정에 영향을 끼칠 소지가 매우 높다고 하였다. Fung은 지표들과 타이밍을 잘못 잡는 것이 목표 실현의 효율성을 제한할 것이고 심지어는 회복을 악화시킬지도 모른다며 매우 걱정스러워 했다.

주기의 전환점을 정확하게 예측하는 능력은 이러한 제안이 잘 작동하기 위한 필수적 선결조건인데, 전문가들은 이를 아직 보여주지 못하고 있다고 비판하였다. Fung은 경기대응 완충자본이 통화정책의 효과를 약화시킬 수 있으며, 경제 불황기에는 더더욱 그러할 것이라고 우려를 나타내었다.

최소한 한 명 이상의 규제 당국자는 이러한 관점에 동의하는 것으로 보인다. 아직 합리적 수준의 정확성으로 신용 주기의 전환점을 예측할 수 있음을 보이지 못했으며, 따라서 이러한 완충자본을 시행하는 것은 아마 영구적으로 더 높은 최소치를 설정하는 것이며, 금융 안정성을 보전하기는 커녕 오히려 손상시킬 수 있다고 캐나다 국적의 바젤위원회의 전 부회장이었으며 현재 규제 사안에 관한 자문위원으로 활동하고 있는 Nick Le Pan은 주장하고 있다. 이러한 규제는 은행들 자체 자본계획 과정을 인식하지 못하는 것이라고 그는 주장하였는데, 은행들이 가능성 있는 미래의 손실을 충당하기 위해 일상적으로 완충자본을 적립하고 있다면—실제 다수 은행들이 하고 있는—이러한 제안은 아무런 필요가 없을 것이다.

영국은행협회 EBF 에 의해 유럽위원회로 보내진 편지에서, 은행 규제에 관한 고문인 Gonzalo Gasos는 다음과 같이 언급했다. 경기대응적 완충자본 제안은 은행의 소관 밖이며, 이는 거시경제정책과 관련된 문제이다. 과도한 신용팽창은 화폐와 거시경제 정책에 의해서 우선적으로 통제되어야 하며, 이는 미시건전성 감독과는 전혀 관련이 없는 것이다. 또한, 경기대응적 관점에서 추가 완충자본을 부과하는 것은 잘못된 인센티브를 제공한다고 주장한다. 신중하게 대출해 주는 은행들 역시 그들보다 더 무모한 경쟁자들과 마찬가지로 같은 추가적 자본 부담에 직면할 것이므로 대출 신중함에 대한 인센티브가 존재하지 않게 된다고 그는 덧붙였다.

스위스 UBS, 스페인 Santander 그리고 영국 Standard Charted와 스코틀랜드 RBS Royal Bank of Scotland 등은 유럽위원회의 공청회에서 제안된 완충자본을 비판한 여러 은행들 중 일부이다. RBS는 그 제안이 제기할 여러 개념적 혹은 시행 과정에서의 어려움들을 언급했고, 산탄데르는 완충자본이 "일관적이고 효율적인 방식으로 시행되기 힘들 것"이라 주장했다.

바젤위원회는 계량영향평가와 거시경제평가를 포함한 수집한 모든 데이터는 대형 은행들이 Basel III 도입에 따라 가장 많은 영향을 받는다는 것을 보여준다고 말한다. 대부분의 소형 은행들은 이미 최소자본 규제수준에 도달하였다. 바젤위원회 관계자는 새로운 규제의 도입 영향이 은행업계에서 예측하는 것처럼 심각하지 않게 생각하는 것으로 보인다. 바젤위원회에 따르면, 경기대응적 완충자본 필요는 빈번하지 않고 아마도 대부분의 국가에서 10년에서 20년에 한 번 정도일 것이다.

비록 바젤위원회에서 완충자본 제안을 이미 승인하였지만 각국의 중앙은행들이 모두 선호한 사항이었는지는 불투명하다. 거시건전성 접근의 책임을 맡고 있는 영란은행의 경우 2009년 10월 발표된 보고서에서 경기대응적 자본수단에 대한 많은 논의가 이러한 제도가 신용주기의 단계에 따라 요구되는 최소자본 비율의 변종이어야만 한다는 가정에서 출발하고 있지만 우리는 현재 이에 대해 의구심을 갖고 있다고 언급하며, 최소자본요건 증가가 잘못된 결과를 가져올 수 있음을 지적하고 있다. 특정 부문에 왕성하게 대출했던 은행은 과열된 부문에는 계속해서 지나치게 느슨한 조건으로 대출을 하는 반면에, 실제 경제의 왕성하지 않은 부분에 대한 대출을 줄이는 것으로 반응할 수도 있다고 주장한다. 따라서 적절한 제도가 세분화 정도에 따라 맞춤식으로 실행되어야 한다. 영란은행의 보고서는 위험가중치의 세밀한 운영을 제안하는데, 이는 감독당국이 초기에 거품을 경험하였던 특정 부문을 목표로 할 수 있게 한다.

CCB는 3년 기간으로 단계적으로 실행될 것이고 2019년 초, 완전히 효력을 발휘할 것이다. 그러나 이행기간 동안 초과 신용성장을 겪은 국가들은 아마도 완충자본을 설정하는 데 속도를 낼 수도 있으며, 2.5% 이상의 경기대응적 완충자본 요건을 선택할 수도 있을 것이다.

제 8 장

예상손실 기준 대손충당금

8.1 도입배경

　금융회사의 손실흡수 능력을 강화하고 거시적인 측면에서 경기순응성을 완화하기 위해 완충자본을 통한 자본 확충 이외에도 미래지향적 forward-looking 대손충당금 loan loss reserves or provisions 적립 방안이 고려되고 있다. 현행 대손충당금 적립 방식이 위기상황에서 경기순응성을 심화시키고 대손충당금 부족현상 shortfall [1]을 유발할 수 있다는 문제가 제기되면서 바젤위원회와 국제회계기준위원회 IASB [2]는 예상손실 EL: Expected Loss 을 반영한 대손충당금제도 도입을 검토하고 있으며 향후 대손충당금에

---

[1] 실제 발생하는 손실을 대손충당금이 제대로 흡수하지 못하는 현상을 의미함.

[2] 국제회계기준위원회(IASB): 국제적으로 통일된 재무회계기준(IFRS)을 제정할 목적으로 각국의 회계전문 단체들이 협력하여 설립한 기관으로 유럽에 기반을 두고 있다.

관한 감독기준안이 마련될 예정이다.

　예상손실 대손충당금제도에서는 예상손실이 반영된 현금흐름의 현재가치(유효이자율로 할인된)를 장부금액과 비교하여 손상금액을 인식하고 이를 대손충당금으로 설정하게 된다. 따라서 미래의 예상손실을 해당 자산의 만기 전 구간에 걸쳐 배분함으로써 신용주기credit cycle 초기에 사전적으로 대손충당금을 적립할 수 있으며 대손충당금을 경기순환주기 동안 안정적으로 유지할 수 있을 것으로 예상된다. 김자봉·이동걸(2009)은 국내은행들의 대손충당금 적립행태가 경기역행적counter-cyclical이며 은행 대출의 경기순응성을 강화할 개연성이 존재한다고 주장한 바 있다. 이러한 상황에서 예상손실 대손충당금 제도의 도입은 국내은행들의 사전적인 대손충당금 적립을 유도하고 경기순응성을 완화하는 효과를 가져올 것으로 판단된다.

　동 제도의 도입을 위해서는 신뢰성 높은 장기간의 예상손실 추정이 필수적이나 아직까지는 바젤위원회나 IASB에서 구체적인 예상손실 추정방안을 제시하지 않은 상태이다. 또한 국내은행들의 경우 장기간의 손실관련 데이터가 충분히 축적되지 않은 상황이라 신뢰성 있는 예상손실 추정에 어려움이 따를 것으로 예상된다.

　현재 IFRS 기준의 충당금 산출에 적용되는 발생손실 모형ILA: Incurred Loss Approach [3]의 문제점과 한계는 서브프라임 위기 이전부터 여러 차례 지적되었다. 발생손실 모형ILA 은 대출 실행 이후 손상사건trigger event 이 발생한 이후에 손실을 인식할 수 있어 대규모 손실에 대비하여 사전에 대손충당금을 충분히 적립하기 힘들고 대손충당금의 경기역행적 적립을 유발하여 금융부문의 경기순응성을 심화시키기 때문이다. 따라서 바젤위원회 및 은행 감독기관들은 장기적인 예상손실을 반영하여 대손충당금을 설정하여야 한다는 입장을 취해 왔으며, 미국, 영국을 비롯한 G20에서는 동태적 대손충당금제도의 도입을 주장하기도 하였다. 하지만 IASB와 같은 회계기준제정기구들은 발생하지 않은 미래의 손실에 대비하여 대손충당금을 설정하는 것은 공정가치 회계와 상충되는 측면이 있으므로 장기적인 예상손실을 반영하여 대

---

[3] 발생손실 모형에 대한 자세한 설명은 〈Appendix 8.1〉을 참조하기 바람.

손충당금을 설정하는 방식에 반대 입장을 취해 왔었다.

이처럼 은행 건전성 감독기관들과 회계기준제정기구들이 충당금 설정에 관해 상충된 시각을 갖게 된 원인은 감독목적과 회계목적의 대손충당금 적립이 각각 목표하는 바가 다르기 때문이다. 감독목적의 대손충당금 적립은 미시건전성 감독 측면에서 보면, 개별 금융회사의 손실흡수 능력을 강화하여 예금자, 채권자 등의 이해관계자들을 보호하는 데 목적이 있다. 한편 거시건전성 감독 측면에서는 경기호황기에 대손충당금 적립을 늘려서 대출확대 여력을 억제하고 불황기에는 사전에 적립된 대손충당금으로 금융회사의 대출여력을 유지함으로써 경기순응성을 완화하려는 목적이 강하다. 이러한 이유로 감독당국은 미래의 위험에 대비하여 현재화 되지 않은 손실을 충당금 설정에 반영해야 한다는 시각을 갖게 된 것이다. 그러나 회계목적의 대손충당금 적립은 현재의 손익 현황을 재무제표상에 명확하게 나타내는 데 목적이 있다. 따라서 회계기준제정기구들은 예상손실의 반영이 금융회사의 '현재' 손익 현황을 왜곡하고 수익 평탄화 earning smoothing 도구로 활용될 수 있기 때문에 현재화 되지 않은 손실을 충당금에 반영해서는 안 된다는 시각을 가지게 된 것이다.

하지만 서브프라임 위기는 IASB 등 회계기준제정기구들이 대손충당금 설정에 관한 입장을 바꿀 수밖에 없는 계기가 되었다. 서브프라임 위기가 시작되면서 금융회사들이 대규모 손실을 입게 되었는데 그 규모가 너무 커서 적립된 충당금으로 손실을 커버하지 못하게 된 것이다. 또한 금융시스템에서 발생한 위기가 실물경제로 전이되면서 심각한 경기침체 현상이 발생하고 금융회사들이 신용공급을 축소하면서 경기가 더욱 침체되는 상황이 전개되었다. 감독당국들이 주장해 왔던 대로 미래의 위험에 대비하여 사전에 충당금을 충분히 적립하지 않았기 때문에 충당금 부족 현상이 발생하고 충당금 적립의 경기역행적 행태가 신용공급의 경기순응성을 심화시키는 현상이 나타난 것이다.

물론 발생손실모형 ILA 을 적용한 대손충당금 설정방식이 충당금 부족 현상 및 경기순응성을 유발한 유일한 원인이라고 보기는 어렵다. 통상적으로 금융회사는 예상손실 EL 을 충당금으로, 예상외손실 UL: Unexpected Loss 을 자본으로 대비하는데, 서브프라임 위기기간에 발생한 손실규모는 예상손실$_{EL}$은 물론이거니와 예상외손실$_{UL}$까지 뛰어 넘는 상황이었다. 또한 Basel Ⅱ 도입으로 금융회사의 리스크 민감도가 높아진 점과 미시건전성에 치중된 감독방식이 경기순응성을 심화시킨 측면도 있다. 하지만 금융회사가 미래의 예상되는 손실을 반영하여 경기호황기에 충당금을 적립하고 충당금 설정 규모를 안정적으로 유지해 왔다면, 서브프라임 위기기간 동안 금융회사의 대응이 훨씬 용이하였을 것이고, 이는 경기순응성 완화 및 금융시스템의 불안정성을 줄이는 효과를 가져왔을 것이다.

금융위기로 인해 발생손실 모형의 문제점이 여실히 드러나자 바젤위원회와 IASB 사이에 예상손실을 대손충당금 설정에 반영해야 한다는 공감대가 형성되면서 예상손실 기반 대손충당금제도의 도입이 논의되기 시작하였다. 이후 금융규제를 개혁하는 과정에서 IASB는 IAS 39[4] 개정을 통해 예상손실이 반영된 손상인식 및 대손충당금을 설정하는 회계표준안을 마련하고 있으며, 바젤위원회 역시 충당금 설정에 관한 감독기준안 개발을 진행 중이다.

기존에 Basel Ⅱ에서는 대손충당금 적립에 대한 구체적인 기준이 구체화되어 있지 않았다. 다만, Basel Ⅱ 기준의 예상손실$_{EL}$과 은행이 적립한 대손충당금을 비교하여 그 차이를 자본으로 조정하도록 요구했을 뿐이다. 이에 바젤위원회는 충당금 실무자그룹$_{SPG:\ Supervisory\ Provisioning\ Group}$을 구성하여 IASB의 예상손실 모형을 기반으로 하는 감독기준안을 개발하고 있으며 회계목적과 감독목적의 기준안이 일관성을 유지할 수 있도록 기준안 개발과정에서 IASB와 지속적으로 협의를 진행해 나가고 있다. 바젤위원회의 감독기준안은 2011년에 IASB의 IAS 39 개정안이 확정된 이후에 발표될 것으로 예상된다.

---

[4] IAS 39(International Accounting Standards 39): Financial Instruments Measurement & Recognition
IASB에서 제정한 회계표준으로 금융자산의 인식과 가치측정에 관한 규정이다.

IAS 39는 IASB에서 제정한 회계기준으로 금융자산의 인식과 가치측정에 관한 규정이다. 개정 이전에는 손상인식 및 충당금 설정에 발생손실 모형의 개념이 적용되어 왔으나,

금융위기 이후, 발생손실 모형을 예상손실 모형으로 전환하기 위해 2009년 4월 IAS 39 개정을 시작하였다.

- 1단계: 분류 및 측정 Classification & measurement
- 2단계: 상각 후 원가 및 금융자산의 손상 Amortised cost & Impairment of Financial assets
- 3단계: 위험회피 회계 Hedge accounting

현재 진행 중인 2단계(상각 후 원가 및 금융자산의 손상)에 예상손실 기준 충당금 적립방안이 포함되어 있다. 2단계 개정작업은 2009년 7월 IASB에서 예상손실 모형에 대한 RFI Request For Information 를 발행하면서 시작되었고, 2009년 11월에 공개초안 Exposure Draft 이 발표되었으며, 2011년 1월에는 추가 공개초안이 발표되었다. IASB는 공개초안을 통해 시장의 의견을 수렴한 후, 2011년 6월 말에 최종안을 발표할 예정이다.

8.2 예상손실을 반영한 충당금 설정

제도 도입 근거

국내 은행의 경우 이전부터 감독당국의 지도에 따라 대손충당금 설정을 강화하면서 미래지향적 방식을 적용해 왔다. 국내은행은 IFRS를 도입하기 전까지는 발생손실 모형을 적용하여 충당금을 설정한 적이 없으며, 1999년부터는 차주의 과거실적뿐만 아니라 미래의 채무상환능력을 고려하여 충당금 적립비율을 설정하는

FLC Forward Looking Criteria 자산건전성 분류를 적용해오고 있다.[5] 그 이후에도 감독당
국은 대손충당금 적립대상을 확대하고 최소 적립비율을 지속적으로 상향 조정해
왔다. 또한 현재 내부등급법 IRB 승인을 획득한 국내 은행들은 Basel II 기준의 예상
손실 EL 을 산출하여 감독원의 최소요구량과 비교한 후 큰 금액을 대손충당금으로
적립하고 있다. 따라서 국내은행의 경우에는 현재에도 사실상 바젤위원회에서 마
련 중인 대손충당금 기준안과 마찬가지로 사전적인 충당금 적립을 해 왔다고 볼 수
있다. 이러한 관점에서 보면 국내 은행의 대손충당금 적립행태는 경기역행적이라
기보다는 경기순응적일 것이라 예상할 수 있다.

그럼에도 불구하고 국내은행의 대손충당금 적립행태는 경기역행성을 나타내고
있는 것으로 판단된다. 김자봉·이동걸(2009)은 GDP 증가율과 대손충당금 비율 추
이를 통해 국내 은행의 대손충당금 적립행태가 경기역행적이라고 주장한 바 있다.

〈그림 8.1〉을 보면 심각한 경기침체를 겪은 IMF 위기시기에는 GDP 증가율이 음
negative 의 값을 나타내고 국내은행의 자산대비 충당금 비율은 큰 폭으로 증가하고

그림 8.1 GDP 증가율 추이와 은행 평균 충당금비율 추이

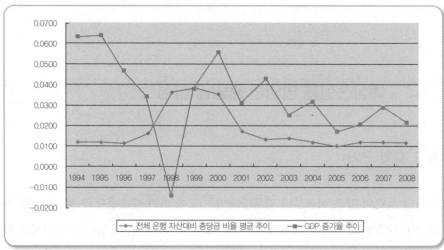

*출처: 김자봉·이동걸(2009).

___

[5] 〈Appendix 8.2〉에서 FLC 자산건전성 분류에 따른 대손충당금 적립 기준을 기술하고 있다.

있다. 이후 GDP 성장률이 양(+)의 값을 갖는 시기부터는 자산대비 충당금 비율이 지속적으로 하락하고 있음을 볼 수 있다.

또한, 김자봉·이동걸(2009)은 국내 은행대출이 'Boom & Bust lending cycle'[6]을 보이고 있으므로 은행들의 대손충당금 적립 행태는 경기순응성을 유발할 수 있다고 보았다. 이러한 현상이 나타난 원인은 외환위기 이후 금융 구조조정이 완료되면서 은행의 외국인 지분율이 상승하여 은행 경영진에 대한 단기업적 중시성향이 강해졌기 때문인 것으로 보여진다.[7] 대손충당금 설정은 은행의 수익 감소에 직접적인 영향을 미치므로 은행들이 최소적립 요구량 이상의 대손충당금을 사전에 적립하게 하는 유인을 감소시키기 때문이다.

이처럼 국내 은행들의 대손충당금 적립행태가 경기역행적이고 대출의 경기순응성을 유발할 개연성이 존재하는 상황에서 바젤위원회의 예상손실 대손충당금제도 도입은 국내 은행들의 사전적인 대손충당금 적립을 유도하고 경기순응성을 완화하

그림 8.2 전체 은행 충당금과 대출 증가율 추이

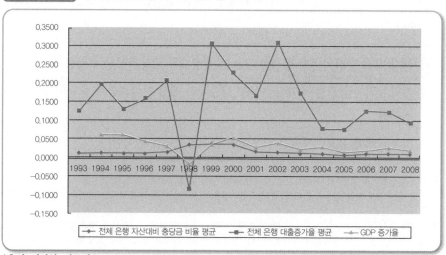

범례: → 전체 은행 자산대비 충당금 비율 평균   ■ 전체 은행 대출증가율 평균   ▲ GDP 증가율

*출처: 김자봉·이동걸(2009).

---

[6] 은행대출 증가율은 GDP 증가율이 양인 경우에는 GDP 증가율보다 큰 값을 보이고 GDP 증가율이 음인 경우에는 GDP 증가율보다 작은 값을 보이고 있다.

[7] 강동수, "동태적 대손충당금 제도 도입의 타당성 분석", 한국개발연구원(KDI), 2006.

는 효과를 가져올 것으로 판단된다.[8]

예상손실 모형

앞서 언급한 바와 같이, 바젤위원회의 SPG에서는 예상손실 기준 충당금 설정에 관한 감독기준안을 마련 중이나 아직까지 공개초안이나 확정안이 발표되지 않은 상태이다. 다만 감독기준안은 IASB에서 제안하는 예상손실 모형에 기반을 두고 있으므로 확정안에서는 다소의 변경이 예상되지만 현재까지 IASB의 공개초안 Exposure Draft 의 예상손실 모형과 큰 틀에서는 다르지 않을 것으로 예상된다.

예상손실 기준으로 대손충당금을 설정하는 대상은 장부금액 Carrying Amount 을 상각후원가[9]로 측정하는 대출이나 기타 금융자산이며, 해당 자산의 기대 현금흐름(예상손실이 차감된)을 유효이자율[10]로 할인한 현재가치와 장부금액의 차이를 대손충당금으로 설정하게 된다.

IASB에서 제안한 예상손실 기반의 대손충당금 설정은 다음과 같은 방식으로 이루어진다.

① 해당 자산의 만기까지 발생할 것으로 예상되는 신용손실을 추정한다.
② 계약상의 현금흐름에 예상손실을 차감하여 예상 현금흐름과 유효이자율을 산출한다.
③ 장부금액에 유효이자율을 적용하여 순이자수익을 인식한다.

---

[8] 충당금을 경기역행적으로 적립하므로 경기가 좋지 않을 때 충당금을 많이 쌓고(신용공급 감소), 경기가 좋을 때는 적게 적립(신용공급 확대)하므로 경기변동의 진폭을 더욱 크게 만드는 경기순응성을 심화시키게 된다.

[9] 금융자산이나 금융부채의 최초인식시점의 측정금액에서 상환된 원금을 차감하고, 최초인식금액과 만기금액의 차액에 유효이자율법을 적용하여 계산된 상각누계액을 가감한 금액. 이때 손상차손이나 대손상각을 인식(직접 차감하거나 충당금을 설정)한 경우에는 그 금액을 차감한 금액을 말한다.

[10] 유효이자율은 IRR(Internal Rate of Return)의 개념으로 현금흐름의 현재가치와 장부금액을 일치시키는 이자율이다. 금융자산의 존속기간 동안 발생하는 이자 수익과 거래비용, 수수료 같은 이자비용을 모두 고려한 현금흐름으로부터 산출된다. 따라서 유효이자율 산출을 통해 해당 자산에서 실제로 발생하는 유효수익(Effective Return)에 대한 정보를 얻을 수 있다.

그림 8.3 예상손실을 반영한 현금흐름의 산출

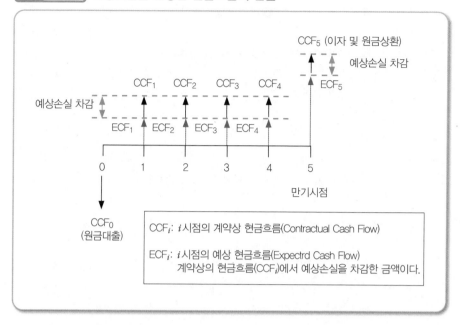

④ 예상 현금흐름을 유효이자율로 할인한 현재가치와 장부금액의 차이를 자산손 상 impairment 으로 인식하고, 대손충당금으로 설정한다.

⑤ 측정시점마다 잔여 만기까지 예상되는 신용손실을 다시 추정한다.

⑥ 재추정된 예상손실을 반영하여 예상 현금흐름을 조정한다.

예상손실 모형은 미래에 예상되는 손실을 현금흐름과 유효이자율을 반영한 후 에 유효이자율법 effective interest rate method [11]을 적용하여 손상금액을 인식하고 대손충 당금을 설정한다. 예상손실이 반영된 유효이자율법은 미래의 손실이 만기 전 구간 에 걸쳐 배분되게 하므로 실제 손실이 발생하기 전에 대손충당금을 미리 적립할 수 있다.

---

[11] 금융자산이나 금융부채의 상각 후 원가를 계산하고 측정 시점에서 장부금액의 유효이자율만큼 이자수익 을 인식하는 방법이다. 이를 통해 해당 자산에서 발생하는 이자수익, 이자비용을 잔여만기 전체 기간에 설 쳐 배분하게 된다.

예상손실 기준 대손충당금 설정(예시)

다음은 예시를 통하여 대손충당금 설정과정을 살펴보도록 하자.
- 원금: 1,000,000(동일한 계약조건 100개의 대출로 구성된 포트폴리오이며   개별 대
  출금액의 원금은 10,000)
- 약정이자율: 10.00%
- 만기: 5년
- 예상손실율: 손실은 4년에 2%, 5년에 3%만큼 발생한다고 예상하였으며, 실제 손
  실이 예상손실과 동일하게 발생한다고 가정하였다.

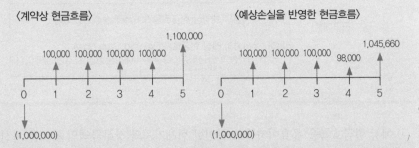

〈계약상 현금흐름〉   〈예상손실을 반영한 현금흐름〉

* 유효이자율 = 9.06%: 최초 장부금액 1,000,000과 예상손실을 반영한 현금흐름의 현재가치를 일
  치시키는 이자율이다.

〈이자수익 및 대손충당금 설정금액〉

측정시점	1	2	3	4	5
기초 장부금액	1,000,000	990,566	980,278	969,059	958,823
기말 현재가치	990,566	980,278	969,059	958,823	950,600
대손충당금	9,434	10,288	11,220	10,236	8,223
이자수익	90,566	89,712	88,780	87,764	86,837

대손충당금은 기초의 장부금액에서 기말 현재가치를 차감한 금액이며, 이자수익
은 기초 장부금액에 유효이자율을 곱하여 산출한 금액이다.

예상손실 모형과 발생손실 모형의 비교

아래에서는 〈참고 8.2〉와 동일한 조건하에서 예상손실 모형과 발생손실 모형을 적용하였을 때의 손익 및 대손충당금을 비교하여 예상손실 모형의 도입으로 기대되는 효과를 분석하였다.

대출 포트폴리오의 구성내역 및 특성

- 원금: 1,000,000 (대출은 2011년 초에 실행되었으며 동일한 계약조건 100개의 대출로 구성된 포트폴리오이다. 개별 대출금액의 원금은 10,000이다.)
- 약정이자율: 10.00%
- 만기: 5년
- 예상손실율: 손실은 4년에 2%, 5년에 3%가 발생한다고 예상하였으며 실제 손실이 예상손실과 동일하게 발생한다고 가정하였다.
- 예상손실 모형 적용 시 유효이자율: 9.06%
- 발생손실 모형 적용 시 유효이자율: 10.00%
- 실제 손실에 대한 손상사건은 전년도 말에 발생한다고 가정하였다.

〈그림 8.4〉를 보면, 예상손실 모형과 발생손실 모형을 적용하였을 때 대손충당금과 손익의 추이 및 인식시기 등이 확연히 다르다는 것을 알 수 있다.

두 가지 모형의 대손충당금을 비교한 〈그림 8.4〉를 보면 예상손실 모형의 경우 대손충당금이 최초시점부터 만기까지 안정적으로 유지되는 반면, 발생손실 모형은 대손충당금의 변동성 variability 이 매우 크게 나타나고 있다.

예상손실 모형은 최초 시점부터 만기까지 예상되는 손실을 현금흐름에 반영한 후 유효이자율법을 적용하기 때문에 특정 시점(2014년 & 2015년)에 발생하는 손실이 포트폴리오의 만기 전 구간에 걸쳐 배분되게 된다. 따라서 실제 손실이 발생하는 기간에 대손충당금이 급격히 증가하지 않고 만기동안 안정적으로 유시되는 깃

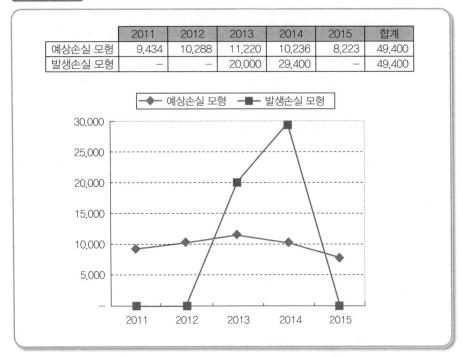

그림 8.4 예상손실 모형과 발생손실 모형의 대손충당금 비교

	2011	2012	2013	2014	2015	합계
예상손실 모형	9,434	10,288	11,220	10,236	8,223	49,400
발생손실 모형	–	–	20,000	29,400	–	49,400

이다. 반면에, 발생손실 모형을 적용한 경우에는 2012년 말까지는 대손충당금 설정액이 전혀 없지만 2013년과 2014년 말에 대손충당금이 급격히 증가하는 것을 볼 수 있다. 이는 손상사건이 발생해야만 자산손상을 인식하므로 실제 손실이 발생하는 시점에 가까워져서야 대손충당금이 적립되기 때문이다.

이처럼 예상손실 모형은 만기까지 대손충당금을 안정적으로 유지하도록 해주기 때문에 은행의 경기역행적인 대손충당금 설정 행태를 억제하여 경기침체기에 대출(신용공급)의 경기순응성을 완화하는 효과를 기대할 수 있다. 또한 〈그림 8.4〉를 통해 알 수 있듯이, 예상손실 모형은 실제 손실이 발생하기 전에 사전적으로 대손충당금을 설정하고 있다. 따라서 예상손실 모형은 대규모 손실이 발생하더라도 사전에 적립해둔 대손충당금을 손실흡수 용도로 활용할 수 있으므로 경기침체기에 은행의 손실흡수 능력을 강화해 줄 것으로 예상된다.

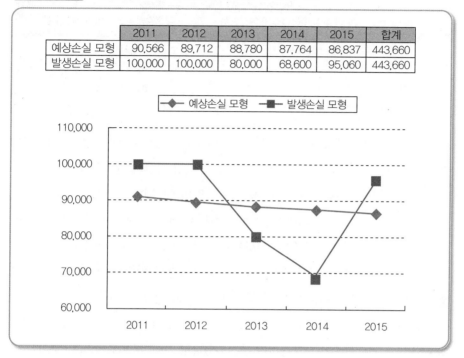

그림 8.5 예상손실 모형과 발생손실 모형의 손익비교

	2011	2012	2013	2014	2015	합계
예상손실 모형	90,566	89,712	88,780	87,764	86,837	443,660
발생손실 모형	100,000	100,000	80,000	68,600	95,060	443,660

〈그림 8.5〉에서 보여지듯이, 대손충당금의 직접적인 영향을 받는 손익에 대해 분석한 결과, 발생손실 모형은 대손충당금이 늘어나는 시점에 손익이 급격히 감소하여 손익의 변동성이 높은 것으로 나타났으며 예상손실 모형은 대손충당금이 안정적으로 유지되어 손익 역시 만기동안 안정적으로 유지되는 것으로 나타났다.

Basel Ⅱ 체계의 예상손실과 충당금 기준안의 예상손실의 비교

한 가지 유의해야 할 사실은 현재 많은 은행들이 적용하고 있는 Basel Ⅱ 기준의 예상손실EL과 향후 도입될 예상손실 대손충당금제도에 적용되는 예상손실은 동일한 개념이 아니라는 점이다. 미래에 발생할 것으로 예상되는 손실이라는 측면에서는 유사하지만 예측기간이나 추정방법론에는 차이가 있다.

표 8.1 | Basel Ⅱ 예상손실과 대손충당금 기준안의 예상손실 비교

구 분	Basel Ⅱ 내부등급법의 예상손실	대손충당금 기준안의 예상손실
예측기간	기준시점에서 향후 1년	기준시점에서 만기까지
추정방법론	–	Through the Cycle

Basel Ⅱ 기준의 예상손실은 향후 1년간 해당 자산에서 발생할 것으로 예상되는 손실인 반면, 대손충당금 기준안의 예상손실은 해당 자산의 만기까지 발생할 것으로 예상되는 손실이다. 또한 대손충당금 기준안의 예상손실은 TTC Through-the-Cycle Approach [12]를 기반으로 추정되어야 하지만, 현행 Basel Ⅱ 기준의 예상손실은 엄밀하게 TTC 방식을 기반으로 추정된 값으로 보기에는 검토해야 할 사항들이 존재한다. 다수의 국내외 은행들이 손실데이터가 충분하지 않은 상태에서 Basel Ⅱ 내부등급법을 도입하였으므로 예상손실 산출을 위한 리스크측정요소인 부도율 PD: Probability of Default , 부도시손실률 LGD: Loss Given Default , 부도시익스포저 EAD: Exposure at Default 추정치가 완전한 경기순환주기를 포함하여 추정되었다고 보기 어렵다. 이러한 차이로 인해 Basel Ⅱ 기준에서 추정된 예상손실을 대손충당금 기준안에 그대로 적용하기는 어려울 것이다. 따라서 Basel Ⅱ 기준의 예상손실을 충당금 기준안에 적용하기 위해서는 리스크측정요소의 예측기간 time-horizon 을 조정하고 데이터를 축적하여 완전한 경기순환 주기를 포함하는 장기평균 추정치를 적용해야 할 것이다.

예상손실 모형의 단점

앞서 예상손실 모형은 미래지향적인 대손충당금 설정을 통해 금융회사의 손실흡수 능력을 강화하고 대손충당금을 경기순환주기 동안 안정적으로 유지하게 해줌으

---

[12] TTC 방식은 경기침체기와 경기호황기를 포함한 완전한 경기순환주기 동안의 평균적인 예측치를 추정하는 방식이다.

로써 경기순응성을 완화하는 효과가 있다고 설명하였다. 하지만 예상손실 모형 역시 몇 가지 구조적인 단점을 포함하고 있다.

첫 번째로, 실무적인 관점에서 보았을 때 대손충당금 설정에 활용하기 위한 예상손실의 추정이 쉽지 않다는 점이다. 예상손실 모형을 적용하기 위해서는 신뢰성 있는 예상손실의 추정이 필수적인데 현금흐름에 예상손실을 반영하기 위해서는 대출의 만기까지 발생할 것으로 예상되는 손실을 추정해야 한다.

그러나, 금융회사가 대출 포트폴리오의 신용리스크와 관련된 모든 요소들을 고려하여 향후 1년간의 예상손실을 신뢰성 있게 추정하는 일은 쉽지 않은 일이다.[13] 더구나, 1년 이후 장기간에 걸쳐 예상되는 손실을 정확히 추정하는 데는 많은 어려움이 따를 것이다. 특히 국내은행의 경우 아직까지 장기간의 손실관련 데이터가 축적되지 않은 상태이므로 더욱 더 큰 어려움이 예상된다. 또한 예상손실이 실제 손실과 크게 차이가 나면, 손익 및 대손충당금의 변동성이 발생손실 모형을 적용한 경우보다 더 커지는 문제점이 발생할 수도 있다.[14]

두 번째로 시간이 지나면서 예상손실의 추정치가 변동하면 경기순응성을 오히려 야기할 수도 있다. 예상손실 모형에서는 예상손실과 실제로 발생하는 손실간의 차이를 줄이기 위해, 측정시점마다 예상손실을 재추정해야 한다. 특정 차주들의 특성이나 경기상황의 변화로 포트폴리오의 신용리스크가 최초 인식시점과 다르다고 판단하면 예상손실을 재추정하게 되는데, 예상손실이 재추정되면 자산손상이 인식되고 이는 대손충당금과 손익에 즉시 반영된다. 예상손실 모형이 발생손실 모형의 대안으로 제시된 이유는 대출의 잔여기간 동안 대손충당금과 손익이 안정적으로 유지되어 경기순응성을 완화시킨다는 점이었다. 하지만 측정시점마다 예상손실 추정치가 조정되면 대손충당금의 변동성이 커지므로 경기순응성 완화 효과가 감소할 수밖에 없다.

세 번째로 신용손실을 조기에 인식하더라도 충당금 부족현상 shortfall 이 발생할 수

---

[13] 특정 차주나 포트폴리오의 특성뿐만 아니라 경제적 상황과 같은 외부요소들을 모두 포함해야 한다.
[14] 한국회계기준원 조사연구실, "IASB Exposure Draft (Financial Instruments) 검토보고서", 2010.02.

있다. 예상손실 모형이 제시된 중요한 또 다른 이유는 대규모 손실이 발생하더라도 이를 커버할 수 있는 수준의 대손충당금을 사전에 적립하기 위해서였다. 하지만 1) 단기대출, 2) 신용카드나 리볼빙 같이 대손이 초기에 발생하는 특성을 가진 포트폴리오, 3) 신용주기 초기에 급격한 경기침체가 발생하는 경우에는 예상손실 모형에서도 충당금 부족현상이 발생할 수 있다.

8.3 시장반응 및 쟁점사항

현재 각국의 감독당국과 시장참가자들 대부분이 기존의 발생손실 모형의 문제점에 대해 공감하고 있으며 예상손실 대손충당금제도 도입에 동의하고 있다. 하지만 해당 제도의 실무적인 적용방법에 대해서는 여전히 이견이 많이 제시되고 있는 상황이다.

첫 번째로 대다수의 시장참가자들이 바젤위원회가 예상손실 추정에 대해 구체적이고 실무적인 방안을 제시해 줄 것을 기대하고 있다.[15] 현재까지는 "신용의 질credit quality 과 관련된 모든 정보를 고려해 합리적인 방법으로 추정되어야 한다"는 원칙만이 있을 뿐 구체적으로 예상손실을 추정할 수 있는 방법이 제시되지 않았기 때문이다. 바젤위원회는 핵심적인 원리·원칙만을 감독기준으로 제시한다는 입장을 유지하고 있는데, 이는 특정 방법론을 제시하는 경우 금융회사의 자체적인 개선노력을 제한하고 금융회사별 고유의 특성이 무시될 가능성이 높다고 보기 때문이다. 하지만 금융회사들은 새로운 제도가 도입되는 상황에서 구체적이고 명확한 방법론의 不在는 시장의 혼란을 야기할 수 있다는 의견을 보이고 있다. 예상손실 추정방법이

---

[15] 여기서 예상손실은 대손충당금 설정 시 적용되는 예상손실이며, Basel II 내부등급법 기준의 예상손실이 아니다.

각국 감독당국의 재량권이나 개별 금융회사의 자체 방법론에 지나치게 의존하는 경우 대손충당금 설정 기준의 일관성이 떨어져 금융회사간의 비교가능성이 저하될 수 있기 때문이다.

두 번째로 많은 시장참가자들이 예상손실 모형은 실무적으로 적용하기 어렵다는 의견을 제시하고 있다. 특히 예상손실을 현금흐름에 반영하여 유효이자율을 산출하는 과정은 시간과 비용이 과도하게 소요된다는 문제제기가 다수 존재한다. 일반적으로 은행은 현금흐름 추정에 사용하는 데이터(원리금 상환계획, 약정 이자율, 조기상환조건 등)와 시스템을 예상손실 추정에 사용하는 리스크관리시스템과 분리하여 운영하고 있다. 따라서 유효이자율 산출에 예상손실을 반영하기 위해서는 두 가지 시스템을 통합하고 새로운 프로세스를 개발해야 한다. 이러한 문제를 해결하기 위해 최근 IASB는 추가 공개초안[16]을 통해 유효이자율 산출 시에는 예상손실을 고려하지 않고 만기까지의 예상손실을 연율화annualized 하여 손익 및 충당금 계정에 반영하는 '수정접근법'decoupled approach 을 제안하기도 하였다.

세 번째로 시장참가자들은 감독기준과 회계기준의 대손충당금 제도가 단일화되기를 원하고 있다. IASB는 현재 회계표준 개정을 통해 예상손실 모형 도입을 준비 중이고, 바젤위원회 역시 IASB의 예상손실 모형을 기반으로 감독기준안을 마련 중인 것으로 알려져 있다. 이처럼 IASB와 바젤위원회의 기준안 모두 예상손실 모형을 기반으로 하고는 있지만 해당 제도의 세부적인 적용방법에 있어서 차이가 존재하는 실정이다. IASB와 바젤위원회는 통일된 기준안을 마련하기 위해 협의를 계속 진행하고 있지만 향후 차이가 좁혀지지 않는다면, 금융회사는 감독기준의 대손충당금과 회계기준의 대손충당금을 따로 산출하는 이중의 부담을 질 수 밖에 없는 상황이다. 일례로, 국내 은행의 경우 국제회계기준IFRS 이 도입되면서 실제로 회계기준(발생손실 모형)의 대손충당금과 감독목적(FLC기준 및 Basel Ⅱ 기준 예상손실)의 대손충당금을 따로 산출하고 있는 실정이다.

---

[16] 2011년 1월에 IASB는 Supplement to Exposure Draft (Financial Instruments: Impairment)를 발표하였다.

참고 8.3   IFRS 도입 이후 국내은행의 대손충당금 적립 제도

　　IFRS가 도입되기 이전에는 국내은행은 자산건전성 분류별로 충당금 적립률을 적용하는 FLC_{Forward Looking Criteria} 기준과 Basel Ⅱ 기준의 예상손실을 활용하여 대손충당금을 설정해 왔다. FLC 기준의 대손충당금 설정 시 금융감독원에서 제시하는 최저 적립률 이상의 자체 적립률을 산출하고 있는데 자체 적립률은 Basel Ⅱ 기준의 예상손실, 전이율분석_{migration analysis}, 연체전이율분석_{roll-rate analysis} 등을 활용하여 추정할 수 있으나, 금융감독원에서는 리스크관리의 일관성 제고를 위해 Basel Ⅱ 기준의 예상손실을 적용할 것을 권고하고 있다.[17]

　　IFRS 도입 이전에는 감독기준의 충당금이 회계상으로 허용되었다. 하지만 IFRS에서는 현재화되지 않은 손실을 대손충당금으로 설정할 수 없기 때문에 IFRS가 도입되면서 충당금 적립에 관한 회계기준과 감독기준이 이원화된 상태이다. 따라서 회계목적과 감독목적 두 가지 기준의 대손충당금 차이를 조정하기 위해 대손준비금 계정이 마련되었으며 회계목적의 충당금이 감독목적의 충당금보다 적은 경우 해당 차액을 대손준비금 계정으로 적립하게 된다.

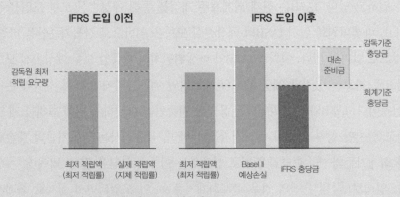

*출처: 전국은행연합회, 제2차 IFRS 도입준비(2009).

---

[17] Migration analysis는 주로 기업여신, Roll-rate analysis는 신용카드를 포함한 소매여신에서 주로 활용된다.

① 회계목적의 충당금 적립

현재 도입된 IFRS에서는 개정 이전의 IAS 39 즉, 발생손실 모형이 적용되어 있다. 따라서 연체나 부도 등의 객관적인 손상사건 trigger event 이 발생하였을 경우에만 대손충당금을 적립하게 되므로 FLC 기준의 대손충당금 적립방식보다 적립 규모가 감소할 것으로 예상된다. 은행연합회 자료에 따르면 IFRS 도입이전의 대손충당금 적립대상에 IFRS의 발생손실 모형을 적용하였을 경우, 대손충당금 적립액이 도입이전에 비해 29.3%(17.1조원→12.1조원) 감소하는 것으로 나타났다.[18]

② 감독목적의 충당금 적립

IFRS 도입 이후, FLC 기준의 충당금은 회계상으로 허용되지는 않지만 감독목적의 충당금 적립방안으로 계속 유지된다. 감독목적의 충당금은 금융감독원의 최적적립률을 적용한 금액과 Basel II 기준의 예상손실을 비교하여 큰 금액으로 적립하게 된다. 다만 회계목적의 충당금(IFRS 충당금)이 감독목적의 충당금에 미달하는 경우에는 해당 차액을 대손준비금으로 적립하게 된다. 대손준비금은 이익잉여금 계정에 포함되어 있지만 자기자본 산정 시에는 대손충당금으로 간주하고 대손준비금 전입액을 비용으로 처리하여 영업이익과 당기순이익에서 차감하게 된다.

---

[18] 2010년 1월 기준으로 14개 은행의 평균값이다.

Appendix 8.1

발생손실 접근법

여기서는 바젤위원회가 제시하고 있는 유동성리스크관리 모니터링 수단 monitoring tools 과 더불어 이를 활용하여 위기단계를 식별하고 비상조달계획을 수행하는 프로세스에 대해 보다 상세히 설명하고자 한다.

A.8.1 발생손실 모형의 개요

일반적으로 말하는 발생손실 모형 ILA 이란 IAS 39에서 규정하고 있는 손상인식 및 대손충당금 설정 방식을 일컫는 말이다. IAS 39에서는 상각 후 원가를 장부금액으로 측정하는 금융자산을 대상으로, 예상 현금흐름을 유효이자율로 할인한 현재가치와 장부금액의 차이로 손상차손을 측정하게 된다. 손상차손은 측정시점(대차대조표일)에 장부금액에서 직접 차감하거나 대손충당금 계정을 통해 당기손익으로 인식하게 된다.

발생손실 모형에서는 손상차손을 인식하기 위해서 손상사건 trigger event 이 발생해야 한다는 제한이 있다. 특정 사건으로 인해 원리금 상환이 제대로 이루어지지 않고 예상 현금흐름이 계약상의 현금흐름과 달라지는 명확한 증거가 있는 경우에만 손상차손을 인식할 수 있는 것이다. 즉, 측정시점에 금융회사가 예상하고는 있지만 발생하지 않은 손실은 반영할 수 없기 때문에 IAS 39 대손충당금 적립방식을 '발생 손실 모형 Incurred Loss Approach'이라고 부른다.

손상사건이 발생해야 한다는 제한조건은 대손충당금 산출 과정에서 중요한 의미를 가진다. 손상사건이 발생하기 전에는 금융회사는 해당 자산에서 발생하는 손실이 예측되더라도 이를 반영할 수 없기 때문에, 예상 현금흐름과 유효이자율에 예상손실이 반영되지 않는다. 유효이자율이 해당 자산으로부터 실제로 얻을 수 있는 유효수익 effective return 의 개념임을 감안할 때, 계약상의 현금흐름에서 예상손실을 차감한 현금흐름으로 유효이자율을 산출하는 것이 좀 더 합리적이지만, 손상사건이 발생해야 한다는 제한조건으로 인해 예상손실의 반영이 원천적으로 불가능한 것이다.

발생손실 모형의 문제점

① 신용주기 credit cycle 의 초기에 이자수익이 과대 계상되기 쉽다

발생손실 모형은 예상 현금흐름으로부터 유효이자율을 산출할 때 예상손실을 고려하지 않으므로 손상사건이 발생하기 전에는 이자수익을 과대 계상하게 되며, 이는 금융회사의 손익 현황에 대한 정보를 왜곡시킬 개연성이 크다.

② 손실인식이 지연된다

대손충당금을 적립하는 목적은 실제 손실이 발생하였을 경우, 충당금으로 손실을 흡수하는 것이다. 하지만 발생손실 모형은 발생손실 인식기간 LIP: Loss Identification Period [19] 동안 충당금을 적립하게 되므로 손실인식이 지연될 수 있다. 따라서 대규모 손실이 발생하는 경우 충분한 수준의 대손충당금을 적립할 시간적 여유가 부족해지기 쉽다.

---

[19] 손상사건이 발생한 시점부터 은행이 손상사건을 객관적으로 인식하고, 손상으로 인식하기까지의 기간이다.

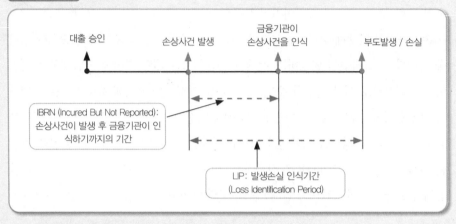

③ 손익 및 충당금 규모의 변동성이 높다

발생손실 모형은 미래의 예상되는 손실을 대출의 잔여기간에 배분할 수 없다. 따라서 실제 손실이 발생하는 경우 손익 및 대손충당금 적립 규모의 변동성이 급격히 증가하여 경기순응성을 심화시키게 된다.

④ 손상사건에 대한 판단기준이 명확하지 않다

IAS 39에서는 손상사건 기준에 대해 기술하고 있지만, 해석의 여지가 많고 관련 기준이 실무적으로 적용하기에 복잡하다. 따라서 손상사건 발생 여부 판단이 금융회사마다 달라져서 비교가능성이 저하되는 문제가 나타난다.

⑤ 대출상품의 가격결정 방법론과 일관성이 결여되어 있다

은행은 대출상품의 가격결정 시 예상손실에 상응하는 리스크프리미엄을 반영한다. 최초에 신용리스크를 고려하여 이자율을 결정하지만 발생손실 모형은 계약상 현금흐름이 그대로 일어날 것이라고 가정하기 때문에 은행 비즈니스의 경제적 실질과 일관성이 떨어진다고 볼 수 있다.

FLC 자산건전성 분류에 따른 충당금 적립기준

1999년 말 FLC Forward Looking Criteria 기준에 의한 자산건전성 분류제도가 도입되기 이전까지 국내은행의 자산건전성 분류는 연체나 부도정보 같은 차주의 과거 금융 거래실적에 의해 이루어졌다. 그러나 이러한 방식은 미래에 예상되는 부실을 사전에 인식하기 힘들기 때문에 은행의 건전성이 악화되는 결과를 초래하게 되었다. 이에 금융감독원은 차주의 과거 실적뿐만 아니라 차주의 미래상환능력까지 고려하는 FLC 자산건전성 분류를 도입하였다. FLC에서는 해당 차주의 미래채무상환 능력, 연체기준, 부도여부 3가지 기준을 바탕으로 자산건전성을 분류하고 있는데, 3가지 기준 중 가장 낮은 단계를 적용하여 자산건전성을 최종적으로 결정하게 된다. 예를

그림 A.8.2 **자산건전성 분류 단계**

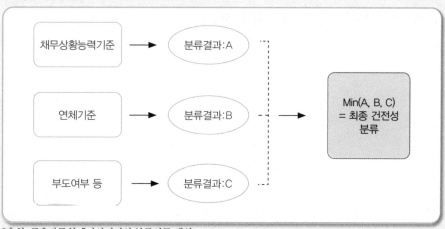

*출처: 금융감독원, 「자산건전성 분류업무 해설」, 2010.

(단위: %)

구분		정상	요주의	고정	회수의문	추정손실
대손충당금	기업	0.85 (0.9)*	7	20	50	100
대손충당금	가계	1	10	20	55	100
대손충당금	신용카드	1.5	15	20	60	100
지급보증 충당금	–	0.85 (0.9)*	7	20	50	100
미사용 약정 충당금	기업	0.85 (0.9)*	7	20	50	100
	가계	1	10	20	55	100
	신용카드	1.5	15	20	60	100

* 한국표준산업분류상 건설업(F), 도매 및 소매업(G), 숙박 및 음식점업(H), 부동산 및 임대업(L)에 대해서는 괄호 안을 적용.

* 출처: 금융감독원, 「자산건전성 분류업무 해설」, 2010.

들어, 채무상환능력기준으로는 "고정", 연체기간으로는 "요주의"인 차주의 경우 최종 자산건전성은 "고정"으로 분류하게 된다.

제 9 장

시스템적으로 중요한 금융회사 규제

9.1 도입배경

　앞서 제1편Part I에서 살펴본 바와 같이, 미국 서브프라임 시장 붕괴에 의한 유동성 위기를 시작으로 미국은 2009년 상반기에만 금융부문 상각자산이 1.3조 달러에 이르고, AIG 등에 대한 대규모 구제 금융지원이 이뤄졌으며, 세계 실물경제가 1%나 축소되는 등 막대한 사회적 비용을 초래했다. 이러한 금융회사 부실로 인한 과도한 사회적 비용의 발생은 금융회사의 도덕적 해이 문제와 함께, 기존 금융감독 방식에 대한 비판을 야기했다.

　이에 특정 금융회사의 파산으로 인해 야기되는 금융시스템 전체 파급효과를 줄이고, 이늘 기업에 내해 국민의 세금으로 제공되는 구제금융bailout 을 감축시키기 위해, 소위 대마불사TBTF: Too-big-to-fail 또는 시스템적으로 중요한 금융회사SIFI: Significant

Important Financial Institutions에 대한 엄격한 규제의 필요성이 대두되었다. 2009년 9월 피츠버그에서 열린 G20 정상회의에서 각국 정상은 이러한 필요성을 반영하여 SIFI에 대한 규제 강화와 부도 발생 시 원활한 정리를 위한 국제 공조체계 구축에 합의하고, 금융안정위원회 FSB에 SIFI 규제 관련 쟁점사항에 대한 대응방안을 마련한 것을 요청하였다. 2009년 11월 IMF/BIS/FSB는 금융회사, 시장 및 금융상품의 중요성을 판단할 수 있는 가이드라인을 마련했으며, 2010년 3월 바젤위원회는 추가 자본 및 유동성 규제, 검사 강화, 시스템 정리기금 도입 등 6가지 규제 옵션을 제시하였다. 2010년 6월 FSB는 SIFI 규제 강화를 위한 6가지 기본원칙을 G20 캐나다 정상회의에 제출하는 한편, SIFI 검사·감독 강화 방안을 마련하여 의견을 수렴하였다. 그러나 SIFI 관련 규제안은 예정일인 2010년 10월까지 합의가 이루어지지 못한 채, 2011년 6월로 SIFI 대상 은행 지정기한을 연장한 상황이며, 바젤위원회는 SIFI의 손실흡수력 강화 권고안을 2011년 12월까지 확정하기로 예고하고 있다.

　글로벌 SIFI에 대한 규제는 바젤위원회가 주축이 되어 진행되는 반면, 국내 SIFI에 대한 규제는 각국 별로 감독당국이 제한적 재량권 constrained discretion 을 부여받아 자체적으로 추진하는 이원적 규제 체제로 진행될 것으로 전망된다. 따라서 본 장에서는 글로벌 SIFI 규제와 관련한 내용을 위주로 설명할 것이다.

9.2　주요 내용

SIFI의 정의 및 선정

　시스템적 중요성 systemic importance 이란, 금융회사의 파산이 실물 경제에 상당한 부정적인 결과를 초래하면서 시장에서 금융서비스와 신용 건전성을 손상시킬 가능성으로 정의된다. IMF/BIS/FSB의 SIFI 평가기준 가이드라인에 의하면, 시스템적 중요성은 크기 size , 상호연계성 inter-connectedness , 대체가능성 substitutability 의 3가지 측면에서 검토될 수 있다.

① 크기 size

절대적인 크기 또는 금융시장에서의 중요도, 특정 상품에 대한 금융회사의 지배력으로 측정되는데, 이는 규모가 큰 은행의 실패 시 다음과 같은 심각한 부작용을 초래하기 때문이다.

① 채권자의 손실
② 높은 파산 비용과 회복지연에 따른 예금자의 손실
③ 금융서비스의 혼란
④ 예금보호기구가 충분하고 빠르게 예금을 지급하지 못하거나 예금보호기구의 불안정한 자금조달로 추가 비용 발생
⑤ 시스템리스크가 거시경제로 확대

② 상호연계성 inter-connectedness

은행 간 대여 및 지분 상호 보유, 지급결제시스템 공동 참여, 시장의 중요 거래상대방 등으로부터 발생한다. 상호연계성이 높은 은행의 부실시 다음과 같은 문제점으로 나타난다.

① 한 금융회사의 부실 발생에 따라 다른 금융회사도 심각한 손실을 입음
② 심각한 스트레스 상황에서 SIFI의 행동은 집단적인 유동성 확보 경쟁 등을 야기시켜 광범위한 부작용 초래함
③ SIFI의 부실은 금융시장의 신뢰 위기를 촉발
④ Repo 기래 등 자산을 담보로 한 자금조달로 레버리지를 확대하는 경우 위기 상황 시 담보금 확대 및 신용도 하락 등으로 디레버리지를 촉발시킴으로써 시

장 유동성 market liquidity 과 조달 유동성 funding liquidity 간 자기 신용보강의 악순환을 통한 붕괴 초래

Drehmann-Tarashev(2011)의 연구에 따르면, 특정 금융회사의 시스템적 중요성 systemic importance 은 네트워크의 연결성으로 표현되는 상호연계성 inter-connectedness 에 주로 의존하며, 이러한 연계성은 Shapley values에 의해 측정 가능한 것으로 나타났다.[1] Shapley values는 개별 금융회사가 시스템리스크에 기여하는 비중을 나타내는 것으로 이 값이 클수록 시스템적 중요성을 가지는 것으로 판단할 수 있다. 이들의 실증분석에 따르면, 은행간 거래비중이 큰 금융회사가 높은 Shapley value를 가지는 것으로 나타났다.

③ 대체가능성 substitutability

금융회사는 여러 국가에서 영업을 영위하므로, 대체가능성 지표는 금융회사가 활동하고 있는 국가들에서 상이하게 정의된다.

이 중 크기와 상호연계성 지표는 SIFI 선정의 주지표로서 총자산, 은행 간 대출·대여금이 제안되었으며, 대체가능성 지표는 보조지표로 제안되었다.[2] 왜냐하면 주지표로 사용되는 값은 논란의 여지를 제거하기 위하여, 정량적이고 정확한 값을 얻을 수 있어야 하는데, 대체가능성 지표 중 이러한 조건을 만족하는 적절한 정량지표가 합의되지 못했기 때문이다.[3]

Basel 위원회는 최근 SIFI지정을 위한 스코어카드 접근방식 MSA: Modified Scorecard Approach 을 수용하기로 최종합의 하였는데 여기에는 상기한 3가지 지표 이외에 국제적 영업활동 global activities 과 복잡성 complexity 을 나타내는 2가지 지표를 더하여 시스템적 중요도를 측정하기로 하였다. 이는 일본, 중국 등 일부 국가에서 자국 출신의

---

[1] Shapley values는 게임이론(game theory)에서 최적 자원배분 문제의 해결책으로 제시된 방법론임.

[2] 상호 연계성 지표로써 신용공여 약정(credit line), 시장성 부채(marketable debt), Repo 거래 등이 추가로 논의되었으나, 장외파생상품은 논의에서 제외되었다. 왜냐하면 장외파생상품과 관련한 정확한 정보 수집이 어렵기 때문이다.

[3] 보조지표의 경우 정량적 지표뿐만 아니라 정성적인 지표를 활용하는 등 감독당국이 유연성을 발휘할 수 있다.

대형은행들이 국제적 영업활동은 미미한 데도 불구하고 기존 주지표 방식에 의해 SIFI로 지정될 가능성이 높은 데 대해 강하게 반발의사를 표시한 것을 Basel 위원회에서 수용해 준 것이다.

SIFI의 지정 절차는 SIFI 선정 지표를 활용하여, 국제기구가 이를 평가한 후, 각국 감독당국이 기타지표 등을 활용하여 재량적으로 SIFI를 지정하는 순서로 진행된다. 다만, 감독당국 재량범위가 큰 점을 감안하여 일관성 유지를 위한 동료그룹에 의한 상호평가Peer group review가 실시될 예정이다.

SIFI에 대한 평가방법으로는 은행을 몇 개의 그룹으로 나눈 후 시스템적 중요성을 파악하는 그룹핑 방식bucketing approach이 가장 현실적으로 제안되고 있는데, 바젤위원회에서 회원국의 약 105개 은행을 6개 그룹으로 구분한 결과, 우리나라 은행은 모두 Bucket 6에 포함되어 글로벌 SIFI로 지정될 가능성은 낮은 것으로 분석되고 있다. 실제 2012년 11월 미국의 씨티그룹, 독일의 도이체방크 등 28개 은행이 바젤위원회가 정한 기준 및 감독적 판단에 따라 글로벌 SIFI로 지정되었는데 우리나라 은행은 포함되지 않았다.∎

SIFI 규제 방향

각국은 FSB가 제안한 "SIFI 규제의 기본 방향을 설정하는 6가지 원칙"에 따라서 SIFI의 도덕적 해이를 축소시키는 정책을 마련해야 한다. 해당 정책에는 SIFI에 대한 효과적인 회생 및 정리계획RRP: Recovery and Resolution Plan, 시스템리스크에 상응하는 건전성 규제 마련 등이 포함된다.

> **SIFI규제의 기본 방향을 설정하는 6가지 원칙**
> ① 모든 회원국의 SIFI 정책 마련
> ② SIFI에 대한 효과적 정리수단 보유

③ 시스템리스크에 상응하는 건전성 규제 마련
④ SIFI에 대한 차별화된 감독
⑤ 전염 가능성 축소를 위한 인프라 구축
⑥ Peer Review 및 협력 강화

먼저, 각국은 효과적인 정리수단으로써, 금융시스템 붕괴 또는 납세자 손실 없이 자본 및 부채 조정, 가교은행을 통한 구조조정 등을 통해 금융회사를 정리할 수 있는 제도를 마련해야 한다. 즉, 계속기업 관점going concern 의 자본 및 부채 조정 권한과 정리 관점gone concern 에서의 가교은행을 통한 구조조정 및 정리권한 등을 금융감독당국이 보유해야 한다. 해당 내용에는 부실화 시점에서 정부지원 배제 및 금융감독당국 재량으로 보통주로 전환하도록 하는 조건부자본 도입, 채무재조정 및 출자전환 등을 포함한 채권자 권리 제한, 금융회사 자체 사전정리계획living wills, 글로벌 금융회사 정리와 관련한 국가 간 공조 등이 포함된다. 이 중 사전정리계획은 해당 은행이 자체적으로 작성하여 감독당국에 주기적으로 제출함으로써, 거대 금융그룹의 법률적 구조를 단순화legal simplification 혹은 명확히 하고 향후 실제로 도산이 발생했을 때 선택할 수 있는 도산 옵션을 다양화하는 등의 효과를 기대할 수 있다.

한편, 국경간 정리체계와 관련하여 바젤위원회의 실무자그룹CBRG:Cross-Border Resolution Group 에서 정리절차에 대한 방안을 제시하였는데, 국가별/금융회사별 상이한 정리수단 및 조치의 일원화converge, 특정 금융거래를 정상 금융회사 또는 가교 금융회사로 이전할 수 있도록 거래상대방의 계약종료조항contractual termination clauses 사용 금지 및 정부개입을 종료할 수 있는 원칙을 정부 개입계획에 반영해야 한다고 권고하고 있다.

이러한 권고를 반영하여 2011년 7월 현재 다수 국가에서 SIFI별 회생 및 정리계획 도입을 법제화하는 방안을 검토중에 있으며 일부 국가는 향후 SIFI 정리를 저해할 수 있는 복잡한 지배구조와 영업구조를 단순화시킬 조치권 도입을 검토중에 있다.

> ### 참고 9.1 Cross-Border Resolution Group의 정리절차 권고사항[4]
>
> - 각국은 금융회사 업종별로 가교 금융회사 설립, 자산이전 등 다양한 종류의 정리제도를 마련할 필요가 있음
> - 각국은 금융그룹 내에 속해 있는 모든 일반 기업 commercial enterprise 의 정리와 관련된 국가 간 또는 국가 내 정부부처 간 조정이 가능토록 함
> - 각국 정부는 글로벌 금융그룹의 원활한 정리를 위해서 이상에서 설명된 국가별/금융회사별 상이한 정리수단 및 조치를 일치시킬 필요
> - 각국은 위기관리 및 정리절차/수단에 대한 상호 인식을 제고하기 위한 절차를 마련할 필요
> - 감독당국은 본국 및 금융회사 진출 현지국가의 정리당국과 긴밀히 협력할 필요
> - 글로벌 금융그룹은 위기 시에도 주요 기능을 유지할 수 있는 영업영속성계획 BCP: Business Continuity Plan 과 비상계획 CP: Contingency Plan 을 보유하여야 하며 감독당국도 이를 정기적으로 점검할 필요
> - 각국은 규제, 감독, 유동성 공급, 위기관리, 정리 등에 대한 정부의 역할을 분명히 이해할 필요
> - 글로벌 금융그룹의 복잡한 금융상품과 관련된 리스크를 완화하기 위하여 상계 netting, 담보제공 collateralization, 파생상품 표준화 standardization of derivatives contract 등 리스크경감기법을 적극 활용할 필요
> - 감독당국은 특정 금융거래를 정상 금융회사 또는 가교 금융회사로 이전할 수 있도록 거래상대방의 계약종료조항 contractual termination clauses 사용을 금지할 수 있는 권한을 가질 필요
> - 정부는 공적자금 지원 등 정부개입을 종료할 수 있는 원칙 또는 권한을 정부 개입계획을 마련할 때 명시할 필요

또한, 각국은 건전성 규제, 조직구조 변경, 분담금 부과 등을 통해 시스템적 중요도에 상응하여 외부효과를 줄이기 위한 규제수단을 확보할 필요가 있다. 이에 따라 제한적 재량권 방식을 이용한 규제 수단의 선택, 규모 및 영업범위에 대한 직접 규

---

[4] 이에 대한 자세한 내용은 김병덕(2009)을 참고하기 바람.

표 9.1 | SIFI 감독 강화방안

구분	내용
감독당국 독립성 유지 및 감독능력 강화	• 명확한 감독 권한 및 감독 책임을 이행할 독립성이 필요 • SIFI의 복잡성을 다룰 수 있도록 감독 방법론/체계는 포괄적이어야 하며 질적 수준도 높아야 함 • 감독당국의 리스크성향이 SIFI의 리스크성향보다 항상 엄격해야 함 • SIFI의 본사와 지역적으로 가까운 곳에서 정기적 임점 검사와 외부검사를 수행해야 함 • 시스템적 중요성이 큰 곳에 능력 있고 경험 많은 감독자를 배치하고 감독자의 순환배치를 통한 '규제자포획'(Supervisory Capture)을 회피해야 함[5] • 감독당국은 SIFI 데이터 수집을 위한 IT 시스템 구축 및 데이터에 대한 적절하고 정확한 접근성을 확보해야 함 • 경기가 회복할 때도 SIFI 규제 지속성은 유지되어야 함
SIFI의 리스크 평가	• SIFI에 대한 이해를 높이고 감독당국 간 원활한 협력을 위한 의사소통이 강화되어야 함 • SIFI 비즈니스와 취급하는 상품에 대한 깊은 이해를 통하여 내재된 리스크를 파악할 수 있어야 함 • 거시적 관점과 위기상황분석 등을 통한 미래 손실에 대비한 감독을 실시해야 함 • SIFI 부실 시 문제가 더욱 심각하기 때문에 높은 수준의 감독 통제가 이루어져야 함 • SIFI는 리스크를 추구하려는 경향이 있어 언제나 잠재 리스크가 존재하므로 이러한 리스크에 대한 상시 감시가 필요함 • 감독당국은 SIFI의 경영진과 지속적이고 정기적인 만남이 필요함 • 감독당국은 SIFI 내 내부통제시스템의 효율성을 평가하기 위해 이사회 및 경영진과 수시 접촉이 필요함 • 계량 리스크 모델 사용의 확대에 따른 모델의 리스크와 한계를 인지하여 빠른 금융환경 변화에 따른 모델의 적절성을 지속적으로 검토해야 함 • 감독당국과 SIFI가 각각 독립적으로 위기상황분석을 수행해야 함
Home-Host 관계	• 감독당국은 국경 간 복잡한 금융상품 취급을 제한할 수 있는 방법을 강구해야 함 • 감독당국은 SIFI에 대한 리스크를 공통적인 시각으로 이해하고 적극적이고 통합적인 협력을 통해 통제환경을 강화할 필요가 있음 • 감독당국 간 SIFI에 대한 지속적인 상호평가가 필요함

---

[5] 규제자포획(Regulator capture)이란 대마불사와 같이 파산 시 시스템적으로 영향이 높은 금융회사 등이 강력한 규제가 적용되지 못하도록 규제당국을 얽매이는 행태를 의미한다.

제, 국가별 정책 일관성 확보를 위한 상호평가가 제안되고 있다. 또한, 강화된 규제 수단으로 제안되고 있는 차별화된 추가자본 적립 및 유동성 규제 강화는 SIFI의 부도 가능성을 낮추고, 부도 발생 시 정부가 부담해야 하는 손실을 감소시킬 수 있다.

각국 감독당국은 SIFI의 불건전한 관행을 예방하고 추가적인 리스크 발생에 적절히 대처할 수 있도록 조기에 리스크를 인식하고 개입할 수 있는 적절한 임무, 권한, 독립성을 가지고 있어야 할 것이다. 관련하여, 금융안정위원회 FSB 에서는 (a) 감독당국 독립성 유지 및 감독능력 강화, (b) SIFI에 대한 상시 리스크 평가, (c) 본국 및 현지국 감독당국 Home-Host regulator 협력을 제시하고 있다.

도덕적 해이 moral hazard 를 축소시키는 정책 마련 이외에 각국은 SIFI의 부도로부터 발생하는 리스크 전염 risk contagion 을 축소하기 위하여 중앙청산소 등 시스템 안정성 유지에 기여할 수 있는 금융시장 인프라 구축을 강화해야 한다. 또한, 규제차익 거래 방지와 공정경쟁의 장을 마련하기 위해 SIFI 관련 정책의 일관성을 확보하고 상호 협조할 수 있도록 지속적으로 상호리뷰 Peer Review 에 참여해야 한다. 이를 위해서 SIFI에 대한 리스크 평가를 실시하는 공동감시단 supervisory college 과 기관별 위기대응 공조를 관리하는 위기관리그룹 crisis management group 이 구성되어 각국의 정책 평가 시 중요한 역할을 수행할 것이다.[6] 이 경우 본국 Home 과 현지국 Host 감독당국의 이익이 상호 고려돼야 하며, 평가의 비교가능성 및 공정성 제고를 위해 재량 허용 수준 및 각국 이행확보 수단 마련 등에 대한 논의가 향후 더 구체화되어야 한다.

SIFI 규제 수단

① 추가자본 Systemic Surcharge 부여

바젤위원회는 특정 금융회사가 SIFI로 지정되었는지 여부가 공개되는 것을 원하

---

[6] FSB는 봉봉감시난이 필요한 30여 개 이상의 대형 금융그룹에 대한 공동감시단을 설립하였고, 우리나라의 금융감독원도 공동감시단의 일원으로, Standard Chartered 은행과 도이치뱅크의 공동감시단에 수차례 참석한 바 있다.

지 않기 때문에, SIFI 지정에 따른 추가자본 여부 및 적립 수준을 미공개로 처리되어야 하며, 마찬가지 이유로 제재 조치가 취해진 경우에도 SIFI 여부가 알려지지 않도록 하기 위해서 제재 방법이 결정되어야 한다.

이에 따라, 바젤위원회는 추가자본을 최소자기자본 규제Pillar 1의 일부가 아닌 완충자본으로서 구성하여 Pillar 2의 일부로 취급하려고 한다. 이는 추가자본 적립의 의의가 SIFI에 완충자본을 제공함으로써 SIFI의 자본비율이 최소자기자본 비율 미달 시 금융시스템을 저해할 위험을 낮추는 데 있다는 점과 추가자본을 Pillar 1의 일부로 구성하는 경우, 각국 감독당국이 일정 범위 내의 정책수단을 선택할 수 있도록 하겠다는 재량적 접근법에 위배되기 때문이다.

추가자본 및 다른 완충자본 간–자본보전 완충자본, 경기대응적 완충자본, 기존 Pillar 2 완충자본–관계에 대하여는 추가자본 미달 시의 제재 및 이에 따른 SIFI 여부 공시효과에 따라 여러 방안이 현재 논의되고 있다.

② 추가자본의 계량화

바젤위원회는 추가자본의 계량화 방안으로 영란은행Bank of England을 중심으로 하는 "예상파급효과" 방안을 개발 중이다.[7] "예상파급효과" 방안이란, 추가자본 보유를 통하여 부도시의 예상 파급영향이 일정 목표 수준에 이르도록 SIFI의 부도율PD을 낮추는 게 기본 개념이다. 이 때, 예상 파급영향의 목표 수준은 시스템적 중요성이 최저인 은행들을 기준으로 한다. 즉, 부도 시 시스템에의 파급영향이 클 것으로 예상되는 은행은 추가자본 보유를 통하여 부도율을 충분히 낮춤으로써 부도시의 파급영향이 목표수준과 동일해지도록 추가자본을 적립해야 한다.

이러한 "예상파급효과" 방안에 따르면, 추가자본 규모는 총자본 수준(최소자기자본 및 완충자본 규모 포함)과의 상관성을 고려하여 결정된다. 이는 부도율PD가 규제자본수준의 함수로 모형화되기 때문인데, 현재 규제자본 비율과 PD관계를 규명하

---

[7] "〈Appendix 9.2〉 예상파급효과 방안: SIFI 추가자본 규제" 참고.

기 위한 모형화 작업이 진행 중이다.

또한, 바젤위원회 산하의 거시건전성감독그룹 MPG: Macroprudential Supervision Group 은 추가자본 계량화를 위해서 "예상파급효과" 방안을 활용한 초기 분석을 두 단계에 걸쳐서 수행하였는데 단계별 시사점은 다음과 같다.

① 1 단계: 시스템적 중요성 및 시스템적 영향 간 매핑

SIFI 은행 부도에 따른 시스템적 영향은 규모의 지표와 볼록함수 관계에 있다.

② 2단계: SIFI의 자본 비율과 PD간 관계설정

- 부실 가능성은 자본비율과 반비례 관계이다.
- 추가자본 함수의 모양은 부실가능성, 자본비율의 관계 및 주지표와 시스템 적 영향의 관계로 결정된다.

③ 추가자본의 구성요소

바젤위원회는 추가자본의 구성요소로, (a) 보통주 Tier 1 자본, (b) 기타 Tier 1(신종자본증권), (c) 조건부자본 contingent capital, (d) 손실분담채권 bail-in bond[8]에 대하여 논의를 진행하고 있다.

다수 회원국은 추가자본을 충격흡수력이 완전한 종류로만 구성해야 한다는데 동의하고 있으나, 이에 기타 Tier 1 자본을 포함할지 여부에 대해서는 아직 결론 내리지 못하고 있다. 반면, 손실분담채권 bail-in bond의 경우, SIFI가 회생 불가능한 시점에서 보통주로 전환되므로 SIFI의 복원력을 보강한다는 추가자본의 목적에 부합하지 않아 구성요소로 부적합한 것으로 합의되었으며, 조건부자본 contingent capital의 경우 전환시점 공시 의무에 따라서 SIFI 여부가 공개된다는 문제점과 전환시점을 회피하기 위한 행동(대출 축소 등)에 의해서 발생할 수 있는 외부효과 그리고 SIFI와 非SIFI 간에 공정경쟁이 어려울 수 있다는 이유로 추가자본 인정이 반대되고 있다.

---

[8] 부실로 정부개입이 불가피한 경우 정부가 선순위 채권자에게 손실을 부담시키는 채권으로 특정 조건이 만족되면 보통주로 전환하거나 채권금액의 일부 혹은 전부가 삭감되는 형태의 채권임.

④ Peer Review 절차

SIFI 선정, 다수 정책수단의 복합적 사용 시 감독당국의 재량 및 판단이 요구되므로, 이를 평가하기 위하여 바젤위원회는 Peer Review 절차 및 상호평가위원회PRC: Peer Review Council를 수립하였다.

바젤위원회가 제안한 Peer Review 절차는 다음과 같다.

① 1단계 : PRC 사무국이 각국 감독당국(필요시 공동감시단)으로부터 데이터를 수집하고 주지표, 기초 그룹핑bucket allocation을 결정
② 2단계 : 글로벌 총계 등의 데이터 및 은행의 그룹핑 결과를 각국 감독당국 및 공동감시단colleges에 송부
③ 3단계 : 각국 감독당국은 이에 대하여 재량평가를 하고 정책수단을 선정
④ 4단계 : 각국 감독당국의 재량평가에 대한 조정 및 정책 수단 선정 결과는 문서화되어 PRC에 송부되며 PRC는 이를 각국 감독당국과 협의

그림 **9. 1** Peer Review 절차

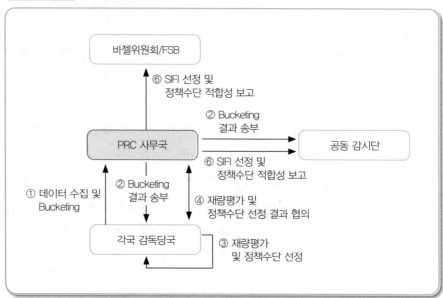

표 9.2 | 각국의 거액신용공여 규제 현황

국가	거액신용공여 정의	한도규제
호주	자본의 10% 초과 시	거래상대방별 익스포저 한도 설정 1) 외부기관(정부, 중앙은행, 해외은행 등 제외) – 자본기준 25% 2) 타 적격예금수취기관과 자회사 – 자본기준 50% (단, 비예금 수취기관은 자본의 20% 이내)
캐나다		동일차주 혹은 연결집단에 대한 익스포저는 자본의 25%를 초과할 수 없으며 조건에 따라 한도 상향도 가능
일본		계열사(related party)의 경우 자본의 15%, 계열사 집단의 경우 25%까지 허용 비계열사(non-related party) 경우 자본의 25%, 집단의 경우 40%까지 허용
한국	자본의 10% 초과 시	동일인의 경우 20%, 동일집단의 경우 25%까지 허용하며, 거액 신용공여 합계는 자본의 5배를 초과할 수 없음
스위스	자본의 10% 초과 시	거액신용공여는 자본의 25%를 초과할 수 없으며, 그 합계는 자본의 8배를 초과할 수 없음
터키	자본의 10% 초과 시	동일 개인, 법인 및 리스크 그룹(은행 및 그 이사회 등 관계자 포함)의 경우 자본의 25%를 초과할 수 없음
미국	개별 주와 연방, 감독 당국 별로 최대한도 설정	동일 차주에 대한 신용공여는 자본과 추가분 합계의 15%를 초과할 수 없으나, 시장성 있는 자산으로 전액 담보된 경우 25%까지 가능
중국		동일인의 경우 자본의 10%를 초과할 수 없으며, 동일 그룹의 경우 15%를 초과할 수 없음
홍콩	자본의 10% 초과 시	감독당국(HKMA)이 특정 차주에 대해 신용공여가 집중된 경우 상황에 따른 한도를 설정하고 있으며 거액 신용공여 합계는 자본의 2배를 초과할 수 없음
싱가폴		동일인과 동일집단 경우 자본의 10%를 초과할 수 없으나, 감독당국 승인하에서는 동일인에게 총 신용공여의 50%를 초과할 수 있음

⑤ 5단계 : 관련 각국 감독당국, 공동감시단 colleges , 바젤위원회 및/또는 FSB에 시스템적 중요성 분석 및 정책수단 선정의 적합성에 대하여 보고

⑤ 거액 신용공여의 제한

바젤위원회는 각국의 거액 신용공여제도 현황을 조사한 결과, 각국의 개별 선택 가능성을 최소화한 EU의 개선된 거액신용공여제도가 2010년 12월부터 적용되는 등 국가 간 제도의 접근이 이루어지고 있음을 확인하였다. 일부 국가에서는 각국 제도 간 차이점이 잔존하므로 현 단계에서 국제적으로 일괄적인 거액신용공여 제한 제도를 도입하는 것은 시기상조라는 견해를 견지하고 있으나, 다수의 국가가 리스크관리의 중요성, 규모와 상호연계성 등을 포함한 해당 기업의 리스크 프로파일에 대한 감독당국의 판단에 근거하여 엄격한 거액신용공여 제한을 부과하는 Pillar 2 접근법을 지지하고 있다.

9.3 쟁점사항

SIFI를 지정하는 기준에 관해서는 어느 정도 의견이 수렴되고 있는 반면, 추가자본 부과 규모를 포함하는 정리제도 및 규제수단 강화와 관련해서는 여전히 쟁점이 남아 있다.[9]

먼저, 정리제도 강화와 관련하여 정부지원을 배제하는 것이 금융시스템 전체에 심각한 영향을 주지 않고 순조롭게 SIFI를 정리하는 데 효율적인지 여부에 대한 이슈이다. 즉, 경우에 따라서는 시스템리스크 확산 방지를 위해 공적자금 투입이 불

---

[9] 중국, 일본 등은 자국의 은행들이 자산규모는 크되 상호연계성, 대체가능성이 낮은 점을 감안하여 규모보다는 상호연계성, 대체가능성 지표에 더 높은 비중을 둬야 한다고 주장하고 있다.

가피한 경우가 있을 수 있으며, 정부지원을 막는 경우 적기 정리에 걸림돌로 작용할 수 있으므로, SIFI의 도덕적 해이 방지를 위한 장치 마련을 전제로 정부지원에 대한 제한적 허용 여부에 대해 검토되어야 한다는 것이다.

또한, 채권자 권리 제한의 방안으로 거론되고 있는 조건부자본 도입을 통해서 채권자도 손실의 일부를 부담하게 함으로써 사전에 시장 감시의 기능 강화, 구제금융을 통한 후순위 채권자 보호 방지 및 손실흡수력 확충이라는 순기능이 기대되지만, 국내법상 유가증권 법정주의,[10] 주주우선배정의 원칙[11] 등 상법상의 기본 원칙에 부합하지 않아 상법 개정이 요구된다. 또한 채무재조정 및 출자전환의 경우 금산법은 부실 금융회사 정리에 있어 감자를 인정하고 있으나, (강제적인) 채무재조정, 출자전환 권한은 부인하고 있다. 특히 채권자 권한을 과도하게 제한하는 경우 사적 자치의 원칙 등에 위배되어 위헌의 소지가 있을 수 있으며, 채무재조정, 출자전환 방안의 의무적 도입은 중복 규제의 소지가 있다.

국경 간 정리체계는 선진국과 신흥국 간의 이해상충의 가능성이 있으므로, 각국의 입장이 적절히 반영되어야 하며, G20 내 신흥국의 정보접근이 제한된 상태에서 국경 간 정리체계 강화 방안에 대한 합의는 어려우므로, 신흥국과의 정보공유 강화 등이 선행되어야 한다.

추가자본 부과는 기본적인 SIFI 규제수단으로 반영될 필요가 있으며, 선택 가능한 규제수단이 너무 많을 경우 금융회사 간 공정 경쟁에 저해 될 수 있으므로 일정 수준으로 제한할 필요가 있다. 또한, SIFI의 규모 및 영업범위에 대한 직접적인 규제는 신흥국의 경우 선진국에 비해 장외파생 및 투자은행 업무 취급이 미약하므로 금융발전 단계를 감안하여 개별 국가 차원에서 논의될 필요가 있다.

상호평가peer review 와 관련해서는 정리체계 및 감독 강화, 직접적인 규모 및 영업

---

[10] 유가증권이 그 종류 및 내용에 있어서 법에 의하여 제한을 받는다는 원칙으로, 유가증권 제한주의라고도 함. 해당 원칙을 보수적으로 해석하는 경우 상법 또는 증권거래법 등에서 명시적으로 허용되지 않는 유가증권은 발행할 수 없다.

[11] 주주 이외의 제3자에게 전환사채 또는 신주인수권부사채(BW)를 발행하는 경우 정관에 근거가 있거나 주주총회 특별결의가 요구된다.

행위 규제 등 정성적인 정책 옵션에 대해서 다양한 금융환경 및 산업 발전단계 등을 고려한 포괄적인 국가별 재량권 부여가 필요하다. 그러나 자본 및 유동성 규제 강화 등 계량화가 가능하고 핵심적인 정책 옵션에 대해서는 국제적으로 일관된 기준이 설정되어야 할 것이다. 또한, 정책옵션 간 규제강도의 차이를 고려하여 다양한 정책조합 간 수준 차이를 조율할 필요가 있다. 예를 들어, ① 규모 및 영업행위 제한이 가장 규제강도가 높다고 볼 수 있으며, ② 추가자본 및 분담금 부과, ③ 정리 체계 강화, ④ 감독 강화 순으로 규제 강도가 낮다고 할 수 있다.

이 밖에 추가 자본의 부과와 관련하여 다음과 같은 쟁점들이 존재한다.

추가자본의 계량화를 위한 초기 분석결과는 추가자본의 비용과 인센티브에 대한 고려가 이루어 지지 않았고, 피드백 효과도 고려되지 않았으며, 분석 데이터도 5개 은행으로 한정되어 결과 해석이 제한적이다. 따라서, 추가자본의 다양한 구성 형태에 따른 인센티브 효과를 고려하는 등의 모델 접근법을 개선하고, 다양한 금융회사에 적용하여 성과를 확인해야 한다.

9.4 시장반응

글로벌 SIFI에 국내 은행이 포함될 가능성이 매우 낮고, 국내 SIFI의 규제 방안에 대해서도 아직 감독당국의 논의가 초기 단계이므로, 국내에서의 시장반응은 명확하지 않은 편이다. 이에 비해 자국 은행들이 SIFI에 포함될 것으로 예상되는 스위스는 2010년 10월에 자본규제기준 Swiss Finish 을 발표하였다.[12] 자본규제기준 Swiss Finish 을 통해 스위스는 자국 은행에 10% 보통주자본, 19% 총 규제자본 요건을 적용

---

[12] FINMA, "Commission of Experts submits package of measures to limit "too big to fail" risks," Oct 2010; Hildebrand, Philipp, "Follow the Swiss lead to avoid another Lehman," Financial Times, Oct 2010.

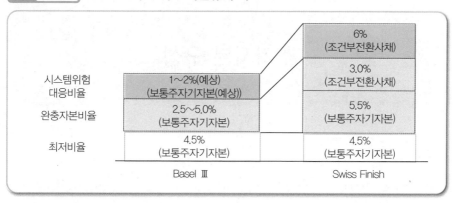

그림 9.2 Basel Ⅲ와 스위스 자본규제 비교

하였으며, 완충자본에 조건부전환사채 Contingent convertible bond 를 3%까지 허용하였다. 보통주자본비율 10%는 최저비율 4.5%와 손실보전 완충자본 비율 5.5%의 합계인데, Basel Ⅲ와 최저비율은 일치하는 반면 손실보전 완충자본 비율은 최대 3.0%p까지 더 높은 수준이다. 또한, 아직 확정되지 않았으나, SIFI에 부과될 추가 자본량이 1~2% 수준일 것으로 예상되는 바, 이와 비교하여 스위스 기준은 (자본의 질에 있어서는 차이가 존재하지만) 추가 자본량을 최대 6%까지 부과할 수 있도록 하고 있다.

스위스가 글로벌 금융 규제개혁에 있어 적극적인 입장을 보이는 것으로 알려져 있지만, SIFI 규제 이슈는 타 국가에서도 점차 중요한 사안이 될 것으로 예상되는 바 향후 미국이나 영국 등 여타 주요국도 Basel Ⅲ를 최저기준으로 설정하고 자국 기준을 한층 강화된 형태로 설계할 가능성이 높으며, 국내 SIFI에 대한 규제 기준도 크게 다르지 않을 것으로 예상된다. 이와 관련하여 2011년 6월에 대니얼 타룰로 미 연방준비제도 이사회 FRB 이사는 대형은행의 자기자본비율에 대해 자산규모별로 8~14%로 강화된 보통주자본 비율을 적용할 계획임을 내비추어 주목을 받고 있다. 이는 자산규모가 큰 대형은행의 경우 글로벌 금융당국자들이 합의한 Basel Ⅲ의 최저자본기준(보통주자본비율 7%)보다 두 배 이상 자본을 쌓아야 함을 의미하는 것으로서 미국 정책당국자들이 시스템위기를 초래할 수 있는 은행을 규제하는 방안을 두고 당초 예상보다 상당히 강한 규제책을 준비하고 있음을 시사한다.

Appendix 9.1

추가자본 구성

◉ 방안 A: 추가자본 소진 후 자본보전 완충자본, 경기대응 완충자본을 소진

SIFI 추가자본 미충족 시 해당 은행의 자본상황을 일정기간 동안 개선하는 계획에 합의하는 등 비공개 제재(자본재구성 계획)를 우선적으로 수행하고, 자본보전 완충자본/경기대응 완충자본 소진시점에서 공개적인 제재를 수행한다. SIFI 여부가 시장에 알려지는 시점이 방안 B, C보다 늦다는 장점이 있는 반면, 국제적으로 일관성 있는 제재조치를 수행하기 어렵다.

◉ 방안 B-1: 추가자본과 자본보전 완충자본(경기대응 완충자본)을 통합 관리하여 위반 시에 공개 제재(배당 제한)

규제의 엄정성 및 국제적인 규제 적용 일관성의 장점이 있다. 즉, "자동적 자본 보유 메커니즘"이 작동하여 버퍼 미충족 시 자동으로 배당 제한 등의 제재 조치가 취해진다. 반면 추가자본이 부여된 시점 혹은 재제 시점에 SIFI 지정 여부가 공개될 가능성이 있다.

◉ 방안 B-2: 자본보전 완충자본(경기대응 완충자본) 소진 후 추가자본을 사용하며 자본보전 완충자본 및 경기대응 완충자본 소진 시점에서 공개 제재(배당 제한)

규제의 엄정성 및 국제적인 규제 적용 일관성의 장점이 있다. 다만, SIFI 지정 여부가 시장에 알려지는 시점이 방안 A보다 빠르다는 단점이 있다.

◉ 방안 C: 추가자본 위반 시 배당 제한 등의 공재 제재에 앞서 일정 기간(12개월 동안) 자본 재구성 계획 등을 통한 비공개 제재를 실시함으로써 유예기간 적용

그림 A.9.1 SIFI 추가자본 위치(예시)

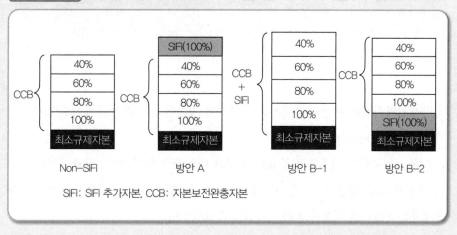

SIFI: SIFI 추가자본, CCB: 자본보전완충자본

예상파급효과 방안: SIFI 추가자본 규제

바젤위원회에서 제안한 추가자본의 계량화 방법은 시스템적 중요성 평가측도에 기반하여 개발되었다.

I_i를 금융회사의 시스템적 중요도에 대한 측도라고 하면, 해당 금융회사의 부도 시 예상파급효과를 $f(I_i)$로 정의한다. 금융회사의 허용 가능한 최대 부도율 수준을 규제자본비율 c_i을 이용하여 $PD_i = g(c_i)$로 표현한다.

이 때, 모든 규제자본 수준이 동일하다면, 추가자본이 부과되기 전 부도율은 동일해야 한다. 즉 $PD \equiv g(\tilde{c})$가 성립한다. 감독당국이 정의한 부도 시 예상 파급영향의 목표가 $PD = f(I_r)$이라고 하면, s_i의 추가자본이 부과되는 금융회사 i의 규제자본비율은 $\tilde{c} + s_i$가 되며 다음 식이 성립한다.

$$PD \times f(I_r) = PD_i \times f(I_i)$$

상기의 식으로부터 시스템적 중요도가 증가할수록 부도율은 더 낮아져야 함을 알 수 있으며, 상기 식을 다음과 같이 변환할 수 있다.

$$PD \times f(I_r) = PD_i \times f(I_i) \Rightarrow g(\tilde{c}) \times f(I_r) = g(\tilde{c} + s_i) \times f(I_i)$$

다음과 같은 추가자본량에 대한 산식을 도출할 수 있다.

$$s_i = g^{-1}\left(\frac{g(\tilde{c})f(I_r)}{f(I_i)}\right) - \tilde{c}$$

즉, SIFI에 대한 추가자본 적립 규모는 시스템적 중요도, 최저규제자본비율 등의 함수로 나타낼 수 있다.

참고문헌

| 국 | 내 | 문 | 헌 |

강동수, "동태적 대손충당금 제도도입의 타당성 분석", 한국개발연구원, 2006.

금융감독원, 「자산건전성 분류업무 해설」, 2010.

김병덕, "국제적 은행 자본규제 강화 논의와 국내영향", 한국금융연구원, 2010.

김병덕, "금융위기 이후 금융산업의 발전방향: 은행산업을 중심으로", 한국금융학회, 2009.

김병덕, "시스템적으로 중요한 금융회사에 대한 규제 전망 및 국내적용 방안", 한국금융연구원, 2010.

김병덕, "SIFI에 대한 향후 규제 전망과 대응방안", 한국금융연구원, 2011.

김자봉·이동걸, "경기순응성 완화방안에 관한 연구", 한국금융연구원, 2009.

김 철, "BCBS 완충자본제도의 주요 내용 및 시사점", The Banker, 2010.

윤석헌, 정지만, "시스템리스크와 거시건전성 정책체계", 금융연구 24권 2호, 2010.

이태규, "거시건전성 감독체계 강화 논의와 정책적 시사점", 한국경제연구원, Feb 2010.

전국은행연합회, "제2차 IFRS 도입 준비", 2010.

정찬우, "자본규제 강화가 국내은행에 미치는 영향", 한국금융연구원, Dec 2009.

한국회계기준원, "IASB Exposure Draft 검토보고서", 2010.

함준호, 김병덕, "금융규제 감독 체제의 개선방향", 한국금융학회 금융정책, 2009.

| 외 | 국 | 문 | 헌 |

BCBS, "Basel Ⅲ: A global regulatory framework for more resilient banks and banking systems," Dec 2010.

BCBS, "Report and Recommendations of the Cross-border Bank Resolution Group," Dec 2009.

BCBS, "Addressing financial systemic procyclicality: a possible framework," Note for the FSF Working Group on Market & Institutional Resilience, Sept 2008.

BCBS, "Guidance for national authorities operating the countercyclical capital buffer," Dec 2010.

BCBS, "Countercycliclal Buffers Proposal," July 2010.

BCBS, "Guiding principles for the replacement of IAS 39," 2009.

BCBS, "Sound credit risk assessment and valuation for loans," 2006.

Borio, "Towards a macroprudential framework for financial supervision and regulation?," CESifo Economic Studies Vol.49 No.2, 2003, pp.181-216.

Borio, "Implementing the macroprudential approach," Financial Stability Review, Sept 2009.

Drehmann, Tarashev, "Measuring the systemic importance of interconnected banks," BIS Working paper 142, 2011.

FINMA, "Final report of the Commission of Experts for limiting the economic risks posed by large companies," Sep 2010.

FSA, "PS10/14: Capital planning buffers: feedback on CP09/30 and final rules," Sept 2010.

FSB, "Reducing the moral hazard posed by SIFI," Jun 2010.

IASB, "Financial Instruments: Amortised Cost and Impairment," Exposure Draft, 2009.

IASB, "International Accounting Standard 39, Financial Instruments: Recognition and Measurement," 2009.

IMF, "Regulatory Capital Charges for Too-Connected-to-Fail: A Practical Proposal," April 2010.

BASEL III & FINANCIAL
RISK MANAGEMENT

PART

04

금융개혁의 영향 및 대응

Summary

Basel Ⅲ로 대변되는 새로운 규제환경은 자본규제, 레버리지 및 유동성 규제 강화 등으로 은행들의 건전성 및 안전성은 제고되고, 수익성은 크게 감소될 것으로 예상된다. 일부 분석기관에 의하면, 유럽계 대형 은행의 세전 ROE는 약 5%p나 감소될 것으로 전망되고 있다.

새로운 금융규제로서 Basel Ⅲ가 은행산업에 미치는 영향을 사전에 분석하여 시행에 따라 예상되는 부작용을 최소화할 수 있도록 바젤위원회는 계량영향평가 $_{QIS}$ 를 실시하였다. 앞서 살펴본 바와 같이, Basel Ⅲ의 자본요건 변화는 손실흡수능력이 높은 보통주와 유보이익이 중심인 보통주자본으로의 개편, 차감항목의 확대 등이다. 여기에 추가로, 개별 은행의 건전성 제고를 위한 손실보전 완충자본 $_{CB}$, 경기대응적 자본버퍼 $_{CCB}$ 등을 추가 적립할 예정이다. 유럽 대형 12개 은행의 경우 Basel Ⅲ의 자본 차감항목 확대로 인해 약 3,500억 유로의 추가자본 확충이 필요한 것으로 추산되고 있다. 유럽 은행들의 경우에는 소수주주 지분 및 이연법인세 자산 항목의 자본공제가 주요인으로 분석되었다. 그에 따라 은행들은 위기 시 자동으로 주식으로 전환되는 조건부자본과 같은 핵심자본 수단을 검토하고 있다.

아시아-태평양 지역의 은행들은 유럽이나 북미 은행들에 비해 자본구조가 더 견고하여 영향이 제한적일 것으로 보이나, 보통주자본이 부족한 일본은행들은 예외라고 할 수 있다. 국내 은행들은 Basel Ⅲ 최소자본 비율을 상당 부분 충족하고 있어 자본규제 강화가 미칠 영향은 제한적일 것으로 예상되는데, 이는 자본차감항목이 이미 보수적으로 설정되어 있는 데다 자본구조도 보통주자본 중심으로 구성되어 있기 때문이다. 다만, 중장기적으로는 국내은행들도 만기도래하는 후순위채 등의 차환 발생 시 다소 부담이 발생할 가능성은 존재한다.

국내 은행들의 경우 현재 상태로는 유동성 규제기준 100%에 미달하고 있으므로 안정적 소매예금 확보 노력 강화, 국채 등 고유동성 자산 중심으로의 자산 포트폴리오 변화가 필요할 것으로 판단된다. 구체적으로 보면, LCR에서 낮은 이탈률(5%)이 적용되는 안정예금을 확대하기 위하여 급여계좌 고객 등 주거래고객에 대한 차등금리 적용 등의 노력이 필요하며, 채권시장에서는 국공채나 AA- 등급 이상 회사채 투자 수요가 증가할 전망이다. 부채 측면에서 은행채도 유동성비율을 감안하여 1년물보다는 2~3년물 중심으로 만기 장기화 현상이 발생할 것으로 보이며, 자산 측면에서 현금유출 요인 중 국내은행이 상대적으로 큰 비중을 차지하는 부외 신용·유동성 공여 약정은 향후 축소될 것으로 전망된다. 그러나, 이행기간이 충분한 만큼 실제로 규제가 시작되는 시점(LCR: 2015년, NSFR: 2018년)까지는 규제비율을 충족하는 데 큰 어려움이 없을 것으로 판단된다.

한편, 바젤위원회의 분석에 따르면, Basel Ⅲ 도입이 경제 전반에 미치는 영향은 GDP 0.2~0.4% 감소 수준으로 그다지 크지 않을 것으로 추정되고 있다. 감독당국에서는 이러한 GDP 감소효과는 새로운 규제가 은행위기의 발생 가능성을 낮추고 뒤이은 경기침체를 예방한다는 차원에서 비용보다 편익이 크다고 주장한다. 또한, 은행의 비즈니스 모델 조정, 시장의 은행 증자 흡수여력 등 동 분석작업에서 고려하지 못한 제약요건도 이행기간이 장기(8년)임을 감안 시 중요 변수는 되지 않을 것으로 보인다. 그러나, 향후에도 금융부문이 거시경제에 미치는 영향에 대한 연구를 강화할 필요가 있으며, 특히 규제강화에 대한 반응으로 은행의 대출행태 변화, 은행/비은행 신용경로가 거시경제에 미치는 영향 등에 대한 연구가 필요할 것으로 판단된다.

새로운 규제에 대한 은행의 대응전략은 단기적으로는 정교한 리스크 측정을 위한 리스크 인프라 강화, 부족 자본규모 확충, 유동성비율 산출 및 모니터링 개선을 추구하는 한편, 원가 절감 등 비용감축을 통한 ROE 개선도 추진할 것으로 보여진다. 중장기적으로는 규제 강화가 영업에 미치는 영향을 평가하고 경쟁우위를 점하기 위한 비즈니스 모델 개편 및 미래 사업전략 수립이 필요할 것으로 판단된다. 이러한 전략에는 자산/부채 구성, 자본 및 유동성 전략 등이 포함될 것이다. 또한, 규제영향에 대한 정밀한 분석 및 미세조정을 위한 감독당국과의 긴밀한 협력도 필요할 것이다.

국내 감독당국도 Basel Ⅲ가 큰 어려움 없이 도입되게 하기 위해서는 다음 측면에서 준비가 필요하다. 첫째, 국내 현실에 맞게 세부사항의 조정이 필요하다. 구체적으로 유동성비율 산출과 관련하여 국내에서 결정해야 할 여러 기술적인 세부사항이 존재한다. 둘째, 거시건전성 감독체계의 구축이 필요하다. Basel Ⅲ는 금융감독당국에게 경기대응적 자본버퍼_CCB의 추가와 유동성 포지션에 대한 모니터링 등을 통한 거시건전성 감독도 요구하고 있다. Basel Ⅱ의 Pillar 2 차원에서 이루어지는 감독당국의 점검 및 평가는 개별 은행의 건전성 차원뿐 아니라 전체 금융시스템의 안정성을 확보하는 차원으로 확장되어야 할 것이다. 셋째, 현재 적용되고 있는 단순 유동성비율이나 예대율 규제는 Basel Ⅲ의 기준과는 일치하지 않으므로 이에 대한 조정 혹은 폐지가 필요하다. 동일한 목표의 중복규제를 같이 가져가는 것은 국내 은행들에게 불리한 영향을 미치게 될 것이다. 특히, 예대율 규제와 새로운 유동성비율을 동시에 적용할 경우, 은행들의 소매예금 확보 경쟁이 가속화되어 수신금리 상승, 그에 따라 여신금리 상승이 연쇄적으로 발생할 경우 금융시장 및 거시경제에 부정적인 영향이 나타날 것이다.

이외에도 새로운 규제에 대한 국내은행들의 부담을 완화하기 위해 다양한 수단을 검토할 수 있을 것이다. 예를 들어, 고유동성 자산의 범주에 한국은행의 적격담보상품들을 포함하는 방안, 국공채 발행 확대 또는 호주와 같은 유동성지원기구의 설립, 커버드채권 발생 기준 완화, 예금에 대한 세금 폐지 등이 검토대상이 되어야 할 것이다.

제10장

바젤위원회 계량영향평가 결과

새로운 금융규제로서 Basel Ⅲ가 은행산업에 미치는 영향을 사전에 분석하여 시행에 따라 예상되는 부작용을 최소화할 수 있도록 바젤위원회 BCBS 는 포괄적인 계량영향평가 QIS 를 2010년 12월에 실시하였다. 동 QIS(2009년 末 기준)에서는 우리나라를 포함하여 모두 23개 회원국의 263개 은행이 참여하였으며, 'Group 1' 대형은행 94개와 'Group 2' 중소형 은행 169개로 나누어 수행하였다. 이러한 구분기준은 해당 은행의 Tier 1 자본이 30억 유로(약 4.6조원) 이상이며, 국제적으로 비즈니스를 수행하는 대형은행을 Group 1로, 나머지 중소형 은행을 Group 2로 구분하였다. 국내은행의 경우 국민, 신한, 우리, 하나, 기업은행이 Group 1로, 농협, 대구, 부산은행이 Group 2로 분류되어 평가에 참여하였다.[1]

---

[1] 최종 QIS에는 Group 1 은행 91개, Group 2 은행 158개가 참여함.

표 10.1 | QIS 참여 국가 및 은행 **數**

국가명	참여은행		국가명	참여은행	
	Group1	Group 2		Group1	Group 2
호주	4	1	룩셈부르크	–	1
벨기에	2	2	멕시코	–	3
브라질	2	–	네델란드	4	14
캐나다	6	2	사우디	3	–
중국	5	5	싱가포르	3	–
프랑스	5	6	남아프리카	3	3
독일	9	59	스페인	2	5
홍콩	–	7	스웨덴	4	2
인도	3	6	스위스	2	6
이탈리아	2	20	영국	5	6
일본	9	7	미국	13	–
한국	5	3	합 계	91	158

10.1 자본적정성 부문

계량영향평가 QIS 방법은 자본규제의 경우 현행 기준 Basel Ⅱ과 Basel Ⅲ 기준 적용 시 변동되는 자본수준을 비교하였다. 참고로 동 QIS 결과에서 의미하는 평균값 average 은 아래와 같이 개별은행의 규모에 따른 가중치 반영을 위해 전체 참여은행 합계로 산출하였다.

예)	보통주자본비율(평균) = $\dfrac{\text{개별 은행 보통주자본 합계}}{\text{개별 은행 위험가중자산 합계}}$

Basel Ⅲ 적용 시 Group 1 및 Group 2 은행의 보통주자본 비율은 최저 필요자본비율(4.5%)을 상회하나, 현행 수준(각각 11.1%, 10.7% → 5.7%, 7.8%)보다는 크게 하락하는 것으로 나타났다. 이러한 비율 하락은 공제항목 확대 및 보통주자본 인정 요건 강화(분자), 위험가중자산 증가(분모)에 주로 기인하는 것으로 확인되었다.

또한, Group 1 은행의 Tier 1 자본비율은 10.5%에서 6.3%로 하락하고, 총자본비율은 14.0%에서 8.4% 수준으로 하락하였으며, Group 2 은행은 Tier 1 자본비율의 하락폭이 적은 편으로 동 비율은 9.8%에서 8.1%, 총자본비율은 12.8%에서 10.3% 로 하락하였다.

국내외 은행을 비교할 경우, 대형은행(Group 1)의 경우, 보통주 자본Common Equity Capital 비율은 23개국 평균이 11.1%에서 5.7%로 크게 하락한 반면, 국내 은행들은 10.3% 수준으로 규제비율은 7%를 3.3%p나 초과하는 것으로 나타났다. 이는 주요 선진은행들이 영업권goodwills 등 Basel Ⅲ에서 더 이상 자본으로 인정하지 않는 공제항목들을 많이 보유하고 있기 때문으로 판단된다.

이와 같이, 국내은행들은 Basel Ⅲ 최소자본 비율을 상당 부분 충족하고 있어 자

표 10.2 | 규제자본 비율 변화: 은행 평균치(%)

(단위: 개, %)

	은행 數	보통주자본		Tier 1		총자본비율	
		현행*	Basel Ⅲ	현행	Basel Ⅲ	현행	Basel Ⅲ
Group 1	74	11.1	5.7	10.5	6.3	14.0	8.4
Group 2	133	10.7	7.8	9.8	8.1	12.8	10.3

*현행 Base Ⅱ 기준 적용.

표 10.3 | 규제자본 비율 변화 비교: 해외 vs. 국내

		보통주자본비율	Tier 1 비율	총자본비율
대형은행	23개국 평균	11.1 → 5.7	10.5 → 6.3	14.0 → 8.4
	국내은행	11.3 → 10.3	11.1 → 10.4	14.7 → 13.5
기타은행	23개국 평균	10.7 → 7.8	9.8 → 8.1	12.8 → 10.3
	국내은행	10.4 → 9.7	10.7 → 10.0	15.3 → 13.4

본규제 강화가 미칠 영향은 제한적일 것으로 예상되는데, 이는 자본차감항목이 이미 보수적으로 설정되어 있는 데다 자본구조도 보통주자본 중심으로 구성되어 있기 때문이다. 다만, 중장기적으로는 국내은행들도 만기도래하는 후순위채 등의 차환 발생 시 다소 부담이 발생할 가능성은 존재한다. 또한, 부실 우려 시 보통주자본으로 전환되거나 상각되도록 하는 조건부자본 contingent capital 을 의무화하는 경우 자본조달비용이 상승할 것으로 예상된다.

필요자본 규모의 측면에서, 보통주자본 비율의 규제기준 4.5%를 준수하기 위해 Group 1 은행은 1,650억 유로, Group 2 은행은 80억 유로의 보통주자본 common equity 확충이 필요한 것으로 나타났다. 보통주자본 비율 7%를 목표로 설정하는 경우 (최소 보통주자본 비율 4.5% + 손실보전 완충자본 2.5%), Group 1 은행은 5,770억 유로 (880조원), Group 2 은행은 250억 유로의 보통주자본이 추가로 필요하다. 참고로

표 10.4 | 보통주자본의 예상 부족규모

(단위: 개, 10억 유로)

	Group 1 은행	Group 2 은행
은행 數	87	136
보통주자본 부족액 (4.5% 기준, 15년까지)	165	8
보통주자본 부족액 (7% 기준, 19년까지)	577	25

표 10.5 | 자본정의 변경에 따른 영향

(단위 :개, %)

	보통주자본	Tier 1 자본	총자본
Group 1	△41.3	△30.2	△26.8
Group 2	△24.7	△14.1	△16.6

2009년 Group 1 은행의 배당 前 세후이익 규모는 2,090억 유로 수준으로 추가 필요 보통주자본 규모는 이익의 2배 규모에 이른다.

이는 규제자본비율 산출식(자본(K)/위험가중자산 RWA 의 분자인 자본(K)이 자본차감항목 확대로 감소한 데다, 일부 자산에 대한 위험가중치가 상향조정되면서 분모인 RWA도 증가한 데 기인한다. 구체적으로 자본차감항목의 확대로 인한 영향은 Group 1 은행의 보통주자본이 41.3% 감소하며, Group 2는 24.7%만큼 감소하는 것으로 나타났다.

차감항목별 보통주자본 감소에 미치는 영향을 구분하여 보면, Group 1 은행의 경우 영업권 △19.0%, 이연법인세 △7.0%, 무형자산 △4.6% 타금융회사 투자지분 △4.3%의 순으로 나타났으며, Group 2 은행은 영업권 △9.4%, 타금융회사 투자지분 △5.5%, 이연법인세 △2.8%, 무형자산 △2.3% 순으로 나타났다.

위험가중자산의 측면에서 보면, Group 1 은행의 위험가중자산 RWA 은 23.0% 증가하는 것으로 나타나는데, 이는 거래상대방 신용리스크 CCR 및 트레이딩 계정에 대한 자본부과 강화 등 리스크 포괄범위 확대에 주로 기인한다. 한편, Group 2 은행은 CCR 및 트레이딩계정 규제 영향이 크지 않아 평균 4.0% 증가하는 것에 그쳤다.

거래상대방 신용리스크 CCR 의 경우, Group 1 은행의 RWA는 7.6%, Group 2 은행은 0.3% 증가하였으며,[2] 은행계정 내 유동화익스포저에 대한 자본강화로 인한 영향은 Group 1 은행이 1.7%, Group 2 은행은 0.1% 증가하는 것으로 나타났다.

---

[2] CCR 관련 영향은 공개초안에서 제시된 가상채권방식에서 일부 수정('10.7월)된 사항이 반영된 것으로 Basel Ⅲ Rule Text에서 신설된 방법이 모두 반영된 것은 아님에 유의하기 바람.

표 10.6 | 자위험가중자산의 변화

(단위 : 개, %)

	합계	CCR	유동화	트레이딩 Sressed VaR	Equity*	IRC 및 Sec TB**
Group 1	23.0	7.6	1.7	2.3	0.2	5.1
Group 2	4.0	0.3	0.1	0.3	0.1	0.1

*트레이딩 계정에서 표준방법으로 주식 익스포저에 대한 개별리스크 산출 시 자본부과 강화에 따른 영향 측정.

**채권의 개별리스크를 내부모형으로 측정 시 추가자본 부과(IRC : Incremental Risk Charge), 트레이딩 계정 내 유동화 자산에 대한 위험가중치 증가(Securitisations in the Trading Book).

앞서 살펴본 바와 같이, Basel Ⅲ의 자본요건 변화는 손실흡수 능력이 높은 보통주와 유보이익이 중심인 보통주자본(Core Tier 1 비율)으로의 개편, 차감항목의 확대 등이다. 여기에 추가로, 개별 은행의 건전성 제고를 위한 손실보전 완충자본 Conservation capital Buffer: CB, 경기대응적 자본버퍼 Counter-Cyclical capital Buffer: CCB 등을 추가 적립할 예정이다.[3] 한편, 자본비율의 분모가 되는 위험가중자산도 시장리스크 (Stressed VaR 포함 및 트레이딩계정 위험가중치 강화)와 거래상대방 리스크에 대한 추가로 인해 증가할 것이다.

10.2 레버리지 비율 부문

Basel Ⅲ에서 새롭게 도입되는 레버리지 비율 leverage ratio 의 경우, Group 1 은행의 평균 레버리지 비율은 2.8%로, 동 그룹 은행들의 42%가 최소 규제비율 3%(익스

---

[3] 이에 대한 자세한 내용은 Part Ⅲ의 제9장을 참고하기 바람.

표 10.7 | 레버리지 비율 산출결과

	평균		최소기준 미달은행	
	Group 1	Group 2	Group 1	Group 2
레버리지 비율	2.8%	3.8%	42%	20%

포저 대비 Tier 1 자본 비율)에 미치치 못하는 것으로 나타났다. Group 2 은행의 경우, 평균 3.8% 수준으로 동 그룹 은행들의 20%가 3%에 미달하는 것으로 나타났다.

동 비율이 낮은 은행들은 주로 유가증권, 파생상품, 유동화증권 등 신용등급이 높게 평가된 자산을 중심으로 레버리지를 많이 확대해왔기 때문인 것으로 분석되었다. 하지만 2015년부터는 은행들이 레버리지 비율을 공시해야 하므로 파생상품 등을 통한 레버리지 확대가 현재보다는 제약될 것으로 예상된다.

한편, 국내 대형은행들의 경우 레버리지 비율이 평균 4.6%이며, 이는 새로운 규제기준(3%)을 크게 상회하는 수치이며, 국내 기타은행의 경우에도 5.1%로 안정적인 수준을 보이고 있다.

표 10.8 | 레버리지 비율의 비교: 해외 vs. 국내

		레버리지비율	기준미달 은행 비중
대형은행	23개국 평균	2.8%	42%
	국내은행	4.6%	—
기타은행	23개국 평균	3.8%	20%
	국내은행	5.1%	—

〈표 10.8〉에서 보여지듯이, 레버리지 비율 규제는 해외 대형은행들에서 영향이 크게 나타날 것으로 판단된다.

10.3 유동성리스크 부문

단기 유동성 규제비율인 유동성커버리지비율LCR 은 Group 1 및 Group 2 은행의 평균비율이 각각 83%, 98%로 나타나 규제비율 100%에 미치지 못하는 것으로 나타났다. 분석대상 은행 중에서 LCR 비율 충족 은행은 46%, 비율 미달 은행의 고유동성 자산HQLA: High Quality Liquid Asset 부족금액은 1.73조 유로 수준으로 나타났다.

한편, 중장기 유동성 비율인 순안정자금조달비율NSFR 은 Group 1과 Group 2의 평균 비율이 각각 93%, 103%로 나타나 Group 1 은행들은 규제비율 100%를 만족하지 못하는 것으로 나타났다. 동 비율을 충족하는 은행은 43%이며, 비율 미달 은행들의 안정자금 부족금액stable funding 은 2.89조 유로 수준이었다. NSFR과 LCR에서 고유동성자산 부족 금액은 상호 독립적인 금액이 아니므로 하나의 비율에서 부족금액이 감소될 경우 다른 비율에서도 부족금액도 줄어들 수 있다.

국내 은행들의 경우 현재 상태로는 유동성 규제기준 100%에 미달하고 있으므로 안정적 소매예금 확보 노력 강화, 국채 등 고유동성 자산 중심으로의 자산 포트폴리오 변화가 필요할 것으로 판단된다. 구체적으로 보면, LCR에서 낮은 이탈률(5%)이 적용되는 안정예금을 확대하기 위하여 급여계좌 고객 등 주거래고객에 대한 차등금리 적용 등의 노력이 필요하며, 채권시장에서는 국공채나 AA - 등급 이상 회

표 10.9 | 유동성 규제비율 산출결과

		LCR	NSFR
Group 1 (대형은행)	23개국 평균	83%	93%
	국내은행	76%	93%
Group 2 (중소형은행)	23개국 평균	98%	103%
	국내은행	75%	99%

표 10.10 | LCR 현금유출 및 총 현금유입 비중(총 현금유출액 대비)

구 분	Group 1 은행	Group 2 은행
현금유출 (부채측면)		
소매 및 중소기업 예금	9.7%	18.1%
일반기업 예금	15.9%	21.4%
금융기관으로부터 예금 및 차입금	27.6%	26.3%
국가, 중앙은행, 공공기관	9.7%	6.6%
자산담보부 조달자금	2.4%	1.2%
유동화 및 자행발행 부채	24.9%	10.9%
부외 신용 및 유동성약정	2.3%	2.7%
파생상품 관련 미지급금 등 기타 현금유출	7.3%	12.8%
총 현금유출	**100.0%**	**100.0%**
현금유입액 (자산측면)		
소매 및 중소기업 대출	2.5%	8.4%
일반기업 대출	3.2%	5.9%
금융기관 대출	7.8%	16.9%
국가, 공공기관 등 기타 법인 대출	0.8%	1.1%
자산담보부 대출	7.5%	6.1%
ABCP, Conduits, SIV 및 자기계좌, 비연체증권 현금유입	1.3%	1.6%
파생상품 관련 미수금 등 기타 현금유입	6.1%	15.9%
총 현금유입	**22.2%**	**40.5%**

사채 투자 수요가 증가할 전망이다. 부채 측면에서 은행채도 유동성비율을 감안하여 1년물보다는 2~3년물 중심으로 만기 장기화 현상이 발생할 것으로 보이며, 자산 측면에서 현금유출 요인 중 국내은행이 상대적으로 큰 비중을 차지하는 부외 신용·유동성 공여 약정은 향후 축소될 것으로 전망된다.

그러나, 이행기간이 충분한 만큼 실제로 규제가 시작되는 시점(LCR: 2015년, NSFR: 2018년)까지는 규제비율을 충족하는 데 큰 어려움이 없을 것으로 판단된다.

　　LCR 산출 시 고유동성 자산으로 포함가능한 커버드채권을 일부 제한하는데, 이로 인해 덴마크가 특히 타격을 받게 된다. 덴마크는 모기지 은행이 신용리스크만 부담하고 다른 리스크는 투자자가 부담하는 독특한 시스템을 가지고 있기 때문이다. 200년의 역사를 가진 덴마크 커버드채권시장은 세계에서 커버드채권 규모가 두 번째로 크고 국채에 비교될 만큼 높은 유동성 수준을 보여주며 지난 글로벌 금융위기에도 별다른 영향을 받지 않았다.

　　덴마크는 상대적으로 정부 채권의 양이 작고, 따라서 덴마크 은행들은 유동성 관리를 위해 커버드 채권을 많이 보유하는 경향이 있다(덴마크의 커버드채권 시장은 국채시장보다 4배 규모이다). 그러나 LCR하에서, 이러한 대부분의 은행들은 유동성 관리 목적을 위해 커버드채권의 보유를 감소시켜야만 할 것이다. 이는 수요를 감소시켜 차용자의 비용을 상승시키고, 경제성장을 악화시킬 것으로 전망되고 있다.

　　2010년 8월 덴마크 금융감독당국 수장 Ulrik Nodgarrd와 중앙은행 총재 Nils Bernstein은 공동으로 바젤위원회에 Basel Ⅲ의 유동성 규제가 덴마크 커버드채권 시장에 미치는 부정적인 영향을 지적하였다. 그들은 유동성 기준이 덴마크 금융시스템의 불안정성을 높이고 실증적 증거에 의해서 볼 때 적절하지 않다고 주장하였다.

제11장

국내외 금융권에 미칠 영향

11.1 글로벌 금융회사에 미칠 영향

자본 적정성

McKinsey 분석에 따르면, 유럽 12개 대형 은행들의 경우 Basel Ⅲ의 자본 공제 항목 확대로 인해 약 3,500억 유로의 추가자본 확충이 필요한 것으로 추산되고 있다.[1] 유럽 은행들의 경우에는 소수 주주지분minority interests 및 이연법인세자산deferred tax assets 항목의 자본공제가 영향이 큰 것으로 분석되었다. 그에 따라 은행들은 위기 시 자동으로 주식으로 전환되는 조건부자본contingent capital 과 같은 핵심자본 수단

---

[1] BNPP, RBS, Deutsche Bank, Barclays, Societe Generale, Santander, UBS, HSBC, Lloyds, Credit Suisse, UniCredit, Commerzbank.

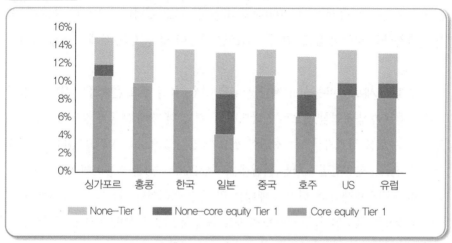

그림 11.1 Basel Ⅱ 기준 자본적정성 비율(%), 2010년도 기준

싱가포르 홍콩 한국 일본 중국 호주 US 유럽

None-Tier 1   None-core equity Tier 1   Core equity Tier 1

을 검토하고 있다.

이를 보다 구체적으로 살펴보면, 자본 감소와 RWA 증가로 핵심자본비율Tier 1 은 9%에서 6.1% 수준으로 감소할 것으로 보이며, 이는 보다 효과적이고 효율적인 자본관리가 은행에서 필수적 요소가 됨을 의미한다. 바젤위원회BCBS 는 전체 자본요구량은 최소 11.5%, 시장리스크 소요자본량은 223.7%만큼 증가할 것으로 추정한 바 있다.[2]

아시아 – 태평양 지역의 은행들은 유럽이나 북미 은행들에 비해 자본구조가 더 견고하여 영향이 제한적일 것으로 보이나, 보통주common equity 자본이 부족한 일본 은행들은 예외라고 할 수 있다.

유동성리스크

지난 수년간 유럽 주요국 은행들은 단기 자금조달에 집중하였고, 일부 감독당국은 단기 유동성커버리지비율LCR 과 유사한 방식의 규제를 이미 적용하고 있다. 다

---

[2] BCBS, "Analysis of the trading book QIS", 2009.10.

만, Lloyds, BNPP, Deutsche bank, Societe Generale 등의 장기자금조달비율NSFR
은 80% 수준으로 규제기준인 100%에 미달하는 것으로 나타나고 있다. 이들은 장
기 대출자산의 비중이 높고, 단기 자금조달 비중이 낮은 자산/부채 구조를 가지고
있다.

그에 따라 새로운 유동성 규제가 시행될 경우, 유럽 주요 은행들은 상당한 장기
자금조달 부족에 직면할 것으로 전망되며, 유럽 상위 12개 은행의 경우에는 총 1조
3,380억 유로를 장기자금으로 전환할 필요가 있는 것으로 추정되고 있다. 또한 자
산별 및 자금조달원천별로 다른 위험계수(할인율, 이탈률)를 적용하여 NSFR을 산출
함에 따라 장외파생상품, 단기 소매대출 및 특정 트레이딩 자산의 자금조달비용이
상승할 것으로 예상된다. 규제비율 충족을 위해 국공채 및 우량 회사채(A등급 이상)
등의 선호가 증가하는 등 자산에 대한 선호도도 변화될 전망이다.

바젤위원회는 추가 계량영향평가에 따라 필요하다면, 규제기준의 일부 요소를
수정할 수 있다고 밝히고 있다. LCR은 2013년 중순까지 개정안이 만들어 질 것이
고, NSFR은 2016년 중순까지 이루어 질 것이다. 개정을 포함한 LCR은 2015년 1월
1일에, NSFR은 2018년 1월 1일에 본격적으로 도입될 것이다.

수익성 측면

Basel Ⅲ로 대변되는 새로운 규제환경은 자본규제, 레버리지 및 유동성 규제 강
화 등으로 은행들의 건전성 및 안전성은 제고되고, 수익성은 크게 감소될 것으로
예상된다. 일부 분석기관에 의하면, 유럽계 대형 은행의 세전 ROERetum On Equity 는
규제의 충격을 완화하기 위한 조치를 취하지 않는다는 가정하에 약 5%p나 감소될
것으로 전망되고 있다.

이에 따라 은행들이 보유하는 국공채 규모가 증가하고 그에 따라 리스크 특성 동
질화 등 은행의 대차대조표 항목 및 비즈니스 모델이 유사해지고, 구조가 단순화될
것으로 전망되고 있다. 일부 분석가들은 이러한 규제변화가 은행들의 행태를 유사

표 11.1 | Basel Ⅲ 기준안 전면시행 가정 시 ROE 감소효과

요 인		주요 내용(안)	ROE 증감
Basel Ⅲ 반영 前	현재 수준		15%
	자본의 질/공제항목	자본공제항목 추가 (예: 미실현이익)	△1.6%p
	위험가중자산	트레이딩계정의 RWA 증가	△0.7%p
	자본비율	최저자본비율 상향조정(Core Tier 1 비율: 8%, Tier 1 비율: 10%)	△0.5%p
	레버리지 비율	신규 도입	△1.0%p
	자금조달/유동성	신규 도입	△1.5%p
	합계		△5.3%p
Basel Ⅲ 반영 後			9.7%

*38개 주요 유럽계 은행 평균치 기준.

**SIFI 규제강화, 사전정리계획(living will), Volcker rule 등과 같은 은행 업무 제한, 장외파생상품 CCP,
  은행세 도입, 금융소비자보호 강화 등의 영향은 제외함.

하게 만들어, 결과적으로 외부충격에 동일한 행태반응을 유도하여 금융시스템 전
체적으로는 시스템리스크를 증가시킬 우려가 존재한다.[3]

그러나, 은행들이 경제 및 규제환경 변화에 적응함에 따라 새로운 규제 시행에
따른 실질적 영향은 감소될 것으로 보인다. 앞서 살펴본 바젤위원회의 QIS 결과는
은행 수익성을 고려하지 않고, 자본 또는 포트폴리오 구성 및 전략 변화, 다른 경영
상 조치 등 은행 차원의 대응을 감안하고 있지는 않다. 한편, 은행업계에서 제시하
는 추정치는 규제영향 완화를 위한 경영상 조치를 고려하고 있으며, 비공개정보를
포함하고 있으므로 QIS 결과와 직접 비교하기는 어렵다고 할 수 있다.

한편, 글로벌 금융위기 발생이후인 '08~'09년 기간 동안 은행 이익에서 배당하
고 남은 몫(1 - (이익배분/세후이익))을 의미하는 자본유보율capital conservation ratio 은

---

[3] 미국 Princeton 대학의 신현송 교수 등은 이를 '위험의 내생성'이라고 부르고 있다.

그림 11.2 글로벌 은행의 ROE 변화 추정 (예시)

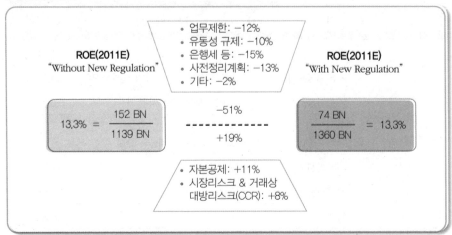

ROE(2011E)
"Without New Regulation"

• 업무제한: −12%
• 유동성 규제: −10%
• 은행세 등: −15%
• 사전정리계획: −13%
• 기타: −2%

ROE(2011E)
"With New Regulation"

$$13.3\% = \frac{152\ BN}{1139\ BN}$$

−51%

+19%

$$\frac{74\ BN}{1360\ BN} = 13.3\%$$

• 자본공제: +11%
• 시장리스크 & 거래상
  대방리스크(CCR): +8%

*여기서 2011년 ROE는 추정치임.

급격히 상승하고 있다.[4] 금융위기 이전('04~'07년) 기간 동안 62~70% 수준에서 '08~09년 중 90% 이상으로 상승하였는데, 동 기간 동안 이익유보율이 높게 나타난 것은 금융위기 이후 공적자금 투입으로 배당금액이 없거나 상당히 낮았기 때문으로 파악된다.

은행의 수익성과 자본수준Tier 1. 이 높은 경우 이익유보율이 낮은 것으로 분석된다. 구체적으로 수익성과 자본수준 하위 25% 이내 은행의 유보율 평균은 81.6% 수준인 반면, 상위 25%는 56.6% 수준으로 나타났으며, 이익유보율은 자본수준 보다 수익성에 더욱 밀접하게 관계되어 있는 것으로 보인다.

또한, 유럽 은행의 관점에서 두 가지 유동성 규제기준을 맞추기 위한 새로운 시스템의 비용과 진행 과정은 3~4년 전에 다수 국가에서 도입된 Basel Ⅱ 체계를 이행하는 것과 유사하게 클 것이다. 일부 예측은 추가 도입비용이 Basel Ⅱ 도입으로 발생했던 것의 대략 3분의 1이라고 주장하고 있어 새로운 규제 도입으로 인한 은행의 직간접 비용은 상당한 수준에 이를 것으로 보여진다.

---

4 이익배분: 일반적인 주식 배당, Tier 1 자본 이자 또는 배당, 보통주 buyback, 기타 Tier 1 buyback 또는 상환총액, 재량적 직원 보상 및 보너스 등 포함.

통합적 영향

Basel Ⅲ가 은행업계의 미친 영향을 분석한 McKinsey 보고서는 새로운 자본 및 유동성 요구 조건(은행의 트레이딩 계정 익스포저와 유동화 상품들의 자본규제 강화를 포함)은 유럽 은행 부문에 상당한 영향을 미칠 것으로 추정하고 있다.

동 보고서는 다른 조건들의 변화나 완화 요소들이 없다고 가정하고 Basel Ⅲ가 2010년 2분기의 은행 대차대조표에 적용되었을 경우 은행들은 2019년까지 추가로 1.1조 유로의 추가자본을 마련해야 할 것이라 추산하였다. 또한 1.3조 유로 상당의 단기 유동성자산(LCR 측면)과 2.3조 유로 상당의 장기 자금(NSFR 측면)이 요구된다. 이는 2010년 현재 유럽은행들이 보유하고 있는 유동성버퍼의 각각 40%, 15%에 해당하는 금액이다.

미국 은행 부문에의 영향도 유사한데, 8,700억 달러(6,000억 유로)의 추가자본, 단기유동성에서 8,000억 달러(5,700억 유로), 그리고 장기 자금에서 3.2조 달러(2.2조 유로)의 부족이 예상된다. 유럽에 비해 전반적인 규모가 낮은데, 이는 미국 은행 부문이 자산 측면에서 유럽보다 규모가 작기 때문이다. 또한 미국 은행이 많이 보유하고 있는 모기지영업권 mortgage servicing rights 등 무형자산이 일부 자본으로 인정되면서 추가자본 부족분이 줄어든 영향도 있다. 이러한 추정치들은 상위 45개 유럽 은행들의 대차대조표에 근거하며, EU 27개국과 스위스의 모든 은행들에게 스케일이 조정되어 적용되었다.

만약 은행들이 그들 이익의 50%를 유보한다면, 이는 은행들이 증가해야 할 자본 규모를 상당 수준 감소시킬 것이다. 그러나, 2019년까지 대출이 연간 3% 증가한다고 가정하면, 이는 유럽 은행들이 유보 이익을 통해 축적한 자본보다 더 많은 자본(90억 유로) 적립을 요구하게 된다. 여타 연구들은 은행의 대차대조표가 향후 몇 년 간 줄어들거나 혹은 천천히 증가할 것으로 가정하는데 비해, McKinsey 보고서에서는 은행 부문이 최근 2, 3년간 이미 상당히 레버리지를 줄였기 때문에 향후에는 일정 수준의 신용팽창이 나타날 것으로 보고 있다.

그림 **11.3** 경기 전망 및 규제 변화에 따른 은행산업 전망

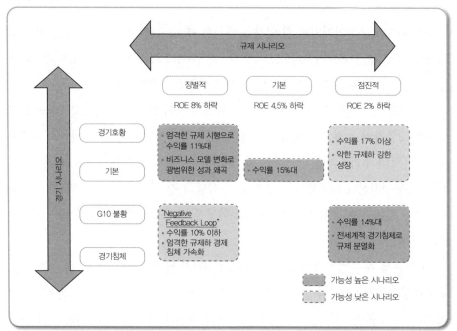

*출처: Oliver Wyman & Morgan Stanley Research(2010).

신용팽창이 경제성장보다 빨랐던 과거와는 다르게, 대략 연간 3%로 예측된 신용팽창은 여전히 EU와 스위스에서의 평균 3.5%의 GDP 명목 상승률보다 낮은 수준이다. 그에 따라 자산 성장이 일정 규모 이상으로 나타날 것이기에 유보이익만으로 은행들의 자본 건전성을 다시 확보하는 것이 어려울 수도 있다는 것이다.

동 보고서는 은행들이 향후 상당기간 고통의 시기를 겪을 것이라는 사실을 분명히 제기하고 있다. 보고서는 자본 요구량의 충족을 위한 노력은 "수익성에 상당한 영향을 끼칠 것"이라고 언급하고 있다. 만약 다른 조건들이 같다면, Basel Ⅲ는 유럽에서는 자기자본수익률$_{ROE}$의 평균 4% 감소, 미국의 경우 평균 3% 감소를 초래할 것으로 보고 있다.

Basel Ⅲ체제의 구축비용 역시 상당할 것이다. Basel Ⅲ가 제공하는 긴 이행기간에도 불구하고, 새로운 과정을 따르고 이를 보고하는 것은 대부분 2012년 말까지

완료되어야 한다. 평균적인 중소 은행의 경우, 맥킨지 보고서는 구축비용만으로도 Basel Ⅱ에 의해 이미 지출된 수준의 30~50% 정도의 추가 지출이 필요할 것으로 예측한다.

〈그림 11.3〉은 JP Morgan과 OliverWyman에서 규제의 강도와 경기 전망에 따른 결합 시나리오하에서 은행의 수익성에 미칠 영향을 분석한 것인데, 여기서는 규제 수준을 세 가지(징벌적, 기본, 점진적)로 구분하였다.

① 징벌적 규제 시나리오

Basel Ⅲ의 엄격한 시행(현재 유동성규제만으로 자금조달비용이 20bp 증가 예상), Volcker 룰과 같은 은행업무 제한, 사전정리계획 living wills 의 엄격한 시행(이는 은행 유동성 및 자본에 상당한 제약을 가함), 파생상품 및 증권화 시장에 대한 상당한 수준의 제한 등의 징벌적 규제가 시행된다면, 대략 8%의 ROE 감소가 예상된다.

② 기본적 규제 시나리오 Base scenario

Basel Ⅲ와 Volcker 룰의 일부 완화, 은행 대차대조표의 대체에 초점을 맞춘 사전정리계획 living wills 의 시행, OTC는 중앙청산소에서 거래 등 가장 가능성 높고 합리적인 규제가 시행될 경우, 대략 4%의 ROE 감소가 예상된다.

③ 점진적 규제 시나리오

상당히 완화된 Basel Ⅲ, 소비자보호, Volcker 룰이나 사전정리계획 living wills, OTC 시장 규제 등이 시행된다는 시나리오하에서는 약 2%의 ROE 감소가 예상된다.

규제환경의 변화로 인한 금융회사가 받게 될 영향은 다음 5가지 부문으로 구분할 수 있다.

첫째, 주요 변화는 최소 필요자본량 증가로, 자본정의 협소화, 레버리지 비율, 유동성비율 기준 등은 은행의 ROE 및 ROA에 직접적인 영향을 미치게 된다. JP Morgan은 이러한 영향이 대략 2~4%p 감소 수준으로 상당히 클 것이라고 추정하고 있다. 둘째, 새로운 규제는 OTC 파생상품시장, CDS, 증권화 상품에 큰 영향을 미

표 11.2 | 규제변화의 영향 평가

규 제		영향도	주요 내용	지표
1. Capital & Liquidity	Basel III	모든 은행	자본정의 강화, 새로운 레버리지 비율 및 유동성비율 규제 도입	ROE, ROA 자금조달비용
	Basel II 강화	모든 은행	증권화에 대한 위험가중치 상향조정, Stressed VaR를 시장리스크 소요자본량 산출에 포함 등	
2. 업무제한 & 시스템리스크 축소	Volcker rule	미국 대형은행	예금수취은행은 헤지펀드, 사모펀드, 자기자본투자 등의 참여가 제한됨	ROE, ROA
	사전정리계획	SIFI	특정 업무 지속, 점진적 축소계획 등	
3. Market Profile	OTC 파생상품 시장	투자은행 (IB)	표준화된 형태로 중앙청산소(CCP)에서 거래, CCP 외 거래에 대한 징벌적 자본 부과	시장규모 변화
	상품 규제	미국 IB	헤징 규제, 상품 인프라를 보유한 IB에 대한 제한	
	소비자 보호	신용평가 회사, IB	신용평가회사에 대한 의존도 축소, 소매 관련 자본시장 업무 제약 강화	
4. 연관 산업에 영향	Solvency	보험, 은행	보험사에 대한 자본규제(은행과 유사), 신용보증 등 업무의 이익 감소	파트너십 기회

칠 것이다. OTC 시장이 은행의 자산/부채 구조를 효율적으로 개선시킬 수 있다는 장점에도 새로운 규제는 이러한 시장규모를 제한할 것으로 보인다. 셋째, 강화된 규제는 은행으로 하여금 리스크 감수행위를 제한하게 되며, 이는 일반적으로 비용, 대차대조표, 자본 효율성을 감소시킬 것이다. 넷째, 헤지펀드 및 보험업계에 대한 규제는 이들을 고객으로 하는 은행에 영향을 미칠 것이며, 마지막으로 은행세 도입 등도 영향을 미칠 것이다.

11.2 국내 금융회사에 미칠 영향

앞서 살펴본 바와 같이, 국내은행들은 자본규제 및 레버리지 비율 측면에서는 글로벌 은행 대비 상대적으로 영향을 덜 받을 것으로 분석되고 있다. 이는 기본적으로 국내은행들의 자본구조가 비교적 견실하고(2010년 말 기준, Tier 1 비율 11.8%), 자본구성에서도 우선주나 후순위채 비중이 상대적으로 낮기 때문이다.

그림 11.4 국내은행들의 Basel III 규제 충족 현황[5]

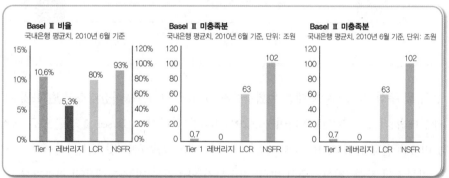

*출처: 금감원, "Basel III 계량영향평가(QIS) 결과", 2010.12.

〈그림 11.4〉에서 보여지듯이, 레버리지 비율 규제는 국내은행들에 별다른 영향을 미치지 않는 것으로 나타났으며, Tier 1 자본비율 부족은 몇몇 소수의 은행에서만 나타나는 특수한 경우로 판단된다.

국내은행들의 Tier 1 자본비율에 대한 Basel III 도입 영향을 보다 상세히 분석해 보면, 자본비율의 분모인 자본에 미치는 영향은 미실현손익 영향(+0.11%), 연결되지 않은 타금융회사 투자(+0.13%)는 긍정적 영향을, 하이브리드 채권은 −0.64%만큼 비율을 하락시키는 것으로 나타났다. 또한, 분모의 위험가중자산RWA 변화는 유

---

[5] 〈그림 11.4〉는 2010.12일 금감원이 발표한 바젤 III QIS 결과와는 다소 차이가 있는데, QIS에서는 5곳의 그룹 1 은행, 3곳의 그룹 2 은행만 포함하고 각 은행이 제출한 자료를 토대로 분석을 수행하였으나, 여기서는 공개된 은행 데이터를 바탕으로 하였다.

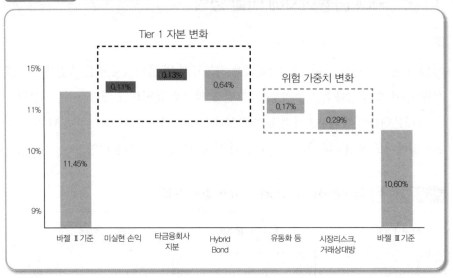

그림 11.5 국내은행들의 Tier 1 자본비율에 대한 영향(2010년 6월 말 기준)

동화 및 주식 익스포저에 대한 위험가중치 증가가 -0.17%, 시장리스크 변화 및 거래상대방 리스크 추가로 인하여 -0.29% 비율을 하락시켜, Basel Ⅲ 기준으로 Tier 1 비율은 현재 11.45%(Basel Ⅱ 기준)에서 10.60%로 하락하는 것으로 나타난다.

자본정의 강화, 위험가중치 변화, 손실보전 완충자본 및 경기대응적 완충자본 도입 등은 국내은행들의 ROE를 하락시키는 영향을 미칠 것이다. 예를 들어, 경기대응적 완충자본 도입 시(2% 기준), 은행들의 Tier 1 자본 부족 규모는 5.9조 원에 이르고, ROE는 -0.33% 하락할 것으로 추정되고 있다. 2009년 이후 국내은행들의 ROE가 6% 수준으로 다소 낮은 수준이므로 이는 유보이익으로 자본 확충이 여의치 않을 것임을 의미한다.

반면, 국내 은행들은 안정적 자금조달 stable funding 비중이 낮고 고유동성자산 보유 규모도 부족한 것으로 보인다. Basel Ⅲ 유동성 규제는 장기간의 이행계획을 가지고 있으므로 다수의 은행들은 커다란 문제 없이 유동성 규제를 충족할 수 있을 것으로 판단되나, 일부 자산/부채의 유동성 구조가 취약한 은행들의 경우에는 다소간의 어려움에 처할 수 있을 것이다.

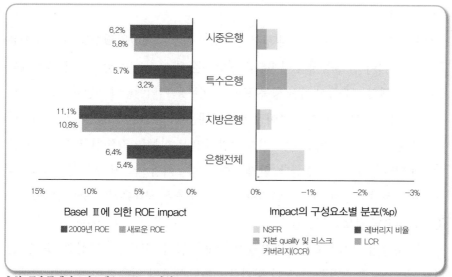

출처: 금융통계정보시스템(FISIS), 금감원, Oliver Wyman 분석.

2009년 자료에 기초하여 분석한 결과에 따르면, 국내 주요 시중은행들의 새로운 유동성비율은 LCR이 평균 80% 수준으로, 특히 특수은행들은 61% 수준으로 규제 기준 100% 대비 크게 하회하는 것으로 나타났다. LCR을 100%에 맞추기 위해 필요한 고유동성 자산 HQLA 규모는 총 63조원에 이르는 것으로 나타났다. 국내은행들의 LCR이 낮게 나타나는 이유는 자산보유에서 현금과 유보금 비중이 상대적으로 낮고 회사채 비중이 높기 때문인 것으로 판단된다. 또한, Basel Ⅲ는 주요 통화에 대해서도 LCR을 산출하여 감독당국에 보고하도록 요구하고 있으므로 국내은행들의 경우 미달러화 기준으로도 LCR을 산출할 필요가 있으므로 외화자산 포지션에 대한 유동성리스크 관리가 추가적으로 필요할 것이다.

NSFR은 93% 수준으로, 필요 안정적 자금조달 ASF 규모는 102조원 수준으로 파악되었다. NSFR은 LCR에 비해 상대적으로 높은데, 이는 대출 대비 예금이 비교적 장기이기 때문으로 분석되었다. 또한, NSFR은 비금융회사의 1년 이상 소매예금 규모가 클수록 유리한데, 시중은행들의 경우 부채구조에서 이 부분의 비중이 높은 편이나, 특수은행들은 상대적으로 비중이 낮아 80% 수준의 NSFR을 가지는 것으로 파악되었다.

LCR의 경우 현 기준안의 일부 항목을 조정할 경우 규제비율 달성을 위한 필요 유동성 규모 대비 현 유동성의 부족분을 상당부분 해소 가능할 것으로 보인다. 예를 들어, 은행채의 고유동성 자산 항목 포함, 비업무용 기업예금의 이탈률run-off rate 하향 조정(예: 75→55%) 등이 이루어질 경우 국내은행의 LCR은 90% 수준으로 상승할 것으로 추산된다. NSFR의 경우, 현 기준안의 일부 항목을 조정하더라도 규제비율 달성이 어려울 것으로 전망된다. 단기 소매 및 중소기업 여신에 대한 안정자금조달 RSF 계수 하향조정(예: 85→50%) 등이 이루어질 경우 국내은행의 NSFR은 80% 수준으로 상승될 것으로 전망된다.

향후 유동성 규제비율 충족을 위해서 국내은행들은 고유동성 자산의 비중을 늘리고 자금조달의 만기구조도보다 장기로 전환할 필요가 있을 것이다. 이는 은행의 만기구조 변환이라는 본연의 역할이 줄어들고, 그에 따라 은행 이익의 감소로 이어질 것이다. 앞으로 "고유동성 자산"의 정의가 완화될 수 있겠지만 현재 제안된 유동성 규제안에 따르면 정부채권의 의존도가 불가피하게 높아질 것으로 보인다. 지난 금융위기의 경험으로 유동화된 모기지 채권과 외국 정부 발행 채권은 유동성 측면에서 더 이상 이상적인 금융상품은 아닌 것으로 간주되고 있다. 이러한 규제 하에서 차입자는 은행이 대출금리를 높이고 신용공급을 감소하는 경우 유동성 규제의 추가비용 일부를 부담하게 될 것이다.

국내은행들을 시중은행, 특수은행, 지방은행으로 세분화하여 분석해보면, 시중은행들은 비교적 견고한 자본구조와 안정적 수신기반을 바탕으로 큰 영향을 받지 않을 것으로 판단된다. 물론 외국계 은행의 경우 장기 모기지대출의 비중이 높을 경우 NSFR이 타 시중은행보다 낮게 산출될 가능성이 있으며, 파생상품 비중이 높을 경우 추가자본 적립이 필요할 것으로 판단된다. 지방은행도 Basel Ⅲ에 유리한 비즈니스 모델을 가지고 있으므로 자본 및 유동성 규제 충족에 별 어려움이 없을 것으로 판단된다. 한편, 특수은행의 경우 보통주자본 비중이 낮고 수신기반 또한 취약하기 때문에 규제 대응에 어려움을 겪을 가능성이 높다. 감독당국의 조정이 없다면 특수은행들의 ROE는 2.5~3.7%만큼 감소할 것으로 추정되고 있다.

11.3 거시경제에 미칠 영향

거시경제평가 결과

중앙은행들과 15개국 거시경제 모델링 전문가들로 구성된 바젤위원회 산하 거시경제평가그룹MAG: Macroeconomic Assessment Group의 분석에 따르면, 경제 전반에 미치는 영향은 GDP 02~04% 감소 수준으로 그다지 크지 않을 것으로 판단된다.[6] MAG은 이러한 GDP 감소효과는 새로운 규제가 은행위기의 발생 가능성을 낮추고 뒤이은 경기침체를 예방한다는 차원에서 비용보다 편익이 크다고 주장한다. 전세계적으로 은행들이 2018년 末까지 보통주자본 비율을 목표수준(7%)으로 높이는 과정에서 세계경제 GDP 수준은 규제 미도입 시 대비 최대 0.22% 낮아지는 것으로 분석되었으며, 그에 따라 규제도입에 따른 거시경제적 영향은 크지 않은 것 modest 으로 평가하였다.

MAG은 2010년 8월 가상 시나리오(이행기간 4년, 규제자본 비율 1%p 상승)에 기반한 중간결과interim report를 발표하였는데, 이행기간 4년 및 규제자본common equity capital 비율 1%p 상승 시 세계경제 GDP 수준이 규제 미도입 시 대비 최대 0.19% 하락하는 것으로 분석하였다. 규제 도입 후 4년 반에 걸쳐 연간 GDP 증가율은 평균 0.04% 감소할 것이다. 동시에, 고유동성 자산의 25% 보유 증가는 자본비율의 1%p

---

[6] 다만, 이러한 추정결과는 여러 경제적 및 모형화 가정에 기반하고 있으므로 추정치의 변동 폭은 비교적 클 수 있을 것으로 판단된다.

증가에 비해 GDP에 미치는 영향이 절반 이하일 것으로 추정되었다.

그러나, 어느 하나(예: LCR)를 충족시키는 것은 다른 것(예: NSFR)을 충족시키는 것에 도움을 주기 때문에, 증가된 유동성 요구량에 대한 영향 추정치는 자본 규제와의 어떠한 상호관계interaction 도 포함하지 않는다고 MAG의 보고서는 밝힌다. "두 측도measure 의 결합된 효과는 두 영향력의 단순 합에 비해 거의 확실하게 적을 것이다"고 말한다.

이후 MAG에서는 Basel Ⅲ 최종 합의안이 반영된 보고서를 2010년 12월에 발표하였다. 새로운 규제가 2019년부터 본격 도입되는 점을 감안 이행기간을 8년(중간보고서에서는 4년)으로 설정하되 영향평가를 위한 분석대상기간은 12년으로 설정하였다. 또한, 규제자본 비율의 상승폭을 1.0%p(중간보고서와 동일 가정), 1.3%p(자본규제 합의내용에 따른 목표치와 실제치간의 차이 = 7.0% − 5.7%)로 하여 각각 분석하여 보았다.[7]

① 규제자본 비율 1%p 상승 시

자본비율 상승(1%p)이 2011년부터 2018년까지 8년에 걸쳐 이루어질 경우, GDP는 기준선baseline 대비 최대 0.15% 하락하는 것으로 나타났다(이는 MAG 회원들이 제출한 97개 결과값의 단순 중위값(unweighted median) 기준임). 경제침체의 국가 간 파급효과(spillover effects, 0.02%)를 추가로 반영할 경우, GDP는 0.17% 하락하였다.

표 11.3 | MAG 거시경제영향 분석보고서 결과 요약

	대출규모		대출스프레드		GDP(%)	
경과시점	35분기	48분기	35분기	48분기	35분기	48분기
단순 중위값	−1.38	−1.47	15.5	12.2	−0.15	−0.10
단순 평균	−1.29	−1.46	18.6	17.6	−0.20	−0.16

[7] 7.0% (최소 필요자본 4.5% + 손실보전 완충자본 2.5%), 5.7% (전세계 평균 보통주자본 비율, QIS 결과).

한편, 규제 강화 이후 35분기 경과시점에서 대출규모는 기준 대비 1.4% 감소, 대출스프레드는 15.5bp 상승하는 것으로 추정하였다.

② 규제비율 1.3%p 상승 시

Basel Ⅲ에서는 2019년 이후 은행이 최소한도로 유지해야 하는 보통주자본 비율은 7%(최저 필요자본 4.5% + 손실보전 완충자본 2.5%)이며, QIS 결과 글로벌 은행들의 평균 보통주자본 비율은 5.7%(2009년말 기준)이므로 목표수준(보통주자본 비율 7%) 달성에 필요한 실제 자본비율 상승폭(1.3%p) 반영하는 경우를 추가로 분석하였다.

MAG 분석에 이용된 모형들이 대부분 선형인 점을 감안 시 앞서 제시된 규제자본 비율 1%p 상승 시 영향평가결과에 1.3을 곱하면 GDP 하락폭은 0.22%(=0.17%×1.3, 35분기 경과시점)로 나타났으며, 최종 분석시점(48분기 경과 시)에서의 GDP 하락폭은 0.13%였다.

이를 규제강화 이후 GDP 성장률로 환산하면, 35분기 경과시점을 전후로 연평균 0.03%만큼 둔화되었다가 다시 0.03%씩 증가함을 의미하나, 실제 영향은 국별 은행 산업의 자본비율에 따라 상이할 가능성 존재한다.

③ 이행기간 단축 시

이행기간을 단축(4년 또는 2년)한 분석결과와 비교해 볼 때, 이행기간이 짧을수록 GDP에 미치는 영향은 더 큰 것으로 추정되었다.

표 11.4 |

이행기간				2년	4년	8년
경과시점				10분기	18분기	35분기
단순 중위값	규제자본비율 1%p 상승 시			−0.22	−0.19	−0.17
	규제자본비율 1.3%p 상승 시			−0.29	−0.25	−0.22
연평균 GDP 성장률 감소, 규제자본비율 1.3%p 상승 기준				0.11	0.05	0.03

MAG의 보고서에서는 실제 자본수준을 반영한 최종 분석결과에서도 자본규제 강화가 GDP에 미치는 영향은 크지 않을 것으로 결론내리고 있다. 또한, 은행의 비즈니스 모델 조정(수수료 영업 강화 또는 경영 효율성 제고 등), 시장의 은행 증자 흡수 여력 등 동 분석작업에서 고려하지 못한 제약요건도 이행기간이 장기(8년)임을 감안 시 중요 변수는 되지 않을 것으로 보인다.

그러나, 향후에도 금융부문이 거시경제에 미치는 영향에 대한 연구를 강화할 필요가 있으며, 특히 규제강화에 대한 반응으로 은행의 대출행태 변화, 은행/비은행 신용경로가 거시경제에 미치는 영향 등에 대한 연구가 필요할 것으로 판단된다.

시장의 반응

대출과 경제 성장에 있어, 새로운 규제가 가져올 수 있는 부정적인 영향에 대한 은행업계의 우려는 거시경제평가그룹 MAG의 공식 영향연구 impact studies의 공개에도 불구하고 크게 줄어들고 있지는 않다.

앞서 살펴본 바와 같이, MAG의 분석결과는 Basel Ⅲ가 4년 이상의 이행기간에 걸쳐 서서히 단계적으로 진행된다면, GDP의 완만한 감소로 이어질 것으로 보고 있다. 이는 Basel Ⅲ가 금융위기에서 아직 회복중인 일부 국가들의 경제성장을 늦출 것이라는 은행업계의 주장과는 상반되는 내용이다. 은행들은 더 높은 규제 요구량과 관련해 강력히 로비활동을 벌이고 있고, 경제회복에 있어서의 규제의 부정적 영향 위험은 그들 주장의 핵심이라고 할 수 있다. 그러나 규제당국과 은행업계는 새로운 규제의 경제적 영향에 대한 평가에 있어서 여전히 뚜렷한 차이를 보이고 있다. 일례로 영국은행업협회 British Bankers Associations에서는 Basel Ⅲ의 거시영향평가는 중소기업에 대한 대출을 줄이거나 무보증 신용대출의 금리상승과 같은 은행들의 대응을 충분히 고려하고 있지 않다고 주장하고 있다.

이러한 MAG의 결과는 은행업계에서 발표한 추정치에 비해 훨씬 작은 것이다. 예를 들어, MAG의 GDP 추정치의 중앙값 median은, 국제금융협회 IIF: Institute of International of Finance에 의해 계산된 추정치의 약 1/8 수준이었다. IIF의 2010년 6월 분석 보고서에 따르면, 규제 개혁안의 완전한 실행은 2011~2015의 5년 동안에 걸쳐 미국, 일본, 유로 지역의 연평균 0.6%에 달하는 성장 감소(기본 성장 시나리오와 비교해 총 3.1%의 감소)를 초래하는 것으로 나타났다. 이는 자본비율의 2%p 증가를 가정한 것으로서, MAG의 분석결과로 비교해보면 자본비율 2%p 증가 시 GDP 감소 폭에 대한 추정치는 0.38%(=0.19%×2)이다.

이러한 차이는 분석방법 및 모형의 기초가 되는 가정들의 상이함 때문으로 판단된다. 예를 들어, MAG은 어떠한 규제의 강화도 없을 때, 은행들은 앞으로 수 년 동안 레버리지를 금융위기 이전 만연했던 수준으로 되돌릴 것이라는 IIF의 가정에 동의하지 않는다. IIF의 연구를 이끌었던, IIF의 수석 이코노미스트 Philip Suttle은 두 연구의 지리적 적용범위 또한 크게 다르다고 지적했다. MAG 연구는 약 30개의 국가들을 포함하는 반면, IIF의 평가는 단지 미국, 일본, 유로 지역에 한정하고 있다. 그러나 두 모델의 가장 큰 차이점은 아마도 은행의 미래 자금조달 비용에 관한 가정일 것이다. IIF는 새로운 자본 증가분의 추가 수요에 의해 조달비용이 증가할 것이라고 생각하는 한편, MAG은 은행이 더욱 안전하다고 인식되기만 하면 이러한 상황은 발생하지 않을 것이라고 생각한다.

Basel Ⅲ의 이행기간이 중요하다는 MAG의 분석결과에 대해서는 은행들도 대체로 동의한다. MAG은 이행기간이 더 길수록 이익잉여금, 주식 발행, 부채 구성의 변화 등을 통해 새로운 규제에 적응하기 위한 추가적인 시간이 허용되므로, 경제활동에의 부정적 영향을 확실히 줄일 수 있을 것이다.

그러나 다수의 전문가들은 은행들이 새로운 규제를 바젤위원회에서 제안한 시점보다 더 빨리 적용할 것으로 보고 있다. MAG 보고서는 은행이 빠르게 자발적으로 새로운 자본요건의 적용 여부를 선택할 것이라고 언급하고 있으나, 이는 자발적 결정이 아닐 수도 있다는 것이다. 대형 은행들은 건전성을 시장에 확신시키기 위해 빠른 시일내에 적용해야만 한다고 생각할 수 있을 것이다. 일부 국가의 중앙은행들은 이러한 문제점을 인식하고 있으며, 영란은행은 금융안정성 보고서에서 은행들이 이행기간을 앞당기기 위해 경쟁할 수도 있음을 언급하고 있다.

최근에 발표된 이태리 중앙은행_{Bank of Italy} 의 거시경제영향 분석보고서(2011.2월)에서도 MAG과 유사한 결과를 보여주고 있다. 동 분석결과, 자본비율의 1%p 증가는 기준선 대비 GDP 증가를 0.09% 하락시키고, 유동성 규제는 0.08% 하락 효과를 가지는 것으로 나타났다. 동 분석에서는 MAG과는 달리 금융위기 발생 가능성 축소로 인한 편익은 따로 분석하지 않았지만, 새로운 규제가 GDP 변동 폭을 줄임으로써 경제에 긍정적인 영향을 미친다는 점을 보여주고 있다. 특히, 새로운 규제 중 경기대응적 완충자본_{CCB} 이 경기변동의 진폭_{amplitude} 을 가장 크게 감소시키는 것으로 나타났다.

기타 연구결과

새로운 규제의 장기적 영향력을 평가한 다른 보고서는 영국 금융감독청_{FSA} 의 은행 부문 책임자 Thomas Huertas와 BIS의 Claudio Borio가 공동의장을 맡고 있는 바젤위원회의 워킹그룹에 의해 만들어졌다. 이 보고서는 실행의 비용만 살펴본 MAG 보고서와는 달리 실행 후의 비용과 편익을 함께 검토하였다.

강화된 금융규제의 주요 편익은 은행위기 발생 가능성의 감소이며, 이로 인한 경기변동의 진폭 감소를 의미한다. 역사적으로, 은행의 위기는 20~25년에 한번 꼴로 발생했으며, 이를 연간으로 환산하면 연간 4~5%의 발생 가능성을 보인다고 할 수 있다. 연간 은행위기 발생 가능성에 있어 1%의 감소는 GDP의 0.2~0.6% 수준의 증가를 기대할 수 있게 할 것이다. 이러한 분석결과를 바탕으로 보고서는 Basel III의 도입은 경제성장에 도움을 준다는 측면에서 긍정적이라고 결론 내리고 있다.

한편, BIS의 경제학자 Michael King의 주도하에 수행된 연구에 따르면, 전형적인 은행은 새로운 규제자본비율을 1%p 상승시키기 위해서 대출스프레드_{lending spread} 를 15bp 수준 올려야 할 것이라고 분석하였다. 이러한 분석은 은행의 자기자본이익률_{ROE} 과 부채비용이 일정하고, 다른 수요/공급의 변화나 운영비용의 변화

가 없다는 것을 전제로 하고 있는데, 만약 ROE와 부채비용이 감소한다면, 대출스
프레드에 대한 증가 압력도 감소할 것이다. 대출스프레드를 줄이지 않고 ROE 감소
를 막기 위해서는 은행 경영비용을 4%p를 줄여 나가야 할 것이다.

동 연구는 Basel Ⅲ에 초점을 맞추고 있지만, 이런 방법론은 일반적으로 은행
의 자본 구조의 변화 영향을 예측하는 데 사용될 수 있으며, 자산의 구성, 위험가
중자산의 변화, 세금부과의 영향을 예측하는 데도 사용할 수 있을 것이다. 동 보고
서에는 자본 증감으로 인한 대출스프레드의 상승뿐 아니라 새로운 유동성 기준 중
NSFR에 대한 대응책에 대해서도 분석하였다. NSFR 기준을 충족시키기 위해 발생
하는 비용을 충당하기 위해 전형적인 은행은 자신의 대출스프레드를 24bp만큼 증
가시켜야 할 것으로 추정하였다. 그러나 만약 정부채권 보유로 인한 위험가중자산
의 감소를 감안한다면 대출스프레드는 12bp만큼만 증가시켜도 가능할 것으로 결
론 내리고 있다. 은행은 자기자본을 높임으로 인해 NSFR 기준을 만족시킬 수 있고

표 11.5 | 거시경제영향 분석결과 정리

연구	대상 국가	방법론	측도	분석결과 (GDP 영향)
MAG (2010)	다수 국가	시계열모형 : VECM, 구조형 모형: DSGE 등	자본비율 1%p 증가	(이행기간 4년) 0.16% 하락 (이행기간 8년) 0.13% 하락 연쇄효과 0.02%
영란은행 (2010)	영국	생산함수 접근법	자본비율 6%p 증가	GDP 장기감소 효과: 0.6%
IIF(2010)	미국, 유로, 일본	대차대조표 모형 (PL모형)	규제 전/후 시나리오	2011–15 GDP 감소: 2.6%(US), 4.3%(Euro) 2011–20 GDP 감소: 2.7%(US), 4.4%(Euro)
Bank of Italy (2011)	이태리	MAG과 뉴사	자본비율 1%p 증가	GDP 0.09% 하락 (자본규제) GDP 0.08% 하락 (유동성규제)

이외에도 채권의 만기를 연장시키거나 부채가 없는 유동성자산 보유를 증가시킴으로서 기준을 충족시킬 수 있다. 은행이 더 높은 자본요구를 충족시킨 후 NSFR 기준을 맞추기 위한 추가적인 비용은 주로 채권의 만기를 연장하는 비용과 보다 안정적이고 유동적인 자산 보유로 인한 낮은 이자율에 기인한다. 이런 예측을 근거로, 연구는 NSFR 기준을 충족시키면서 규제자본 비율을 2%p 증가시키기 위해서는 대출 스프레드를 40~60bp로 늘려야 할 것으로 추정하고 있다.

이와 관련하여, OECD에서 발표한 경제전망보고서 OECD Economic Outlook 에 포함된 추정치를 참고할 수 있다. 동 보고서의 추정치들은 미국 은행들이 금융위기 발발 이후 2019년까지 요구되는 자본 적립규모의 절반 이상을 이미 축적하고 있음을 보여준다. 그에 비해, 일본 은행들은 자본 적립이 가장 적게 이루어지고 있으며, 16개의 유럽 국가들의 은행들은 그 중간에 위치한다.

금융위기 이전에는, 대부분의 은행들이 규제 최소자본 요구량에 더하여 자체적으로 일정한 수준의 완충자본을 유지하였고, OECD 경제학자들은 은행들이 Basel Ⅲ 최소 요구량에 더하여 그러한 자체적인 완충자본을 보유할 것으로 추측한다. OECD의 Basel Ⅲ 영향 연구를 주도한 OECD 경제학자 Boris Cournede는 은행들이 재량적 완충자본을 많이 줄이는 것은 위험하다고 언급하고 있다. 예를 들어, 2006년에 일본 은행들의 보통주자본 common equity 비율은 3.3%이었는데, 이는 2% 최소요구수준보다 겨우 1.3%p 초과하는 값이다.

미국 은행들은 금융위기 발생 1년 전인 2006년에 평균 8.6%의 보통주자본 비율을 유지하고 있었다. 2019년에도 같은 완충자본을 유지하기 위해서는, 그들은 13.6%의 비율을 달성할 필요가 있다(이는 최소요구수준인 7%에 현재 재량적 완충자본 수준인 6.6%를 더한 값임). 유럽 은행들 경우에는, 보통주자본 비율이 6.8%로부터 11.8%까지 (4.8%의 재량 완충자본을 포함하여) 증가할 필요가 있다. 따라서, 일본은 2019년으로 예정된 목표를 달성하기 위해 가장 큰 어려움을 경험하게 될 것이다. OECD 보고서에서는 일본은행들이 수익 규모가 상대적으로 작기 때문에 유보 이익으로부터 Basel Ⅲ 요구조건을 만족시키기 어려울 것으로 예상하고 있다.

OECD 연구의 중요한 결론은 은행들이 마련해야 할 추가자본 적립은 거시경제 성장에 제한된 부정적인 영향을 미칠 것이라는 점이다. 이는 앞서 살펴본 MAG의 거시경제 영향 분석결과와도 일치한다. OECD 경제학자들은 MAG의 방법론과 그들 자신의 추정모델을 결합하여 분석을 수행하였다. 그러나 MAG이 여러 나라들에서 같은 영향을 조사했다면, OECD의 연구는 개별 국가별 Basel Ⅲ의 이행을 검토하였다. 그럼에도 불구하고, OECD의 경제학자 Cornede는 본질적으로 MAG 보고서에서의 주요 추정치들에 동의할 수 있다고 언급하였다.

종합적으로, OECD 연구는 Basel Ⅲ 자본요건의 경제적 비용은 은행업계가 생각하는 것보다는 작다는 것이다. 이론적으로 신용공급 효과는 더 주목할 만한 영향을 초래할 수 있지만, 실질적으로 이러한 영향들이 실현화될 가능성은 높지 않다고 보고 있다. 특히 은행들이 이미 최소규제자본 요구 이상으로 재량적 완충자본을 많이 축적해 둔 은행들이 있는 국가들에서는 더욱 그러하다고 결론 내리고 있다.

한편, 영란은행BOE이 발표한 은행의 최적 자본구조에 대한 분석에 따르면, 현저하게 높은 자본비율의 이익이 비용을 능가하는 것으로 나타났다. 영란은행의 보고서는 최소14%의 자본비율과 6%의 레버리지 비율이 적절하다는 다소 과격한 주장을 포함하고 있다. 이는 Basel Ⅲ의 규제기준보다 2배나 높은 수준이다. 동 보고서는 높은 수준의 자본조달과 적은 부채의 대차대조표가 은행에게 더 많은 자금조달 비용을 의미한다는 업계의 주장에 대해 회의적인 두 가지 이유를 제시한다. 첫째로, 이는 역사적으로 사실이 아니라는 것이다. 영국과 미국에서의 경제성장은 금융위기 전후 나빴지만, 은행들이 자기자본 조달을 사용할 때 많이 적용되는 금리 스프레드는 그렇게 높지 않았다. 그리고, 최근 수십 년 동안 투자나 경제성장률이 은행 레버리지가 높게 상승한 것처럼 증가했다는 증거는 거의 존재하지 않는다는 점이다. 두 번째 이유는 경제학자 Modigliani와 Miller의 이름을 딴 Modigliani-MillerMM 정리에 기반하고 있다. 이는 더 많은 자기자본이 사용되면서 자본에 대한 수익의 변동성이 하락하여 부채의 안전성이 상승하며, 따라서 두 가지 자금 출처에 대한 요구 수익률이 감소한다는 정리이다. 같은 방법으로 가중 평균 재무 비용은 변화하지 않게 된다는 것이다. 이러한 MM 정리는 Basel Ⅲ의 높은 자본요건의 영향에 대한 논쟁의 중심에 있다. 앞서 언급한 바와 같이, 국제금융협회 ┃F 의 Philip Suttle은 미래 자금조달 비용이 신규 자본의 수요가 증가하면서 상승할 것이라고 주장한 바 있다.

동 보고서에서 저자들은 영국의 은행들이 2006년과 2009년 사이에 보유한 8.4%의 평균 자본비율이 16.8%로 2배가 된다 해도 은행자금의 평균 조달비용은 단지 10에서 40bp만 상승한다고 주장하였다. 이는 거시경제 측면에서 GDP 수준을 0.15% 감소시킬 것으로 예측되었다. 이는 MAG 분석과 마찬가지로, 은행위기의 가능성을 감소시키는 편익으로 충분히 상쇄될 수 있다고 분석하고 있다. 은행위기가 발생하였을 때 초기 GDP 감소의 크기, GDP 감소가 얼마나 지속되는지, 그리고 영구적으로 얼마나 손실이 존재하는지에 대한 분석에서 보고서는 영구적으로 매년 1%p의 체계적 위험의 가능성을 낮췄을 때 편익의 현재가치가 현재 연간 GDP의 대략 55% 수준에 이르게 될 것이라고 추정하였다.

제12장

금융회사의 대응전략

12.1 Basel III에 대한 대응

앞장에서 살펴본 바와 같이, Basel III 규제가 즉각적으로 실시될 경우, 은행산업에는 막대한 변화를 초래할 것으로 예상된다. 일단 은행의 수익성이 ROE 기준으로 5~7%p 감소할 것이며, 필요자본 수준은 급증하고(유럽: 최소 5,000억 유로 증가), 유동성 규제 도입으로 장기자금조달 부족분 발생(유럽 상위 12개 은행 기준 약 1조 유로 이상)이 예상된다. 이러한 규제환경 변화는 은행이 과거에 경험하지 못한 최대의 구조적 외부충격이라고 할 수 있다.

국내 은행들은 타 지역 동료그룹 은행들peer group banks에 비해 상대적으로 새로운 규제요건의 충족이 어렵지 않을 것이다. 자본과 유동성 부문의 미충족 수준은 유럽이나 일본 은행들에 비해 상대적으로 낮은 편이기는 하지만 홍콩, 싱가포르, 중국

그림 12.1 국내 은행들의 자본과 유동성 포지션 수준

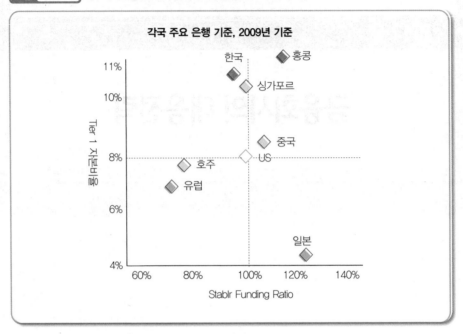

각국 주요 은행 기준, 2009년 기준

은행들에 비해 낮은 수익성은 여전히 이슈가 될 것이다.

새로운 규제에 대한 금융회사(특히, 은행)의 대응전략은 단기적으로는 정교한 리스크 측정을 위한 리스크 인프라 강화, 자본규모 확충, 유동성비율 산출 및 모니터링 개선을 추구하는 한편, 원가 절감 등 비용감축을 통한 ROE 개선도 추진할 것으로 보여진다. 중장기적으로는 규제 강화가 영업에 미치는 영향을 평가하고 경쟁우위를 점하기 위한 비즈니스 모델 개편 및 미래 사업전략 수립이 필요할 것으로 판단된다. 이러한 전략에는 자산/부채 구성, 자본 및 유동성 전략 등이 포함될 것이다. 또한, 규제영향에 대한 정밀한 분석 및 미세조정을 위한 감독당국과의 긴밀한 협력도 필요할 것이다.[1]

우선적으로 효과적인 자본관리가 중요해질 것이다. 은행의 자본계획을 리스크성

---

[1] 일부 글로벌 은행들은 규제강화안의 유리한 적용을 위해 감독당국과의 협상을 전담하는 조직을 신설한 것으로 알려져 있다.

향 risk appetite 으로 표현되는 리스크 전략과 통합하고, 전체 리스크관리시스템(프로세스 포함)에 대한 심도 있는 분석을 통하여 RWA를 최적화하는 것이 필요하다. 또한, 위기상황분석 결과에 기반하여 자본버퍼 capital buffer 를 관리하고 경제주기를 고려하여 적절한 버퍼 수준을 유지해야 할 것이다.

아울러, 목표 수익/리스크 프로파일을 유지하고 적극적인 신용 포트폴리오 전략 및 관리를 통하여 새로운 유동성 규제를 충족해야 할 것이다. 앞서 QIS 결과에서 보여지듯이, 새로운 유동성 규제기준이 시행될 경우, 국내은행들의 가장 큰 문제는 LCR 비율로 평균 80% 수준으로 규제비율 100%를 크게 하회하고 있다. 이를 충족하기 위해서는 고유동성 자산 HQLA 이 대략 63조원 규모가 필요한 것으로 파악된다. 이는 불안정한 도매로 조달한 단기자금을 장기로 운용하는 현재의 은행 비즈니스 모델은 지속하기 어렵다는 점을 의미하는 것이다. 이에 따라 국내 은행들은 안정적인 소매예금을 추가로 확보해야 할 뿐 아니라 국공채 등 고유동성 자산 중심의 자산 포트폴리오를 추구해야 할 것으로 예상된다. 또한 채권시장에서도 AA - 등급 이상의 회사채에 주로 투자하고 은행채도 유동성비율을 감안하여 2~3년물 중심으로 만기가 장기화될 것으로 전망된다.

은행들은 이러한 유동성비율 충족을 위한 노력의 결과로 ROE에서 대략 1% 감소에 해당되는 이익 감소를 경험하게 될 것이다. 현재의 낮은 수익성을 볼 때, 이러한 이익감소는 상당히 큰 충격으로 다가올 것이며, 은행들은 이에 유동성 비용의 고객 전가, 영업비용 감축 등으로 대처하게 될 것이다.

현재 이슈가 되고 있는 유동성 규제비율을 충족하기 위해 은행들이 선택할 수 있는 대안은 다음과 같이 정리할 수 있다.

첫째, 필요한 고유동성자산 규모를 줄이기 위해서는 부채구조 개편이 필요하다. 도매자금조달의 만기를 늘리거나 안정적 소매예금 비중을 늘리는 방안을 검토할 수 있다. 구체적으로, 현재 부채구조에서 단기 도매자금조달을 줄이고 안정적인 소매예금을 늘려 "Basel III Friendly"하게 구조를 개편해야 할 것이다. 둘째, 불필요한 신용공여약정 credit lines 등을 줄여 현금유출 원천을 축소할 필요가 있으며, 시장에서 국공채나 신용도가 높은 회사채를 매입하여 고유동성자산 비중을 늘려야 한다.

NSFR의 경우에도 안정적 자금stable funding이 102조 원이나 부족한데, 안정적 자금조달 규모를 줄이기 위해서 은행이 선택할 수 있는 대안은 다음과 같다.

첫째, 필요 안정적 자금조달RSF 규모를 축소하기 위해 기업대출의 만기를 줄이거나 모기지 익스포저를 묶어 증권화하는 것을 줄여야 한다(모기지 자체에는 낮은 RSF 비율이 적용됨). 둘째, 증권화, 모기지 펀드, 차입기업이 시장에서 직접 채권을 발행하도록 지원하는 것 등을 통하여 은행 대차대조표에 포함되는 대출 규모를 줄여야 할 것이다. 셋째, 자본을 늘려서 이용가능 안정적 자금조달ASF을 증가시켜야 한다. 또한 소매예금을 늘리거나 도매자금조달의 만기를 1년 이상으로 늘려야 한다. 장기적 관점에서 자산성장률을 적정화하거나 안정적인 수신구조의 정착에 초점을 둘 필요가 있다.

금융부문에 큰 영향을 초래할 새로운 규제에 대해 은행은 다음 세 가지 반응을 보일 것이다. 첫째는 단순 규제대응 수준으로 Basel Ⅲ에 대비하는 것이고, 두 번째는 "기회접근법"으로 강제적인 규제대응 투자를 자신들의 이점을 최대화하기 위해 사용하는 것이고, 마지막으로 "선진화 접근법"은 보다 리스크성향risk appetite을 경영전략 수립에 반영하는 방식을 업그레이드하고, 위기상황분석 및 비상계획을 개선하여 그들의 역량을 극대화하는 것이다. 이러한 방식은 데이터, IT시스템, 인적자원부문의 여러 어려움을 극복해야만 그 편익을 분명히 가질 수 있을 것이다.

한편, 감독당국도 Basel Ⅲ가 큰 어려움 없이 도입되게 하기 위해서는 다음 측면에서 준비가 필요하다.

첫째, 국내 현실에 맞게 세부사항의 조정이 필요하다. 구체적으로 유동성비율 산출과 관련하여 국내 금융감독 당국에서 결정해야 할 여러 기술적인 세부사항이 존재한다. 이는 개별 은행의 유동성비율에도 영향을 미치게 되겠지만 여러 상품들의 수익성에 영향을 미쳐 금융시장 전반에 영향을 미치게 되므로 중요한 의사결정사항이라고 할 수 있다.

둘째, 거시건전성 감독체계의 구축이 필요하다. Basel Ⅲ는 금융감독 당국에게 경기대응적 완충자본 CCB 의 추가와 유동성 포지션에 대한 모니터링 등을 통한 거시 건전성 감독을 요구하고 있다. Basel II 의 Pillar 2 차원에서 이루어지는 감독당국의 점검 및 평가는 개별 은행의 건전성 차원 뿐 아니라 전체 금융시스템의 안정성을 확보하는 차원으로 확장되어야 할 것이다.

셋째, 특수 은행권에 대한 영향분석이 필요하다. 경제의 특정 부문을 지원하기 위한 정책적 목표를 수행하고 있는 특수 은행들을 대한 Basel III 적용을 어떻게 할 것인지도 검토가 필요한 사항이다. 이는 은행별로 특수한 상황이 저마다 상이하므로 case-by-case 별로 다루어야 할 것이다.

넷째, 현재 규제기준과의 조화를 이루어야 한다. 현재 적용되고 있는 단순 유동성비율이나 예대율 규제는 Basel III 의 기준과는 일치하지 않으므로 이에 대한 조정 또는 폐지가 필요하다. 동일한 목표의 중복규제를 같이 가져가는 것은 국내 은행들에게 상대적으로 불리한 영향을 미치게 될 것이다. 특히, 예대율 규제와 새로운 유동성비율을 동시에 적용할 경우, 은행들의 소매예금 확보 경쟁이 가속화되어 수신 금리 상승, 그에 따라 여신금리 상승이 연쇄적으로 발생할 경우 금융시장 및 거시경제에 부정적인 영향이 나타날 수 있을 것이다.

이외에도 새로운 규제에 대한 국내은행들의 부담을 완화하기 위해 다양한 수단을 검토할 필요가 있다. 예를 들어, 고유동성 자산 HQLA 의 범주에 한국은행 BOK 의 적격담보상품들을 포함하는 방안, 국공채 발행 확대 또는 호주와 같은 유동성지원기구의 설립, 커버드채권 발생 기준 완화, 예금에 대한 세금 폐지 등이 검토 대상이 되어야 할 것이다.

Basel III 의 원활한 이행과 항목별 감독규정화 작업을 위해 감독당국 및 통화당국 등 관계기관은 공동으로 T/F를 2011년 1월 구성하여 현재 은행과 비공식 의견수렴을 계속하고 있으며 앞으로 최종 규정화에 앞서 은행으로부터 공식 의견수렴을 실시할 계획이다. 또한 감독당국은 .Basel III 의 항목별 규정화 일정을 다음과 같이 계획하고 있다.

첫째, 자본규제는 2012년 상반기까지 규정화 작업을 완료하고 2013년부터 시행할 예정으로 있다. 다만 2011년 1월 발표된 부실시점의 조건부자본제도의 경우 규정개정만으로는 이행이 불가능하며 국회의 법률 개정이 필요하다. 따라서 법률개정 작업은 국내 정치상황을 감안하여 2012년 하반기에 진행할 예정으로 있으나 상황에 따라 더 많은 시간이 소요될 가능성도 있다.

둘째, 레버리지 비율 규제는 2013년까지 규정화작업을 완료할 계획으로 있으나 향후 바젤위원회의 pillar 1(의무적 시행)규제로의 이관상황을 보아가며 최종 이행시기를 결정할 예정이다. 한편, 한국의 회계기준이 2011년부터 국제회계기준 IFRS 으로 변경됨에 따른 영향을 2011년-2012년중 별도로 분석할 예정이다.

셋째, 유동성비율 규제는 2013년말까지 규정개정을 완료할 예정이나 시행일정은 바젤위원회의 과도적 준비기간을 감안하여 결정할 예정이다. 왜냐하면 과도기간중 바젤위원회의 최종 규정이 변경될 가능성도 있기 때문이다. 한편, 감독당국은 2011년부터 매분기별로 유동성비율 현황을 보고받아 은행들의 이행준비상황을 점검할 예정이다.

12.2 은행 경영전략의 변화

Basel Ⅲ는 국내 금융시스템의 안전성을 제고할 것이나 자산성장 동력을 제어할 것으로 판단되며, 특히, 유동성 규제는 수요와 공급 패턴을 변화시켜 시장에 영향을 미칠 것으로 보인다. 이는 주로 도매자금에서 장기 자금조달로 이동, 소매예금에 대한 강조, 은행 마진에 대한 다양한 압력 증대(고유동성 자산 보유, 자금조달 제한, 예금전쟁 등), 차입자로 가격전가 가능성 등의 형태로 나타날 것이다. 또한 은행의 만기전환 역할의 축소에 따른 순이자마진 NIM: Net Interest Margins 에 부정적 영향, 장기 자금조달에 대한 수요 증대로 수익률곡선의 기울기 상승, 예금 스프레드에 대한 인하 압력

(예: 은행간 대비 음의 스프레드 발생), 유동성에 대한 가격결정 pricing 능력 필요, 대출금리 상승, 신용 및 유동성지원약정 비용 증가 등이 뒤따를 것으로 예상된다.

이러한 새로운 규제 도입에 따른 전체 은행권의 대응전략을 정리하면 다음과 같다.

첫째, 유동성리스크 측정 능력의 증대가 요구된다. 여러 관련 시스템으로부터 필요 데이터 수집, 모델링 능력, 상품 이해, 담보관리 등의 인프라 구축이 필요할 것이다. 이에 따라 자산 및 부채의 유동성 영향분석이 중요해지면서 유동성 비용이 높거나 레버리지를 크게 늘리는 비즈니스 모델은 축소되어야 할 것이다.

둘째, 유동성 비용을 고려한 가격결정 방식의 정교화가 필요하다. 유동성 비용, 자금조달의 다양한 원천의 비용, 펀드나 조건부 약정의 비용 등을 성과평가나 내부금리 FTP 산출시스템에 반영하는 것이 중요해질 것이다. 은행들은 내부 FTP시스템에 이러한 유동성 비용 부분을 추가하여 고객에게 전가할 가능성이 높다. 그에 따라 장기 대출을 위한 대출금리(스프레드)를 높여야 하므로 3개월 CD금리에 연동되는 대출가격 방식은 점차 줄어들 것으로 예상된다.

셋째, 더 많은 소매예금 유치를 위해 은행들은 소매고객과의 관계를 강화할 것이다. 긴밀한 관계를 맺고 있는 예금은 더욱 안정적인 예금으로 분류가 가능하기 때문이다. 이와 관련하여, 고유동성자산 보유의 비용 증대, 도매 중심의 은행과 소매 네트워크를 가진 은행간 M&A 시너지 효과 증대, 유동성이 부족한 해외은행에 대한 국내은행의 인수 가능성 증대, 예금을 고착화하기 위한 예금규정의 변화(예: 기업예금에 대한 중도인출 제한 규정 등) 등이 예상된다.

예를 들어, 앞서 언급한대로, 밀접한 고객관계를 바탕으로 한 수신상품은 유동성 비율 규제에서 안정적 자금으로 인정받게 되므로 은행들은 이러한 혜택을 확보하기 위해 매력적인 수신금리를 제공할 가능성이 높다. 또한, 신용카드 및 기타 소매대출을 한도용 credit line 상품으로 만들어 모기지와 통합함으로써 개별 신용대출일 경우에 비해 RSF 비율을 더 낮아지게 할 수 있다. 개인 차주들의 입장에서는 주거래은행이 제공하는 패키지 상품을 사용하는 것이 상품별로 상이한 은행을 사용하는 것보다 훨씬 유리한 금리 혜택을 확보할 수 있을 것이다.

넷째, 대출 후 판매모델(originate-to-distribute)이 증가할 것이다. 증권화 등의 방식은 전통적으로 자본제약을 완화하기 위하여 만들어진 것인데 국내 은행들은 최근까지 이러한 필요성이 높지 않았으나 새로운 유동성 규제로 인해 점차 매력적으로 변하고 있다. 그러나, 증권화 과정에서 수반되는 신용 보강업무에 대한 가격상승 압력은 존재할 것이다.

마지막으로, 장외파생상품 중앙청산소(CCP)의 중요성이 증대할 것이다. 거래상대방 리스크에 대한 자본요구 증가와 함께 중앙청산소에 대한 익스포저에 대해서는 비교적 낮은 자본요구가 이루어지기 때문이다.

유동성리스크에 대한 측정의 불확실성 등으로 은행들은 규제수준보다 보수적인 유동성 버퍼를 보유하는 경향을 보이게 될 것이다. 따라서 은행들은 리스크관리시스템의 개선을 통하여 과다한 유동자산 버퍼를 감소시킬 필요가 있으며, 정확한 FTP를 통해 비즈니스별 유동성 사용/공급에 대한 비용/보상을 산출해야 할 것이다.

한편, 은행을 자회사로 두고 있는 금융지주회사의 경우, 규제가 강화되는 은행에 대한 의존도를 줄이고 ROE를 제고하기 위하여 자본을 은행 이외 여타 자회사로 더 많이 배분하는 '규제차익거래(regulatory arbitrage)'를 시도할 가능성이 존재하므로 감독당국은 이러한 규제차익이 발생하지 않도록 감독규정 형평성 제고 및 모니터링 강화가 필요할 것이다.

종합적으로 볼 때, Basel Ⅲ에 따른 규제강화로 인해 단기적으로는 은행산업의 수익성이 악화되고, 대출금리 상승 및 대출규모 축소 등 부정적인 파급효과의 발생 가능성도 일부 우려되지만, Basel Ⅲ 도입에 따라 은행산업의 안전성이 제고되어 중장기적으로는 자본조달비율을 인하하는 효과도 기대된다.

특히, Basel Ⅲ는 충분한 이행준비기간이 있어 점진적으로 자본 및 유동성을 조달해 나갈 경우 규제강화에 따른 단기적 우려도 불식될 것으로 기대되므로 향후 은행산업이 경제 및 규제 환경 변화에 능동적으로 적응할 경우 보다 안정된 건전성을 바탕으로 더 나은 수익성 제고도 가능할 것으로 전망된다. 국내 은행산업도 자본 및 레버리지 비율이 상대적으로 높아 은행의 신용공급 기능에 지장을 초래하지는 않을 것으로 전망된다. 다만 유동성비율이 현재로서는 규제수준에 다소 미달하지만 충분한 이행준비기간이 마련되어 있으므로 충분한 대응이 가능할 것으로 판단된다.

이러한 영향이 모든 은행에 동등하게 미치지는 않을 것이다. 몇몇 은행들은 새로운 규제환경하에서 큰 고통을 겪을 것이고, 상대적으로 건전한 은행들은 경쟁력이 높아질 수 있을 것이다. 특히, 일부 특수 은행들은 그들의 독특한 비즈니스 모델로 인한 도매자금조달 편중으로 NSFR 규제기준(100%)을 충족하기 어려울 수 있다. 또한 특수 은행들은 자본 확충이 여의치 않아 Basel Ⅲ의 새로운 자본충족요건(보통주 자본 중심)을 충족하는 데 어려움을 겪을 수 있다. 이들 특수은행들은 일반적인 시중은행들과는 달리, 경제의 특정 부문에 집중해서 은행 업무를 수행하므로 이들이 Basel Ⅲ 규제요건 충족에 어려움을 겪게 될 경우 해당 경제부문에 직접적인 영향을 미칠 수 있을 것이다. 따라서 금융감독당국은 Basel Ⅲ 기준의 도입 시 특수은행들이 직면할 문제점을 파악하고 경제부문에 미칠 영향을 세밀하게 분석해야 할 것이다.

한편, Basel Ⅲ로 대변되는 새로운 규제환경은 은행 이외 은행과 펀드, 자산, 수수료 등에 경쟁하는 다른 금융회사들에게도 간접적인 영향을 미치게 될 것이다. 특히, 장기부채를 관리하기 위해 고품질 증권이 필요한 보험사는 이들 증권을 보유하기 위해 은행과 경쟁하게 될 것이다. 또한, 개인 금융자산 관리에서도 은행의 예금상품과 더 치열한 경쟁을 할 것이며, 은행들도 그들의 예금상품이 보험상품에 의해 잠식당하지 않기 위해 더욱 노력하게 될 것이다. 이는 현재 보험상품의 유력한 판매채널인 방카슈랑스의 매력이 떨어질 수 있음을 의미한다. 한편, Basel Ⅲ는 개인 금융자산 관리를 위한 펀드시장에서의 은행과 증권사간 경쟁을 더욱 격화시킬 것으로 보여진다.

Basel Ⅲ의 목적은 자본 적정성 확보를 통한 은행의 건전성 및 안정성을 제고하기 위한 것으로 이는 한편으로 경제에 신용을 공급하는 은행의 기능에 제한을 가할 수 있다. 그에 따라 금융감독당국은 다양한 규제를 적용할 때 두 가지 목표에 대해 적절한 균형을 가져야 할 것이다.

참고문헌

|국|내|문|헌|

금융위, 금감원, "Basel III 규제영향평가 결과 및 파급영향", 보도자료, 2010.12.

김병덕, "Basel III가 국내 금융시장에 미치는 영향", 증권학회 증권사랑방 발표자료, 2010.

우상현, "은행산업에 미치는 Basel III 규제 영향", 신한은행 월간 신한리뷰 경제포커스, 2011.

|외|국|문|헌|

Angelini et al, "Basel III: Long-term Impact on Economic Performance & Fluctuations," Research Paper 87, Bank of Italy, 2011.2.

BCBS, "Results of the comprehensive QIS," 2010.

Global Regulator Review, 2010.12 ~ 2011.2.

Hanson, Kashyap, Stein, "Macroprudential approach to financial regulation," J. of Economic Perspectives, 2010.

Harle et al, "Basel III: What the draft proposals might mean for European banking," McKinsey on Corporate & Investment Banking, McKinsey, 2010.

MAG, "Assessing the Macroeconomic Impact of the Transition to Stronger Capital &

Liquidity Requirements," Interim Report, 2010.8.

MAG, "Assessing the Macroeconomic Impact of the Transition to Stronger Capital & Liquidity Requirements," Final Report, 2010.12.

Morgan Stanley, "Outlook for Global Wholesale & Investment Banking," 2010.

OliverWyman, "Basel Ⅲ Proposals: Practical Impacts on the Banking Sector," mimeo, OliverWyman, 2010.

바젤 III와 리스크 관리

BASEL III & FINANCIAL RISK MANAGEMENT

PART

05

금융감독 방향 및
시사점

Summary

　　지난 금융위기 직후 미국은 개별 금융회사에 대한 유동성 공급 등으로 대처하였으나 금융위기의 여파가 점진적으로 확산되자 개별 국가 차원의 위기 대처로는 한계가 있으며 주요 국가간 공조를 통한 위기극복이 필요하다는 국제적인 공감대가 형성되었다. 이에 국제사회의 포괄적 대응의 필요성이 제기되면서 국제 금융시장 안정을 위한 국제기구들의 활동도 활발해지기 시작하였다. 그에 따라 G20 서울 정상회의에서는 새로운 은행 자본 · 유동성 규제방안Basel Ⅲ을 채택하고, 대마불사 문제를 완화하기 위해 시스템적으로 중요한 금융회사SIFI에 대한 감독을 강화하고 정리체계를 마련하는 등 규제감독 강화방안을 채택하였다.

　　글로벌 금융위기를 계기로 주요 위기 당사국들인 미국, 영국 등은 위기를 초래한 감독시스템의 취약점 보완 및 조직 강화의 필요성을 절감하고 기존 금융감독 체계를 개선하는 한편, 관련 내부조직 및 감독인력을 확충하는 노력을 계속하고 있다. 그러한 노력들은 ① 시스템 리스크를 적절히 제어함으로써 위기확산을 차단할 수 있도록 금융시스템 전반을 관리 · 감독할 수 있는 거시건전성 감독 역량 강화, ② 투자은행, 헤지펀드, 장외파생상품 등 그림자금융에 대한 감독을 강화함으로써 감독의 사각지대를 해소, ③ SIFI에 대한 감독 강화 및 부실발생시 정리절차를 마련함으로써 대마불사에 따른 도덕적 해이 문제 발생 가능성을 차단, ④ 금융소비자의 피해를 예방 및 보호하는 등에 초점이 맞춰져 있다.

　　구체적으로 EU는 거시건전성 감독을 담당하는 유럽 시스템리스크위원회ESRB의 신설과 강화된 미시건전성 감독기구를 설치하는 것을 골자로 하는 EU 금융감독 체계를 새롭게 출범시켰다. 이는 EU 차원에서 시스템리스크를 전담하는 통합 감독시스템이 마련되었다는 점에서 긍정적으로 평가할 수 있다. 특히, 유럽 시스템리스크위원회ESRB가 미시건전성 감독기구에 관련 정보제공을 요청할 경우 이에 응하도록 하는 의무를 부과하고 미시건전성 감독 관련 주요 의사결정 회의에 유럽 시스템리스크위원회ESRB 대표가 참가토록 하였다. 이와 같이, 두 기구 간 긴밀한 협력체계를 구축한 것은 향후 시스템리스크가 발생할 경우 이에 선제적으로 대응하는데 매우 효과적일 것으로 예상된다.

　　미국은 2010년 6월에 상 · 하원이 각각 의결한 금융개혁 법안을 최종 확정하여 공표하였다. 동 금융개혁 법안은 미국의 금융감독체계 개편, 금융안정기능 강화 및 시스템리스크 축소, 금융회사 및 금융시장 감독 강화, 금융소비자 보호 강화 등 다방면의 내용을 포괄하고 있다. 금융감독 체계 개편 관련 내용으로 금융안정위원회FSOC 설치, 금융소비자보호기구CFPB 신설, 연방준비은행FRB 개혁 등이 포함되어 있다.

　　기본적으로 지난 금융위기는 우리 실물경제의 높은 대외의존도와 국내 금융시장의 국제 금융시장과의 밀접한 연계성으로 인해 외부의 위기가 국내에 파급된 것이었지만, 외부로부터 전이된 위기는 국내 금융시장 및 금융회사의 취약성을 통하여 크게 증폭되면서 (i) 외국자본의 급격한 유출과 대외신인도 하락, (ii) 국내 금융시장의 불안 확산, (iii) 실물경제 위축과 기업부문의 잠재부실 심화 등으로 단계적으로 확산되어 갔다.

이 과정에서 금융회사의 허술한 외화 유동성 관리, 과거 카드채 사태와 마찬가지로 자산운용상 쏠림현상 herd behavior이 반복되는 등의 문제점이 드러났다. 이에 따라, 국내 금융감독당국은 이러한 취약요인을 제거하고 위기 재발을 방지하기 위하여 ① 금융회사의 외환건전성 감독 강화, ② 자본유출입 규제강화, ③ 금융회사의 유동성 규제 및 관리 강화, ④ 시장안정을 위한 검사기능의 개선, ⑤ 금융회사 임직원 성과평가 및 보상제도 개선, ⑥ 신용평가사에 대한 감독 강화 등의 측면에서 여러 제도 개선 노력을 경주하고 있다.

제 13 장

금융위기 극복을 위한 국제 금융기구의 대응

　　지난 금융위기 직후 미국의 대응은 개별 금융회사에 대한 일시적인 유동성 공급 및 일부 제도개편 등 제한적 조치에 머물렀으나 금융위기의 여파가 점진적으로 확산되자 개별 국가 차원의 위기 대처로는 한계가 있으며 주요 국가간 공조를 통한 위기극복이 필요하다는 국제적인 공감대가 형성되었다. 이에 국제사회의 포괄적 대응의 필요성이 제기되면서 국제금융시장 안정을 위한 국제기구들의 활동도 활발해지기 시작하였다. 이 중에서도 금융시장의 개선, 특히 은행감독 분야의 새로운 국제규범에 대한 논의는 주로 G20 정상회의 및 금융안정위원회 FSB, 바젤위원회 BCBS, 국제통화기금 IMF 등을 통해서 이루어져 왔으며 주요 논의 내용은 기구별로 다음과 같이 요약될 수 있다.

13.1 G20 정상회의 및 금융안정위원회

1997년 G7 금융당국자들을 주축으로 하여 국제금융시스템 안정을 목적으로 설립된 금융안정포럼 FSF: Financial Stability Forum 은 금융위기에 대응한 국제공조의 중요성을 강조하면서 2008년 4월 자본, 유동성 및 리스크관리에 대한 건전성감독 강화, 투명성과 가치평가 강화, 감독당국의 리스크 대응능력 강화 등을 포함한 '금융시장 및 금융회사의 탄력성에 대한 권고안'을 마련하였다. 또한, 이듬해 4월에는 '금융시스템 강화를 위한 원칙'을 발표하여 금융시스템의 경기순응성 완화, 건전한 보상원칙, 위기극복을 위한 국제협력원칙 등의 대책을 제시함과 동시에 국제표준설정기구 및 감독당국에 대해 2008년 4월의 '금융시장 및 금융회사의 탄력성 강화 권고안'의 이행을 위한 구체적인 표준개선작업을 촉구하면서 향후 지속적인 모니터링 계획을 마련하기도 하였다.

그러나, 글로벌 금융위기의 발발과 대처 과정에서 G7의 대응역량에 한계가 드러남에 따라 2008년 11월에는 기존 G7에 한국, 중국, 인도, 브라질 등 신흥국가들을 포함하여 세계 GDP의 90%를 차지하는 20개국으로 구성된 G20의 첫 정상회의가 성사되었다. 이후 G20는 제1차 G20 워싱턴 정상회의에서 투명성 및 책임성 강화, 금융감독 규제 개선, 금융시장 신뢰성 제고, 국제적인 협력 강화 및 국제금융기구 개혁의 5대 원칙에 대한 합의를 도출하였다. 또한, 제2차 런던 G20 정상회의(2009년 4월)에서는 글로벌 차원의 감독 및 규제의 필요성이 부각되면서 기존 금융안정포럼 FSF 을 확대·개편하여 금융안정위원회 FSB 를 발족하고 동 기구로 하여금 G20를 보좌토록 하는 등 국제 금융기구의 권한 강화에 대한 합의가 이루어져 향후 국제수준의 거시적 금융감독에 대한 초석이 마련되었다.

이후 2010년 11월 제5차 서울 정상회의에서는 글로벌 금융규제 개혁, 거시경제정책 공조, 국세금융기구 개혁 등에 관해 합의를 도출하고 선언문을 채택하였다.

특히, 서울 정상회의에서 금융규제 개혁 관련 보다 세부적인 합의내용으로는 ①

표 13.1 | G20 서울 정상회담 핵심 의제

	논의내용
합의의제 (서울에서 합의)	1. 은행 자본 · 유동성 규제 기준 2. SIFI 규제 정책권고안 3. 환율정책 등 거시경제정책 4. IMF 개혁
신규 의제 (서울에서 신규 제기)	1. 글로벌 금융안정망 구축 2. 금융소외계층 포용
차기 의제 (차기에 신규 논의 예정)	거시건전성, 신흥국 관점의 규제개혁, 그림자금융 규제, 금융소비자 보호 등

보통주자본비율을 대폭 확대(2%→7%)하고, 완충자본·유동성기준·레버리지 비율을 도입하는 등 바젤위원회 BCBS의 새로운 은행 자본·유동성 규제방안 Basel Ⅲ 을 채택하고 각국이 차질 없이 이행하기로 하였으며, ② 대마불사 문제를 완화하기 위해 시스템적으로 중요한 금융회사 SIFI에 대한 감독을 강화하고 정리체계를 마련하는 등의 금융안정위원회 FSB가 제안한 규제감독 강화방안을 채택하였다.

2008년 11월 워싱턴 정상회의 이후 현재까지 G20은 금융위기 극복을 위한 원칙과 중단기 실행과제를 채택하면서 금융규제 개혁 관련 논의의 중심에서 많은 역할을 담당하였다. 또한, G20 워킹그룹 및 금융안정위원회 FSB는 이와 관련한 정책과제와 수단을 개발함으로써 G20의 노력을 보좌하여 왔고, 바젤위원회와 국제회계기준위원회 IASB 등은 자본규제체계와 공정가치 회계기준을 보완하는 정책과제를 이행하기 위한 노력을 경주하여 왔다. 그리고, 현재까지 ① SIFI에 대한 규제 강화 노력, ② 금융회사 보상체계 개편, ③ 장외파생상품 규제 강화, ④ 회계기준 개선 등에서 일정 성과를 거둔 것으로 평가되고 있다.

참고 13.1 서울 정상회의에서 채택한 FSB SIFI 권고사항 주요내용[1]

1. 정책체계 policy framework

(i) SIFI와 G-SIFI Global SIFI 의 구분

각국은 국내 SIFI의 대마불사 문제 해결을 위한 정책을 마련하되, 국제적으로 중요한 SIFI는 G-SIFI로 별도 지정하여 보다 강한 규제를 부과

(ii) SIFI에 대한 일반적 정책체계

: G-SIFI를 포함한 모든 SIFI에 대해 아래의 정책수단들을 적절히 조합하여 적용

① 손실흡수능력 강화: 추가자본 부과 capital surcharge , 조건부 자본 contingent capital 또는 Bail-in 채권을 활용
  * 동 방안들의 상관관계를 고려한 적절한 조합을 통해 SIFI가 발생시키는 위험에 걸맞는 손실흡수능력을 확보하도록 함
  * G-SIFI에 우선적 initially , 의무적으로 적용

② 부실화시 정리가능성 제고:
  a. 각국 정리체계 resolution regime 강화
    − 각국 정리당국의 권한 강화, Bail-in 등을 활용한 구조조정 매커니즘 마련 등
  b. 정리 관련 국제 공조 메커니즘 강화
    − 국제협력 강화를 위한 정리 당국의 권한 확보 및 국제협력에 장애가 되는 법적 요인의 제거
  c. 정리가능성 resolvability 제고
    − 모든 금융회사는 각국 정리체계 하에서 원활하게 정리되어야 하며, 각국 당국은 이를 위한 권한*을 보유할 필요

    * 금융기관의 법률상 운영상 구조를 변경시킬 권한 및 정리가능성을 고려하여 금융기관의 해외진출 형태, 해외 금융기관의 국내 영업범위 등을 결정할 수 있는 권한 등

③ 보다 강화된 감독: 감독 당국은 명확한 임무, 감독행위의 독립성, 적절한 자원 resource 을 보유
  * 감독당국은 위기상황분석, 조기개입 early intervention 등을 할 수 있는 권한 보유

---

[1] G20 정상회의 준비위원회 보도자료, 서울 G20 정상회의 개최 결과, 2010년 11월.

- 감독강화 방안을 각국이 이행하고 있는지 여부에 대해 국제적인 평가 실시

④ 핵심 금융인프라의 강화: 지급결제제도, 장외파생상품 시장의 중앙청산소CCP 등 핵심 금융 인프라에 대한 국제기준 개선
- 장외파생상품 관련 G20 권고사항*의 신속한 이행
  * 장외파생상품 거래에 대한 (a) 표준화, (b) 중앙청산소 이용, (c) 거래정보보고 등

⑤ 각국 당국에 의한 건전성 및 기타 수단: 유동성 추가 규제liquidity surcharge, 거액여신 제한

2. 작업절차 및 이행시기 work process and timeline

(i) (G-SIFI 식별) FSB, BCBS 등 관련 국제기구들은 G-SIFI 권고를 적용할 금융기관을 2011년 중반까지 지정
: 2012년 말 각국의 G-SIFI 정책에 대한 최초 상호평가 실시

(ii) (손실흡수 능력 관련) FSB, BCBS 등은 2011년 말까지 손실흡수 능력 강화 수준과 이를 달성하기 위한 수단을 마련

(iii) (정리역량 강화) FSB 회원국들은 2011년 말까지 자국의 정리 체계 강화를 위해 필요한 조치들을 식별하여 FSB에 제출
: FSB는 2012년 각국 정리제도의 효과성에 대한 상호평가 peer review 실시

(iv) (감독강화) 2011년 말까지 FSB 감독강화 원칙*의 이행상황 점검
  * FSB는 서울 정상회의에 SIFI 감독강화를 위한 원칙을 보고

(v) (금융인프라 강화) 2011년 말까지 지급결제제도, 장외파생상품 등 핵심 금융인프라에 대한 국제기준 개선 완료

13.2 바젤위원회

바젤위원회 BCBS 는 G20 정상회의와 금융안정위원회 FSB 등에서 제기한 은행산업 관련 과제를 논의하고 구체적인 해결방안을 도출하는 역할을 수행하였다.

보다 세부적으로는 금융위기 과정에서 노출된 미비점을 개선하기 위하여 ① 현행 자기자본규제제도의 강화, ② 유동성 기준의 설정, ③ 리스크관리·지배구조 및 감독의 강화, ④ 투명성 제고 방안 등이 논의되었다. 이는 바젤위원회 산하에 있는 4개의 소위원회 level 2 group 를 통하여 주로 이루어지고 있는데, 4개의 소위원회 중 기준수립그룹 SIG: Standards Implementation Group 은 바젤위원회가 정한 규제기준 및 건전성 원칙의 시행과 관련된 정보를 공유함으로써 국가간 규제의 정합성을 제고하고 있다. 정책개발그룹 PDG: Policy Development Group 은 4개의 소위원회 중 가장 중요한 소위원회로서 PDG에서 논의된 사항이 바젤위원회 고위급 회의 전체 안건의 약 80%를 차지하고 있다. PDG는 은행감독과 관련된 정책개발 역할을 수행하며, 최근에는 자본의 질적수준 제고방안, 경기순응성 완화방안 등을 논의하고 있다. 다음으로 회계기준그룹 ATF: Accounting Task Force 은 국제회계기준위원회 IASB, 미국 재무회계위원회 FASB 등과 함께 금융상품의 공정가치평가, 충당금 적립 등 은행감독과 관련된 회계이슈를 주로 논의하고 있으며, 마지막으로 국제협력그룹 ILG: International Liaison Group 은 바젤위원회 회원국 이외 국가들과의 협력강화를 위한 활동을 주로 수행하여 왔다.

바젤위원회는 금융위기 이후의 금융개혁 차원에서 Basel II로 대표되는 기존 미시건전성 감독을 보완하여 은행산업의 위기대응력 강화를 위해 Basel III를 추진하고 있다. 그간 Basel III는 수차례의 국가간 회의를 통한 협의와 조정이 있었으며 2010년 9월 개최된 바젤위원회 최고위급 회의에서 규제개편의 포괄적 방안이 잠정적으로 확정되었다. 바젤위원회는 자본 및 유동성규제 개편 최종 방안을 2010년 11월 G20 서울 정상회의에 보고한 바 있으며, 그 중 조건부자본 제도, SIFI 규제 세부방안, 순안정자금조달비율 NSFR 제도 등은 2010년 말까지 기초방안을 마련한 후 2011년 상반기까지 최종 확정할 예정이다.

13.3 국제회계기준위원회

2008년 11월 제1차 G20 워싱턴 정상회의에서는 금융위기의 주된 원인으로 시가평가 회계기준을 지목하고 회계기준 개정과 회계기준 제정기구의 지배구조 개선 필요성에 대해 원론적 수준의 합의를 이루었다. 이후 2009년 4월 제2차 G20 런던 정상회의에서는 시가평가 회계 등 회계기준이 경기하락기에는 대손 및 금융상품 평가손실이 증가하고 경기상승기에는 금융상품 평가이익이 증가함으로써 경기변동폭이 확대되는 등 경기순응성procyclicality 을 야기했고, 유동화전문회사SPC 등을 통한 불투명한 회계처리로 금융위기를 심화시켰다는데 대해 공감하고 금융상품 관련 회계기준 개선, 높은 품질의 단일 회계기준 마련 등의 실천과제에 합의하였다. 그리고 2009년 9월 제3차 G20 피츠버그 정상회의에서는 2011년 6월까지 회계기준 단일화를 완료하고, 바젤위원회 등 금융감독기구의 의견을 반영토록 요구하였다.

이에 2009년 11월 국제적 회계기준제정기구인 국제회계기준위원회IASB 와 미국 회계기준위원회FASB 는 G20의 요구에 부응하기 위하여 회계기준 합치작업을 진행하는데 합의하였으며, 금융상품의 공정가치 평가와 인식에 관한 회계기준상의 문제를 개선하기 위한 협의를 진행 중에 있다.

표 13.2 │ 회계기준 개선 관련 주요 과제

구분	주요 내용
투명성 향상	• 금융상품회계(분류 및 측정, 손상, 위험회피회계) 복잡성 감소 • 부외 실체의 공시 강화(연결 및 제거 기준) • 회계기준의 국제적 단일화
경기순응성 완화	• 공정가치 측정 개선 • 대손충당금 제도 개선

13.4 국제통화기금

국제통화기금IMF은 주로 유동성 위기에 처한 국가들에 대한 직접적 신용공여와 함께 정책제안, 위기감시 강화 권고 등을 통하여 금융위기에 적극적으로 대응하였다. 2008년 9월 리먼브라더스 사태 이후 국제적 충격이 본격적으로 가시화되자 정부의 일시적 부채보증, 적극적인 손실인식, 정부의 자본확충 지원 및 국제협력증진 등을 통한 금융위기 충격 완화조치를 권고하였다. 이후 글로벌 금융위기 여파로 재정 및 금융 여건이 취약한 동유럽 국가의 채무불이행 사태가 연쇄적으로 발생함에 따라 이들 국가들에 대한 지원에 나서 아이슬란드에 21억달러의 구제금융을 제공한 것을 비롯하여 파키스탄, 우크라이나, 헝가리 등에 대한 본격적인 유동성 지원에 나서게 되었다.

아울러, 2008년 10월 신흥시장국가 지원을 주요 목적으로 하는 단기유동성제도 Short-term Liquidity Facility를 2년간 한시적으로 도입하였다. 그러나, 동 자금 이용 시 외환위기 국가로 간주될 소지 및 경제주권 침해 우려 등으로 인하여 회원국의 이용이 저조하였던 데다 이와 유사한 효과를 얻을 수 있는 미국 중앙은행 등과의 통화스와프 등의 대체방안 활용이 늘어나자 2009년 3월에는 유동성 위기에 처한 국가들이 사전적 자격요건을 만족하면 한도 없이 신용공여를 제공하고 최대 5년까지 연장이 가능하도록 기존 제도를 개선한 탄력적 신용공여 Flexible Credit Line 제도를 마련하였다. 이는 단기유동성 위기에 직면한 회원국에 대해 경제·정책의 건전성 및 정책이행 실적 등 사전적 자격요건 심사만으로 신용공여가 가능하도록 하고 최종승인 前까지 자금신청과 관련된 내용을 공개하지 않음으로써 투기세력으로부터 회원국을 보호할 수 있도록 한 것으로 동 제도 도입 이후 멕시코를 필두로 폴란드, 콜롬비아 등이 이를 이용하였다.

표 13.3 | IMF가 제시한 공정가치 평가의 경기순응성 완화 방안[2]

구분	주요 내용
Consensus Pricing	• 유동성이 낮고 구조가 복잡한 증권의 가치평가를 제3의 독립기관에 의뢰하여 평가하고 이를 재무제표에 기록(Level 2 해당 자산평가에 적용) • 기관마다 가치평가가 상이하고 해당 금융회사의 평가에 대한 이견을 해소할 적절한 방안이 없음
Valuation Adjustment	• 가치평가와 관련된 불확실성(uncertainty)을 조정하여 재무제표에 기록하는 방안으로 시장유동성, 거래상대방 리스크(counterparty risk), 매매에 따른 가격충격(price impact) 등을 조정한 가치를 기록 • 시장 불안정으로 시장가격의 왜곡이 있을 경우에는 적절하나, 경영진의 재량권 확대에 대한 투명한 공시와 모니터링이 시행되지 않을 경우 경영진이 자신에게 유리한 방향으로 조정을 시행(cherry picking)
Reclassification	• 자산가격 급락과 유동성이 고갈되는 시장에서는 단기매매증권 및 매도가능증권 거래가 어려워 금융회사는 이를 비자발적으로 만기보유하게 되므로 만기보유증권으로의 재분류를 허용하여 공정가치평가에 따른 부작용 완화 • 경영진은 가치가 현저히 감소한 자산만을 만기보유증권으로 전환[3]하려고 할 것이므로 자산가치 하락의 실현을 일시적으로 지연시킬 수는 있으나, 만기보유증권 역시 시장상황 악화 시 대손상각 증가에 따른 가치 감소가 불가피
Full Fair Value Accounting	• 현행 공정가치평가는 일부 자산에 대해서만 적용되는 혼합형이나, 자산의 분류를 포함한 다양한 영역에서 경영진의 자의성과 복잡성을 개제시키므로 보유한 모든 자산과 부채에 대해 일관되게 공정가치평가를 시행해야 한다는 주장[4] • 공정가치평가의 원칙에 충실하며 상이한 금융회사간의 비교가 용이 • 현행 제도의 복잡성과 난해함으로 자산만의 공정가치평가도 어려운 상황에서 부채까지 공정가치로 평가하는 것은 무리일 수 있음 • 경기하강시에 부채가치도 하락하므로 도리어 자기자본이 증가하는 모순된 상황이 현실화될 수 있어 건전성 규제 측면에서는 보완이 필요

---

[2] IMF "Fair Value Accounting and Procyclicality" Chapter 3 of "Global Financial Stability Report" October 2008.

[3] 일단 만기보유증권으로 재분류된 증권을 다시 매도가능증권으로 환원할 수 없도록 하여야 함.

[4] Barth(2004)는 공정가치 평가가 회계정보의 변동성을 증대시키는 세 가지 원인을 다음과 같이 제시하고 있다. 첫째, 자산의 가치에 영향을 미치는 경제요인 자체의 변동성, 둘째, 가치평가모형을 이용하여 공정가치를 평가하는 과정에서 발생하는 측정 오류와 향후 전망에 대한 변동성, 셋째, 현행 회계기준에서 자산과

Internal Decision Rule	• 금융회사 경영진이 공정가치에 기반한 의사결정을 의무화하고 이러한 결정이 금융회사의 건전성에 부정적인 영향을 미치지 않도록 감독 • 감독당국의 모니터링이 금융회사의 세부 의사결정과정까지 포괄해야 한다는 측면에서 실행상 한계
Smoothing Technique and Circuit Breaker	• 경영진으로 하여금 이익조정(earning management)의 일환으로 공정가치평가를 조정하도록 하여 경기상승기에는 자본이득을 실제보다 적게 반영하고 하강기에 자본손실의 반영을 유예하는 circuit breaker를 적용 • 경영진으로 하여금 재량적으로 자산가치 변동에 따른 자기자본의 증감을 조정하게 하는 방식이나 재무제표가 지닌 회계정보의 정확성에 부정적 영향을 미치며, 특히 경기하강시 공정가치보다 높은 자기자본의 가치를 그대로 유지하도록 허용하는 문제점

표 13.4 | 리먼브라더스 파산보호 신청 이후 IMF 구제금융 실시내용

승인일자	국가명	지원내용	
		지원승인금액	즉시 지급액
2008년 11월 5일	우크라이나	164억 달러(110억 SDR, 2년)	45억 달러
2008년 11월 6일	헝가리	157억 달러(105억 SDR, 17개월)	63억 달러
2008년 11월 19일	아이슬란드	21억 달러(14억 SDR, 2년)	8.3억 달러
2008년 11월 24일	파키스탄	76억 달러(52억 SDR, 23개월)	31억 달러
2008년 12월 23일	라트비아	235억 달러(152억 SDR, 27개월)	8.3억 달러
2009년 1월 12일	벨로루시	25억 달러(16억 SDR, 15개월)	7.9억 달러
2009년 5월 4일	루마니아	171억 달러(114억 SDR, 24개월)	66억 달러

부채를 모두 공정가치로 평가하는 대신 일부 자산에 대해서만 공정가치 평가를 적용하는데서 발생하는 변동성으로서 자산과 부채가 모두 공정가치로 평가될 경우에는 자산과 부채의 가치가 경기상황에 따라 동시에 증가/감소하여 기업의 자기자본(equity)의 변동성을 줄이나 일부 자산만 공정가치로 평가될 경우에는 이들 자산의 가치변동이 그대로 자기자본의 변동성으로 연결된다. 이러한 의미에서 Barth(2004)는 Full Fair Value Accounting이 원칙에 충실하며 동시에 변동성을 줄일 수 있다고 주장한 바 있다.

13.5 국제 공조를 위한 한국의 대응

한국은 금번 글로벌 금융위기를 계기로 제기된 국제적인 금융시장 개혁 움직임에 능동적으로 참여하고 있다. 실제로, 제1차 G20 정상회의에서는 한국이 통합 감독기구를 설치하여 금융감독의 효율성을 제고한 내용이 논의되었으며, 제2차 정상회의에서는 한국이 과거 부실자산 처리 경험을 토대로 제시한 부실자산 처리의 중요성이 주요 의제로 논의된 바 있다. 또한, 한국은 2010년 G20 의장국으로서 2009년부터 2011년까지 3년 동안 공동의장국[5]의 역할을 맡음으로써 새로운 국제 금융 규범의 수립 과정에서 더욱 중요한 역할을 수행하게 되었다.

아울러, 한국은 2009년 3월 금융안정위원회 FSB 와 바젤위원회 BCBS 의 회원으로 가입함으로써 국제기준을 수동적으로 수용하는 기존 입장에서 벗어나 적극적으로 개편 과정에 참여할 수 있는 발판을 마련하였다. 통상 바젤위원회 등 주요 국제 금융감독기구들은 금융감독 현안을 상시 모니터링하고 관련 연구를 진행하며, 회원국들과의 충분한 논의과정을 거쳐 국제기준 Global standards 을 제정하므로 국제표준 제·개정 과정에 참여한다는 것은 가급적 자국의 입장에 유리한 결정을 요구할 수 있음을 의미한다.

현재 금융감독원 및 한국은행은 2009년 3월 바젤위원회의 정식 회원으로 가입한 이후, 14개의 실무그룹, 2개의 정책그룹 및 바젤위원회 회의 level 1 와 최고위급 회의 GHOS: Group of Governors & Heads of Supervision 에 참여하고 있다. 또한, 2009년 이후 개최된 바젤위원회 회의에 적극 참여하여 선진국과 신흥국가간 규제의 형평성 확보 등 의견을 적극적으로 제시하는 등 합리적 국제기준 마련에 기여하고, G20 서울 정상회의에서 핵심 규제사항에 대한 국제적 합의가 원활하게 도출될 수 있도록 적극적인 중재역할을 수행한 바 있다.

---

[5] G20 의장국은 의장국 수임 전·후 1년씩 공동의장국으로서의 역할을 수행하게 된다.

금융감독원이 바젤위원회 회의에서 제시한 주요 의견은 다음과 같다.

① 2010년 9월 최고위급 회의에서 개편된 규제의 이행기간이 너무 여유있게 too much generous 설정될 경우 향후 위기에 대비한 사전준비가 소홀해 질 수 있음을 지적하여 결국 최종 합의에서 시행시점을 당초 논의보다 앞당기도록 하였음

② 자본규제와 관련하여 과거 우리나라의 외환위기 당시 종금사에 대해 허용되었던 이연법인세 등이 실제로는 손실흡수 능력이 없었던 사례를 소개하고 공제항목의 엄격한 설정을 주장하여 이를 공개초안에 반영

③ 2010년 9월 BCBS 회의에서 은행의 유동성비율 산출을 위한 시스템 구축 등 준비기간 부여의 필요성을 제기하여 최종 합의시 유동성비율 보고 개시 시점이 조정됨

④ 자본보전 완충자본 제도는 위기발생 시점에서 은행들의 무분별한 배당을 억제할 수 있는 감독수단이 됨을 강조하여 최종 합의에 동 완충자본 제도를 유지하는데 기여

⑤ 자본 및 유동성규제에 대한 합의를 G20 서울 정상회의까지 마무리하여야 한다는 견해를 역설하여 신속한 합의도출에 기여

이러한 금융감독원의 의견은 바젤위원회 회의에서 회원국의 지지를 얻은바 있으며, 이를 통해 금융감독원은 종전 국제기준 추종자 rule follower 의 위치에서 나아가 국제기준 제정자 rule setter 로서의 국제적 위상을 높이게 되었다.

그림 13.1 바젤위원회 조직도 및 금융감독원 참여 현황

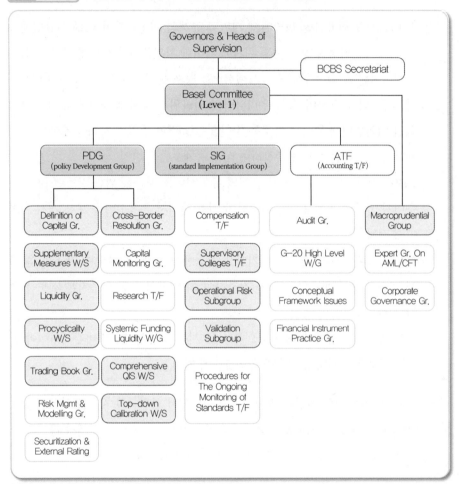

*색망 표시된 항목은 금융감독원이 참여하고 있는 회의임.
*출처 : 금융감독원, "글로벌 금융위기 대응보고서", 2010.12.

제14장

주요 국가의 금융감독체계 개편

글로벌 금융위기를 계기로 주요 위기 당사국들인 미국, 영국 등은 위기를 초래한 감독시스템의 취약점 보완 및 조직 강화의 필요성을 절감하고, 기존 금융감독 체계를 개선하는 한편 관련 내부조직 및 감독인력을 확충하는 노력을 계속하고 있다. 그리고, 그러한 노력들은 ① 시스템 리스크를 적절히 제어함으로써 위기확산을 차단할 수 있도록 금융시스템 전반을 관리·감독할 수 있는 거시건전성 감독 역량 강화, ② 투자은행, 헤지펀드, 장외파생상품 등 그림자금융 shadow banking 에 대한 감독을 강화함으로써 감독의 사각지대를 해소, ③ 시스템적으로 중요한 금융회사 SIFI 에 대한 감독 강화 및 부실발생시 정리절차를 마련함으로써 대마불사 too-big-to-fail 에 따른 도덕적 해이 문제 발생 가능성을 차단, ④ 일반 금융소비자들이 금융상품 등에 대해 충분히 알지 못하고 투자에 나선 결과 발생하는 금융소비자의 피해를 예방 및 보호하는 등에 초점이 맞춰지고 있다.

국내에서도 향후 금융감독 체계 개편을 논의하는 경우에는 단순히 해외 감독당국의 개편 논의를 모방하는 차원에 그칠 것이 아니라 기존 금융감독체계, 정치·법률적 특수성 등을 감안하여 최선의 개편방향을 모색하고자 하는 방향으로 논의가 이루어져야 할 것이다.

참고 14.1 미국 및 영국의 금융규제 실패 사례

1. 미국의 규제실패 사례[1]

가. 연방준비은행FRB

앨런 그린스펀과 그로 상징되는 미국 FRB는 1998년 헤지펀드인 LTCM 파산, 2001년 닷컴버블 붕괴 등에 대응하여 저금리정책 등 확장적 통화정책 및 부실 대형 금융기관 구제 등을 실시함에 따라 시장의 낙관적인 위험 인식을 초래하였다.

또한, 규제완화를 주장하는 신자유주의 기조 하에서 자산거품 제거를 위한 적극적인 시장 개입에 부정적인 입장을 유지하면서 자산가격 상승보다는 물가상승 억제에만 정책역량을 집중하고 저금리를 장기간 유지함에 따라 주택시장 과열의 원인을 제공하였다.

나. 증권감독위원회SEC

증권감독위원회SEC는 2004년부터 투자은행이 자율적으로 자본을 통제하고 리스크를 관리하는 통합감독프로그램 제도를 도입하였다. 이에 따라 과거에는 순자본의 15배에 해당하는 부채만을 허용한 이른바 15:1 레버리지 규칙을 적용했지만 새로운 제도하에서는 40:1까지 레버리지 비율을 확대할 수 있게 되었다.

다. 미국 의회

1999년 미국 의회가 금융현대화 법안Financial Modernization Act을 도입함으로써 금융회사는 단기 수익 및 시장 점유율 확대를 위해 핵심사업과 무관한 비전문 사업부문에 진출하기 시작하였다. AIG의 경우 소규모 런던지사인 AIG Financial Products가 핵심사업과 무관한 서브프라임 CDO 등 5,130억 달러에 달하는 CDS를 거래하다 그룹 전체의 몰락을 초래하였다.

---

[1] OECD, "The Current Financial Crisis: Causes and Policy Issues", 2008.12월; Adrian Blundell-Wingnall, Paul Atkinson, "The Sub-prime Crisis: Causal Distortions & Regulatory Reform", 2008.12월; Ty-moighe, "Securitization, Deregulation, Economic Stability, and Financial Crisis", 2009.8월 참고.

또 다른 사례로는 2000년 상품현대화 법안 Commodity Futures Modernization Act 의 도입을 들 수 있다. 증권선물거래소 SEC 와 상품선물거래위원회 CFTC 가 보유한 스왑 거래에 대한 규제권한을 사실상 폐지함으로써 CDS 등의 장외파생상품이 적절한 규제·감독 없이 폭발적으로 증가하였으며 위험자산을 보유한 치명적인 신상품 합성 CDO 등 개발이 가능토록 하는데 원인을 제공하였다.

라. 미국 행정부

미국 및 수출 개도국(중국 등)간 글로벌 무역수지 불균형이 확대되었고, 이것이 달러 기축통화체제하에서 'Dollar Recycling[2] 구조로 뒷받침됨에 따라 전세계적인 과잉 유동성이 장기간 확대되면서 자산거품이 발생하였다. 또한, 이에 더하여 미국 정부는 세금감면과 과도한 이라크 전쟁 비용 지출 등으로 만성적인 재정적자를 확대하였다.

또한, 2008년 9월에는 대형은행 정리절차 및 시스템 리스크에 대한 충분한 준비 없이 미국 정부가 Lehman Brothers 파산을 결정함에 따라 신용경색 및 유동성 위기가 확대되었다.

2. 영국의 규제실패 사례[3]

가. 영국 FSA

영국 FSA는 2000년 이후 금융기관의 자율성 보장 및 구체적인 규정 수립과 집행의 비효율성 축소 등을 위해 "원칙중심의 감독 principal based supervision"을 시행하였다. 원칙중심 감독은 금융환경 변화에 보다 유연하게 대처할 수 있는 반면 금융기관의 지나친 리스크 수용을 면밀히 점검하지 못함에 따라 소비자 보호 및 잠재 리스크 대응에 미흡하였다.

나. 영란은행

영란은행은 부동산 가격상승 보다는 물가 상승 및 이자율 관리에만 정책역량을 집중함에 따라 자산버블에 대한 효과적인 대처에 실패하였다. 2003년 영란은행이 부동산가격이 포함되어 있는 PRIX 인덱스를 부동산가격이 제외된 CPI로 변경한 것이 그 대표적 사례라고 할 수 있겠다.

---

[2] (미국) 달러화 발행 확대로 수출개도국에 수입대금 지급 → (수출개도국) 미국채 매입으로 환율 방어 → 미국내 달러화 환류 → 미국의 해외투자 확대 → 글로벌 과잉유동성 확대.

[3] Adam Smith Institute, "The Financial Crisis: Is regulation cure or cause?", 2008.11.

14.1 유럽연합 EU

EU 집행위원회는 글로벌 금융위기를 거치면서 기존 EU의 역내 금융감독 체계의 문제점으로 i) 적절한 거시건전성 감독기구의 부재, ii) 조기경보체제의 不在로 금융위기에 대한 초기 대응 능력 부족, iii) EU 회원국들에 일괄적으로 적용할 수 있는 감독규정 및 제재조치의 부재로 다국적 금융회사 등에 대한 감독 실패, iv) 기존 EU 역내 감독기구의 권한이 미약하고 감독기능 수행에 필요한 정보와 운영 지원이 미흡, v) EU 역내 감독기구간 협조 및 공통의 의사결정을 내릴 수 있는 수단이 미비하다는 점을 인식하고 개선방안을 모색해 왔다.

이에 따라, 2011년 1월 EU는 거시건전성 감독을 담당하는 유럽 시스템리스크위원회ESRB: European System Risk Board 의 신설과 강화된 미시건전성 감독기구ESA: European Supervisory Authorities 를 설치하는 것을 골자로 하는 EU 금융감독기구를 새롭게 출범시켰다. 애초 동 개편안의 초안에는 미시건전성 감독기구ESA 에 금융회사 등에 대한 상시적인 직접 감독권한을 부여할 예정이었으나 영국 등이 개별 금융회사 등에 대한 감독권한을 역내 감독기구ESA 에 부여할 경우 개별 국가의 주권을 침해할 수 있다며 강하게 반대함에 따라 최종안은 기존 초안보다 권한을 축소하여 비상시에만 금융회사 등에 대한 직접 감독권한을 갖도록 수정하였다.

그림 14.1 신규 EU 역내 금융감독체계

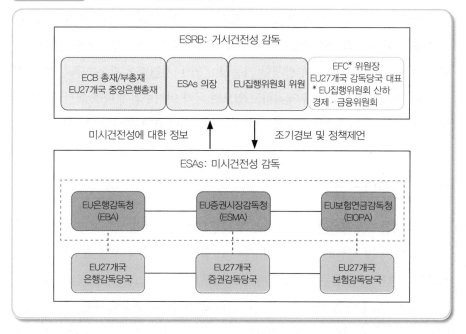

금번 개혁안은 EU 차원에서 시스템리스크를 전담하는 통합 감독시스템이 마련되었다는 점에서 긍정적으로 평가할 수 있을 것이다. 특히, 유럽 시스템리스크위원회 ESRB 가 미시건전성 감독기구 ESA 에 미시건전성 관련 정보제공을 요청할 경우 이에 응하도록 하는 의무를 부과하고 미시건전성 감독기구 ESA 이사회 등의 미시건전성 감독 관련 주요 의사결정 회의에 유럽시스템리스크위원회 ESRB 대표가 참가토록 함으로써 EU내 미시건전성 감독기구 ESA 와 거시건전성 감독기구 ESRB 간 긴밀한 협력체계를 구축한 것은 향후 시스템리스크가 발생할 경우 이에 선제적으로 대응하는 데 매우 효과적일 것으로 예상된다.

또한, EU 회원국에 공통적으로 적용할 감독 기준·법규 제공과 일관성 있는 감독 규제·조정 등이 가능한 미시건전성 감독기구 ESA 의 출범으로 자국의 금융센터 경쟁력을 제고하기 위한 회원 감독당국의 경쟁적 규제완화 쏠림현상을 예방하고 다국적 금융회사에 대한 단일한 감독기준 적용 등으로 국경간 cross-border 감독이 개선되는 등 EU내 금융감독의 효율성도 제고될 것으로 기대된다.

그러나, 한편에서는 EU의 조치가 회원국의 주권을 침해할 시 동 조치를 집행할 수 없도록 한 주권의 예외조항으로 비상시 미시건전성 감독기구_ESA 가 비상조치를 취할 수 없는 경우가 빈번히 발생할 가능성이 커 미시건전성 감독기구_ESA 가 가진 비상권한의 실효성에 의문을 제기하고 있으며 국가 이기주의에 따라 회원국 감독당국의 EU 법규 준수 여부가 결정될 가능성 등 공정성에 대한 우려도 상존하고 있다.

유럽 시스템리스크위원회_ESRB

EU는 회원국의 금융감독당국 대표 및 중앙은행 총재로 구성된 유럽 시스템리스크위원회_ESRB 를 신설하였다. 동 기구는 EU 금융시스템의 건전성 확보를 위한 거시건전성 감독 관련 업무를 수행하며 주요 업무로는 i) 시스템리스크 감시 및 평가, ii) 시스템리스크 관련 조기경보 및 권고, iii) 조기경보와 권고에 대한 회원국 감독당국의 이행 수준 점검, iv) 미시건전성 감독기구_ESA 에 시스템리스크 관련 정보 제공 및 시스템리스크 측정지표를 미시건전성 감독기구_ESA 와 공동으로 개발, v) 효과적인 거시건전성감독을 위한 국제통화기금_IMF 및 금융안정위원회_FSB 등과의 긴밀한 협력체계 구축 등을 수행하게 된다.

이를 위해, 유럽 시스템리스크위원회_ESRB 는 시스템리스크의 정보범위 결정권 및 정보 접근권을 보유하며 금융부문 시스템리스크 발생 시 위기의 심화·확산을 방지하기 위해 EU 전체, 관련 미시건전성 감독기구_ESA , 회원국 감독당국 등에 비공개 경고 혹은 권고를 통보할 수 있다.[4] 또한, 회원국 감독당국이 권고사항에 대해 불이행하거나 혹은 불충분한 설명을 하는 경우 EU 이사회와 미시건전성 감독기구_ESA 에 통보하여 필요조치를 강구토록 할 수 있다.

---

[4] 경고 및 권고는 회원국 감독당국에 직접적 구속력을 갖고 있지는 않으나 관련 후속조치를 실행하지 않은 감독당국은 그 이유를 유럽 시스템리스크위원회(ESRB)에 보고할 의무가 있으므로 동 경고 및 권고는 간접적 구속력을 갖고 있다.

그림 14.2 유럽 시스템리스크위원회(ESRB) 조직도

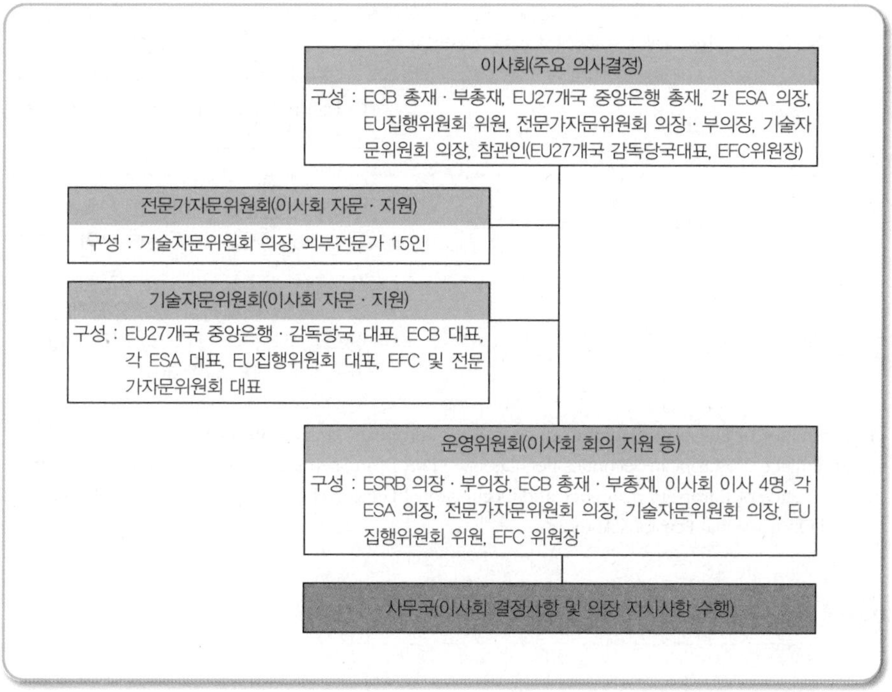

유럽 시스템리스크위원회 ESRB 는 이사회, 운영위원회 Steering Committee, 사무국, 전문가자문위원회와 기술자문위원회로 구성된다.

미시건전성 감독기구 ESAs

EU는 기존 운영되고 있던 은행·증권·보험 부문의 감독정책 자문기구를 감독기구로 격상하여 각 부문별 역내 미시건전성 감독기구 ESA 와 복합금융그룹·상품 등 금융부문간 cross-sectoral 감독에 대한 미시건전성 감독기구 ESA 간 업무 조정 및 협력을 담당하는 공동위원회 joint committee 로 미시건전성 역내 감독체계를 구축하였다.

미시건전성 감독기구 ESA 는 기존 은행·증권·보험 관련 역내 감독기구를 대체하여 투자자 보호, 업계의 공정한 경쟁 유도, EU 역내 감독당국의 협력 강화 및 금융

표 14.1 | EU의 미시건전성 감독기구 개편 주요 내용

구분	기존 기관	신설 감독기구(ESA)	개편 주요내용
은행	CEBS[1]	EBA[1]	• CEBS의 권한을 이어받고 회원국간 의견차이 중재권한 부여
증권	CESR[2]	ESMA[2]	• CESR의 권한을 이어받고 신용평가사 등에 대한 직접적 감독권한 부여
보험	CEIOPS[3]	EIOPA[3]	• CEIOPS를 대체하고 감독당국자간 분쟁조정, 지침 및 권고사항 마련, 기술적 표준 마련 등의 권한 부여

1) Committee of European Banking Supervisors → European Banking Authority.
2) Committee of European Securities Regulators → European Securities & Markets Authority.
3) Committee of European Insurance and Occupational Pensions Supervisors → European Insurance and Occupational Pensions Authority.

그림 14.3 EU 미시건전성 감독체계

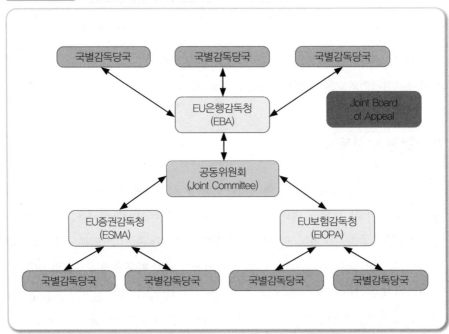

안정성 제고 등을 달성하기 위해 EU 회원국 감독당국의 EU 법규 준수 여부를 감시하고 중재하는 역할을 맡게 된다. 그리고, 이는 각 회원국 감독당국이 개별 금융회사에 대한 일상 감독업무를 수행하고 미시건전성 감독기구ESA는 중앙허브로서 기존 감독당국의 기능과 역할을 변경하지 않은 상태에서 감독당국을 감시하고 중재하는 역할을 수행하는 형태가 될 것이다.

보다 구체적으로, 미시건전성 감독기구ESA는 i) 법적 구속력이 있는 감독기준 제안, ii) 회원국에 대한 EU 감독법규 집행, iii) 비상 권한Emergency Powers, iv) EU 감독당국간 분쟁의 구속력 있는 중재, v) 유럽 시스템리스크위원회ESRB와 긴밀한 협력을 통한 시스템리스크 방지, vi) 금융소비자 보호 강화, vii) 감독자협의체의 효율성과 일관성 제고 등 다양한 기능을 수행하기 위해 보다 강화된 권한을 부여 받았다.

① 법적 구속력 있는 감독기준 제안

기존 역내 감독기구의 권고 및 가이드라인은 법적 구속력이 없었으나, 미시건전성 감독기구ESA는 EU 집행위원회에 법적 구속력이 있는 감독기준을 제안할 수 있다. 그리고, EU 집행위원회는 미시건전성 감독기구ESA가 제안한 감독기준이 EU의 이익 및 EU의 법체계에 적합한지를 점검하고 승인한다.

② 회원국에 대한 EU 감독법규 집행

미시건전성 감독기구ESA는 회원국 감독당국의 EU 감독법규 이행 여부를 조사하며 법규 불이행 감독당국에 대해서는 법규 이행을 권고할 수 있다. 그리고, 만약 해당 회원국 감독당국이 권고를 이행하지 않는다면 미시건전성 감독기구ESA는 이를 EU집행위원회에 통보하고 EU집행위원회는 필요시 해당 감독당국에게 필요조치 집행 등을 요구하는 이행명령a formal opinion을 발부할 수 있다. 그럼에도 불구하고 해당 회원국 감독당국이 EU집행위원회 명령에 불응한다면 미시건전성 감독기구ESA는 관련 감독당국의 개별 금융회사 등에 대해 직접 감독을 수행하게 된다.

③ **비상 권한** Emergency Powers

EU이사회는 금융시장의 기능 마비 및 시스템리스크 발생시 EU집행위원회, 유럽 시스템리스크위원회 ESRB 및 미시건전성 감독기구 ESA의 자문을 거쳐 비상사태 Emergency Situation를 선포할 수 있다. 이때 미시건전성 감독기구 ESA는 회원국 감독당국의 협력 하에 필요 조치를 결정하여 관련 감독당국에 이행을 요구할 수 있으며, 특정 감독당국이 비상사태 조치 불이행시에는 해당 감독당국의 개별 금융회사 및 관련 금융행위에 대해 직접 감독을 수행할 수 있다.

④ **EU 감독당국간 분쟁의 구속력 있는 중재**

기존 역내 감독기구가 구속력이 없는 자문과 조정을 주요 업무로 하였던데 반해, 금번 새로이 설립된 미시건전성 감독기구 ESA는 감독당국간 분쟁에 대한 자발적 조정 실패 시 구속력 있는 중재안을 제안할 수 있다. 그리고, 특정 감독당국이 중재안을 반대하면 미시건전성 감독기구는 동 감독당국 관련 금융회사 등에 대해 직접 감독을 수행할 수 있다.

⑤ **유럽 시스템리스크위원회** ESRB**와 긴밀한 협력을 통한 시스템리스크 방지**

미시건전성 감독기구 ESA는 유럽 시스템리스크위원회 ESRB가 시스템리스크 관련 정보 요청 시 적시에 관련 자료를 제공해야 하며, 시스템리스크위원회가 경고 혹은 권고 시 해당 미시건전성 감독기구는 이사회를 개최하여 필요조치를 결정하고 집행해야 한다. 또한, 유럽 시스템리스크위원회와 공동으로 EU 금융시장 주요 참가자들의 회복력 resilience 및 시스템리스크를 평가하는 위기상황분석을 실시한다.

⑥ **금융소비자 보호 강화**

미시건전성 감독기구 ESA는 기존 역내 감독기구가 수행하였던 공시규정 등의 개선 이외에도 금융상품·서비스 모니터링과 강화된 금융소비자 교육 등을 통해 금융시장의 투명성과 공정성을 제고하는 역할을 맡게 된다. 특히, 미시건전성 감독기구는 혁신적인 금융상품의 리스크 및 잠재적 충격에 대한 조사를 담당하는 금융혁신위원회를 설립하여 동 상품 관련 금융소비자를 보호할 예정이다.

⑦ 감독자협의체의 효율성과 일관성 제고

감독자협의체Colleges of Supervisors 의 효율성과 일관성을 제고하기 위해 미시건전성 감독기구ESA 는 감독자협의체 현장검사 참가 및 감독자협의체 결정의 EU 적법성 여부 평가 업무 등을 수행하게 된다. 또한, 현재 감독자협의체 모범관행이 모든 감독자협의체 활동에 적용 가능하도록 협의체 운영 감독기준을 제안하였다.

다만, 미시건전성 감독기구는 비상사태에도 회원국의 재정주권fiscal autonomy 을 침해하는 조치를 집행할 수는 없다. 대신 동 조치가 재정주권을 침해한다고 판단하여 회원국이 EU이사회 및 미시건전성 감독기구에 통보해 오면 동 조치의 효력은 유보되고 최종 결정은 EU이사회에서 결정된다. 이것이 바로 재정주권의 예외조항[5]으로 비상시에도 ESA가 비상조치를 취할 수 없는 경우가 빈번히 발생할 가능성이 커 ESA의 비상권한이 갖는 실효성에 대해 일부에서는 의문을 제기하고 있다.

그림 14.4 ESA의 조직도

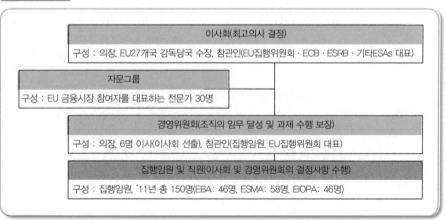

---

[5] EU의 조치가 회원국의 재정주권을 침해(예: 부실 금융회사에 대한 공적자금 투입을 위한 예산증액 조치 등)할 경우 동 조치를 시행할 수 없다.

EU의 미시건전성 감독기구_{ESA} 는 이사회, 경영위원회_{Management Board} , 자문그룹 _{Stakeholder Group} , 의장, 집행임원 등으로 구성되며 본부는 3개 도시_{EBA: 런던, ESMA: 파리,} _{EIOPA: 프랑크푸르트} 에 각각 설립될 예정이다.

표 14.2 | EU의 금융감독체계 개편안

구분	거시건전성 부문	미시건전성 부문
감독기구	유럽 시스템리스크위원회 (ESRB : European System Risk Board)	유럽금융감독시스템 (ESFS : European System of Financial Supervisors)
조직구조	• 독립적인 거시건전성 기구 • 법인격은 없음	• 운영위원회와 부문별 감독체인 ESA 로 구성 • ESA는 초국적 · 독립적 감독기구 및 규정제정기구로 법인격체
주요 기능 및 권한	• 금융부문과 관련한 시스템리스크 발생 시 회원국에 경보를 발령 • 시스템리스크의 정보범위 결정권 및 정보 접근권 • 시스템리스크의 확인, 경보공표, 대응조치 권고 권한 • 권고 준수여부에 대한 감시 권한	[운영위원회] • ESA간의 협력촉진 • ESA와 ESRB간의 정보공유 조정 역할을 담당 [ESA] • 회원국간 감독규정 및 감독관행의 일관성 확립 • 각국 감독정책 개입 강화 및 미시건전성 정보의 수집 등을 담당
기타사항	• ECB는 ESRB에게 분석 • 통계 • 행정 등의 지원을 제공	• EU차원의 미시감독기구인 ESA가 갖는 구속적 권한과 EU회원국의 재정주권이 충돌할 가능성 • EU차원의 일관된 감독규정 작성 및 단일 건전성 정보 DB 구축도 현실적으로 어려운 과제

14.2 미국과 영국

미 국

2009년 6월 미국 재무부는 금융시스템의 신뢰회복을 위한 금융규제 개혁안을 발표하였다. 이후 하원은 2009년 12월 재무부 안을 반영한 '월가개혁 및 소비자보호 법률안(발의 Barney Frank 민주당 의원)'을 통과시켰으며, 상원 역시 은행위원회(위원장 Christopher Dodd)가 마련한 '금융안정 회복 법률안'을 통과시켰다. 그리고, 상·하원이 각각 의결한 금융개혁 법안을 최종 확정하여 2010년 7월 오바마 대통령 서명으로 법안Dodd-Frank Wall Street Reform & Consumer Protection Act 을 공표하였다. 동 금융개혁 법안은 미국의 금융감독체계 개편, 금융안정기능 강화 및 시스템리스크 축소, 금융회사 및 금융시장 감독 강화, 금융소비자 보호 강화 등 다방면의 내용을 포괄하고 있다.

첫째는, 금융감독 체계 개편 관련 내용으로 세부적으로 (i) 금융안정협의회[6]FSOC: Financial Stability Oversight Council 설치, (ii) 금융소비자보호기구CFPB: Consumer Financial Protection Bureau 신설, (iii) 연방준비은행FRB 의 개혁을 들 수 있다.

① 금융안정협의회 설치

미국은 시스템리스크를 인식·모니터링·대응 및 이와 관련한 감독기구간 업무조정을 담당하는 최종 의사결정기구로 금융안정협의회FSOC 를 신설하고, 동 협의회의 경제 분석업무 수행 및 금융정보 수집을 위한 보좌기구로 재무부내 금융조사부를 설치하였다.

금융안정협의회는 특정 금융회사가 규모, 복잡성 측면에서 시스템리스크를 초

---

[6] 재무부 장관(의장), 연방준비위원회, SEC, CFTC, OCC, FDIC, 연방주택금융공사(FHFA), NCUA, CFPB 및 보험전문가 11인의 총 10인으로 구성된다.

래할 것으로 판단되는 경우 연방준비은행FRB로 하여금 동 금융회사에 대하여 자본·유동성·레버리지, 리스크관리, 집중제한 등의 규제를 강화하도록 권고할 수 있으며, 대형 금융회사가 금융시스템 안정에 위협이 된다고 판단되는 때에는 금융안정협의회 승인 하에 FRB가 해당 금융회사의 분사divest를 결정할 수 있도록 하였다.

또한, 은행 외 대형 금융회사 부실이 금융시스템 안정을 해칠 수 있다고 판단될 경우에는 FRB에 동 금융회사에 대한 감독권한을 부여할 수 있도록 하였다.[7]

② 금융소비자보호기구 신설

FRB 내에 금융소비자보호국CFPB을 설치하고 현재 통화감독청OCC: Office of the Comptroller of the Currency, 연방예금보험공사FDIC 등에서 각기 수행중인 금융소비자 보호 업무를 새로이 설립될 CFPB에 이양할 계획이다.

새로이 신설될 CFPB는 은행·비은행 금융회사 영업행위와 관련한 법규 제·개정, 검사 및 제재 등 감독업무 전반을 담당하며 모든 은행·비은행 금융회사의 금융상품 및 서비스와 관련한 금융소비자보호 법규 제·개정 권한을 보유할 예정이다.

③ 연방준비은행FRB의 개혁

연방준비은행FRB을 개혁하기 위해 이사회 위원으로 금융회사의 감독업무를 전담하는 감독부의장을 신설하고 연방준비위원회의 활동을 연2회 의회에 보고하는 역할을 담당하도록 하였으며, 연방준비위원회가 수행한 긴급신용공여emergency lending facility, 재할인, 공개시장 운영에 대한 감사권한을 의회 내 회계감사원General Accounting Office: GAO에 부여하였다.[8]

둘째로, 금융안정기능 강화 및 시스템리스크 축소를 위해 금융안정협의회FSOC를 운영하는 한편, 대마불사too-big-to-fail 관행을 종식시키기 위해 ① Volcker Rule, ② 규

---

[7] 예를 들어, 지난 금융위기 시의 보험회사인 AIG가 부실화될 경우 FRB가 감독을 담당할 수 있다.

[8] 의회 소속의 감사기구로 우리나라의 감사원에 해당되며, 초기에는 연방정부 소속기관의 회계감사기능을 주로 수행하였으나 정부 정책과 활동에 대한 평가 등으로 확대되었다.

모제한, ③ 사전정리계획, ④ 체계적 정리절차 등 여러 안전장치를 마련하였다.

① Volcker Rule

은행 및 계열회사, 은행지주회사의 자기자본 거래를 금지하고 은행의 헤지펀드·사모펀드PEF 투자액은 기본자본Tier 1 의 3% 이내에서 허용하며, 해당 펀드의 지분 3%내에서만 가능일명 "3% Rule" 토록 허용한다.

② 규모제한

M&A 이후 부채규모가 전년말 전체 금융산업 부채 규모의 10%를 초과하는 금융회사의 인수·합병을 금지한다.

③ 사전정리계획서living wills

대형 금융회사의 미래 부실화에 대비하여 신속하고 체계적인 정리를 위한 사전정리계획서 또는 파산계획서Funeral Plans 를 정기적으로 감독당국에 제출하고 감독당국은 이를 토대로 자본규제 강화, 자산증대·영업행위 제한, 주식매각divestment 권고 등을 조치한다.

④ 체계적 정리절차

FDIC가 대형 금융회사의 파산처리 명령을 집행할 수 있는 메커니즘을 구축하고 주주와 무보증 채권자의 손실분담, 경영진 해임 등을 강제할 수 있도록 제도화한다.

⑤ 금융부실 정리비용 부담

재무부는 부실금융회사 정리과정에서 발생하는 비용을 지원하되 구체적인 상환계획을 징구하고, FDIC는 부실정리 결과 발생한 손실에 대하여는 자산규모 500억 달러 이상 대형 금융회사인 경우 사후 보전하여 납세자의 부담 없이 금융부실을 정리토록 한다.

⑥ 채권보증 제한

FDIC가 은행, 저축은행, 지주회사 채권을 보증할 수 있는 경우를 일부로 제한하

여 대마불사too-big-to-fail 의 가능성을 최소화한다.[9]

셋째로, 금융회사 및 금융시장 감독을 강화하기 위해 금융회사에 대한 건전성 규제를 강화하는 한편, (a) 파생상품 투명성 및 헤지펀드 규제, (b) 유동화 업무 관련 규제, (c) 신용평가사 규제 등을 강화하였다.

a. 파생상품 투명성 및 헤지펀드 규제 강화

과도한 위험추구행위 관행의 차단을 위해 장외파생상품 감독권한을 증권감독위원회SEC, 상품선물거래위원회CTFC: Commodity Futures Trading Commission 에 부여하되, 양 기관이 이견이 있는 경우에는 금융안정협의회FSOC 에서 조정토록 하는 등 파생상품의 감독기관 책임성을 강화하고 스왑 등 파생상품을 거래하는 딜러, 시장참가자에 대해 자본, 마진 규제, 회계·보고 의무 및 윤리에 관한 기준을 설정하여 투명성을 제고하였다. 그리고, 헤지펀드 및 사모펀드 자문사advisors 로 하여금 주요 정보를 SEC에 제공토록 함으로써 그림자금융에 따른 규제 사각지대 발생을 사전에 차단하고 자산규모 1.5억 달러 이상의 헤지펀드에 대해 SEC에의 등록하도록 강제하였다. 또한, 시스템리스크 평가를 위해 필요한 거래 및 포트폴리오 정보를 제공토록 의무화하였다. 한편으로는 중앙청산소CCP 을 통해 파생상품이 청산·거래될 수 있도록 함으로써 거래상대방 리스크를 줄이고 주요 대형 은행에 대하여는 고위험 파생상품거래 조직을 자회사로 분사spin-off 하도록 강제(일명 "Lincoln Rule")하였다.

b. 유동화 업무 관련 규제 강화

MBS 등 유동화 자산을 매각하는 경우 신용리스크의 최소 5%를 사내 보유하도록 의무화하였으며skin-in-the-game, 증권 발행업자에게는 기초자산의 상태quality 를 분석하는데 필요한 상세한 정보를 공시하도록 하는 의무를 부여하였다.

c. 신용평가사 규제 강화

SEC가 신용평가사에 대해 최소 연 1회 이상 검사를 실시하고 검사결과를 공표

---

[9] ① FSOC 위원의 2/3 및 FDIC 위원회가 금융안정에 위협이 된다고 인정한 경우, ② 재무부가 보증금액의 한도와 조건을 승인한 경우, ③ 대통령이 보증금액과 사용에 대한 의회 심리를 신속 추진토록 한 경우 등.

토록 하는 의무를 부여하고, 동 업무를 뒷받침할 수 있도록 SEC내에 전문가로 구성된 신용평가국 Office of Credit Ratings 을 설치하였다. 그리고, 이해상충을 방지하기 위해 신용평가사의 준법감시인이 신용평가, 영업업무 등을 수행할 수 없도록 하는 한편, 신용평가사 직원이 평가대상 회사 또는 주식 인수회사로 이직하는 경우 동 직원의 직전 1년간의 평가 내역을 검토하여 SEC에 보고토록 의무화하였다. 또한, 투자자에 대하여 신용평가사의 고의 또는 부주의한 신용평가 업무에 관한 합리적인 조사 진행, 분석자료 요구 등의 소송을 제기할 수 있도록 함으로써 투자자의 권한을 강화한 것도 눈의 띄는 부분이다.

마지막으로, 금융소비자 보호를 강화하기 위해 연준 내에 금융소비자보호국 CFPB 을 신설하여 대형 은행·비은행 금융회사의 영업행위 감독 및 금융소비자 보호 업무를 담당토록 하는 한편, (a) 기존 모기지 제도를 개혁하고, (b) 투자자 보호 장치를 마련하는 등의 개혁을 진행하였다.

a. 모기지 제도 개혁

브로커, 대출업자로 하여금 차입자가 보다 고금리의 모기지 대출을 받도록 유인케 하는 재무적 인센티브(예: 수익률 스프레드 프리미엄)를 운영하지 못하도록 금지하고 차입자를 감당할 수 없는 대출의 덫에 빠지게 하는 조기상환 수수료 pre-payment penalities 를 금지하였다.[10] 또한, 모든 주택대출에 대한 연방기준을 제정하여 모기지 대출업자가 차입자의 상환능력을 충분히 파악하도록 규정화하였다.

b. 투자자 보호 장치 마련

SEC는 투자자문 업무를 수행하는 주식중개인에 대해 고객의 이익을 위해 최선을 다하도록 하는 신의성실 의무 fiduciary duty 를 부과하고, 주식거래 관련 위반사항을 SEC에 신고하도록 만들기 위해 내부고발자에 대해 보상지원 whistle blower reward 을 하는 등 내부고발자 활성화 프로그램을 마련하였다. 아울러, SEC내에 투자자 변호국

---

[10] 과도한 조기상환수수료를 징수함으로써 고금리의 서브프라임 모기지 중도상환을 사전 차단하는 현상을 개선하였다.

Office of Investor Advocate 을 설치하여 SEC 관련 투자자의 업무에 따른 고충을 청취하고 필요한 정보를 제공하는 한편 투자자 민원을 해결하는 옴부즈만Ombudsman 제도를 신설하는 등 투자자 보호를 위한 많은 노력을 기울이고 있다.

이러한 미국 금융개혁법안에 대한 평가는 미국내에서도 엇갈리고 있다. 미국 정부와 민주당은 금융위기 재발 방지를 위한 중요한 진전이라고 평가하는 반면, 공화당과 금융시장 관계자 및 학자들은 금융위기의 원인을 도외시한데다 당초 개혁안에 비해 지나치게 완화된 법안이라는 부정적 평가가 다소 우세하다. 특히, 공화당 및 업계의 반대로 은행세(약 190억 달러 예상) 관련 조항이 삭제된 데다 Volcker Rule, Lincoln Rule 등 최초 개혁안 내용이 크게 완화되고 실행시기가 장기 이연되어 그 효과가 제한적이라는 평가가 많다. 또한, 미국 주택금융의 절반을 차지하는 Fannie Mae 및 Freddie Mac을 개혁안에서 제외한 데 대하여도 비판이 비등하고 있다.

그리고, 일각에서는 금융개혁법안이 은행에 대한 엄격한 규제hard rule 보다는 감독당국의 재량regulatory discretion 에 크게 의존하고 있다는 문제점을 지적하고 있다. 이는 감독당국으로 구성된 금융안정협의회FSCO 에 시스템적으로 중요한 금융회사SIFI 의 결정, 대형 복합 금융회사에 대해 분사 결정을 할 수 있는 권한 등 금융안정과 관련한 광범위한 권한을 부여하였다는 점과 금융소비자보호국CFPB 의 규정제정 범위가 명확하지 않고 중앙청산소에서 거래될 장외파생상품 종류를 결정하는 권한을 감독당국에 위임하는 등 감독당국의 재량적 판단에 크게 의존한다는 점을 그 근거로 한다. 이에 따라, 은행 경영진 및 시장 참여자가 감독당국에 정치적 로비활동을 벌일 가능성이 높아질 수 있다는 비판도 제기되고 있다.

또한, 금융개혁 법안으로 카드 수수료 감소, 준법감시 비용 증가, 높은 자본규제 적용, 헤지펀드와 자기자금거래 제한 등으로 은행의 수익성은 다소 위축될 것으로 전망되는 한편, 은행은 이와 같은 비용 증가분을 고객에 전가하거나 중앙청산소의 장외파생상품 거래를 청산하는 등을 통해 장외파생상품 관련 요구자본을 절감하는 등으로 수익 감소분을 일부 상쇄하기 위해 노력할 것으로 예상된다.

Volcker Rule 및 Lincoln Rule 개혁안의 완화

1. Volcker Rule

Volcker Rule의 경우, 최초에 은행 및 은행지주회사에 대해 헤지펀드, PEF 투자를 전면 금지하였으나 기본자본의 3% 이내로 허용하는 것으로 완화되었다. 또한 시행시기도 금융안정협의회의 영향분석(6개월내)과 감독기구의 실행안(그후 9개월내) 마련 이후 최장 7년까지 유예가 가능하여 발효시기가 지나치게 장기로 이연된 상황이다. 이에 따라 Volcker Rule 시행 시 미국 주요 IB 중 JP Morgan Chase, 모건스탠리의 경우 자기자본 거래 비중이 작아 그 영향이 거의 없거나 제한적일 것으로 예상되며, 골드만삭스만 자기자본거래 수익비중이 10% 정도로 수익에 다소의 영향이 있을 것으로 전망된다.

2. Lincoln Rule

Lincoln Rule은 파생상품거래를 일괄 자회사로 분사하여 수행토록 한 최초안을 완화하여 상대적으로 안전하다고 판단되는 이자율, 통화, 금·은 스왑은 은행내에서 거래될 수 있도록 변경하였다. 그러나, 오히려 이자율 및 통화 스왑이 강제분사 대상으로 지정된 농산품 등 상품파생상품보다 은행업에 보다 밀접히 관련되어 있으며, 동 파생상품으로 인하여 은행이 큰 손실을 입은 사례가 빈번하였던 사실에서 보듯 이자율 및 통화스왑이 더 안전하다는 주장은 비합리적이다. 또한, 이자율과 외환 장외파생상품이 전체 미국 은행보유 장외파생상품의 90% 내외를 차지하고 있는 시장상황을 감안할 때 실제로는 10% 정도만 규제대상이 될 전망이다.[11]

다만, 이와 같은 예상의 실제 실현 여부는 대부분의 구체적 규제 내용이 향후 감독당국의 규정화 작업 향방에 달려 있음을 감안할 때 현재로서는 불확실하다고 볼 수 있다.

---

[11] 미국 상업은행 보유 파생상품 명목가치는 2010.1분기중 216조 5천억 달러에 달하며, 이중 92%가 금리 및 통화 파생상품에 해당한다.

참고 14.3 미국 감독체계 개혁안에 대한 평가

2010년 7월 16일, 월스트리트 저널에 보도된 미국 금융감독체계 개혁법안에 대한 평가는 대체로 부정적이나 정치적 성향 및 종사분야에 따라 그 내용이 크게 엇갈리는 것으로 나타난다.

• **Henry Paulson(前 재무장관):** 금융안정협의회 설립, 금융회사에 대한 FRB의 권한 강화, 부실금융회사에 정리권한, 파생상품에 대한 규제 강화 등은 개혁에 필요한 사항을 담고 있어 긍정적이나, Fanni Mae, Freddie Mac을 다루지 않은 점, 규제가 향후 어떠한 방식으로 적용될지에 대해 정해지지 않은 부분이 너무 많은 문제점을 보유하고 있음

• **William Issac(前 FDIC 의장):** 금번 금융개혁은 금융위기를 초래한 근본 문제를 다루지 않고 있어 금융위기 재발을 방지할 수 없음

• **Harvey Pitt(前 SEC 의장):** 동 법안은 이미 훼손된 감독체계를 재구성한 것에 불과할 뿐 개선된 것이 전혀 없음. 특히, 법안이 지나치게 개괄적이어서 규제의 허점이 드러날 우려가 있으며 경쟁력 약화를 가져와 고급인력의 월스트리트 이탈 현상을 발생시킬 것이며, 결국 해외소재 상업은행과 투자은행의 실적만 좋아질 것임

• **Mark Zandi(무디스 수석 이코노미스트):** Fanni Mae 및 Freddie Mac 개혁과 은행세의 누락 등 다소 미흡한 부분이 있으나 대체로 꼭 필요한 부분을 적절히 다루고 있으며, 동 법안이 위기 자체를 막을 것으로 기대할 수는 없으나 그 강도를 상당히 약화시킬 것으로 기대

• **Peter J. Wallison(前 레이건 행정부 고위관료):** 은행 및 은행지주회사의 업무 제한으로 경쟁력이 약화될 우려가 있으며, 이로 인해 은행 및 은행지주회사가 중소기업, 부동산 등 관련 영업에 더욱 치중할 경우 경기변동에 더 취약해 질 위험이 있음

• **Nauriel Roubini(뉴욕대 교수):** 대마불사 문제가 적절히 해결되지 않았고 Volcker Rule은 그 의미가 크게 희석되었으며 파생상품거래에 대한 제한도 큰 의미가 없어져 버렸다고 할 수 있음. 아울러, 은행의 과도한 성과급 지급문제도 적절하게 대처하지 못했으며, Fannie Mae와 Freddie Mac은 손도 대지 못하였음. 무엇보다 금융위기를 일으킨 유동화 증권의 붕괴문제를 다루지 않았으며 이로 인해 은행시스템은 신용위축을 가져올 위험이 있음

- **Simon Johnson(MIT 교수):** 금융시스템에 심각한 리스크를 가져오는 대형은행을 해산시킬 수 있는 권한을 연방감독당국에 부여한 것이 가장 큰 개혁 내용으로 평가되며, 이는 대형은행의 영업행태와 규모에 상당한 제약을 가할 것임. 그러나 동 법안이 제2의 금융위기를 방지할 수 있을지 여부는 재무부가 권한을 어떻게 활용할지, 감독당국의 시스템 리스크에 대한 이해 정도, 의회가 효과적으로 동 권한을 어떻게 감시할지에 달려 있음

- **Raghuram Rajan(시카고 대학 교수):** 규정 세부화 작업이 아직 남아 있으며 감독당국이 시스템리스크를 파악하고 대형 복합 금융회사에 의한 과도한 리스크를 방지하는 역할을 효과적으로 수행할 수 있을지 의문임. 아울러, 현재도 정부는 주택시장 성장을 부추기고 있으며 연준은 자산가격을 올리려는 시도를 지속하고 있는 등 부동산과 신용 확대를 부추겨온 정치적 압력을 해소하지 못한 문제가 여전히 남아있음

- **Douglass Elliott(브루킹스 연구소):** 은행은 다소 수익성에 부정적 영향을 받을 것이고 고객은 보다 높은 비용을 지불하게 될 것이나 안정성은 보다 확보될 것이며, 동 금융개혁으로 위기의 빈도 및 심도는 축소시킬 수 있을 것임. 전반적으로 2/3 정도는 올바른 방향으로 가고 있는 것으로 보임

영 국

글로벌 금융위기를 계기로 영란은행 BOE 의 금융안정기능 강화를 골자로 한 은행법(2009년) 개정 이후 현 감독체계 유지·강화를 주장하는 재무부와 영란은행 중심의 감독체계 개편을 주장하는 보수당의 대립이 있었으나, 2010년 5월 총선에서 보수당이 승리함에 따라 최종적으로 보수당의 방안에 따라 개혁이 이루어지고 있다.

기본적으로 영국 보수당은 현행 3자 시스템은 금융위기 예방 및 대응에 실패하였으므로 근본적인 감독체계 개편이 필요하다는 입장이다. 따라서 기존 금융감독기구인 FSA와 3자 시스템의 폐지를 전제로 영란은행이 건전성감독을 신설 보호청이 영업행위 감독을 담당하는 Twin-Peaks 모델 도입을 주장하였다.

① 거시 및 미시건전성 감독을 영란은행으로 통합

영란은행은 산하에 거시·미시건전성 담당기구를 신설함으로써 건전성감독을 전담하게 될 것으로 보인다. 이를 위해 세부적으로 거시건전성 감독은 총재, 금융안정 담당 부총재 및 독립위원으로 구성되는 금융정책위원회 Financial Policy Committee 를 신설하여 시스템리스크 감시 및 거시건전성 수단운용 등을 결정토록 하고 미시건전성 감독은 영란은행 금융감독담당 부총재 아래 금융감독본부를 두어 담당토록 하는 한편 거시건전성 감독과 미시건전성 감독의 조화를 위해 금융정책위원회가 금융감독본부의 업무를 감시하도록 하였다.

② 소비자보호청 신설

정부와 독립된 기구로 소비자보호청 Consumer Protection Agency 을 신설하여 금융회사 영업행위 감독기능을 부여하였다. 또한, 공정거래청 Office of Fair Trading 에서 소비자신용감독기능을 분리하여 신설 소비자보호청으로 이관함으로써 소비자보호를 위한 단일 감독체계를 확립하였다.

영국 재무부와 과거 노동당 정부는 1997년 금융개혁 기본구도를 유지하고자 하는 반면, 보수당은 이를 전면 부정하려는 입장이 강하다. 그러나, 2009년 5월 Financial Times가 영국 은행감독당국이 2004년 시뮬레이션을 통해 Northern Rock 은행이 영국 은행시스템의 취약고리임을 이미 인지하였음에도 3년간 특별한 조치를 취하지 않았다는 점을 지적한 사실을 고려해 볼 때 영국 금융시스템의 문제점은 보수당이 주장하는 '감독체계 구조'의 문제가 아닌 '판단 및 의사결정상의 문제'라는 재무부 주장이 보다 설득력이 있는 것으로 보인다. 그럼에도 영국 보수당이 금융감독체계의 전면 개편을 주장한 것은 정치적 요인이 강하게 작용된 결과로 판단된다.

| 참고 14.4 | 위기 극복을 위한 미국 및 영국의 거시정책 및 금융감독체계 개편 |

1. 미 국

조 치	내 용

금융시장
안정대책
	• MMF에 대한 원금 보장(2008.9월, 3조 달러)
	• 부실자산구제프로그램(TARP)(2008.10월, 7천억 달러)
	  − 금융회사 구조조정, 가계 및 중소기업 대출, 자동차산업 지원 등
	• 예금보험한도 확대(2008.10월, 10만 달러→25만 달러)
	• 유동성보증프로그램(TGLP)(2008.10월, 1450억 달러)
	  − FDIC가 은행의 신규발행채권(만기 3년 이내)을 지급보증

경기부양
대책
	• 경제촉진구제법(2008.9월)
	  − 소득공제 및 세액공제 확대
	  − 금융회사 우선주 처분손익의 소득공제
	  − 고효율, 대체에너지 사업에 대한 세제 지원 등
	• 경기부양법(2009.2월)
	  − 일자리 창출 및 실업자 지원
	  − 저소득가구, 다자녀가구, 교육비 지출에 대한 세제 지원
	  − 생애최초주택구입자에 대한 세제 지원
	  − 고효율 및 대체에너지 사업에 대한 세제 지원 확대 등

금융감독
체계개편
(2010.7.21
확정)
	• 금융안정협의회 설치
	  − 특정 금융회사가 규모, 복잡성 측면에서 금융시스템에 리스크를 초래할
	    것으로 판단되는 경우 건전성 규제 강화 권고, 해당 금융회사 분사 결정
	    등의 광범위한 권한을 보유
	  − 재무부장관이 의장이 되고 연준 이사회, 증권감독위원회, 예금보험공사
	    등 감독기구들이 위원으로 참여
	  − 위원회의 보좌를 위하여 사무국을 재무부내에 신설
	• 시스템적으로 중요한 대형금융회사의 신속하고 체계적인 정리 절차 마련
	  − FDIC가 대형 · 복합 금융회사의 파산처리 명령을 집행할 수 있는 메커니
	    즘을 구축
	  − 대형 금융회사는 부실정리계획 수립 및 감독당국에 보고 의무화
	• 금융소비자보호기구 신설
	  − 연준 내부에 금융소비자보호국을 설치하여 금융소비자보호업무 일원화
	  − 은행 · 비은행 금융회사의 금융상품 및 서비스에 대한 소비자를 보호하
	    는 법규의 제 · 개정 권한과 검사 · 제재권을 부여
	• 은행감독체제 정비 및 규제 강화
	  − 저축은행감독청(OTS)을 통화감독청(OCC)으로 통합
	  − 자기자본거래 금지, 헤지펀드 및 사모펀드에 대한 투자 제한
	  − 고위험 파생상품 거래조직을 자회사로 분사하도록 강제(Lincoln Rule)
	• 연방준비제도(Federal Reserve)의 개혁
	  − 감독부의장 신설, 연준의 금융위기 대응소지에 내한 GAO 감사 실시
	  − 연준의 긴급 신용프로그램에 대한 재무부 승인권 부여 등

2. 영국

조 치	내 용

금융시장
안정대책
	• 예금보험한도 확대(2008.10월, 3.5만 파운드→ 5만 파운드)
	• 부실은행 자본확충 및 국유화(2008.10월, 2009년 1~3월)
	   − 자본확충: Royal Bank of Scotland(RBS), Lloyds 및 HBOS(370억 파운드)
	   − 보통주매입: Northern Rock(550억 파운드), Bradford&Bingley(500억 파운
	     드), Royal Bank of Scotland(180억 파운드), Lloyd Bank(156억 파운드) 등
	   − 부실금융회사 부채에 대한 정부의 지급보증(총 2,500억 파운드)
	• 금융시장 종합대책(2009.1월)
	   − 자산보호제도(Asset Protection System): RBS 및 Lloyds 등에 운용

경기부양
대책
	• 주택경기부양대책(2008.9월)
	   − 생애최초주택구입자 및 저소득층 등을 위한 주택자금 지원(10억 파운드)
	• 경기부양대책(2008.10월)
	   − 주택 및 에너지 사업 등 인프라건설 사업 지원(40억 파운드)
	• 경기부양대책(2008.11월)
	   − 중소기업 지원(10억 파운드)
	   − 공공투자 조기집행 등(130억 파운드)
	   − 저소득층 소득공제, 자녀세액공제 확대, 부가가치세율 인하 등

금융감독
체계 개편안
(진행중)
	• 금융감독청(FSA)을 폐지하고 영란은행(BOE)에 거시건전성 감독에 관한 통
	제기능 및 미시건전성 감독에 대한 감시기능을 부여
	   − 영란은행 내에 금융정책위원회를 설립하여 동 위원회에 거시건전성 감
	     독 기능을 부여
	   − 건전성감독기구를 영란은행 산하기구로 둠으로써 영란은행이 미시건전
	     성 감독기능에 대한 감시기능을 보유
	• 정부와 독립된 기구로 소비자보호 · 시장기구를 신설하여 금융회사 영업행
	위 감독기능을 부여

참고 14.5 IMF가 제시한 우수한 감독Good Supervision의 요건[12]

우수한 감독을 위해서는 '감독능력ability to act'과 '감독의지will to act'가 기본적으로 필요하다. 이중 첫째, 감독능력이란 감독기관이 피감회사의 업무에 개입하고 경영진의 판단에 대해 선제적으로 이의를 제기할 수 있는 권한과 혁신에 적응하고 감독이슈를 해결할 수 있는 능력을 보유하여야 함을 의미하며, 둘째, 감독의지란 필요시 비판적인 시장여론에도 불구하고 감독행위를 통해 감독기구의 역할을 완수하고자 하는 의지가 필요함을 의미한다.

1. 감독능력의 요소

가. 법적권한: 법규 제정 및 지침 마련을 위한 강력한 규제권한과 현재 또는 잠재적인 상황에 대해 신속한 규제 대응을 허용하는 법적체계가 필요하다.

나. 적정자원: 충분하고 안정적인 자금, 우수한 감독인력 확보가 필수적이며 이를 위해 예산상·운영상 독립이 필요하다.

다. 명확한 전략: 금융회사에 대한 검사주기의 결정 등 감독에 대한 전략적 접근을 명확히 결정할 필요가 있으며 이를 위해 조직 내부 및 피감회사와 소통할 필요가 있다.

라. 견고한 내부조직: 감독자의 판단 및 조치 권한과 이에 대한 적정한 통제·감시 간에 균형이 필요하며 이를 위해 의사결정과정 및 감독책임이 명확히 규정되어 있어야 한다.

마. 유관기관과의 효과적인 업무협조: 여타 국내외 감독유관기관과 효과적인 협조체계를 구축할 필요가 있다.

2. 감독의지의 요소

가. 명확한 책무: 금융안정, 시스템 및 개별 회사의 건전성 등의 측면에서 명확한 목표가 있어야 하며, 그 목표는 현실성이 있고 목표간 이해상충이 있는지 확인하고 적절히 관리될 필요가 있다.

---

[12] IMF, "The Making of Good Supervision: Learning to Say "No"," 2010년 5월 참고.

나. 운영상 독립성: 부적정한 정치적 간섭에 대해 저항할 수 있어야 하며, 고위 임직원의 선·해임, 안정적인 자금조달 등에 있어 독립성을 확보할 필요가 있다.

다. 책임성: 감독자원의 사용내역, 주요 감독결정, 감독업무의 효과성을 공시할 필요가 있다.

라. 전문인력: 업계관행의 변화에 대해 확신을 갖고 대응할 수 있는 다양한 전문성을 보유한 감독인력이 필요하며 이를 위해 엄격한 채용 절차, 경쟁력 있는 보상 패키지 제공 능력을 갖출 필요가 있다.

마. 업계와의 건강한 관계: 업계와 소통하여야 하나 일정한 간격을 유지하여야 하며, 감독인력의 업계로의 이직 등에 대해 명확한 정책을 마련할 필요가 있다. 일례로 업계와의 긴밀한 관계는 산업 및 시장 전반에 대한 이해를 높이는데 기여하나 동시에 규제적 포획regulatory capture 의 위험도 증가할 소지가 있음에 유념해야 한다.

바. 금융회사 이사회와의 효과적인 협력: 금융회사의 이사회 및 개별 이사가 신종 리스크emerging risk 를 이해하여 적절하게 대응할 수 있도록 관련 정보를 제공할 필요가 있다. 이를 통해 이사회가 경영진의 과도한 리스크 부담을 일차적으로 차단할 수 있도록 하여야 한다.

14.3 국내 제도 개선 노력

우리나라는 글로벌 금융위기의 원인을 직접적으로 제공한 당사국은 아니었지만 금융위기 발생 이후 국내 금융시장 및 금융회사가 겪게 된 위기상황으로 인해 대외 충격에 대해 우리 경제가 안고 있는 취약성을 다시금 되돌아보는 계기를 갖게 되었다.

기본적으로 금번 금융위기는 우리 실물경제의 높은 대외의존도와 국내 금융시장의 국제 금융시장과의 밀접한 연계성으로 인해 외부의 위기가 국내에 파급된 것이었지만, 외부로부터 전이된 위기는 국내 금융시장 및 금융회사의 취약성을 통하여 크게 증폭되면서 (a) 외국자본의 급격한 유출과 대외신인도 하락, (b) 국내 금융시장의 불안 확산, (c) 실물경제 위축과 기업부문의 잠재부실 심화 등으로 단계적으로 확산되어 갔다.

이 과정에서 우리나라는 금융회사의 허술한 외화 유동성 관리 실태, 과거 카드채 사태와 마찬가지로 자산운용상 쏠림현상 herd behavior 이 반복되는 등의 문제점이 드러났을 뿐만 아니라, 2000년대 들어 전 세계적으로 과잉유동성과 자산시장의 호황이 지속됨에 따라 우리나라에도 금융리스크에 대한 평가가 소홀해지고 단기성과 위주의 평가와 보상 관행이 만연함에 따른 여러 취약성도 노출하게 되었다.

이에 따라, 국내 금융감독당국은 상기 취약요인을 제거하고 위기 재발을 방지하기 위하여 ① 금융회사의 외환건전성 감독 강화, ② 자본유출입 규제강화, ③ 금융회사의 유동성 규제 및 관리 강화, ④ 시장안정을 위한 검사기능의 개선, ⑤ 금융회사 임직원 성과평가 및 보상제도 개선, ⑥ 신용평가사에 대한 감독 강화 등의 측면에서 여러 제도 개선 노력을 경주하였다.

금융회사의 외환건전성 감독 강화

지난 금융위기 시 국제 금융시장에서 국내 금융회사의 외화유동성에 대한 위기감이 확산되면서 대외신인도가 크게 하락하였고, 국가신용위험지표로 널리 쓰이는 외국환평형기금채권의 위험가산금리 spread 는 2007년 말 130bp에서 2008년 말 450bp로 급증하였다. 특히, 이 과정에서 국제 신용평가사 및 외신 등은 국내 은행들의 높은 단기차입금 의존도와 예대율 등을 이유로 단기외화채무 상환능력에 대해 강한 의문을 제기하였다.

이와 같이, 글로벌 금융위기 전개과정에서 금융회사의 외환부문 취약 요인이 드러난 데다 금융위기를 계기로 금융안정위원회 FSB 에서 신흥국에 대해 외화유동성 위기 발생에 대비하여 시스템리스크를 축소하기 위한 제도적 개선을 권고한 만큼

표 14.3 │ 금융회사의 외환건전성 제고방안

항목	주요 내용	시행시기
① 중장기 외화대출재원 조달비율(강화)	중장기차입 산정방법 변경(1년 이상→1년 초과)	2010년 1월 1일
	규제수준 상향 조정(80% 이상→90% 이상)	
② 외화유동성리스크관리 기준(신설)	국내은행에 비상자금조달 계획 등 외화 유동성 리스크관리기준 신설 의무화	
③ 외환파생상품거래 리스크 관리기준(신설)	국내은행·외은지점이 기업투자자와 외환파생상품 거래 시 실물거래 대비 100~125% 이내로 시행	
④ 외화유동성비율(개선)	7일갭비율 하향 조정 (0% 이상→△3% 이상)	2010년 7월 1일
	비율 산정 시 외화자산에 유동화 가중치 적용	
⑤ 외화안전자산 보유 (신설)	국내은행에 외화안전자산 최저한도(총외화자산의 2% 또는 2개월 이내 최대 유출 가능액) 이상 보유 의무화	

*출처: 금융감독원, "글로벌 금융위기 대응보고서", 2010.12월.

관련 제도를 정비할 필요성이 제기되었다.

이에 따라, 2009년 12월 금융감독당국은 기존 외화유동성비율 규제를 정비하고 중장기 외화대출재원조달 비율을 종전 80% 이상에서 90% 이상으로 강화하는 한편, 외화 유동성리스크관리 기준을 신설하는 등 금융회사의 외환건전성 감독 제도를 큰 폭으로 개선하였다.

자본유출입 규제강화

우리나라는 무역의존도와 자본시장의 대외개방도가 모두 높기 때문에 자본유출입의 경기순응성이 외국에 비해 높은 편이다. 이에 따라 외화가 호황기에 대규모로 유입되고 불황기에 빠르게 유출되어 금융·외환시장이 실물경제보다 더 크게 변동하고, 이로 인해 실물경제가 다시 영향을 받는 악순환이 반복되었던 것이 과거 위기의 패턴이었다.

따라서, 현재까지 금융감독당국은 자본자유화 및 시장개방의 기조를 유지하면서도 과도한 자본유출입 변동성을 줄이고 경제 충격에 따른 국내 경제내 위기의 전파속도를 줄임으로써 우리 경제의 시스템리스크를 완화하는 것이 주요 정책목표가되어 왔었다. 이에 따라, 금번 금융위기를 극복하는 과정에서도 상기 문제의식의 연장선상에서 기획재정부, 금융위원회, 금융감독원 및 한국은행은 공동으로 2010년 6월 13일 '자본유출입 변동성 완화방안'을 발표하였다.

참고 14.6 외화 유동성리스크 관리 기준(2009.12월 신설) 주요 내용

① 외화유동성리스크 내부통제체계

- 내부통제조직의 운영상 독립성 및 전문성 확보, 외화유동성 관련 비용, 편익 및 리스크를 주요 영업활동의 상품가격 결정, 성과평가 및 신상품 승인절차에 반영

② 통화별 유동성리스크 관리

- 취급규모가 큰 통화에 대한 통화별 유동성리스크 관리 체계 구축
- 통화별 외화 자산－부채갭의 허용한도 설정
- 高 유동성리스크 통화에 대한 대체 자금조달수단 확보 방안 모색

③ 유동성리스크의 측정

- 미래 현금흐름 변화에 따른 유동성리스크 변동수준을 측정
- 유동성리스크 측정을 위한 다양한 대상기간을 설정
- 거래상대방의 행태 변화, 경기순환의 영향, 자산의 시장가치 하락이나 현금 유입 지연 등 부정적 상황 등을 반영하여 현금흐름 추정
- 파생상품 등 난외계정으로부터의 현금흐름 파악

④ 유동성리스크의 허용한도 및 조기경보지표

- 통화별로 다양한 대상기간에 대한 미래 현금흐름의 누적 순유출 규모와 사용가능한 유동성 완충자산의 합 또는 비율(예시)을 유동성리스크의 허용한도로 설정
- 한도초과시 보고 및 대응조치 등 절차 및 승인요건 규정
- 유동성리스크 악화추세의 식별을 위한 조기경보지표 운용(예시: 장단기 조달비용 상승, Overnight 차입비중 확대 및 기간물 차환율 하락 등)

⑤ 양질의 외화유동성자산 보유

⑥ 스트레스테스트 및 비상조달계획

- 스트레스테스트의 주기적 실시, 방법론 및 시나리오의 적정성 점검, 개선

⑦ 비상조달계획

- 위기상황의 발생에 대비 대체 자금조달원을 확보(예: 외화예수금 등 수신증가 노력, 신규 차입처 개발, 자산의 매각 또는 담보의 제공 등)

금번 대책에서 가장 눈의 띄는 부분은 과도한 단기 외화차입을 줄이기 위한 조치로서 선물환포지션 한도 신설, 선물환을 이용한 환헤지 거래 한도의 인하, 외화대출의 용도 제한 및 외은지점의 외환리스크 관리 강화 등이 포함된 것이다. 또한, 이를 통해 그동안 자본유출입 변동성을 높여온 주요 원인인 은행(그중에서도 외은지점)을 통한 과도한 단기 외화차입을 줄이고 불필요한 외화수요를 억제하는 한편 은행의 외환부문 건전성 관리를 강화토록 하는 것이다.

금융감독당국은 동 방안을 통해 자본유입 측면에서는 과도한 선물환거래와 외화대출 등을 통제함으로써 단기외채가 급증하는 것을 억제하고 자본유출 측면에서도 평상시에 과도한 자본유입을 억제하여 불황기에도 유출이 최소화되는 등 자본유출입의 변동성을 시스템적으로 줄이고 대외부문의 충격이 보다 유연하게 흡수됨으로써 경제 펀더멘털과 무관한 금융시장 요인으로 인해 경제위기가 재발할 가능성이 축소될 것으로 기대하고 있다. 또한, 은행 등이 선물환거래를 적정수준으로 유지하

표 14.4 | 자본유출입 변동성 완화방안 주요 내용

항목	주요 내용	시행시기
① 선물환포지션 한도규제(신설)	국내은행에 대해서는 전월말 자기자본의 50%, 외은지점에 대해서는 250%의 한도부여	2010년 10월 7일
② 외화대출용도 제한(강화)	외화대출의 용도를 해외 실수요로 제한 – 다만, 중소제조업체의 국내 시설자금 용도의 외화 대출은 예외적으로 인정	2010년 7월 1일
③ 외화유동성비율(강화)	자율적으로 외환건전성 비율을 일별 관리하고 그 현황을 금융당국에 월별 보고	
④ 중장기 외화대출 재원조달비율(강화)	비율 산정 시 중장기 외화대출에 외화 만기보유증권을 포함하여 규제수준 상향 조정(90% 이상→100% 이상)	2010년 8월 1일
⑤ 외환파생상품거래리스크 관리기준(강화)	기업투자자와 외환파생상품 거래 시 실물거래 대비 한도를 강화(125% 이내→100% 이내)	
⑥ 외화유동성리스크관리기준(확대)	외은지점에도 비상자금조달 계획 등 외화유동성 리스크 관리기준 신설 의무화	2010년 11월 1일

*출처: 금융감독원, "글로벌 금융위기 대응보고서", 2010년 12월.

고 외화유동성 리스크 관리를 강화함으로써 외화건전성이 제고될 것으로 예상되며 더 나아가 급격한 자본유출입 완화를 통해 국내 통화·외환정책에 대한 부담을 줄이고 거시경제의 안정성을 향상시킬 수 있을 것으로 기대하고 있다.

은행세 도입[13]

① 은행세의 개념

은행세 bank levy 는 금융회사 부실정리에 필요한 재원을 확보하기 위해 금융회사

---

[13] 금융연구원, 금융안정 분담금 (은행세) 도입과 정책방향, 2011년 3월 참고.

그림 14.5 **금융시스템의 안정과 은행세의 역할**

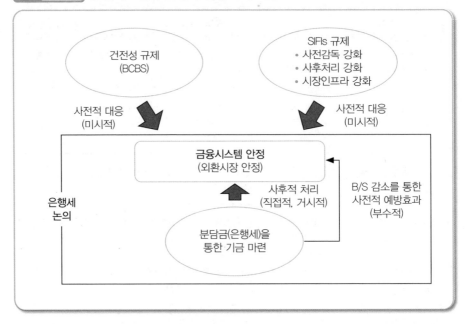

에 부과하는 다양한 형태의 분담금을 의미하나 현재로서는 특정 형태를 지칭하는 것이 아니라 국제적으로 제시되고 있는 다양한 방식을 통칭하는 용어로 사용되고 있다.

우선, 분담금 조성 방법에 따라 ① 금융안정분담금 FSC: Financial Stability Contribution , ② 금융활동세 FAT: Financial Activities Tax , ③ 금융거래세 FTT: Financial Transaction Tax 등이 있는데, 넓은 의미에서 모두를 은행세로 부르나 좁은 의미에서는 금융안정분담금과 은행세를 동일하게 취급하고 있다.[14] 또한, 분담금 부과시점에 따라 금융위기 발생 이후에 부과하는 사후적 ex-post 의미의 분담금과 금융위기 발생 이전에 적립하는 충당금 성격의 사전적 ex-ante 의미의 분담금으로 구분할 수도 있는데, 최근 국제적 논의는 사전적 의미의 분담금을 중심으로 논의가 전개되고 있다.

---

[14] 금융안정분담금(FSC)은 향후 정부의 금융위기 지원에 사용될 재정비용을 금융회사가 직접 적립하는 방식이며, 금융활동세(FAT)는 금융회사의 이윤과 직원의 보수에 세금을 징수해서 각국의 예산으로 편성하는 방법이며, 금융거래세(FTT)는 금융거래에 일정세율을 부과하는 방식이다.

은행세 도입의 1차적인 목적은 향후 발생할 금융위기에 대비한 기금(재원)을 금융회사 분담으로 조성하는 것으로 이를 활용하여 금융시스템(외화자금시장) 안정 등의 목적을 이루고자 하는 것이며, 그 외 대형 금융회사의 과도한 부채 확대로 유발될 수 있는 부정적인 외부효과 negative externality 를 사전에 축소하는 효과를 가지고자 하는 목적도 있다.

② 각국의 도입 관련 동향

은행세 bank levy 는 2010년 6월 G20 토론토 정상회의에서는 제도 도입의 일반원칙에 대한 합의가 이루어졌으며, 현재 일부 유럽 국가를 중심으로 자국의 정책 사정에 맞는 금융회사 분담금이 도입되고 있다.

a. 미 국

2010년 1월 미국 오바마 대통령은 TARP(부실자산 구제프로그램) 지원으로 발생한 공적자금을 회수하기 위한 사후기금 ex-post 조성하기 위한 일명 "Obama Tax"를 제안하였다. 구체적으로, 자산규모 $500억 이상의 금융회사(약 60여개)에 대해 향후 10년간 $900억, 12년간 $1,170억 조달을 목표로 연간 비예금 부채에 약 0.15%를 부과하는 것이었다. 그러나, 최종적으로 2010년 7월에 통과된 금융개혁법안에는 동 논의와 같은 목적의 별도의 기금을 조성하는 방안이 포함되지 않는 등 후속 작업에 큰 진전이 없는 상황이다.

b. 영 국

영국은 2009년 9월 금융활동세 FAT 의 일종인 Bank Payroll Tax BPT 를 한시적으로 도입하여 2010년 4월 종료한 바 있다. 동 세금의 부과목적은 과도한 리스크추구 행위를 유발하는 은행권의 보상 제도에 대해 리스크를 적절히 반영하도록 조정하는 것으로 영국 은행 및 외국은행 지점 등이 부과대상이었다.

영국은 금융활동세와는 별도로 미래 금융위기에 내비한 사후적 은행세 ex-ante levy 를 2011년부터 부과하기로 하고, 이를 예산에 반영할 예정이다. 구체적으로는 금융

표 14.5 | 주요국 금융권 분담금 도입관련 논의 비교(2010년 12월 현재)

	미국 Obama Tax	미국 금융개혁법	영국	스웨덴	독일	프랑스	European Commission
현상황	계획발표 ('10.01)	금융개혁법안 통과 ('10.07)	'11년 예산에 반영 ('10.11)	시행중('09.10)	내각통과 ('10.08)	'11년예산에 반영('10.09)	최종제안 ('10.05)
대상 기관	자산 500억 달러 이상 금융회사	자산규모 500억 달러 이상인 은행지주회사 및 FRB 감독 대상 비은행 금융회사	총부채 200억 파운드 이상 금융그룹	은행	은행	은행(19개 대형은행)	은행 및 투자회사
부과 대상	Covered liability (총자산－tier1자본)	미정	200억 파운드 이상 비예금 부채	자본, 일부채권 등 제외한 부채	예금 등 제외한 부채	위험 가중자산	부채를 우선 고려
세율	15bp	대상 금융회사의 자산·리스크 규모 등을 고려하여 FDIC가 산정 (금융회사 정리 후 사후산정)	7.5bp(장기부채는 절반)	1.8bp('10년) → 3.6bp('11년 이후)	2~4bp(부채규모별로 차등) 단, 파생상품은 0.015bp	25bp	미정
재원 마련 목적	위기이후 재정확충	정리절차에 소요된 자금 중 부족액을 금융회사에서 사후 갹출하여 정부에 상환	재정확충	위기대비	위기대비	재정확충	위기대비
펀드 조성	재정귀속	Orderly Liquidation Fund(사후)	재정귀속	Stability Fund	Restructuring Fund	재정귀속	National Fund 형태
기간	최소10년	정리절차 개시 이후 5년 이내 혹은 당국이 정한 기간	미정	15년(잠정)	미정	미정	미정
예상 규모	10년간 900억 달러 12년간 1,170억 달러	정리절차에 소요되는 자금	연25억 파운드	GDP 대비 2.5% 수준	연 8~15억 유로	약 5억 유로	GDP 대비 2~4%

그룹 비예금부채 중 200억 파운드 초과분에 대해 2011년부터 매년 25억 파운드 규모의 기금을 조성하기로 하고, 부과 요율은 7.5bp를 부과하되 잔존만기가 1년을 초과하는 부채의 경우에는 절반의 요율을 부과키로 하였다.

c. 스웨덴

스웨덴은 2009년 4월 은행세 도입 논의 후 법안이 통과되면서, 그해 10월부터 은행세를 시행 중에 있다. 스웨덴의 은행세는 2008년 10월에 도입한 은행 예금 보증, 자본투입을 포함하는 금융안정제도 5가지 중 하나로 2023년까지 GDP 2.5% 규모의 기금을 마련하는 것을 목표로 하고 있다.

d. 독일, 프랑스 등

독일, 프랑스도 2010년 6월 은행세 지지 성명을 발표한 바 있으며, 2011년부터 은행세를 도입할 계획이다.

e. 한 국

우리나라는 경제 여건 및 외환시장 상황을 감안하여 거시건전성 제고, 외화부채의 구조개선, 위기대응능력 강화 등을 목표로 거시건전성 부담금을 2011년 하반기부터 도입하겠다고 발표한 바 있다.

금융회사의 유동성 규제 및 관리 강화

글로벌 금융위기를 계기로 은행의 유동성리스크 관리의 중요성이 다시금 부각되면서 바젤위원회 BCBS, 영국 금융감독청 FSA, 유럽은행감독위원회 CEBS 등은 각각 유동성리스크에 대한 관리 지침을 금융위기 직후 발표하는 등 국제적으로 유동성 리스크 관리 강화 필요성에 대한 인식이 크게 높아졌다.[15]

---

[15] 금융위기 이후 발표된 유동성리스크 감독강화 관련 보고서는 다음과 같다. 국제결제은행(BIS), 'Principles for Sound Liquidity Management and Supervision'(2008년 9월), 영국 금융감독청(FSA), 'Strengthening Liquidity Standards'(2008년 12월), 유럽은행감독위원회(CEBS), 'Technical Advices on Liquidity Risk Management'(2008년 9월).

반면에, 국내 은행들은 지난 수년간 경쟁적으로 외형을 확대하는 과정에서 시장
상황에 따라 조달여건이 민감하게 변화하는 시장성 수신의 취급을 크게 늘려왔으

표 14.6 | 유동성리스크 관리기준의 주요 내용

항목	주요내용
관리전략 수립	• 유동성리스크 관리목표, 관리정책 및 내부통제구조 등을 명시한 유동성 리스크 관리전략 수립
내부통제	• 유동성 관련 비용, 편익 및 리스크를 상품가격 결정, 성과평가 및 신상품 승인절차에 반영
유동성자산	• 스트레스테스트 결과를 반영하여 양질의 유동성자산을 충분히 보유
자금조달 다변화	• 편중도 완화 및 만기분산을 위한 목표치 설정 및 관리
담보 관리	• 보유자산의 담보 포지션을 체계적으로 관리
리스크 측정	• 미래 현금흐름 변화에 따른 유동성리스크 변동수준 측정 • 유동성리스크에 영향을 미치는 다양한 원천 포착
리스크 허용한도 및 조기경보지표	• 은행 영업전략, 재무상황 및 조달능력 등을 반영하여 유동성 리스크 허용한도(누적 현금순유출 등) 관리 • 유동성리스크의 악화 추세 식별 및 조기대응을 위해 유동성 리스크 허용한도 외에도 조기경보지표를 관리
이사회 역할	• 이사회가 유동성리스크 관리전략 등을 승인 · 재검토 • 이사회는 정기 또는 수시로 유동성현황을 보고 받음
위기상황분석	• 정기적으로 위기상황분석을 실시하고 결과를 유동성리스크 관리 전략, 리스크 허용한도, 비상조달계획 등에 반영
시나리오 설계	• 시나리오는 금융기관 고유와 시장전반의 위기상황을 포함 • 민감도 분석 등을 통해 시나리오의 적정성을 점검
비상조달계획	• 위기상황에 대한 단계별 대응조치 등을 명시한 실행가능한 비상조달계획을 수립하고 유효성을 정기적으로 점검

며, 원화유동성비율, 만기갭 관리 등 양적지표 위주로 유동성리스크를 관리하여 중장기 관점에서의 효과적인 리스크 관리는 미흡하였다. 그리고, 지난 금융위기에서 경험했듯이 금융회사의 유동성리스크 관리가 미흡한 상태에서 대내외 충격이 발생하게 되면, 동 위기가 금융시장 전체의 시스템리스크로 확대될 가능성이 있었다.

이에 따라 국내 금융감독당국은 시스템리스크 요인을 완화하기 위한 제도적 장치로서 2008년 은행 예대율에 대한 직접규제 제도를 도입하는 한편, 원화유동성 비율 규제제도를 개선하는 등 Basel Ⅲ의 유동성 규제와 별도로 은행의 유동성리스크 관리기준을 제정하였다.

시장안정을 위한 검사기능의 개선

국내 금융감독당국은 금융규제를 완화하고 시장의 자율성을 확대하는 금융정책의 연장선상에서 2004년 이후 금융감독원의 종합검사를 축소하는 대신 특정 테마에 대한 부문검사를 확대하였으나, 글로벌 금융위기의 국내 파급과정에서 부문검사로는 리스크 변화를 체계적·종합적으로 분석하여 리스크관리 취약 부문을 파악하는데 한계가 있음이 확인되었다. 특히, 2006~2008년 중 일부 국내은행이 무리한 외형확대 경쟁, 파생상품 투자 등으로 손실을 입고 일시적 유동성 경색을 경험하였으나, 종합검사 공백기간(2~3년)이 길어 리스크관리상 문제점을 사전에 파악하고 대응하는데 어려움이 있었다.

또한, 글로벌 금융위기 이후 바젤위원회 등 국제기구에서의 논의과정에서 대형은행 등 시스템적으로 중요한 금융회사SIFI에 대한 감독·검사의 강화가 강조되고 미국, 캐나다, 일본, 독일, 프랑스, 스페인 등 대부분의 금융감독당국에서도 대형 금융회사에 대해 매년 종합검사 또는 정기검사를 실시하고 있는 등 국제적 정합성 제고 측면에서도 대형 금융회사에 대한 종합검사 주기를 단축할 필요성이 증가하였다.

이에 따라, 우리나라는 2010년부터 금융시스템에 미치는 영향이 큰 일부 대형 금융회사에 대해서 매년 종합검사를 실시하는 등 검사주기를 단축하였다. 그리고

표 14.7 | 검사서비스 품질제고 로드맵 주요 과제

부문	이행 과제
1. 사전 예방적 검사체제 강화(5개 과제)	• 종합검사 주기 단축 • 상시감시 업무의 충실도 제고 등
2. 건전성 감독 · 검사체계 개선(4개 과제)	• 경영실태평가 객관성 · 실효성 제고 • 리스크관리 실태평가의 객관성 · 신뢰도 제고 등
3. 검사의 공정성 · 투명성 제고(5개 과제)	• 검사관련 금융회사 의견수렴 확대 • 표본추출 활용 표본검사 확대 실시 • 검사품질관리제도 도입 등
4. 금융회사 수검부담 완화를 위한 관행 개선(5개 과제)	• 검사자료 요구절차 및 확인서 등 징구방식 개선 • 현장검사 수행방식 개선 등
5. 검사의 효율성 제고를 위한 인프라 확충(5개 과제)	• 검사 사전준비제도 및 검사실시 결정시스템 개선 • 검사과정의 전산화 확대 등
6. 검사인력의 전문성 제고(11개 과제)	• 검사인력의 자격요건 강화 • 검사역 연수제도 확충 및 우수한 강사진 확보 • 검사원 평가의 공정성 제고 등

*출처: 금융감독원, "글로벌 금융위기 대응보고서", 2010년 12월.

한편으로는 이로 인해 검사인력 수요 및 금융회사의 부담 증가가 더욱 심화될 것으로 예상됨에 따라 검사 사전준비 강화, 검사관행 개선, 표본검사 확대 실시 등을 주요 내용으로 하는 '검사서비스 품질제고 로드맵'을 마련하여 2009년 10월부터 시행하고 있다.

금융회사 임직원 성과평가 및 보상제도 개선

앞서 제1장에서 언급한 바와 같이, 지난 글로벌 금융위기의 원인 중 하나로 금융회사 임직원에 대한 보상체계가 단기성과에 지나치게 연동되어 있고 이로 인해 임직원의 과도한 위험추구가 유발된다는 문제점이 지적되었다. 또한, 일부 국가에서는 공적자금을 지원받은 부실금융회사의 대규모 성과급 지급 등에 대한 비판 여론이 확산되면서 그동안 자율적 경영사항으로 인식되어 왔던 보상체계에 대해 금융회사 스스로의 개선 노력과 별도로 감독당국이 이에 대해 적극적으로 규율해야 한다는 주장이 제기되기도 하였다.

이에 따라, 금융안정위원회 FSB 는 2009년 4월에 금융회사의 리스크 부담에 상응하는 효과적 보상체계를 구축하는 것을 골자로 한 '건전한 보상원칙 Principles for Sound Compensation Practices'을 발표한 데 이어, 2009년 9월에는 '건전한 보상원칙 이행기준 Principles for Sound Compensation Practices Implementation Standards'을 제시하였다. 2009년 9월 G20 피츠버그 정상회의에서는 각국 정상이 FSB의 '건전한 보상원칙' 및 '건전한 보상원칙 이행기준'을 승인하고 각국 금융회사가 이를 이행하도록 요청하는데 합의하는 등 금융회사 임직원의 성과평가 및 보상제도 개선 관련 논의가 국내외에서 활발히 이루어지고 있다.

2010년 1월 우리나라에서도 국제적 합의사항의 이행을 위해 금융감독당국 및 금융업계는 공동으로 태스크포스를 설치하고 은행, 증권, 보험, 금융지주회사 등 4개 주체별로 '보상원칙 모범규준'을 마련하여 국내 대형 금융회사에 적용하려고 하고 있다.[16]

이러한 보상원칙 모범규준의 주요 세부 내용에는 (a) 보상위원회와 관련하여 사외이사로 구성된 위원회를 설치하고 리스크관리위원회 소속 이사 1인 이상의 참여를 의무화하고, (b) 리스크관리 및 준법감시 담당 부서장에 대해 독립성과 권한을 부여하고 독립적인 보수체계 및 성과평가를 위한 방안을 마련토록 하였으며, (c) 경영진 및 특정 직원에 대한 보상 중 상당부분을 변동보상으로 지급하도록 하되 변동보상 중 상당부분은 지급을 일정기간 이연하도록 하고 금융회사의 장기성과와

---

[16] 여기에는 18개 국내 은행, 자산총액 5조원 이상인 금융투자회사(2009. 3월말 기준 10개), 자산총액 10조원 이상인 보험회사(2009. 3월말 기준 5개 생명보험회사, 1개 손해보험회사), 개별업권 모범규준의 적용을 받는 금융회사를 자회사 등으로 지배하는 금융지주회사(2009년말 기준 7개사)가 포함된다.

연동되는 주식 등의 형태로 지급되도록 하는 한편, (d) 변동보상의 이연지급 기간 중 성과가 목표에 미달하거나 손실이 발생한 경우에는 미래 지급할 변동보상을 축소하여 지급할 수 있도록 하는 내용들이 포함되어 있다.

국내 금융회사를 대상으로 마련된 보상체계 모범규준은 향후 보수체계를 장기성과 및 리스크에 연계하여 금융회사의 과도한 리스크추구 행위를 제한함으로써 금융회사의 건전성과 금융시스템의 안전성 제고에 기여할 것으로 금융감독당국은 예상하고 있다. 또한, 금융회사의 보수 관행 및 산정 과정에 대한 정보공개가 강화되면서 금융회사 경영진에 대한 보수체계의 투명성이 확보되는 부수효과도 거둘 수 있을 것으로 기대된다.

표 14.8 | 주요국 FSB 보상원칙 이행기준 대응 현황(2010.1월 현재)

구분	적용범위	시행시기	시행형식
영국	전 업권(은행 및 주택대부조합: 자기자본 10억 파운드 이상, 투자회사: 자기자본 7.5억원 파운드 이상)	2010. 1. 1.	감독규정
호주	금융감독청(APRA) 관할 권역 (예금수취기관 및 보험회사)	2010. 4. 1.	모범규준(Guideline)
스위스	은행 및 보험회사: 자본금 20억 프랑 이상(2.3조원)	2010. 1. 1.	모범규준(Guideline)
미국	FRB 관할 금융회사	미정	모범규준(Guideline)
독일	금융감독청(BaFin) 관할 금융회사	2009. 12. 31.	감독규정
홍콩	금융감독청(HKMA) 관할 은행	2010. 1. 1.	모범규준(Guideline)
일본	금융감독청(FSA) 검토 중	2011년 중 초안을 마련하여 의견수렴 예정	

*출처: 금융감독원, "글로벌 금융위기 대응보고서", 2010.12월.

신용평가사 감독 강화

　미국 서브프라임 관련 복합 금융상품에 대한 신용평가사의 낙관적인 신용평가가 지난 금융위기의 주요 원인 중 하나로 지적되는 등 금융위기를 계기로 국제 신용평가사의 부실한 신용평가를 개선해야 한다는 비판이 여러 곳에서 제기되었다. 이에 따라, 국제증권감독기구 IOSCO: International Organization of Securities Commission 가 2008년 5월 구조화상품에 대한 신용평가 과정의 공정성 제고 및 정보공개 확대 등을 위한 일련의 개선방안을 담아 신용평가회사가 준수해야 할 행동강령 Code of Conduct for Credit Rating Agencies 을 개정하였다. 2009년 4월 G20 런던 정상회의에서는 IOSCO 행동강령의 내용 등을 법규화하고 국제적으로 협력할 것을 합의하는 등 국제기구와 주요국을 중심으로 신용평가사 감독을 강화하기 위한 노력이 꾸준히 진행되고 있다.

　국내의 경우, 금융위기 이전에도 신용평가사 설립 허가제에 관한 진입규제를 운영하고 신용평가사에 대한 검사를 실시하는 등 엄격한 규제를 적용하였으나, 새로이 자본시장통합법 일명 자통법 을 시행하면서 다양한 금융상품이 출현할 수 있는 여건이 조성됨에 따라 복합 금융상품에 대한 신용평가의 투명성과 신뢰성을 제고하기 위해 관련 규정의 국제적 정합성을 제고할 필요성이 이전보다 더욱 증가하였다. 이에 신용평가사 규제 강화의 국제적 추세에 맞추어 국내 금융감독당국은 (a) 신용평가사 지배주주 변경 시 금융감독당국의 승인절차 신설, (b) 이해상충 방지 등을 위한 신용평가사의 내부통제기준 마련 의무화, (c) 신용평가사 임직원에 대한 제재 근거의 명문화 등을 주요 내용으로 2009년 4월 '신용정보의 이용 및 보호에 관한 법률(이하 "신용정보법")'을 전면 개정하였다.

　또한, 개정된 신용정보법에서 신용평가사의 내부통제기준 마련을 의무화함에 따라 내부통제기준제도의 원활한 정착을 지원하기 위해 2009년 9월에는 '신용정보업 감독업무 시행세칙'을 개정하여 '표준내부통제기준' 제도를 도입하고 2010년 1월부터 이를 시행하고 있다.

참고 14.7   미국 금융개혁법상 신용평가사 개혁 주요 내용

1. 신용평가 감독조직 설치

SEC내에 전문가로 구성된 신용평가 감독조직인 신용평가국 Office of Credit Ratings 을 설치하고 SEC가 국가공인신용평가기관 NRSRO: Nationally Recognized Statistical Ratings Organizations 에 대해 최소 연 1회 이상 검사를 실시하고 검사결과를 공표

2. 이해관계 상충 방지

신용평가사의 준법감시인이 신용평가, 영업 업무 등을 수행할 수 없도록 하는 한편, 신용평가사 직원이 평가대상 회사 또는 주식 인수회사로 이직한 경우 동 직원의 직전 1년간 평가내역을 검토하여 SEC에 보고토록 의무화함

신용평가사 NRSRO 이사회의 최소 과반수를 자사 지분이 없는 독립이사로 구성

3. SEC에 등록 취소 권한 부여

상당기간 신용평가 실적에 문제 bad ratings 가 있는 경우 SEC가 신용평가사 등록을 취소할 수 있도록 권한을 부여

투자자가 신용평가사의 고의 또는 부주의 knowing or reckless failure 한 신용평가업무에 대하여 합리적 조사 진행, 분석자료 요구 등의 소송을 제기할 수 있도록 허용함으로써 투자자의 권한을 강화

4. 신용평가사 의존도 완화

제반 법률상 국가공인 신용평가사의 평가 의무화 조항을 폐기함으로써 투자자가 스스로 분석할 수 있는 풍토를 장려

5. 신용평가 쇼핑 방지

향후 ABS 발행자가 가장 높은 신용등급을 부여하는 신용평가사를 임의로 선택할 수 없도록 새로운 메커니즘 구축을 위해 추후 SEC가 제도개편 보고서를 작성 의회에 보고할 예정

6. 교   육

신용평가 담당 직원(애널리스트)에 대해 자격시험 통과 및 지속적인 보수교육을 의무화

제 15 장

금융위기 이후 금융감독 과제

지난 금융위기는 전세계로 확산되면서 금융시스템의 취약성을 노출시켰고 자산가격 버블 붕괴에 따른 부정적 자산효과와 금융시스템 불안에 따른 금융 중개기능 약화는 실물경기의 침체로까지 확대되었다. 이에 각국 정부는 총수요 증대를 위해 재정지출 및 감세를 확대하는 경기부양 정책을 실시하는 한편, 중앙은행은 정책금리 인하, 국채매입 등 양적 완화정책의 시행과 부분적 신용경색 현상을 해소하기 위한 특정 부문에 대한 직접적인 유동성 공급까지 병행하는 등 금융시장 안정 및 경기회복을 위한 다양한 재정·통화정책을 시행하였다. 그리고, 이러한 정책적 노력에 힘입어 세계경제의 주요 경제지표와 금융시장의 안정성은 리먼 사태 이전 수준으로 회복되는 등 점차 안정화되는 모습을 보이고 있으며, 각국의 대규모 경기부양 효과가 가시화되면서 실물경기도 완만한 회복세를 유지하고 있다.

그러나, 이러한 금융위기 극복 성과에도 불구하고 다른 한편에서는 여전히 주요 대내외 경제여건의 변화에 따라 위기국면이 재발할 수 있는 잠재적 위험요소가 국내 금융시장 주변에 도사리고 있다. 대외적으로는 재정건전성이 취약한 일부 남유럽 등의 국가 재정위기 장기화 우려 등 글로벌 경기 불안요인이 지속되고 있어 개방형 경제구조를 가진 우리나라에 지속적인 위험요소가 되고 있으며, 대내적으로는 자본유출입의 변동성 지속 및 그간의 경기침체와 유동성 공급 등으로 인해 확대된 가계부채 문제 등 거시건전성 관련 잠재위험이 여전히 남아있다.

또한, 금융위기 전개과정에서 통화 장외파생상품 KIKO 문제 및 펀드 불완전판매 등이 사회적 문제로 대두된 것과 같이 소비자보호에 대한 의식의 전환과 함께 이를 위한 소비자보호 조직 강화의 필요성이 제기된 바 있으며, 국내 금융산업 경쟁력 제고를 위해 향후 금융 인프라의 개선, 금융회사의 리스크관리 문화 정착 등의 과제도 지속적으로 추진해 나갈 필요가 있다.

따라서, 우리나라는 앞서 제14장에서 서술한 바와 같이, 국제적인 건전성 규제의 강화 추세 및 금융개혁 움직임에 발맞춰 금융감독 규정 및 시스템을 정비해 나가는 한편, (a) 거시건전성 감독 강화, (b) 금융산업의 경쟁력 제고, (c) 금융소비자 보호기능 강화 등 금융위기 이후 금융감독 과제로서 추가로 제기되는 문제들에 대해서도 대처해 나갈 필요가 있다. 여기서는 금융위기 이후 제기된 금융감독 과제를 중심으로 살펴볼 것이다.

15.1 거시건전성 감독기능 강화

글로벌 금융위기를 계기로 금융시스템의 안정성 유지는 개별 금융회사의 미시건전성 감독만으로는 달성될 수 없다는 인식이 확산되었다. 기존 미시건전성 감독의 관점에서는 금융회사간 상호 신용리스크 노출과 연쇄부도 등의 시스템리스크는 개별 금융회사의 건전성 확보를 통해 통제가 가능하다고 보았지만, 최근 금융위기상에서 일어난 상황은 개별 금융회사에서 발생하는 위험보다도 자산가격의 급락, 대외 공급충격, 환율정책 실패 등 외생적 요인이 전체 금융시스템에 더 큰 위협요인이었다. 따라서, 글로벌 금융위기 이후 미시건전성의 한계를 보완하는 거시건전성 감독기능의 강화는 국제적인 금융규제 개혁의 핵심 과제로 부각되고 있다.

글로벌 금융위기 이후, 주요국 정부와 금융감독 당국은 종전의 미시건전성 위주의 감독시스템으로는 이러한 금융시스템 리스크를 정확하게 파악하고 이에 선제적으로 대응하는데 한계가 있다는 것을 인식하였다. 그리고, 금융안정위원회FSB 등을 중심으로 시스템리스크 완화를 위한 주요 거시건전성 감독수단으로 (a) 시스템적으로 중요한 금융회사SIFI 에 대한 규제 강화와, (b) 금융부문의 경기순응성 완화 등을 위한 다양한 감독수단 개발이 활발히 논의되고 있다.

예를 들어, SIFI에 대한 규제강화 논의와 관련하여 2010년 11월 서울 G20 정상회의에서는 시스템리스크 감축을 위하여 SIFI에 대한 종합적인 규제방안을 마련하는 데 합의한 바 있으며, 금융안정위원회와 바젤위원회를 중심으로 규모, 상호연계성, 대체가능성 등의 기준을 이용하여 글로벌 SIFI 선정기준을 마련 중에 있으며 추가자본 부과capital surcharge, 조건부 자본contingent capital 등을 도입하여 SIFI의 손실흡수력을 강화하는 방안을 검토하고 있다. 또한, 부실의 신속한 정리와 납세자 부담 완화를 위하여 사전정리절차를 자체 마련토록 하는 방안을 아울러 제안하고 있으며, SIFI의 범위 설정 및 구체적인 감독방안에 대해서는 2011년 중에 구체적인 국제기준이 설정될 전망이다.

또한, 바젤위원회는 현행 Basel II의 위험가중자산 산출방식이 자기자본비율 및 대출행태의 경기순응성pro-cyclicality 을 심화시키는 문제를 완화하기 위한 개선방안을 제시하고 있다. 기존의 자기자본규제가 호황기에 신용을 늘리고 불황기에 신용을 줄이게 되는 유인을 금융회사에 제공함으로써 경기진폭을 확대시킨다는 비판이 제기됨에 따라 이에 대응하여 바젤위원회는 경기대응적 완충자본counter-cyclical capital buffer 의 도입을 제안하였다.

한편, 거시건전성 감독수단의 개발과 함께 이를 수행할 거시건전성 감독체계의 정립 또한 매우 핵심적인 과제이다. 시스템리스크가 통화정책, 금리, 환율 등 거시경제 변수와 연관성이 있음을 고려할 때 중앙은행의 정책결정 참여가 필수적이나, 한편으로는 거시건전성 감독의 실제 정책수단이 자본금 부과, 대손충당금, 위험 민감도 지표 조정 등 미시건전성 감독규제에 의존할 수 밖에 없다는 측면에서 미시건전성감독 규제를 맡고 있는 금융위원회·금융감독원의 역할 또한 핵심적이다. 이와 관련, 기존 현실을 고려할 때 중앙은행과 미시건전성 감독기구 중 어느 한 기관이 거시건전성 감독정책의 최종 책임을 지기보다는 중앙은행과 미시건전성 감독기구가 공동 참여하는 거시건전성 감독을 위한 공동기구(일명 '시스템리스크위원회')를 설치하고 이를 통해 시스템리스크의 판단, 거시건전성 감독정책의 결정 및 운용을 위한 유기적인 협조 및 공조체제를 가동하는 것이 보다 효율적인 것으로 판단된다.

15.2 금융소비자 보호 기능 강화

금융시장은 경제주체들이 필요한 자금을 조달하거나 여유자금을 운용하여 수익을 얻는 공간이나, 실상 다른 어느 시장보다도 정보의 비대칭성이 큰 시장이라 할 수 있다. 금융시장에서 거래되는 금융상품은 무형의 상품으로서 내재된 수익성과 안전성, 위험성이 각기 달라 거래상품에 대한 정확한 정보 파악이 매우 중요하다 할 수 있다. 그러나, 최근에도 금융소비자가 금융상품의 리스크를 제대로 이해하지 못함에 따라 시장리스크에 노출되는 사례가 빈번히 발생하고 있다. 또한, 이러한 금융소비자의 낮은 금융이해도financial illiteracy 는 최근 전세계적인 금융위기의 직접적 요인은 아니겠으나, 적어도 금융위기를 심화시키는데 한 요인으로 작용하였다.

지난 금융위기의 시발점인 미국의 서브프라임 대출은 본래 低 신용자에게 주택구입을 가능하도록 해 주는 유용한 금융상품인 동시에 저금리 상황에서 고수익을 추구하던 금융회사들에게도 매력적인 투자상품이었다. 2000년 이후 서브프라임 대출이 급증하였고, 이는 다시 유동화 과정을 거쳐 고수익·고위험 파생상품으로 변모되어 판매되었다. 고수익상품에 대한 수요가 높았던 헤지펀드 등은 이 상품을 대거 매입하였고, 보험회사 등은 유동화과정에서 신용위험을 떠안고 큰 수익을 취했다. 하지만 2006년 이후 금리상승, 주택경기 둔화로 서브프라임 대출이 부실화되자, 이를 기초로 한 파생상품도 부실화되었고, 그 결과 대출 금융회사, 복합금융상품 투자자, 신용보강기관 모두 엄청난 손실을 입게 되었으며, 세계 유수의 금융회사에서 발생한 대규모 손실은 글로벌 금융시장의 위기로 확산된 바 있다.

이러한 일련의 과정을 통해 우리는 금융소비자에게 아무리 유용한 금융상품이라 하더라도 감독이 미비하면 소비자에게 해(害)가 될 수 있으며, 수익추구를 위해 리스크관리에 소홀했던 금융회사를 적절히 규제하고 대출 및 파생상품, 펀드 규제에 있어서도 금융소비자 보호라는 본연의 임무에 좀 더 충실했더라면 글로벌 금융위기를 어느 정도 방지할 수 있었다는 교훈을 얻게 되었다. 이는 글로벌 금융위기 극복의 일환으로 2009년 6월 발표된 미국 금융규제개혁안이나 EU의 규제개선안에서도 금융소비자 보호기능 강화방안을 포함하고 있음을 통해 재삼 확인할 수 있다.

국내에서도 금융위기 과정에서 생계형구직자, 외국인근로자, 복지시설 수용자 등의 금융취약계층이 대폭 증가되었을 뿐만 아니라 통화 장외파생상품KIKO 및 인사이트 펀드상품의 불완전판매 등이 사회적 문제로 부각되면서 금융민원이 대폭 증가된 바 있다. 또한, 자본시장법 시행 등 규제 패러다임의 변화로 인해 다양한 금융상품의 출현이 예상되며 저금리상황 지속으로 금융상품의 중심이 예금에서 투자상품으로 이동함에 따라 소비자의 금융거래위험은 앞으로 더욱 증가할 것으로 예상된다.

따라서, 향후 금융감독 정책은 금융회사에 대한 일방적인 건전성 지도에서 벗어나, 금융소비자의 보호 및 시장규율을 통해 금융회사의 건전성을 향상시키고 금융시스템의 안정성이 정착될 수 있는 시상중심의 감독으로 나아가야 할 것이며, 그 과정에서 금융소비자 보호는 단순히 금융거래의 민원사항을 해결하는 소극적인 개념이 아니라 금융소비자의 알권리를 충족시키는 적극적인 개념으로서 금융산업의 전 분야에 걸쳐 이루어져야 할 것이다.

이를 위해서는 원칙적으로 첫째, 금융산업에서 불공정거래로 인해 소비자피해 발생의 원천이 될 수 있는 제 요소들을 파악하고 이에 대한 시정방안을 강구하고, 둘째, 금융에 있어서 차별적 대우 및 소외지대를 해소하고 아직까지 발굴되지 않은 소매시장을 개발함으로써 소비자의 경제적 지위를 향상하고 사회적 일체성을 제고 하는데 기여하며, 셋째, 소비자가 금융시장에서 책임 있는 상거래의 상대자로 나설 수 있도록 금융교육 등을 통해 금융회사와의 정보 및 지식격차를 축소하고 상품의 선택역량을 극대화하며, 넷째, 상기 세 가지 과제를 효율적으로 추진할 수 있는 감 독체제를 구축하는 등의 노력이 필요할 것으로 생각된다.[1]

15.3 금융산업의 경쟁력 제고

금융감독당국은 금융위기 국면의 해소와 함께 새로운 패러다임이 적용되는 새로 운 금융환경하에서 금융산업의 대외경쟁력을 제고하는 금융산업과 시장이 본연의 기능을 발휘할 수 있도록 제도적 기반을 마련하는 데 관심과 노력을 경주할 필요가 있다. 특히, 국내 상황에서 금융산업 경쟁력 제고를 위한 제도적 지원을 위해서는 금융감독당국이 ① 금융인프라 개선, ② 금융회사 지배구조 개선, ③ 금융회사 리 스크관리 문화 정착 등을 우선과제로 설정하고 추진할 필요가 있다.

① 금융인프라 개선 추진

우선, G20의 합의에 따라 장외파생상품 거래의 안정성을 확보하기 위해 필요한

---

[1] 금융연구원, "금융소비자보호강화를 위한 새로운 소비자보호체제의 구축방안", 2009.12월.

중앙거래소CCP 를 설립하기 위해서는 법적 근거를 마련할 필요가 있다. 그리고, 이후에 중앙거래소의 운영주체를 선정하고 금리스왑 등과 같이 표준화된 상품부터 단계적으로 중앙거래소를 통한 청산을 유도하고 이를 점차 非표준화된 상품으로 확대하는 정책을 추진하여야 할 것으로 보인다. 이러한 중앙거래소CCP 의 운영은 다자간 차감에 의한 순포지션 정리 등을 통해 위험노출 규모를 감소시키는 한편 거래상대방 리스크를 감소시킬 것으로 기대된다.

또한, 2011년 모든 상장기업을 대상으로 본격 시행되고 있는 IFRS를 안정적으로 정착시키기 위한 노력을 기울일 필요가 있다. 금융감독당국은 국제적 정합성 제고 및 우리나라 입장을 반영하기 위해 외국 감독기구와의 공조체제를 강화할 필요가 있으며, IFRS 도입 준비상황 점검, IFRS 교육·홍보활동 강화 등을 통해 IFRS 시행으로 인해 회계시스템의 잦은 변동을 유발하거나 회계정보의 일관성을 저해하는 등의 문제가 발생하지 않도록 원활한 IFRS 정착을 위한 지원활동을 지속할 필요가 있다.

아울러, 현재 금융업계 자율로 추진되고 있는 임직원 보상체계 개선에 대해서도 그 추이에 대해 계속 관심을 기울이는 한편 필요시 바람직한 방안을 제시할 필요가 있다. 임직원에 대한 보상이 단순한 주가, 수익 등 재무적 수치에 결정되지 않고 자본, 유동성 등 리스크를 반영하여 결정되도록 하는 한편, 미래성과에 대한 보상도 이연지급 등을 통해 성과와 보상이 연계될 수 있도록 하는 등 금융산업내 바람직한 보상체계가 확립되도록 유도해 나가야 할 것이다.

② 금융회사 지배구조 개선 지속 추진

1990년대 末 외환위기 이후 사외이사 중심의 이사회제도 등 영미식 주주중심주의 지배구조가 국내 금융회사에 자리 잡게 되었으나 실제 적용에 있어서는 주주가치 증진 및 경영진 견제에 대한 실효성이 떨어진다는 지적이 있어 왔다. 또한, 실제 글로벌 금융 위기를 통해 소수 경영진의 전횡과 이사회의 경영진 견제기능 약화 등 지배구조상 문제점이 금융회사의 부실 증가와 직결되어 온 사례가 확인됨에 따라 금융감독당국은 금융회사의 장기적인 건전성 유지와 안정 성장을 위해 건전한 지배구조 확립 및 이와 관련된 제도개선과 관행의 정착에도 계속 관심을 가져나갈 필요성이 제기되었다.

국내 금융회사의 사외이사 중심의 이사회 제도 개선 필요성[2]

- 우리나라 금융회사 이사회의 경우 경영진의 선임 과정 등에 대한 영향력으로 인해 실질적인 독립성이 확보되지 못하고 이사들의 전문성이 부족하여 대주주 또는 경영진에 대한 견제가 효과적으로 이루어지지 못하는 측면이 있음
- 기존 금융회사 이사회 내 사외이사들의 전문성이 부족하여 효과적인 리스크 관리 능력 등이 떨어지며 기존 전문성과 관련된 적극적 자격요건은 매우 포괄적이고 추상적이어서 사외이사들의 전문성 저하에 기여

따라서, 지난 외환위기 이후 사외이사제도 강화, 감사위원회 제도 도입 등 금융권 지배구조 개선 노력이 지속되어 왔으나 최근에도 사외이사 독립성 등의 문제점이 제기됨에 따라 '은행 등 사외이사 모범규준' 마련하는 등의 관련 법률 및 감독규정 제정 등에 지속적인 제도개선을 추진해 나갈 필요가 있다. 아울러, OECD의 권고안에 나오는 이사들에 대한 적격성 심사fit & proper test 강화, 공시 강화, '원칙준수·예외공시' 원칙에 입각한 모범규준 추진, 교육프로그램 제공 등 해외 감독당국의 지배구조 개선방안을 참고할 필요가 있다.

③ 금융회사 리스크관리 문화 정착

향후 금융감독당국은 금융회사가 단기수익에 치중하지 않고 장기적이고 지속가능한 성장 실현을 위한 리스크관리 문화를 정착시키도록 유도해 나가야 할 것이다. 현재 금융회사의 리스크관리와 관련한 업무 메커니즘과 인프라는 그간 많은 노력과 투자를 통해 고도화되었으나, 리스크관리에 대한 관련 임직원들의 인식과 조직문화는 아직 확고하게 정착되지 못한 것으로 평가되고 있다. 이에 따라 지속적으로

---

[2] 금융연구원·자본시장연구원·보험연구원, "금융선진화를 위한 비전 및 정책과제", 2010.4월.

금융감독당국은 금융회사의 경영진이 먼저 리스크관리의 중요성을 인식하고 조직 내 자발적인 리스크관리 문화 정착을 독려함으로써 금융회사의 건전성 유지와 금융시장의 안정화가 이루어지도록 유도해 나갈 필요성이 있다.

참고문헌

|국|내|문|헌|

금융감독원, "글로벌 금융위기 대응보고서", 2010.12.

금융연구원, "금융안정 분담금(은행세) 도입과 정책방향", 2011.3.

금융연구원, "금융소비자보호강화를 위한 새로운 소비자보호체제의 구축방안", 2009.12.

금융연구원·자본시장연구원·보험연구원, "금융선진화를 위한 비전 및 정책과제", 2010.4.

G-20 정상회의 준비위원회, "서울 G-20 정상회의 개최 결과", 보도자료, 2010.11.

|외|국|문|헌|

Adam Smith Institute, "The Financial Crisis: Is regulation cure or cause", 2008.11.

Adrian Blundell-Wingnall and Paul Atkinson, "The Sub-prime Crisis: Causal Distortions and Regulatory Reform", 2008.12.

Barth, M, "Fair values and financial statement volatility", 2004.

IMF, "Global Financial Stability Report, Ch3. Fair Value Accounting and Procyclicality", 2008.10.

IMF, "The Making of Good Supervision Learning to Say No", 2010.5.

OECD, "The Current Financial Crisis: Causes and Policy Issues", 2008.12.

Thomas Cooley, "Regulating Wall Street-the Dodd-Frank Adt and the new architecture of global finance", 2010.

Tymoighs, "Securitization, Deregulation, Economic Stability and Financial Crisis", 2009.8.

USA Department of the treasury, "Financial Regulatory Reform-A New Foundation: Rebuilding Financial Supervision and Regulation", 2009.6.

BASEL III & FINANCIAL RISK MANAGEMENT

2017년 바젤 Ⅲ 최종개정안

Summary

2008년 글로벌 금융위기 이후 시작된 바젤위원회(BCBS)의 규제개혁은 2010년부터 단계적으로 진행되어온 바젤 Ⅲ 개혁을 통하여 구체화되었다. 바젤 Ⅲ 개혁은 글로벌 금융위기 이전의 금융감독 규제체계의 단점을 보완하여, 은행시스템의 취약점을 예방하고 복원력을 제고하여, 은행권 부실이 실물경제로 파급되는 위험을 차단하기 위한 목적에 초점이 맞추어졌다. 이에 은행들이 자본의 질을 개선하고 리스크의 포착능력을 제고하기 위한 다수의 개혁방안에 합의하였다.

그러나, 추가적 논의과정에서 시장참여자, 금융분석가, 학계 등 다수의 이해관계자들이 투명성의 관점에서 바젤 Ⅰ, Ⅲ 자본규제 체계의 핵심요소인 위험가중자산(RWA: risk-weighted assets) 산출의 신뢰성에 의문을 제기하였다. 실제로 바젤위원회(BCBS)가 실시한 실증적 연구 결과도 은행들간 위험가중자산(RWA) 산출결과에 심각한 편차가 있으며 그러한 편차는 은행들이 보유한 포트폴리오 구성의 차이만으로는 설명이 불가능하다는 것을 발견하였다. 이에 따라 위험가중자산 규제의 개편을 통하여 바젤 Ⅲ 자본비율의 신뢰성을 높이고 은행간 비교가능성을 제고해야 할 필요성이 제기되었다.

또한, 은행들이 신용리스크를 산출할 때 사용하는 표준방법(standardised approach)은 리스크의 변화를 민감하게 반영하지 못할 뿐 아니라, 은행들이 외부 신용평가기관들이 제공하는 신용등급에 지나치게 의존한다는 문제점도 지적되어 왔다.

그 외 운영리스크에 대해서도 기존의 요구자본 산정방법의 한계가 드러났으며, 시장리스크 규제체계도 그 적용되는 익스포저의 범위가 명확하지 않다는 문제점이 지적되어 왔다.

이러한 문제점들을 개선하기 위한 논의가 2010년 G20 정상회의 이후에도 금융안정위원회(FSB: Financial Stability Board), 바젤위원회(BCBS) 등을 통해서 지속적으로 이루어져 왔으며, 2017년 말에 와서야 최종적 개정안(Finalized Basel Ⅲ Framework)이 완성되었다. 이는 바젤 Ⅲ 규제개혁이 7년여 만에 마무리됨에 따라 규제의 불확실성이 해소되고 은행들이 보다 중장기적인 관점에서 경영전략 및 자본유지 정책의 수립이 가능해졌음을 의미한다. 그러나, 은행들은 바젤 Ⅲ 규제개혁으로 초래될 자본비용의 상승에 대처하기 위해 새로운 비즈니스 모델을 모색해야 할 뿐 아니라, 리스크 관리와 자본산출 및 공시 등 규제준수를 위해 필요한 시스템의 구축 및 정비가 요구된다.

한편, 바젤위원회는 금융회사들의 시스템 구축 등 준비에 걸리는 시간을 고려하여 「바젤 Ⅲ 최종안」을 2022년 1월부터 시행하기로 하였다.

제 16 장

2017년 최종 개정안의 특징과 주요 내용

16.1 바젤 Ⅲ 최종 개정안의 주요특징

2017년에 완성된 「바젤 Ⅲ 최종안」이 가지고 있는 주요 특징의 변화를 2010년 초안과 비교하면 〈표 16.1〉과 같이 요약할 수 있다.

첫째, 자본의 질을 개선하는 방안에 대해서는 2010년에 합의된 초안을 그대로 유지하기로 하였다. 즉, 은행들은 예상외 손실을 커버할 수 있도록 보다 양질의 자본을 유지토록 요구하였으며 기본자본 Tier 1 capital 의 최소치를 바젤 Ⅱ 기준 4%에서 바젤 Ⅲ 기준 6%로 상향 조정키로 하였다. 여기서 양질의 자본의 근간이 되는 기본 자본 Tier 1 capital 의 핵심형태는 손실흡수력이 높은 보통주 common equity 와 이익잉여금 retained earning 으로 정의하였으며 기본자본의 75% 이상은 이러한 보통주 자본과 이익잉여금으로 구성토록 하였다.

표 16.1. | 바젤 III 개혁안의 주요 특징 변화

구분	2010년 초안	2017년 개정안
자본의 질 개선	• 예상외손실을 커버할 수 있도록 보다 양질의 자본 보유를 요구. 최소기본자본(Minimum Tier 1 Capital)을 4%→6%로 상향 • 글로벌 시스템적 주요 은행(G-SIB)에 대한 추가자본 요구	
리스크 포착능력 향상	• 시장리스크에 대한 요구자본 강화 • 신용가치조정 리스크 규제의 도입	• 신용리스크, 시장리스크, 신용가치조정에 대한 표준법을 개선하고, 내부모형법 사용을 제한 • 자본하한을 설정하여 내부모형을 통한 최소요구자본 감축효과를 제한
은행 레버리지 규제 마련	• 위기시 급격한 디레버리징 방지를 위한 레버리지비율 제한	• 글로벌 시스템적 주요 은행(G-SIB)에 대해 보다 높은 수준의 레버리지비율 부과
유동성 향상	• 단기 유동성경색(30일)에 대비한 유동성커버리지비율(LCR) 요구 • 듀레이션 불일치를 개선하여 안정적 자금조달을 위해 순안정자금조달비율을 도입(NSFR)	
금융의 경기순응성 제한	• 호황시에 완충자본(capital buffer)을 적립하고, 스트레스상황에서는 적립의무를 해제	

둘째, 리스크의 포착능력을 강화하는 방안에 대해서는 2010년 초안이 시장리스크에 대한 자본요구를 상당폭 강화시키고[1] 신용가치조정 CVA 위험[2]을 규제에 포함하기로 하였다. 반면에 2017년 개정안은 신용, 시장, 운영리스크에 대한 리스크 민감도를 개선하는 동시에 은행간 비교가능성을 높이기 위해 표준법 SA 을 개선하기로 하였다. 그리고, 은행들간 위험가중자산 RWA 산출결과에 불필요한 편차가 발생하지 않도록 내부모형법 IRB 의 사용을 제한하기로 하였다. 또한 표준법으로 산출한 위험가중자산의 일정규모에 산출하한 output floor [3]을 설정하여 내부모형법을 통해 산

---

[1] 시장리스크에 대응하는 자본요구는 12개월간의 시장스트레스에 입각해서 계산하기로 함.

[2] CVA 위험은 거래상대방 신용위험의 시장평가액이 하락할 위험을 말함.

[3] 위험가중자산 하한 기준(output floor)은 표준법으로 산정한 위험가중자산의 최소 72.5%를 만족시키도록

출한 위험가중자산이 과도하게 작아지지 않도록 제한키로 하였다.

셋째, 글로벌 금융위기의 원인으로 지목된 은행의 과도한 레버리지를 제한하는 방안에 대해서는 2010년 초안이 레버리지 비율leverage ratio 을 규제함으로써 은행들이 부채조달을 통해 투자자산을 증대하고 위기 시에 급격히 축소하는 디레버리징de-leveraging 의 악순환을 되풀이 하지 못하도록 하였다.[4] 반면에 2017년 개정안은 '체계적으로 중요한 글로벌 대형 은행G-SIBs'에 대해서는 추가적인 레버리지 비율 버퍼leverage ratio buffer 를 적용하기로 하였다.[5]

넷째, 은행의 유동성을 개선하는 방안에 대해서는 2010년 초안을 그대로 유지하기로 하였다. 즉, 1개월간의 단기적인 유동성 위기상황에 대비하여 양질의 유동자산을 충분히 보유토록 하는 유동성 커버리지 비율LCR:Liquidity Coverage Ratio 규제를 도입하고, 중장기적으로는 듀레이션duration 의 불일치를 개선하여 안정적인 자금조달을 유도하기 위해 순안정자금조달비율NSFR:Net Stable Funding Ratio 규제를 도입하였다.

다섯째, 거시경제의 안정적 운용에 부담을 주는 금융의 경기순응성procylicality 문제[6] 를 완화하기 위한 방안도 2010년 초안을 그대로 유지키로 하였다. 즉, 신용이 안정적으로 공급되게 하기 위하여 경제성장률이 높은 호황기에 완충자본을 추가로 적립하고 경제 위기상황에서는 이를 사용하도록 허용하는 자본버퍼capital buffer 제도를 도입하기로 하였다. 또한, 완충자본을 통한 자본확충 이외에도 미래지향적 대손충당금 적립방안에도 합의하였다.

상기한 주요특징 이외에도 2010년에 발표된 바젤 III 초안이 자본비율의 계산 시 분자인 규제자본regulatory capital 의 질의 개선에 집중하였다면 2017년에 발표된 최종 개정안은 자본비율의 분모인 위험가중자산RWA: risk-weighted assets 의 합리적 산출에 초점을 맞추고 있다.

하였음. 참고로 현행 바젤I 기준은 80%로 되어 있음.

[4] 레버리지비율은 은행의 기본자본(Tier 1)을 부내, 부외항목 익스포저 대비 3% 이상 유지하도록 설정함.

[5] 각 SIB에 적용되고 있는 위험기반 자본버퍼(risk-based capital buffer)규제의 50%를 추가하기로 하였음.

[6] 경기순응성은 규제의 결과 은행등 경제주체의 행위가 지나치게 경기변동성과 같은 방향을 움직이는 결과, 과도한 신용팽창과 축소에 따르는 문제를 초래하는 것을 말함.

이는 은행들이 예상치 못했던 손실로부터 자신을 보호하기 위해 어느 정도의 자본을 가져야 할 것인가는 궁극적으로 대출자산이나 증권 등 은행이 평소에 보유하는 각종 자산이 어떠한 위험특성을 가지고 있는가에 달려있기 때문이다. 즉, 은행의 자산은 개인, 기업, 타 은행, 정부 등과의 거래에서 발생하는 현금, 증권, 대출 등으로 구성되어 있고 각 자산군별로 위험의 특성이 상이하기 때문에 자산군별 위험가중치가 다르게 적용되므로 은행이 보유하고 있는 자산에 따라 위험수준이 결정된다. 결과적으로 예상외 손실 unexpected loss 에 대비하기 위해 보유해야 하는 자본의 규모는 자산가치의 위험노출액 exposure 에 위험가중치를 곱하여 산정하므로 다양한 자산의 종류에 따라 얼마의 위험가중치를 부여하는가가 규제자본의 소요를 결정한다. 위험자산을 많이 보유한 은행의 경우 안전자산을 보유한 경우에 비해 익스포저를 커버하기 위해 보다 당연히 많은 자본을 보유해야 하는 것이다.

16.2 신용리스크 측정의 개선

신용리스크는 채무불이행으로 인해 손실이 발생할 위험을 말하며 그 측정방법은 크게 나누어 감독당국이 미리 설정해놓은 위험가중치를 보유 익스포저에 반영하여 위험가중자산을 산출하는 표준법 SA: standardised approach 과 감독당국의 승인 하에 자체 내부등급법 IRB: internal ratings-based approach 을 활용하여 산정하는 방법이 있다.

2017년 최종 개선안에서는 우선 표준법 SA 이 내부등급법 IRB 의 적절한 대안이 될수 있도록 표준화된 위험가중치의 리스크의 민감도를 개선하는 데 규제개편의 초점을 두었다. 또한, 규제목적으로 외부신용평가기관 CRA 이 제공하는 신용등급의 사용을 허용하는 국가에서도 너무 과도하게 외부신용등급에 의존하는 경향을 줄이기 위한 조치도 도입하였다.

당초 바젤위원회는 은행과 기업에 대한 익스포저에 대한 위험가중치를 결정할 때 외부신용등급의 사용을 원천적으로 금지하는 방안을 고려하였으나 많은 은행들이 위험가중치의 계산이 너무 복잡해질 뿐 아니라 보유자산의 리스크 민감도도 떨어지게 될 우려가 있다는 지적을 하였다. 따라서 최종안에서는 은행과 기업에 대한 익스포저 결정 시에 외부등급을 인정하되 '기계적이지 않은non-mechanistic' 방법으로 적용하기로 하였다. 즉, 차주에 대한 철저한 실사DD: due diligence 를 의무화하였으며 외부에서 부여한 등급보다 더 높은 위험가중치로 결정될 수도 있게 되었다.

리스크의 민감도를 제고하기 위해 표준법에서 고정비율flat rate 을 적용하던 위험가중치RW 를 자산별 위험수준에 따라 세분화 하기로 하였다. 즉, 低위험 자산은 위험가중치를 하향 조정하고 高위험 자산은 상향조정하였다.

표 16.2 | 주요 자산별 표준 위험가중치(RW) 비교

구 분	자 산	현행	향후
低위험 (RW 하향)	A등급 은행 익스포저	50%	30%
	커버드 본드(covered bond)	20~150%	10~100%
	無등급 중소기업* 익스포저	100%	85%
	BBB등급 기업 익스포저	100%	75%
	低LTV(0~60%) 주택담보대출	35%	20~25%
高위험 (RW 상향)	주식 · 펀드 투자	100~150%	250%
	LTV 80% 초과 임대목적 상업용 부동산	100%	110~150%
	건설단계의 프로젝트 파이낸스(無등급)	100%	130%

주: 은행 이외의 신용평가 전문기관으로부터 평가받은 신용등급이 없는 중소기업(국내 대부분의 중소기업이 이에 해당)

〈표 16.2〉에서와 같이 은행에 대한 익스포저 결정 시에 외부등급을 허용하는 국가에서는 A등급 은행에 대해서 30%로 위험가중치를 낮추어 적용하기로 하였다.[7] 물론 A등급 기업에 대해서는 은행보다 높은 50%의 위험가중치가 적용된다. 또한, 기업에 대한 익스포저 결정 시에, 외부등급을 허용하는 국가에서는 BBB등급 기업에 대해서는 75%의 위험가중치를 적용하기로 하였는데 이는 현행 100% 보다 상당히 하향조정한 값이다.

반면에, 외부등급을 허용하지 않는 국가에서는 표준 신용위험평가법 SCRA:Standarised Credit Risk Assessment Approach 을 사용하여 은행에 대한 익스포저는 위험도에 따라 3가지 그룹으로 분류하여 위험가중치를 부여하여야 한다. 즉, A그룹 Grade A 은 거래상대방 은행이 적절한 재무적 상환능력을 갖춘 경우에, B그룹 Grade B 은 거래상대방 은행의 상환능력이 우호적인 경제·경영환경에 달려있는 경우에, C그룹 Grade C 은 거래상대방 은행이 중대한 부도위험에 처해져 있는 등 높은 신용위험이 있는 경우에 각각 〈표 16.3〉에서 보는 바와 같이 차별화된 위험가중치를 부여하고 있다. 예를 들어 A그룹에 속한 은행의 경우, 기본 익스포저는 40%, 단기 익스포저는 20%의 위험가중치가 적용되는데, 이는 외부신용평가사 등급으로 A등급 A+~A- 에 속한 은행에 부여된 위험가중치 기본|30%, 단기|20% 와 유사하다.

기업에 대한 익스포저의 경우 외부 신용위험평가법 ECRA: External Credit Risk Assessment Approach 이 허용되는 국가에서는 AA- 이상 등급의 경우 기본 익스포저 20%, A+~A-

표 16.3 | 은행 익스포저에 대한 위험가중치(표준 신용위험평가법(SCRA))

거래상대방 신용위험등급	A 그룹	B 그룹	C 그룹
기본 위험가중치	40%	75%	150%
단기자산 익스포저 위험 가중치	20%	50%	150%

---

[7] 이 중에서 만기가 3개월 이내로 짧은 은행익스포저의 경우 20%의 위험가중치가 적용됨.

표 16.4 | 기업 익스포저에 대한 위험가중치(외부 신용위험평가법(ECRA))

거래상대방의 외부신용등급	AAA ~ AA-	A+ ~ A-	BBB+ ~ BBB-	BB+ ~ BB-	BB- 이하	무등급
기본 위험가중치	20%	50%	75%	100%	150%	100%

등급의 경우 기본 50%, BBB+~BBB-등급의 경우 기본 75%, BB+~BB-등급의 경우 기본 100%, BB-이하등급의 경우 기본 150%, 無등급의 경우 기본 100%를 부여하였다.

반면에 표준 신용위험평가법 SCRA 을 사용해야 하는 국가의 경우 '투자등급 investment grade'으로 간주되는 기업의 경우에만 전술한 BBB등급 기업과 같이 75%의 가중치가 적용되며 기타 모든 기업에 대해서는 100%의 위험가중치를 적용하기로 하였다.

예외적으로 無등급 중소기업 직전연도 매출이 50만 유로이하인 기업 에 대한 익스포저는 85%의 위험가중치를 적용하기로 하였으며, '규제목적상 소매중소기업 regulatory retail SME'으로 인정되는 경우에는 75%로 하향조정해주기로 하였다. 여기서 '규제목적상 소매중소기업'을 분류되기 위해서는 상품기준으로 회전신용 revolving credit 이나 신용카드를 포함하는 한도대출 line of credit 의 형태를 띠어야 할 뿐 아니라, 세분성 기준 granularity 으로 특정 거래상대방에 대한 익스포저가 전체 소매 익스포저의 0.2%를 넘지 않아야 한다.

부외항목 OBS 에 대해서도 부내의 위험가중자산으로 환산하는 신용환산율 CCF 의 리스크 민감도를 제고하기로 하였는데 예를 들어 '무조건 취소가능한 약정 UCC'에 대해서도 일정한 신용환산율을 적용키로 하였다. 환매조건부증권매매 repo 거래에 따른 차액 익스포저 netted exposure 에 대해서도 담보증권에 대해서 최소 '헤어컷 haircut'을 개정하여 적용키로 하였다.

2017년 최종 개선안에서는 리스크 민감도를 제고하기 위해 高위험자산에 대해

표 16.5 | 주거용부동산 익스포저에 대한 위험 가중치[8]

구분	LTV≤50%	50% <LTV ≤60%	60% <LTV ≤80%	80% <LTV ≤90%	90% <LTV ≤100%	LTV > 100%
위험가중치	20%	25%	30%	40%	50%	70%

서는 위험가중치를 종전보다 상당히 상향조정하였다. 위의 〈표 16.2〉에서 보는 바와 같이 주식이나 펀드 투자와 같이 고위험자산의 경우 RW를 현행100%~150% 보다 상당히 높은 250%까지 상향조정하였다. 담보인정비율LTV 이 80%를 넘는 임대목적의 상업용 부동산에 대한 위험가중치도 110%~150%로 상향조정하였다.

최종 개정안은 부동산 관련 익스포저에 대해서도 리스크 민감도를 제고하기 위해 세분화하여 규정하였다. 즉, 원래 2010년 초안에는 표준법의 경우 주거용 부동산 담보대출은 35%의 위험가중치를, 상업용 부동산 담보대출은 100%를 일률적으로 적용하였다. 그러나, 2017년 개정안에서는 부동산 익스포저에 대한 위험가중치 결정 시에 차입자의 부도확률에 따라 차별화하기로 하였는데, 담보가치에 대한 대출액의 비율, 즉 담보인정비율LTV: loan-to-valuation 을 주된 결정요소로 보았다. 예를 들어 〈표 16.5〉에서 보는 대로 LTV비율 50% 이하 주거용 부동산은 20%에서 낮게 시작하여, LTV비율 60%~80%는 30%, LTV비율 100%이상은 70%까지 단계적으로 높게 부여하고 있다.

또한 2017년 개정안은 부동산 익스포저에 대한 위험가중치 부여시 원리금의 상환이 해당 부동산에서 발생하는 현금흐름에 '상당히 의존하느냐materially dependent' 여부에 따라 차별화하기로 하였다. 즉, 모든 부동산 익스포저에 대한 위험가중치 결정시 LTV가 주된 요소가 되지만 이러한 세부 위험까지 감안하여 3개 그룹으로 나누어 취급하기로 하였다.

---

8 同위험가중치가 적용되려면 대출금의 상환이 해당 부동산에서 발생하는 현금흐름에 상당히 의존하지 않아야 함. 또한 담보가치에 대한 엄격한 평가와 관련 서류의 구비 등 절차적 요건도 충족되어야 함.

우선, 質높은 부동산으로 담보되어 있고 대출금 상환이 해당 부동산의 임대나 매매 여부에 의존하지 않는 경우를 가장 안전한 그룹으로 보는 반면에, 대출금 상환이 임대, 매매 등 현금흐름에 의존하는 경우에는 더 보수적으로 취급해야 하는 그룹으로 분류하였다.

마지막으로 '토지의 매입과 개발 및 건설 ADC'의 용도로 특수목적기구 SPV 에 대출된 경우에는 현금흐름에 많이 의존하는 형태이므로 가장 보수적으로 취급해야 하는 그룹으로 분류하였다. 특히, 2017년 개정안은 토지의 매입과 개발 및 건설 ADC 목적의 대출에 대해 상환재원이 가장 불확실한 미래부동산 매각에 의존하고 있는 특수한 대출로 보고 150%의 위험가중치를 부여하기로 하였다.

상업용 부동산 익스포저에 대해서도 2017년 개정안은 리스크 민감도를 제고하기 위하여 토의과정에서 거래상대방 위험 counterparty risk 가중치를 부과할 것을 고려하였으나, 최종적으로는 규제의 일관성을 위해 주거용 부동산과 마찬가지로 차입자의 상환능력에 초점을 맞춘 LTV기반의 위험가중치를 부여하기로 하였다.

2017년 개정안은 부동산 익스포저의 외환위험 foreign exchange risk 에 대해서도 위험가중치를 적용하고 있다. 즉, 대출의 표시통화가 차입자의 주된 수익과 다른 경우 헤지 hedged 되지 않은 익스포저에 대해 기존의 위험가중치에 50%를 추가 적용키로 하였다.

2017년 개선안에는 은행 자체 내부모형접근법 IRB 을 활용해서 신용리스크를 산정하는 데에 다음과 같은 주요한 규제변화를 담고 있다. 우선, 견고하게 모형화할 수 없는 자산그룹에 대해서는 복잡한 내부모형접근법을 폐지하여 감독당국 및 은행 경영진의 이해도를 제고하였다.

예를 들어 금융기관과 대기업 익스포저에는 고급 내부모형접근법 AIRB 을 사용할 수 없게 하였으며, 감독당국의 승인하에 기초 내부모형접근법 FIRB 만을 사용하도록 하였다.

그 결과 위험가중자산 RWA 의 변동성이 크게 낮아지게 되는데 이는 부도시 손실률 LGD 과 부도시 위험노출액 EAD 에 대해 고정된 상수값을 부여하였기 때문이다.

표 16.6 │ 내부모형접근법(IRB)의 주요 변화

익스포저 구분	신규 신용리스크 기준에 따른 방법	현행 신용리스크 기준 대비 적용 변경
은행과 기타 금융기관들	표준법 혹은 기초내부모형법	고급내부모형법 사용 불가
기업 – 그룹사 연결기준 총수익 (revenue) 5억 유로 이상	표준법 혹은 기초내부모형법	고급내부모형법 사용 불가
기타 기업	표준법, 기초내부모형법 혹은 고급내부모형법	변경사항 없음
특수대출*	표준법, 감독당국배정, 기초내부모형법 혹은 고급내부모형법	변경사항 없음
소매	표준법 혹은 고급내부모형법	변경사항 없음
주식	표준법	모든 내부모형 사용 불가

주: 특수대출(specialized lending)이란 프로젝트금융, 선박 금융 등을 위해 만들어진 특수목적기구(SPV)에 대한 익스포저를 말함.

주식 익스포저에는 내부모형법을 아예 사용할 수 없으며, 그 대신 표준법에 의한 위험가중치$_{250\%}$를 사용하게 되었다. 또한, 기타 기업 익스포저 및 소매 익스포저와 특수대출 익스포저는 내부등급법이 허용되지만 이 경우에도 부도확률$_{PD}$ 및 기타 투입값 등 주요 투입변수에 대해서는 최소값을 적용하도록 하는 규제를 마련하였다.

16.3   운영리스크 측정의 간소화

내부 프로세스의 실패, 인력, 시스템 혹은 외부 요인 등에 의해 발생하는 운영리스크에 대해서는 2008년 글로벌 금융위기를 계기로 기존의 요구자본 산정방법의 한계가 드러났다. 다시 말해 위법행위 혹은 시스템 장애 등으로 인해 막대한 과징금을 부여받는 등 운영리스크 손실을 요구자본으로 감당하기에는 충분치 않을 뿐만 아니라 내부모형으로는 측정하기도 쉽지 않음을 인식하게 되었다.

이에 따라 2017년 최종개정안에서는 기존의 3가지 측정방법[9]으로 산출하던 운영위험가중자산을 新표준모형법으로 통일해서 사용하도록 규제를 개편하였다. 이는 현행 기초지표법 및 표준방법은 영업규모만 반영할 뿐 은행의 손실경험을 제재로 반영하지 못하고 있었고, 고급측정법 AMA 은 은행별로 활용모형이 상이하여 비교가능성이 현저히 떨어지는 문제점에 노출되어 있었기 때문이다.

그림 **16.1**   **운영위험손실 추이: 위법행위 관련 과징금**

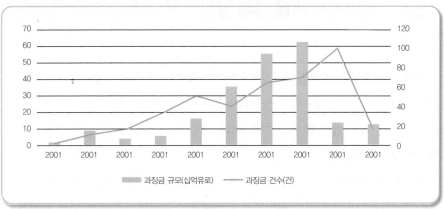

* 출처: LeMonde; 바젤은행감독위원회 사무국(Basel Committee Secretariat) 작성, 111개 은행의 위법행위 관련 과징금, 2016.05.20일자 환율 적용.

---

[9] 3가지 측정방법은 기초지표법, 표준방법, 고급측정법을 말함.

또한, 최종개정안에는 은행에서 발생한 손실사건 누적규모에 따라 운영위험가중 자산이 차등 산출되도록 함으로써, 손실금액이 클수록 자본을 더 많이 쌓도록 규제를 개선하였다.

즉, 운영리스크 소요 자기자본은 영업지수BI 항목과 내부손실 승수ILM 를 곱하여 산출하도록 하였으며, BI는 이자·리스·배당요소와 서비스요소, 그리고 금융거래요소를 합치도록 하였고, ILM을 산출할 때는 은행의 총이익gross income 과 역사적 내부 손실자료internal loss history 를 활용하게 하였다.

여기서 과거 10년간 발생한 연평균 운영리스크 손실금액의 15배로 규정된 손실 요소LC 가 전술한 영업지수요소[10]보다 큰 은행은 산식에 따라 추가로 더 많은 요구 자본을 쌓도록 하였다. 또한, 손실데이터의 적절한 식별과 수집 및 처리는 운영리스크 소요자기자본을 산정하는 데 필수요건이므로 모든 은행은 손실 데이터 활용을 위한 기준을 준수해야 한다.

16.4 레버리지 비율 규제 강화

레버리지 비율은 은행의 과도한 레버리지 확대를 제한하기 위하여 은행의 기본 자본Tier1 을 난내·외 항목 익스포저 대비 3% 이상 유지하도록 설정한 것을 말한다. 이는 전술한 대로 바젤 Ⅲ 규제체계(2010년 초안)에서 리스크기반 자본규제의 보완적 수단으로 도입되었다.

2017년 개정안에서는 우선 익스포저의 측정기준이 강화되었는데 이는 담보나 보증 및 기타 신용위험 감축 편법을 사용하여 익스포저의 크기를 줄이는 관행에 제동을 거는 것을 의미한다.

---

[10] 영업지수요소는 영업지수(BI)에 계수를 곱하여 산출하며 BI가 커질수록 누진적으로 증가하게 하였음.

예를 들어, 유동화자산의 처리에 대해서는 '위험의 이전 risk transference'에 관한 운영기준을 충족하는 경우에만 발행은행에 한해 레버리지 계산시 익스포저에서 제외하도록 하였다. 또한, 증권금융거래 SFT 에 대해서는 그 구조상 거래상대방 위험이 상대방의 신용도 하락에 따라 증가하거나, 신용도가 거래시 수취한 증권의 가치에 비례하는 구조에 대해서는 레버리지 계산시 익스포저에 포함시키도록 하였다.[11]

은행이 파생상품거래 등을 통하여 본인이 아니라 대리인 자격으로 거래함으로써 익스포저 계산시에 감축혜택을 보는 관행과 담보스왑거래 collateral swap 구조를 사용하여 레버리지 익스포저를 감축하는 기법에 대해서도 금융당국이 엄격히 감독하기로 하였다.

또한, 파생상품 익스포저의 처리에 대해서는 해당 계약의 대체비용 RC: replacement cost 과 잠재적 미래 익스포저 PFE: potential future exposure 를 합친 금액에 부가승수 1.4를 곱하여 계산하기로 하였다. 그러나, 해당 익스포저가 양자적 상계계약 netting contract 에 의해 커버되는 경우에는 정해진 기준에 따라 감축해주기로 하였다.

파생상품거래와 관련하여 수취하는 담보에 대해서는 거래상대방 익스포저는 줄여 주지만 해당 담보를 사용하여 은행이 다시 레버리지를 일으킬 수 있는 재원이 늘어남을 의미하므로 레버리지 계산시 익스포저에 포함시키도록 하였다.[12]

약정(취소가능여부와 관계없이), L/C 등 부외항목 OBS 에 대해서는 신용리스크 측정 표준방법과 마찬가지로 신용환산율 CCF 을 사용하여 레버리지 익스포저를 계산하도록 하였으며 반드시 부외항목의 명목금액 notional amount 을 적용하도록 하였다.

두 번째로 최종개정안에는 글로벌 시스템적 중요은행 G-SIBs 에 추가적으로 레버리지 비율 버퍼를 부여하였다. 즉, G-SIB에 적용되고 있는 위험가중자산 기반 자본비율버퍼 risk based capital buffer 의 50%를 레버리지 비율 버퍼로 적용하기로 하였다. 예를 들어 현재 2%의 자본비율버퍼 규제를 적용받고 있는 G-SIB의 경우, 자본버퍼규제의 50%인 1%를 추가레버리지 버퍼로 적용하여 레버리지 비율은 4% 이상을 유지

---

[11] 증권금융거래(SFT)란 RP, 증권대차, 마진대차거래와 같이 거래금액이 시장평가에 의존하는 거래를 밀함.
[12] 단, 해당 파생거래에서 발생하는 결제 익스포저(settlement exposure)를 줄이면 계산시 제외토록 함.

해야 하게 되었다. 또한, 자본버퍼와 같이 최소 자본보전버퍼 capital conservation buffer 를 포함하며, 레버리지 버퍼를 충족하지 못하는 은행은 현금배분상 제약 cash distribution constraint 을 받게 하였다.

16.5 위험가중자산 산출하한(Output floor)의 개선

바젤 III 규제체계는 전술한 대로 은행들에게 최소한 다음의 요구자본비율을 충족하도록 하였다. 즉, 보통주자본 CET1 을 항상 위험가중자산 RWA 의 4.5% 이상, 기본자본 Tier 1 을 항상 위험가중자산 RWA 의 6.0% 이상, 그리고 총자본 Tier 1 +Tier 2 을 항상 위험가중자산 RWA 의 8.0% 이상 유지하도록 하였다. 또한, 보통주자본의 형태로 자본보전 버퍼 capital conservation buffer 를 위험가중자산 RWA 의 2.0% 이상 유지하도록 하였다.

그러나 다수의 은행들이 내부모형법 IRB 을 적용하여 위험가중자산 RWA 을 계산한 결과 은행간에 과도한 편차가 발생하고 그 결과 규제자본의 은행간 비교가능성이 낮아지게 되었다.

따라서 2017년 최종 개정안에서는 규제자본의 비교가능성과 신뢰성을 제고하기 위해 바젤 I 에서 도입한 위험가중자산 산출하한 output floor 의 설정을 개선하였다.

즉, 내부모형법을 적용하여 신용리스크, 시장리스크, 운영리스크를 계산하는 경우, 규제자본이 과도하게 적게 계산되지 않도록, 각각 표준법 SA 으로 산정한 위험가중자산 RWA 규모의 합의 72.5% 수준 이상을 만족시키도록 산출하한을 작용키로 하였다. 그 결과 은행들이 내부모형법을 통해 얻을 수 있는 이익은 위험가중자산 RWA 기준 27.5%로 제한되게 되었다. 예를 들어 어떤 은행의 산출하한 적용 이전 RWA의 총량이 76, 표준법에 의한 RWA총량이 140, 산출하한 적용 후 RWA가 101.5라면 이

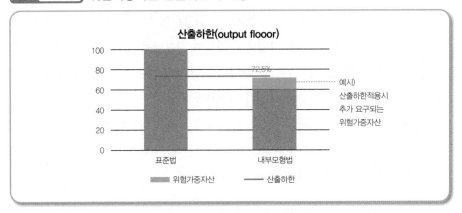

그림 16.2 위험가중자산 산출하한의 적용

산출하한(output flooor)

72.5%

예시)
산출하한적용시
추가 요구되는
위험가중자산

■ 위험가중자산 ── 산출하한

표준법   내부모형법

은행은 자본산출시 101.5를 RWA총량으로 사용하여야 한다.[13]

이러한 하한설정 기준의 개선으로 원래 바젤 I에서 정한 산출하한이 각 국가마다 서로 다른 기준을 사용한다는 약점에서 벗어나게 되었으며, 또한 금번에 개정된 표준법 SA 에 근거하므로 신용리스크의 측정이 보다 리스크에 민감하도록 변경되었다고 할 수 있다.

16.6 시장리스크 규제 개정안

2010년에 발표된 바젤 III 초안에는 시장위험 규제개혁안[14]이 포함되어 있었는데 그 주 내용은 이른바 뱅킹 북 banking book 과 트레이딩 북 trading book 간의 규체차익을 없애기 위한 분류기준의 개선이었다. 그 중 트레이딩 북은 은행이 단기적 이익

---

[13] 표준법의 적용 이후 RWA가 증가한 것은 금번 개정안에서 위험가중치를 상향소정한 깃을 빈엉힘.
[14] 이를 은행업계에서는 바젤2.5 규제개혁이라고 불러 왔음.

을 위해 보유하는 채권, 주식, 통화 등의 포트폴리오를 말하는데, 이 부분이 바로 시
장위험에 노출되어 있기 때문에 규제당국은 시장위험 노출의 정도에 비례하여 최
소자본금을 쌓도록 하고 있다. 그런데 은행들이 자본금을 적게 쌓기 위해 뱅킹 북
banking book 과 트레이딩 북 trading book 간의 모호한 분류기준을 이용하여 자의적으로
계정간의 금융상품을 이동하는 관행이 빈번하게 되었다.

따라서 '바젤2.5'라고 불리는 2010년 시장리스크 개혁안은 트레이딩 북으로의
재분류기준을 정할 때 은행이 해당상품을 단기간에 거래하려는 의도 intent to trade 가
있느냐의 여부를 가장 중요한 요소로 보도록 하였다.

표 16.7 | 개정 시장리스크 체계의 주요내용

구분	은행계정과 트레이딩계정의 분류	내부모형법의 사용 및 검증	내부모형법 스크측정	표준법의 리스크측정
바젤2.5 체계 (2010년 개정)	• 거래목적에 따라 트레이딩계정으로 분류	• 은행업무 전반을 기준으로 내부모형법 설정	• VaR 모형을 통한 규제자본 결정	• 빌딩블록 방식의 익스포저의 측정
기준서 (2016년)	• 트레이딩계정과 계정 분류가 불명확한 상품에 대한 분류 명확화	• 트레이딩 조직 레벨의 리스크가 반영된 내부모형법 설정 – NMRFs(모형불가리스크요소)에 대해 엄격한 규제자본 요구	• Expected Shortfall 개념으로 VaR 대체 – NMRF에 대한 요구자본 분리 적용 – 내부모형법이 트레이딩 조직의 리스크를 적절히 반영하지 못하는 경우 표준법으로 적용	• 스트레스 시나리오 하에서의 리스크 민감도 분석 적용
기준서 (2019년)	• 보다 명확한 분류를 위한 분류 요건 및 절차 명확화	• 모형검증 강화 – NMRFs 측정방법의 개선	• Cliff Effect 등 모형화가 힘든 리스크에 대한 규제자본 수준 조정	• 외환 리스크, 옵션, 지수형 상품에 대해 측정방법을 개선 – 금리리스크와 외환 리스크의 위험 가중치 조정

그러나, 트레이딩 북의 분류내용에 대해 더 분명하고 엄격한 경계를 설정하여 자의적인 재분류arbitrary reassignment를 제한한 것이 2016년에 발표된 시장리스크 개정안이었다.

〈표 16.7〉에서 보는 바와 같이 원래 2010년 시장리스크 개혁안은 규제체계에 포함될 상품의 영역을 확장함으로써 전반적인 시장리스크 자본소요량를 증대시키는데에도 초점을 맞추었다. 특히, 유동화증권과 같이 신용리스크에 노출된 트레이딩 상품에 대해서 자본소요량을 증대시키는 규제를 도입하였다.

이어서 바젤위원회는 시행검토와 계량영향 평가를 실시하였는데 그 결과로 2019년 최종적 시장리스크 개정안이 탄생하였다. 전술한 대로 2017년에 바젤위원회에서 신용·운영리스크를 포함한 바젤 III 규제개편안은 확정되었지만 시장리스크 수정안에는 합의하지 못하였다.

2019년에 발표된 시장리스크 개정안을 '트레이딩 북에 대한 근본적 검토FRTB: Fundamental Review of Trading Book'라고 부르는데 그 이유는 트레이딩 북 분류기준을 설정하는데 필요한 세부적인 절차를 규정하는 동시에 특정한 익스포저에 대해 분명한 분류기준을 제시하였기 때문이다. 그리고 2019년 개정안FRTB은 2022년 1월부터 시행되는 바젤 III 규제체계의 일부를 구성하게 되었다.

2019년 최종적 시장리스크 개정안은 펀드에 대한 주식투자나 외환포지션에 대한 취급방안을 포함하여 시장리스크 규제체계가 적용되는 익스포저의 범위를 명확하게 규정하였다. 또한, 표준방법으로 규제자본을 산출할 때 금리, 주식, 외환 등 금융상품별 위험도가 보다 정교하게 반영될 수 있도록 개선하였다. 즉, 외환포지션, 옵션, 지수형 상품에 대한 처리방식을 개선함으로써 시장리스크를 더 민감하게 반영할 수 있도록 정렬하였다. 예를 들어, 일반적 금리리스크에 대해서는 위험가중치를 30%, 외환리스크 대해서는 50% 하향 조정하였다.

한편, 시장가격 변동으로 은행이 입는 손실을 측정하는 방법에 대해서도 종전의 VaR모형[15]에서 '예상손실ES: Expected Shortfall'모형으로 변경하도록 규정하였다. 이는

---

[15] VaR(Value-at-Risk) 모형은 주어진 기간 중에 투자 포트폴리오에 발생할 수 있는 잠재적 손실의 최대치를

종전의 VaR모형으로는 극단적 손실을 의미하는 '꼬리 리스크'[16]를 측정하는 데 한계가 있다고 보았기 때문이다. 이에 반해 예상손실모형 ES 은 VaR을 초과하는 모든 잠재적 손실의 평균치를 측정하는 방법이다.

한편, 2019년 최종적 시장리스크 개정안은 내부모형접근법 intenal models approach 을 수정하여 모형의 실제 작동 성과에 따라 이익과 손실의 귀속을 차별화시킴으로써 모형개선의 인센티브를 부여하기로 하였다. 내부모형이 개별 트레이딩 단위조직 trading desk 의 리스크를 적절하게 반영하는지 평가하는 절차도 개선하였다.

또한, 소규모 은행에 대해서는 시장리스크 규제체계의 이행 부담을 줄일 수 있도록 트레이딩 포트폴리오 규모가 작거나 복잡성이 낮은 은행을 위해 단순 표준방법을 도입하였다. 단순 표준방법은 바젤2.5의 표준방법을 사용하되 위험가중치만 금리리스크를 1.3배, 주가리스크를 3.5배 상향 조정한 구조이다.

2019년 개정안은 유동성이 낮거나 가격 데이터가 부족하여 내부모형을 적용하기 어려운 '모형불가 리스크요소 NMRFs: non-modellable risk factors'에 대해서는 분리하여 자본소요를 정하는 등 합리적인 방안을 제시하였다.

16.7 바젤 Ⅲ 최종안의 시행 일정

바젤위원회는 2017년 발표한 「바젤 Ⅲ 최종안」을 2022년 1월부터 시행할 것을 회원국들에게 권고하였으며 아래 도표에서 보는 바와 같이 대부분의 세부 개정안의 이행시기가 집중되어 있다.

추정하는 통계적 모형임.

[16] 이는 정규분포의 꼬리에 해당하는 사건으로서 주가 등의 움직임에서 발생할 확률은 낮지만 일단 발생하면 증권시장을 크게 뒤흔들어 놓을 수 있는 변수를 말함.

표 16.8 | 바젤 III 최종안의 시행 일정

2017 개선안	시행일
신용리스크 표준법 개정안	2022.01.01
신용리스크 내부모형법 개정안	2022.01.01
신용가치조정(CVA) 체계 개정안	2022.01.01
운영리스크 개정안	2022.01.01
시장리스크 개정안	2022.01.01
레버리지 비율	현재 익스포저 정의: 2018.01.01
	개정 익스포저 정의: 2022.01.01
	G-SIB 추가자본(buffer): 2022.01.01
산출하한*	2022.01.01 : 50%
	2023.01.01 : 55%
	2024.01.01 : 60%
	2025.01.01 : 65%
	2026.01.01 : 70%
	2027.01.01 : 72.5%

* 국가별, 감독기관별로 단계적 도입기간 중 자본하한 기준 설정에 따른 위험가중자산 규모의 증가가 25%를 초과하지 않도록 상한(cap)을 설정할 수 있음(2027년 1월 1일까지 적용).

그러나 위험가중자신 신출히한 output floor 규제는 단계적 도입기간을 적용하여 새로운 기준을 본격적으로 실시하는 2027년 1월까지 5년간의 과도기를 두었다. 또한,

새로운 규제로 합리적으로 전환하도록 하기 위해 국가별, 감도기관별로 단계적 도입기간 중 자본하한 기준 설정에 따른 위험가중자산 규모의 증가가 25%를 초과하지 않도록 상한_{cap}을 설정할 수 있게 하였다.

이러한 시행일정에도 불구, 한국은 「바젤 Ⅲ 최종안」을 당초 일정보다 1년 반 이상 앞당겨 2020년 2분기부터 선제적으로 시행하기로 하였다. 금융감독당국은 이에 대해 '코로나19로 어려운 종소기업 등 실물경제에 대한 은행의 지원역량을 강화하기 위한 조치'라고 발표하였다.[17]

---

[17] 금융위원회 보도자료(2020. 3. 30).

제17장

바젤 Ⅲ 최종 개정안이 미칠 영향과 대응

2010년에 발표된 바젤 Ⅲ 규제개편은 글로벌 금융위기시에 노출된 은행시스템의 취약점을 시정하고 복원력을 제고하기 위하여 추진되었으며 자본의 질을 개선하는 미시적인 방안들과 금융의 경기순응성을 완화하는 거시적인 방안들로서 이루어졌다.

그 후 발표된 2017년 바젤 Ⅲ 최종 개정안 Basel Ⅲ finalization 은 '바젤 Ⅳ 규제체계'라고도 불리는데 '자본규제의 리스크 포착능력의 향상'을 공식적인 목표로 표방하였다. 이는 신용리스크 및 운영리스크의 측정과 관련한 표준법 SA, SMA 의 리스크 민감도를 향상시키고 은행 자체 내부모형법 IRB 의 사용을 제한하는 방안들로 구체화되었다. 또한 위험가중자산 산출하한 output floor 을 도입하고 레버리지 leverage 비율규제를 더 강화시켰다.

비젤 Ⅲ 최종 개정안이 도입되면 은행의 보통주자본 CET1 비율을 하락시킬 것이 예상되는데 유럽은행감독청 EBA 의 연구에 의하면 130개 은행의 평균 CET1비율은

13.4%에서 9.5%로 29% 감소시킬 것으로 추산하고 있다.[1] 자본비율 하락에 가장 큰 영향을 미칠 요인으로는 IRB사용 은행에 대한 산출하한output floor 의 도입과 통일된 운영리스크 新표준법SMA 실시를 들었다. 물론, 자본의 質 제고 등 2010년 발표된 바젤 Ⅲ 초안의 단계적 실시도 자본비율을 떨어뜨리는 데 기여할 것으로 보았다.[2]

지역적으로 보아 미국은행들은 유럽은행들에 비해 상대적으로 적은 영향을 받는 것으로 추산하고 있는데 이는 미국은행들이 모기지mortgage 익스포저와 대기업대출 익스포저가 상대적으로 작을 뿐 아니라, 도드 프랭크 法Dodd-Frank Act 의 실시로 인해 은행들이 이미 표준화된 산출하한을 적용받고 있기 때문으로 보인다. 운영리스크 부문도 미국은행들이 이미 높은 자본요구에 대비하여 왔기 때문에 추가 자본요구 증가폭이 3% 미만으로 예상된다.

비즈니스 모형별로 보면 특수은행과 IRB사용 소매은행의 자본비율이 가장 크게 하락하는데 이는 산출하한output floor 의 도입과 모기지 익스포저에 대한 위험가중치 상향조정의 영향으로 보인다.

또한, 바젤 Ⅲ 최종안 도입은, 자산조정을 하지 않는다는 전제하에, 유럽은행의 자본수익률ROE 을 평균 8.0%에서 7.4%로 하락시킬 것으로 보인다. 특히 위험가중치의 상승과 추가적 자본버퍼의 영향, 그리고 새로운 시장리스크규제의 영향을 많이 받는 유니버셜universal 은행의 수익성에 타격을 줄 것으로 추산하고 있다.

한편, 바젤 Ⅲ 도입은 은행대출 감소를 통해 초기 4년 동안 매년 EU의 GDP 성장률을 0.2%p씩 감소시킬 것이라고 추정하고 있다.[3]

바젤 Ⅲ 규제개혁이 글로벌 금융회사의 경영 및 거시경제에 미칠 영향에 대해서는 제11장에서 상세히 설명하고 있으므로 여기서는 최종개정안의 시행이 국내은행의 자금조달이나 대출행태 등에 미치는 영향 등에 대해서 간단히 소개하고자 한다.

---

[1] McKinsey&Company, Global Risk Practice (April 2017)

[2] 산출하한(output floor)은 1.3%p, 운영리스크 新표준법(SMA)은 0.8%p, 바젤 Ⅲ 초안의 단계적 실시는 0.5%p씩 각각 CET1비율을 하락시키는 것으로 나타났음.

[3] 중장기적으로는 바젤 Ⅲ 규제개혁이 금융안정을 통해 GDP를 0.1% 상승시킬 것으로 보았음.

2017년 바젤 Ⅲ 최종개정안의 도입이 국내은행에 미칠 영향을 요약하면, 은행들이 현재의 자산구성을 유지한다는 전제하에서 BIS비율은 소폭 상승될 것으로 추정되며, 자금공급 위축 등 부정적인 영향은 크지 않을 전망이다. 금융감독원이 2019년에 발표한 자료에 의하면 국내은행(17개)의 BIS비율이 약 0.5~0.7%(현행 자산기준으로 추정)상승할 것으로 추정하였다.[4] 이는 국내은행의 리스크 특성상 중소기업대출에 대한 위험량이 전반적으로 낮아지기 때문이다.

그러나, 가계대출을 많이 취급하는 은행의 경우 부도시 손실율LGD의 상향조정 영향으로 BIS비율이 낮아질 가능성도 있다. 그러나 전반적으로 자본비율의 유지부담이 경감되면서 대출취급 여력이 종전보다 개선될 것으로 기대된다.

금번 규제개편으로 低위험자산을 많이 보유하고 있는 일부 대형은행은 BIS비율이 제법 상승할 것이 예상된다. 왜냐하면 금번 최종개정안에는 표준 위험가중치RW 대신에 은행 자체 리스크 모형으로 BIS비율을 산출하는 대형은행에 대해 低위험자산을 많이 보유하면 BIS비율이 상승하도록 인센티브를 확대했기 때문이다. 여타 은행의 경우 은행별 자산구성 내역 및 리스크 관리수준 등에 따라 BIS비율이 상승하거나 하락할 것으로 보인다.

바젤 Ⅲ 최종개정안의 도입은 은행들의 자산구성에도 변화를 줄 것으로 예상된다.

즉, 은행들이 보유한 대출·투자자산 등의 위험가중치RW 차등폭이 확대[5]됨으로써 은행은 적정수준의 BIS비율이 계속 유지되도록 대출 및 투자전략을 일부 변화시킬 것으로 예상된다. 이는 RW가 낮은 자산을 보유하면 BIS비율이 상승하고 RW가 높은 자산을 보유하면 하락하게 되기 때문이다.

자산별로 예상효과를 살펴보면, LTV가 낮은 주택담보대출이나 중소기업대출과

---

[4] 금융감독원 보도자료, 2019. 4. 10.
[5] 예를 들어 주택담보대출의 경우 표준 RW 35% 일괄부과에서 LTV수준별 차등(20~70%) 적용 됨.

같이 최종개정안에서 RW가 하향된 대출은 다소 확대될 여지가 있으며, 주식이나 펀드 투자 또는 高LTV 주택담보대출과 같이 RW가 상향된 고위험자산은 감축이 예상된다.

한편, 2019년 시장리스크 규제개편안이 국내은행에 미칠 영향을 그다지 크지 않을 것으로 예상된다. 왜냐하면 국내은행은 트레이딩 자산의 규모가 상대적으로 작아서 자본소요량 증가에 대한 영향이 상대적으로 미미할 것이기 때문이다. 바젤위원회의 영향평가에 의하면 글로벌 은행(37개)은 새로운 시장리스크 규제안으로 인해 규제자본이 약 22%(가중평균 기준) 증가할 것으로 추정하였다.[6] 그러나, 시장리스크 개편안을 반영했을 때 총위험가중자산에서 시장리스크가 차지하는 비중은 2017년말 기준에서 평균 5%로 소폭 상승할 것으로 전망하였다(동 비중은 바젤2.5 규제체계하에서 평균 4%이었음).

그러면, BIS비율의 상승은 중장기적으로 자금조달 등 은행경영에 어떤 영향을 미치게 될까?

우선, 바젤 Ⅲ 규제개혁으로 BIS비율이 상승하게 되면 채권이나 주식의 형태로

그림 17.1 총위험가중자산 대비 시장위험가중자산의 비중 변화

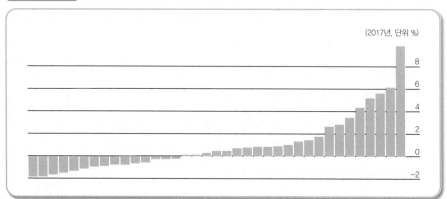

표본(가로축) 37개 은행; 가중평균=0.9%p
출처: Basel Committee on Banking Supervision.

---

[6] BIS(January 2019), Revised market risk framework: *In brief.*

그림 **17.2** 은행의 자본비율, 조달비용과 대출금리

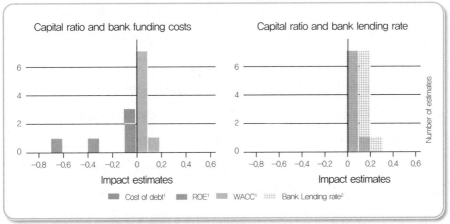

1 자본비율 1%p 상승이 은행의 예금금리에 미치는 영향에 관한 8가지 연구조사의 확률분포 (부채조달은 초록색, 주식조달은 붉은색이며 주식조달비용은 내재화된 ROE값으로 대체되었음)
2 자본비율 1%p 상승이 은행의 대출금리에 미치는 영향에 관한 11가지 연구조사의 확률분포
출처: BIS Quarterly Review, March 2019

조달하는 은행의 전반적인 가중평균조달비용WACC: weighted average cost of capital 이 상승하게 된다. 특히 바젤 Ⅲ 최종안에는 부채의 적격성에 대한 규제적 요구수준이 강화되는 등, 자금조달시 채권(또는 예금)보다 주식의 비중을 높게 가져가도록 하는 인센티브를 포함하고 있기 때문에 평균조달비용WACC 이 더 상승하는 효과를 예상할 수 있다.

그러나, BIS가 2018년 15개국을 상대로 한 바젤 Ⅲ의 계량영향평가QIS 를 실시한 결과 은행의 가중평균조달비용WACC 은 아주 소폭 상승하는 것으로 나타났다. 즉, 〈그림 17.2〉에서 보는 바와 같이 BIS비율이 1% 상승하면 부채(예금)와 주식의 형태로 조달한 자금의 코스트는 약 20b.p 정도만 상승하는 것으로 나타났다.

또한, 자본비율규제가 강화되면 은행들은 채권(또는 예금)보다 주식의 형태로 조달하려는 경향을 약간 더 보일 것으로 예상해 볼 수 있다. 그러나, BIS의 계량영향평기 결과 〈그림 17.2〉에서 보는 바와 같이 채권과 주식의 단위조달비용이 낮아지는 결과 가중평균조달비용WACC 에는 그다지 유의미한 영향을 주지 않는 것으로 나

타났다.[7]

이러한 계량연구결과를 국내은행(17개)의 예상 BIS비율 상승폭$_{0.5\%\sim0.7\%}$에 적용해보면 은행의 가중평균조달비용$_{WACC}$은 10~14b.p 정도 상승할 것으로 추론해볼 수 있다.

한편, 바젤 III 규제개편이 은행의 자본비율을 올리게 되면 은행으로 하여금 고객에게 높은 대출금리를 부과하게 될 것이 예상되는데, 이에 대한 BIS의 계량영향평가$_{QIS}$ 결과는 예상보다 큰 폭의 금리 상승을 초래하는 것으로 나타났다. 즉, 〈그림 17.2〉에서 보는 바와 같이 대출금리는 조달비용의 상승폭(약 20b.p)을 훨씬 초과할 정도로 상승하는 것으로 나타났다. 이는 은행의 주주들이 강화된 자본규제의 결과로 낮아지는 수익성을 받아들이지 못하고 대출고객들에게 많이 전가하는 행태를 의미한다. 이러한 결과를 근거로 많은 이해관계자들은 바젤 III 규제개혁이 중장기적으로 잠재GDP 성장률을 낮추게 될 것이라고 경고하고 있다.[8]

바젤 III 규제가 은행들의 대출 증가율에 미치는 영향은 어떻게 될까? 원래 바젤 III 규제개혁이 의도한 목표대로 규제비율들이 높아지면 은행들이 호황기에 과도한 신용의 팽창을 억제하는 동시에 위기 시에도 대출 복원력을 향상시킴으로써 신용 싸이클$_{credit\ cycle}$의 진폭을 줄이는 효과를 발휘하게 될까?

여기에 대해서도 BIS는 수차례 계량영향평가$_{QIS}$를 실시하였는데 〈그림 17.3〉에서 보는 바와 같이 순안정 자금조달비율 규제$_{NSFR}$만이 어느 정도 경기대응적 효과$_{countercyclical\ impact}$를 발휘하는 것으로 밝혀졌다. 즉, 안정적 자금을 많이 확보한 은행들이 위기 시에는 그렇지 않은 은행에 비하여 상대적으로 많은 대출을 해주며, 호황기에도 대출을 그다지 늘리지는 않는 것으로 밝혀졌다. 반면에 높은 자본비율 규제나 유동성비율 규제는 예상보다는 상당히 약한 경기대응적 완충효과를 발휘하는 것으로 나타났다. 이러한 결과는 금융당국이 중장기적인 관점에서 감독 및 금융

---

[7] 이러한 결과는 이상적인 경제환경에서 은행의 자금조달수단의 변화가 평균조달비용에 영향을 주지 않는다는 모디글리아니-밀러 假設(Modigliani-Miller theorem)에 부합하는 것임.

[8] Banking Stakeholder Group(2020), Post-crisis Basel III reforms finalization Opinion paper.

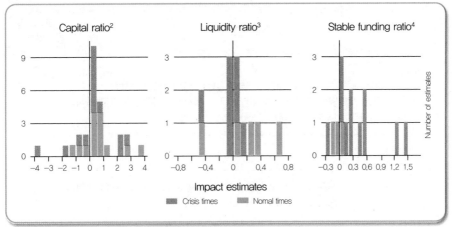

그림 17.3 바젤 Ⅲ 규제비율 상승이 은행대출에 미치는 영향[1]

1 규제비율 1%p 상승이 은행의 대출증가에 미치는 영향에 관한 연구조사결과의 확률분포
2 자본비율 상승의 영향에 관한 12가지 조사결과 중 28개 추정치.
3 유동성비율(LCR) 상승의 영향에 관한 6가지 조사결과 중 12개 추정치.
4 순안정자금조달비율(NSFR) 상승의 영향에 관한 7가지 조사결과 중 14개의 추정치.
출처: BIS Quarterly Review, March 2019.

규제 정책 수립에 유용한 참고자료를 제공한다.

한편, 바젤 Ⅲ 최종안의 국내 조기 도입에 따른 단기적 효과는 실제 어떻게 나타났을까?

전술한대로 금융감독당국은 코로나로 어려운 중소기업 등 실물경제에 대한 은행의 지원역량을 강화하기 위해 바젤 Ⅲ 최종안을 당초 일정보다 1년 반 이상 앞당겨 2020년 6월말부터 시행하기로 하였다. 이에 따라 시스템 구축 등 준비가 완료된 주요은행과 은행지주회사들은 2020년 3분기부터 최종안을 도입하였다.

이러한 바젤 Ⅲ 최종안의 조기도입 조치는 아직 단기적인 결과이지만 예상한 대로 국내은행들의 위험가중자산 규모를 크게 감소시키고 BIS자본비율은 상당히 상승시킨 것으로 나타났다. 즉, 2020년 9월말 국내 은행들의 위험가중자산은 6월말보다 5.5%가 줄었으며, BIS총자본비율은 16.02%로 6월말보다 1.46%p 상승했다.[9]

---

9 기본자본비율(Tier 1 capital)은 2020년 9월말 14.02%로 1.33%p 상승하였음.

제17장 바젤 Ⅲ 최종 개정안이 미칠 영향과 대응 **413**

표 17.1 | 「바젤 Ⅲ 최종안」이 BIS 자본비율에 미치는 영향

개편 내용	BIS비율 영향*
◆ 주식	
• 100%~150%(표준방법), 300~400%(내부등급법) → 250%(표준방법*) * 위험가중자산 산출방법을 표준방법(내부등급법 폐지)으로 통일(단, 매매목적의 비상장 주식거래에 대해서는 400% 적용)	↕
◆ 기업대출	
표준 방법 ① 신용평가사의 신용등급이 없는 중소기업 대출에 대한 위험가중치 하향 (100 → 85%)	↑
표준 방법 ② 부외자산 신용환산율(CCF)* 변경 − 무조건 취소가능한 약정 : 0 → 10% − 기타 약정 : 20~50% → 40% * 한도대출중 비록 지금은 사용하고 있지 않은 금액이지만 향후 추가 사용가능성이 있는 금액을 추정하기 위한 계수로, CCF가 커질수록 위험가중자산도 증가	↕
내부 등급법 ① (기본법·고급법) 부가승수*(1.06) 폐지 * 내부등급법으로 산출한 위험가중자산을 보수적으로 높이기 위해 6%를 추가한 값으로 폐지시 위험가중자산이 감소	↑
내부 등급법 ② (기본법·고급법) 부도율(PD) 하한 상향 (0.03 → 0.05%)	↓
내부 등급법 ③ (기본법) 부도시 손실률(LGD)* 하향 − 무담보 : 45 → 40% / 부동산담보 : 35 → 20% * 부도 발생 후 대출금을 회수하지 못해 입게 될 경제적 손실을 대출금액으로 나눈 값으로 작아질수록 위험가중자산이 감소	↑
내부 등급법 ④ (기본법) 부외항목 신용환산율(CCF) 변경 − 기타 약정 : 75 → 40%	↑
내부 등급법 ⑤ (고급법) 부도시 손실률(LGD) 및 부외항목 신용환산율(CCF) 하한 신설	↓
내부 등급법 ⑥ (고급법) 매출액 7천억원 이상 기업 적용금지	↓

◈ 가계대출

표준 방법	① 부동산 담보 : LTV 및 상환재원별 차등화 - 주거용 : 35 → 20~105% / 상업용 : 100 → 60~110%	↕
내부 등급법	① 부가승수(1.06) 폐지	↑
	② 부도시 손실률(LGD) 및 부외항목 신용환산율(CCF) 하한 신설	↓

* BIS비율 영향 : (↑) 상승 요인, (↓) 하락 요인, (↕) 상승·하락요인 혼재

이는 〈표 17.1〉에서 보는 바와 같이 바젤 Ⅲ 최종안이 주로 중소기업 대출의 위험 가중치와 일부 기업대출의 부도시 손실률 LGD 을 하향조정하는 내용을 담고 있었기 때문이라고 볼 수 있다.

즉, 기업부문 신용리스크를 측정할 때 표준법 SA 을 사용하는 경우 신용평가사의 신용등급이 없는 중소기업 대출에 대한 위험가중치가 100%에서 85%로 낮아질 뿐 아니라, 내부등급법 IRB 을 사용하는 경우 부도시 손실률 LGD 을 무담보대출과 부동산담보대출의 경우 각각 40%, 35%에서 35%, 20%로 하향조정한 것이 BIS비율을 상승시키기 때문이다. 또한, 내부등급법 산출 위험가중자산에 적용하던 부가승수를 폐지하는 것과,[10] 기타 약정 등 일부 부외항목 OBS 의 신용환산율 CCF 을 75%에서 40%로 하향 변경한 것도 BIS비율 상승에 긍정적 영향을 미친 것으로 보인다.

그러나, 〈표 17.1〉에서와 같이 바젤 Ⅲ 최종안이 BIS비율에 미치는 영향은 주식, 기업대출, 가계대출 등 대차대조표상의 자산구성에 따라, 그리고 리스크 측정방법에 따라 하락요인과 상승요인이 혼재한다. 예를 들어 표준방법을 사용할 경우 '무조건 취소가능한 약정' 등의 부외항목은 신용환산율 CCF 을 0%에서 10%로 상향조정한 것은 BIS비율에 부정적 영향을 미친다. 또한 내부등급법을 사용하는 경우에도 부도율 PD 의 하한을 상향조정한 것과, 고급법을 사용하는 경우 부도시 손실률 PD 및 부

---

[10] 부가승수(1.06)는 내부등급법으로 산출한 위험가중자산을 보수적으로 높이기 위해 6%를 추가한 값으로 폐지시 위험가중자산이 감소함.

외항목의 신용환산율CCF 에 하한을 설정한 것도 BIS비율을 하락시키는 요인이다.

가계대출 부문의 경우 표준법과 내부등급법의 사용여부 및 주택담보대출의 LTV 비율에 따라 상승요인과 하락요인이 혼재하지만 대체로 BIS비율을 하락시키는 요인이 많다.

그러나, IB부문이 상대적으로 작은 국내은행의 대차대조표 구성이나 비즈니스 모델로 보아서는 그다지 부정적 영향을 미치지 않을 것으로 예상된다. 특히 바젤 III 최종안의 조기도입을 결정한 대부분의 국내은행의 경우 신용리스크 측정시 내부등급법IRB 을 사용하기 때문에 BIS비율의 상승요인이 하락요인보다 크다고 볼 수 있다.[11]

마지막으로 바젤 III 최종안이 시행된 후 시간이 지나면 국내은행의 리스크 특성과 자산구성이 점차 低위험자산을 선호하는 방향으로 바뀌게 되어 위험량이 낮아지고 거시적 금융안정성도 높아지게 되면 BIS비율이 추가적으로 상승할 것으로 기대해 볼 수 있다.

17.2 은행의 대응전략

바젤 III 규제개혁에 대응하기 위한 여러 가지 경영전략에 대해서는 제12장에서 상세히 다루고 있으므로 여기에서는 바젤 III 최종 개정안에 새롭게 도입된 규제변화가 은행의 대응전략에 주는 시사점을 제언하고, 규제적 준수regulatory compliance 라는 측면에서 필요한 변화에 대해 간단히 언급하고자 한다.

첫째, 비교적 소수분야에 집중된 비즈니스 모델을 가지고 있으며 위험가중자산 산출하한output floor 에 따른 부정적 영향을 많이 받는 은행들은 기존의 영업 포트폴리

---

[11] 은행 자체 추정결과 지방은행과 대형은행의 BIS비율이 1%~ 4%p 이상 상승할 것으로 추정하였음.

오를 수정하거나 대차대조표 B/S 에서 상당히 벗어나려는 전략적 선택을 통해 최종 개정안의 영향을 최소화할 필요가 있다. 즉, 자산이나 리스크를 대차대조표에 담아두는 '리스크 웨어하우징 risk housing 모형'에서 벗어나 대출취급 후 곧 바로 신용리스크를 매각 또는 헤지하는 '대출 후 매도 originate and distribute '모형으로 바꾸는 영업모델이 보다 유용할 것이다. 이렇게 함으로써 은행은 투자가의 역할이 아니라 '금융도관 financing conduit '의 역할을 하게 되며 덜 자본집약적인 활동을 하게 될 것이다.

둘째, 비교적 다변화된 영업 포트폴리오를 보유하고 있는 은행들도 규모는 작지만 다양한 위험최소화 방안 mitigating actions 을 고려하는 것이 바람직할 것이다.

이러한 위험최소화 방안은 우선, RWA 산출의 정확성을 제고하거나 규제자본의 질을 제고하기 위한 '기술적인 차원'의 조치를 고려하는 것으로부터 출발할 수 있다. 예를 들어, 주택담보대출을 시행하는 일선부서 front office 에서 담보에 대한 데이터 정보를 RWA 산출부서에 정확히 전달함으로써 RWA계산의 정확성을 제고할 수 있다. 또한, 영업권, 무형자산, 비연결대상 금융회사 지분 등 자본의 정의와 관련한 차감 capital deductions 항목을 조정함으로써 자본비율을 향상할 수 있다.

두 번째로, 자본사용의 효율성과 수익성을 제고하기 위한 '영업적 차원'의 조치를 고려할 수 있다. 이는 전술적으로 은행이 제공하는 상품구성을 조정하거나 담보사용을 최적화하여 자본에 대한 수요를 줄이고 수익성을 높일 수 있는 조치를 말한다. 예를 들어 주택담보대출의 경우 LTV비율의 상한을 설정해서 취급함으로써 위험가중치의 급격한 상승을 막을 수 있다.[12] 또한, 수익기여도가 낮은 고객을 모니터링하고 관리하기 위해 고객관리자 RM 가 취하는 제반 조치들도 이에 해당한다.

세 번째로, 은행의 비즈니스 포트폴리오를 재점검하여 새로운 규제 하에서 높아진 자본비용을 감안하고도 수익을 낼 수 있는 분야를 고객별로 지리적으로 세분하여 발굴함으로써 해당분야로 자본이 배분되도록 하는 '전략적 차원'의 조치를 고려할 수 있다. 단 이러한 포트폴리오에 대한 수익성 평가는 현재의 경기 싸이클뿐 아

---

[12] 바젤 III 최종 개정안은 LTV 비율 80% 이하인 부동산담보대출은 35%의 위험가중치를, 90/100%은 45/55%의 위험가중치를 적용하도록 하였음.

니라 스트레스 상황을 감안하여 이루어지는 것이 바람직하다.

바젤 III 최종 개정안의 도입은 불확실한 금융규제의 지형을 안정화시키는 역할을 할 것이지만 은행의 자본 및 리스크 관리 등 전반적인 경영시스템에도 중대한 변화를 초래할 것이다.

왜냐하면, 은행의 자본비용을 올릴 뿐 아니라 새로운 규제를 준수하기 위해 내부절차를 상당히 변화시켜야 할 것이기 때문이다. 많은 은행들은 내부모형법 IRB 을 더 이상 사용하지 못하게 됨에 따라 기존 리스크 관리시스템의 비용효율성이 크게 낮아질 것이다. 예를 들어 표준법 SA 에 따른 자본산출하한 output floor 의 도입으로 말미암아 표준법에 따라 새로운 자본요구를 산출하고 공시해야 할 뿐 아니라, 내부적 운영모형을 변경해야 하는 등 규제준수 부담이 늘어난다.

또한 금번 개정에도 불구하고 표준법이 리스크 민감도를 충분히 반영하지 못한다고 생각하는 은행들은 내부모형법 IRB 을 계속 사용할 것이고 이에 따라 서로 다른 두 종류의 요구자본을 병행 산출해야 할 것이다. 이는 은행들이 규제준수에 필요한 제반 시스템을 재구축 또는 정비해야 함을 의미한다.

바젤 III 최종안이 이전의 바젤 규제체계에 비해 다른 점은 최소자본규제인 첫 번째 기둥 Pillar 1, 금융당국이 은행의 자본적정성에 대해 감독하고 평가하는 두 번째 기둥 Pillar 2 과 함께, 은행간 규제비율의 비교를 더 쉽게 하여 투자가로 하여금 은행의 안전성에 대한 평가를 하게 하는 시장규율의 세 번째 기둥 Pillar 3 이 강화된 점이다. 따라서 향후 시장의 압력에 효율적으로 대응하려면 공시를 통해 정확한 정보가 시의 적절하게 시장에 공급되게 해야 한다.

이러한 인식 하에서 은행들이 자신의 수익성과 경쟁력을 유지하면서, 보고 및 공시 강화라는 규제적 준수문제를 해결하기 위해 다음과 같은 몇 가지 옵션을 생각해 볼 수 있다.

첫째, 은행의 비즈니스 모델을 변화하는 것으로 대응할 수 있으며, 어떤 사업에서 철수하거나 고객계좌를 종료하고 高위험 익스포저를 매각하며 영업조직을 합병하는 등의 전략적 의사결정을 하는 것을 말한다. 물론 이러한 결정은 은행의 수익에 영향을 미칠 것이다.

둘째, 전통적인 비용 합리화cost optimization의 옵션을 행사하거나 대안으로서 기능적 합병functional consolidation이나 중앙집권화, 자동화, 업무 프로세스 혁신process reengineering을 단행하는 것이다. 그러나, 이러한 옵션은 종종 예기치 못한 비용을 초래하여 수익에도 부정적 영향을 미칠 수 있다.

셋째, 최신기술 분야에 치중하는 투자의 옵션으로서, 클라우드 컴퓨팅cloud computing, 빅 데이터, AI 등 데이터 집약적인 기술에의 투자를 확대함으로써 중장기적으로 규제의 장벽을 뛰어넘는 것이다. 또한, 이 옵션은 은행의 운영적 효율성을 제고하고 새로운 혁신에 대한 인센티브를 제공함으로서 은행영업의 근본적 변화를 초래할 수도 있다.

규제준수 부담을 해결하기 위해 상기한 3가지 옵션을 고려할 때 전문가들은 규제적 지경이 분명해지는 현재야말로 최신기술을 이용해 진정한 변화를 추구할 때라고 보고 있다. 예를 들어 클라우드 컴퓨팅cloud computing이 제공하는 신축성과 규모의 경제를 이용하면, IT관련 비용을 줄일 수 있을 뿐 아니라 자본산출 및 공시와 같은 규제준수 부담을 외부에 아웃소싱outsourcing하는 효과도 가능해질 것이다.

금융규제 전문가들은 현행 규제준수 행태가 갖은 가장 큰 문제점으로서 부서나 조직단위별로 단절된 '독립적 접근방식silo-based approach'을 지적하며, 이를 극복하기 위해 보다 포괄적이며 표준화된 접근방식을 사용할 것을 권장한다.

포괄적 규제준수 구조로의 이행은 당면한 바젤 Ⅲ를 비롯한 여러 가지 규제체계에서 필요한 데이터가 점차 많아지므로 보고나 공시의 일관성 유지를 위해서도 반드시 필요한 접근방식이다. 예를 들어 은행의 어떤 자산포트폴리오 거래에 조정이 발생하였다면 서로 다른 데이터 소스를 사용하는 기존의 독립적 접근방식으로는 일관성 있는 보고를 유지하기 어렵다. 물론 감독당국으로서도 규제준수와 관련된 보고의 불일치에 대해 더 예민하게 반응할 것이다.

바젤 Ⅲ와 같이 새로운 규제변화가 발생할 때마다, 그리고 더 세분화되고 더 빈도가 높은 보고자료를 요구받을 때마다 이에 수반되는 IT시스템의 부담이 계속 늘어

날 것이 예상되므로 보다 신축적인 클라우드 기반cloud-based의 IT인프라가 필요할
것으로 보인다.

또한, 최근 빅데이타의 수집과 그 사용에 따른 도전적인 과제들도 점증하고 있는
바, 데이터의 보관과 처리 및 효율적인 관리를 위해서도 최신 기술을 도입할 필요
가 있다.[13]

규제적 분석을 더 용이하게 하기 위한 논리적 데이터모형logical data model에 대해
서도 관심과 투자를 늘리는 것이 바람직하다. 예를 들어 최근 유럽중앙은행ECB이
은행의 리스크관리와 재무관리를 통합하는 논리적 데이터모형을 제시하였는데 이
는 은행들이 감독당국에 보고할 때 여러 가지 규제체계 내에 존재하는 특정한 규정
의 의미에 대해 해석의 일관성을 기할 수 있도록 도와준다.[14]

2022년 바젤 Ⅲ 최종안의 본격적인 실시를 앞두고 그간 감독당국은 시행세칙 등
규제를 정비해왔으며 조만간 규제이행의 적정성을 점검하고 필요시에 내부모형을
승인하는 절차도 시작할 것으로 보인다. 국내은행들도 바젤 Ⅲ 규제개혁으로 초래
될 자본비용의 상승에 대처하기 위해 새로운 비즈니스 모형을 모색할 뿐 아니라,
새로운 규제준수에 필요한 시스템의 구축 및 정비를 위해 노력해야 하며, 특히 은
행 전반의 리스크 관리 및 재무관리시스템 구축 등 통합적인 규제준수로의 이행이
요구되는 시점이다.

---

[13] 빅데이타 처리와 관련된 최신기술로는 Hadoop, Spark, YARN 등이 있음.
[14] ECB가 개발한 모형을 Banks Integrated Reporting Dictionary(BIRD)라고 함.

	레버리지 비율	2017	2018	2019	2020	2021	2022	2023	2024	2025	2026	2027
			2014 익스포저 정의				G-SIB buffer 익스포저 정의 개편					
자본	자본보전 완충자본	1.25%	1.875%	2.5%								
	최저 보통주 + 자본보전 완충자본	5.75%	6.375%	7.0%								
	최저 자본 총자본 + 자본보전 완충자본	9.25%	9.875%	10.5%								
	보통주자본의 단계적 공제	80%	100%									
	Tier1 또는 Tier2 비적합 자본	2013년부터 단계적 폐지										
리스크 커버 리지	중앙청산소(CCP)의 요구자본	시행										
	거래상대방 신용리스크 표준법 적용	시행										
	유동화 규제 개편		시행									
	은행계정의 금리리스크		시행									
	거액 익스포저 규제			시행								
	표준법의 신용리스크 규제 개편						시행					
	내부모형법 규제 개편						시행					
	거래상대방의 미래신용등급 하락위험 규제 개편						시행					
	운영리스크 규제 개편						시행					
	시장리스크 규제 개편						시행					
	산출 하한						50%	55%	60%	65%	70%	72.5%
유동성	유동성커버리지비율	80%	90%	100%								
	순안정자금조달비율		100%									

참고문헌

| 국 | 내 | 문 | 헌 |

금융감독원, "바젤위원회 바젤 III 최종안 운영리스크 주요내용", 2019. 4.

금융감독원, "2022년부터 은행 BIS비율 산출방법이 개편됩니다", 보도자료, 2019.4.

금융감독원, "바젤 III 규제개혁 마무리에 따른 영향 및 향후 추진계획", 보도자료, 2018.1.

금융위원회 "코로나19로 바젤 III 최종안을 조기 시행합니다.", 보도자료, 2020.3.

한국금융신문, "바젤 시장리스크 규제체계 수정: 국내은행에 미치는 영향 제한될 것-한
은", 2019. 1. 15자 기사

| 외 | 국 | 문 | 헌 |

BIS, Basel Committee on Banking Supervision, "Minimum capital requirements for
market risk", 2019.1.

BIS, Basel Committee on Banking Supervision, "Basel III: Finalising post-crisis re-
forms", 2017.12.

BIS, Basel Committee on Banking Supervision, "Basel III transitional arrangement,
2017-2028", 2017.5.

BIS, Basel Committee on Banking Supervision, "Revisions to the Standardized Ap-
proach for credit risk", 2015.12.

European Banking Authority, Banking Stakeholder Group, "Post-crisis Basel Ⅲ reforms finalization: Opinion paper", 2020.1.

McKinsey&Company, Global Risk Practice, "Basel Ⅳ": What's next for banks?", 2017.4.

Moody's Analytics "Final Basel Ⅲ Reforms: How Can Banks Prepare for the Basel Ⅳ", 2019.6.

주요 약어

A ~ E

ABCP	Asset-Backed Commercial Paper, 자산담보부 기업어음
ALCO	ALM Committee, 자산부채관리위원회
ASF	Available Stable Funding, 가용 안정적 자금조달
BCBS	Basel Committee on Banking Supervision, 바젤(은행감독)위원회
BIS	Bank for International Settlements, 국제결제은행
CB	Conservation capital Buffer, 손실보전 완충자본
CCB	Counter-Cyclical capital Buffer, 경기대응적 완충자본
CCF	Credit Conversion Factor, 신용환산율
CCP	Central Counter-Party, 중앙청산소
CD	Certificate of Deposit, 양도성예금증서
CCR	Counterparty Credit Risk, 거래상대방 신용리스크
CDS	Credit Default Swap, 신용부도스왑
CEBS	Committee of European Banking Supervisors, 유럽감독자위원회
CFP	Contingency Funding Plan, 비상조달계획
CFPB	Consumer Financial Protection Bureau, (미국) 금융소비자보호청
CPSS	Committee on Payment and Settlement Systems, (바젤위원회 산하)지급결제위원회
CFTC	Commodity Futures Trading Commission, (미국) 상품선물거래위원회

CUSIP   Committee on Uniform Security Identification Procedures, 채권식별코드

CVA   Credit Valuation Adjustment, 신용가치조정

DTAs   Deferred Tax Assets, 이연법인세 자산

DTLs   Deferred Tax Liabilities, 이연법인세 부채

EAD   Exposure At Default, 부도시익스포저

ECAI   External Credit Assessment institution, 적격 외부신용평가사

EL   Expected Loss, 예상손실

EPE   Expected Positive Exposure, 기대 익스포저

ESA   European Supervisory Authorities, (유럽) 미시건전성 감독기구

ESRB   European System Risk Board, 유럽시스템리스크위원회

F ~ M

FAT   Financial Activities Tax, 금융활동세

FDIC   Federal Deposit Insurance Corporation, (미국) 연방예금보험공사

FIRB   Foundation Internal Ratings-Based approach, 기본 내부등급법

FSA   Financial Services Authority, (영국) 금융감독청

FSB   Financial Stability Board, 금융안정위원회

FSC   Financial Stability Contribution, 금융안정분담금

FSF   Financial Stability Forum, 금융안정포럼

FSOC   Financial Stability Oversight Council, (미국) 금융안정협의회

FTT   Financial Transaction Tax, 금융거래세

GAO   General Accounting Office, (미국) 회계감사원

HQLA   High Quality Liquidity Asset, 고유동성자산

IASB   International Accounting Standards Board, 국제회계기준위원회

IIF   Institute of International of Finance, 국제금융협회

IMM   Internal Model Method, 내부모형법

IRB   Internal Ratings-Based approach, 내부등급법

ISIN   International Securities Identification Number, 국제증권식별번호

IOSCO   International Organization of Securities Commission, 국제증권감독기구

LCR   Liquidity Coverage Ratio. 유동성커버리지비율

LGD   Loss Given Default, 부도시손실률

MCO	Maximum cumulative net Cash Outflow, 최대순누적현금흐름
MCR	Minimum Capital Requirements, 최소자기자본 규모
MMMF	Money Market Mutual Fund, 머니마켓 뮤추얼 펀드
MtM	Mark-to-Market, 시가평가

N ~ V

NCO	Net cumulative Cash Outflow, 순누적현금유출
NIM	Net Interest Margins, 순이자마진
NSFR	Net Stable Funding Ratio. 순안정자금조달비율
OBS	Off-Balance Sheet, 장부외
OCC	Office of the Comptroller of the Currency, (미국) 통화감독청
PD	Probability of Default, 부도확률
PSE	Public Sector Entity, 공공기관
RSF	Required Stable Funding. 필요 안정적 자금조달
RWA	Risk Weighted Assets, 위험가중자산
SFT	Securities Financing Transactions. 증권금융거래
SIFI	Systemically Important Financial Institutions, 시스템적으로 중요한 금융회사
SIV	Structured Investment Vehicle, 구조화투자회사
SPV	Special Purpose Vehicle, 특수목적회사
UL	Unexpected Loss, 예상외손실
VaR	Value-at-Risk, 최대손실예상액
VRDNs	Variable Rate Demand Notes. 변동금리요구채권

찾아보기

ㅈ

이장영

서울대학교 경제학과(학사)
美 뉴욕대학교(NYU) 경제학과 대학원(박사)

한국금융연수원 원장
금융감독원 부원장(은행)
금융감독원 부원장보(국제/기획)
감사원장 특보(경제/금융)
재정경제부장관 자문관
한국금융연구원 선임연구위원
IMF 이코노미스트(통화환율국)
美 뉴욕주립대학교(SUNY) 경제학과 교수

바젤은행감독위원회(BCBS) 고위급회의 한국대표
G20 서울정상회의 준비단 위원
한국, 중국, 일본 금융감독협의회 한국대표

現, 김앤장 법률사무소 고문

제2판
바젤 Ⅲ와 리스크 관리

초판발행	2011년 9월 20일
제2판발행	2021년 8월 20일
지은이	이장영
펴낸이	안종만·안상준
편 집	전채린
기획/마케팅	조성호
표지디자인	박현정
제 작	고철민·조영환
펴낸곳	(주) **박영사**
	서울특별시 금천구 가산디지털2로 53, 210호(가산동, 한라시그마밸리)
	등록 1959. 3. 11. 제300-1959-1호(倫)
전 화	02)733-6771
f a x	02)736-4818
e–mail	pys@pybook.co.kr
homepage	www.pybook.co.kr
ISBN	979-11-303-1386-3 93320

정 가   28,000원